AF521039

# किसानों की आत्महत्याओं से सुलगता भारतः समस्याएँ एवं चुनौतियाँ

# किसानों की आत्महत्याओं से सुलगता भारतः समस्याएँ एवं चुनौतियाँ

डॉ. नीशू कुमार

P.P.H

प्रशांत पब्लिशिंग हाउस

© डॉ. नीशू कुमार

प्रथम प्रकाशन–2021

सर्वाधिकार सम्पादक तथा प्रकाशक के अधीन
सुरक्षित हैं।

इस पुस्तक में व्यक्त विचार लेखकों के व्यक्तिगत हैं। इस पुस्तक में व्यक्त विचारों से किसी भी प्रकार की होने वाली हानि के लिए शब्द संयोजक, मुद्रक तथा प्रकाशक का कोई भी दायित्व नहीं होगा।

प्रकाशक

**प्रशांत पब्लिशिंग हाउस**

सी–34, 28 फुटा रोड़ गली न. 3
वेस्ट करावल नगर
दिल्ली–110094
मो : 9810396373, 8826258746
email : prashantpublishinghouse@gmail.com
www.pphbooks.co.in

**ISBN :** 978-93-88526-34-0

मुद्रक

रोशन आफसेट प्रिंटर्स दिल्ली

# भूमिका

पृथ्वी का भगवान कहे जाने वाले किसान की दशा पर विचार मंथन सदैव ही स्वागत योग्य कदम कहा जाना चाहिए परन्तु दुर्भाग्य है कि कभी भी किसान अथवा खेती पर अपनी जीविका निर्भर रखने वाले इस विशाल जनाधिक्य की ओर बहुधा सरकारें यथा योग्य ध्यान नहीं दे पायी हैं।

सम्पूर्ण जीव जगत को जीवन संरक्षण हेतु भोजन एवं ऊर्जा की आवश्यकता होती है, जिसकी आपूर्ति सिर्फ खेती पर निर्भर है, भारत जैसे विशाल जनसमूह की लगभग 70 प्रतिशत आबादी अपनी जीवन रक्षण की जरूरतों को पूर्ण करने के लिये मात्र कृषि पर निर्भर है। स्वतंत्रता प्राप्ति के पूर्व औपनिवेशिक सत्ता ने कृषि को मात्र लगान एकत्रित करने के दृष्टिकोण से विकसित करने का एक मॉडल तैयार किया था वह व्यवस्था कभी भी भारतीय कृषि की वास्तविक समस्याओं को दूर करने के प्रति कटिबद्ध नहीं थी। अतः सामन्तों व जमीदारों के रूप में तात्कालिक व्यवस्था के कर्णधारों ने किसानों को विभिन्न तरीकों से लूटने का निरन्तर कुचक्र किया जिसके परिणाम स्वरूप किसान वर्ग एक निःसहाय जीवन जीने को मजबूर रहा।

आजादी के पश्चात् सर्वाधिक महत्वपूर्ण योगदान जमींदारी उन्मूलन अधिनियम का क्रियान्वयन रहा जिसके द्वारा किसानों को भूमिदारी अधिकार प्राप्त हुए। तत्पश्चात् 'हरितक्रान्ति' के प्रयत्नों द्वारा कृषि के बिखरे टुकड़ों को एकत्रित कर सिंचाई व आवाजाही के रास्ते प्रदान किए गए, उन्नत बीजों का विकास, फर्टिलाइजर व्यवस्था तथा कृषि की वर्षा पर निर्भरता को कमकर

सिंचाई के साधनों के विकास को प्राथमिकता प्रदान की गयी। साथ ही किसानों को साहूकारों के चंगुल से बचाकर मण्डी स्थलों पर कृषि उपज को उचित मूल्य प्रदान करने के प्रयास किऐ गए। इसके साथ–साथ दुग्ध क्रान्ति अथवा श्वेत क्रान्ति की प्रगति कृषि विकास का रास्ता बनी।

यह विकास की तस्वीर बहुत लम्बे समय तक भारतीय कृषि को संरक्षित रखने अथवा लाभ का सौदा बनाने में सफल नहीं रह सकी तथा भारतीय कृषि तथा उस पर निर्भर कृषक वर्ग धीरे–धीरे अधिक अभाव, दुर्दशा, नुकसान, अनिश्चितता, संरक्षणहीन एवं उपेक्षा का शिकार होने लगा तथा सरकारी तन्त्र निरन्तर इस सर्वाधिक संख्या बल के वर्ग की ओर उदासीन होता चला गया।

इधर सम्पूर्ण विश्व निरन्तर प्रगति की ओर अग्रसर था तथा भारत में भी सभी क्षेत्रों में प्रगति का मार्ग प्रशस्त हो रहा था लेकिन भारत का अन्नदाता गरीबी, पिछड़ेपन एवं कृषि की उपेक्षा के परिणामस्वरूप अपनी दुर्दशा पर आँसू बहा रहा था तथा उसकी आवाज को सुनने वाला सिर्फ चुनावों के समय के अलावा कोई नहीं था। अतः अन्नदाता विकास की धारा से अलग–थलग पड़ता चला गया। देश विकास के मार्ग पर था पर कृषक वर्ग इस विकास से कोसों दूर अपनी समस्याओं को लेकर चितिंत अथवा असंगठित रूप से आन्दोलनरत था लेकिन उसकी आवाज को सुनने वाला कहीं दूर–दूर तक कोई नहीं था।

पिछले कुछ दशकों से कृषि उपज को एक नई सामन्ती व्यवस्था ने जकड़ लिया है जिसके परिणाम स्वरूप कृषक अधिक शोषित एवं अन्तहीन निराशा के अंधकार में समाने लगा है, इस परिदृश्य पर गौर करें तो कृषि उपज मुख्य रूप से सब्जी, फलों आदि का मूल्य बाजारों में सर्वाधिक बिचौलियों के लिये लाभकारी दिखायी देता है। लेकिन किसान को बहुत कम मूल्य ही प्राप्त होता है, अतः खेतों पर किसानों को दिऐ गऐ उपज के मूल्य से कई गुने मूल्य पर फल सब्जियाँ खुदरा बाजारों, एवं मॉल, बाजारों में उपभोक्ताओं को बेची जाती है। परिणाम स्वरूप ये बिचौलिए, प्रतिदिन धनवान एवं किसान निरन्तर गरीब व शोषित होता जा रहा है।

इस तथाकथित शोषण के विरूद्ध भी कृषक वर्ग संगठित होकर अपनी आवाज नहीं उठा पाया तथा सरकारें अन्तिम छोर पर उपस्थित किसान को

राहत नहीं पहुँचा पा रही है, जिसके कारण गरीब किसान अपनी आवाज गूंगी, बहरी सरकारों तक नहीं पहुँचा पा रहे तथा उनकी बेबसी, लाचारी के परिणामस्वरूप उत्पन्न हुई एवं "नकारात्मक मानसिकता" उनके भविष्य को पूर्णतया अंधकारमय महमूस कराने लगती है जिसका परिणाम भारत के कोने–कोने से किसानों द्वारा की जाने वाली आत्महत्याएँ देखने को मिलती है।

आज अजीब मन्जर है कि विश्व चहुमुखी विकास की ओर अग्रसर है, हमारी अनुसंधान क्षमता चाँद सहित अन्य ग्रहों को अपना ठिकाना बना रही है, विकास के कीर्तिमान प्रतिदिन बन रहे हैं और हमारा खेती का मसीहा अन्नदाता आत्महत्या करने पर मजबूर है।

मैं अपने अनुज डॉ0 नीशू कुमार को उनके इस प्रयास के लिए कोटि–कोटि बँधाई देता हूँ कि उनके द्वारा वर्तमान परिदृश्य के भारतीय किसान वर्ग के द्वारा किऐ गऐ विभिन्न प्रयासों, उनकी, बेबसी, दुर्दशा को शिक्षित वर्ग तक पहुँचाने का एक सफल प्रयास किया जा रहा है। डॉ0 नीशू कुमार द्वारा किसानों की आत्महत्या से सुलगता भारत, समस्या एवं चुनौतियाँ जैसे सुसंगत तार्किक एवं समीचीन विषय को अपने विचारों का आधार बनाकर परोसने का काम किया गया है।

प्रस्तुत लेख संग्रह, भारतीय डेरी किसानों को सम्भावित खतरे, किसानों को बर्बाद करती सरकारी नीतियाँ, अन्नदाता से सर्वाहारा बना किसान, किसान चेतना के स्वर, हरित क्रान्ति की अनुकूलता, अनुबन्ध खेती का जंजाल, कर्ज में डूबता किसान, अस्मिता बचाता हुआ यह धरती का पुत्र आत्महत्या करने के लिए मजबूर है।

यह लेख संग्रह किसान की वर्तमान दशा अर्थात दुर्दशा को भविष्य के एक अति चिन्तनशील गहन अध्ययन के विषय की ओर हम सभी का ध्यान आकर्षित करता है, निसंदेह किसानों के प्रति एक नयी जन जागरण की आशा की किरण बुद्धिजीवियों के मस्तिष्क में पैदा हो। इस धरती पुत्र के भविष्य की चुनौतियाँ और उनके समाधान जैसे गम्भीर विषय को उच्चतम पदों पर बैठे नौकरशाहों के कानों तक ले जाने का दायित्व वर्तमान के बुद्धिजीवियों का है और उन्हें यह दात्यिव पूर्ण प्रतिबद्धता के साथ निभाना चाहिए।

मैं हृदय की गहराई से इस बौद्धिक प्रयास का पुरजोर समर्थन एवं सराहना करता हूँ। सभी सहयोगी, लेखकों को कोटि–कोटि बधाई तथा इस आशा के साथ कि डॉ0 नीशू कुमार का यह सफल प्रयास हम सभी के लिए मार्ग–दर्शक होगा। आप सभी को धन्यवाद देता हूँ।

साभार

(डॉ. जिले सिंह)

पूर्व प्राचार्य

संजय गाँधी पी0जी0 कॉलिज

सरूरपुर खुर्द, मेरठ

एवं वर्तमान प्राचार्य

श्री द्रोणाचार्य स्नातकोत्तर महाविद्यालय

दनकौर, गौतम बुद्ध नगर।

# अनुक्रम

# 1

# भारत में किसानों की बढती आत्महत्या समस्याएँ एवं चुनौतियां : एक अवलोकन

डॉ. नीशू कुमार

सहायक आचार्य राजनीति विज्ञान विभाग

चमन लाल महाविद्यालय, लण्ढौरा, रूडकी

हरिद्वार, उत्तराखण्ड

"देश की समृद्धि का रास्ता गांवों के खेतों व खलियानों से होकर गुजरता है" **–चौ0 चरण सिंह पूर्व प्रधानमंत्री**

विगत कुछ वर्षों में, किसानों की आत्महत्या एवं बेरोजगारी पर चर्चा जोरों पर है। क्योंकि भारत दुनिया का सबरो बड़ा जनाकिंकी लाभांश रखता है किन्तु आर्थिक प्रगति में इस लाभांश को लाभ नहीं है। भारत जहाँ बेरोजगारों की एक बड़ी संख्या है वहीं रोजगार के विकल्प सीमित है, लेकिन भारत का कृषि ऐसा क्षेत्र है, जहाँ एक बड़ी जनसख्या संलग्न हो सकती है क्योंकि भारत में ग्रीष्म, शीत, वर्षा आधारित कृषि के अनेक विकल्प है। एवं भू–क्षेत्र में विविधता है परन्तु भारत में किसानों की आत्महत्या का मुद्दा चिंता

व्यक्त करता है कि भारत का कृषि क्षेत्र, चिंताजनक स्थिति में है। क्योंकि किसान परम्परागत रूप से सम्पन्न नहीं है, जो कृषि लागत वहन कर सके। जिसके लिए वह साहूकार, बड़े जमींदार एवं बैंकों व सरकारी ऋण संस्थाओं से लोन लेते हैं। जिसे वह फसल प्रक्रिया एवं घरेलू खर्चे में लेते हैं। वही मौसम की अनिश्चिता, उन्हें घाटे में ले आती है। जिससे लगातार बढ़ रहे लोन की रकम उन्हें मौत तक खींच लाती है। अतः आज पूरे देश में कृषि क्षेत्रों संलग्न किसान आत्महत्या कर रहे है। इस ज्वलंत मुद्दे (चुनौती) से निपटने के लिए सरकार, प्रशासन, गैर–सरकारी संगठनों एवं कृषि शिक्षण संस्थानों को संयुक्त रूप से कार्य करना चाहिए।

वर्तमान भारत में 70 प्रतिशत नागरिक प्रत्यक्ष या अप्रत्यक्ष रूप से खेती व्यवसाय से जुड़े है अर्थात् जहाँ भारत में जहाँ बेरोजगार एक चुनौती है तो यह निश्चित हो जाता है कि कृषि के क्षेत्र में रोजगार की संभावनाओं को बढ़ना व प्रोत्साहित करना नितांत आवश्यक हो जाता है, परन्तु दौर से आज भारतीय किसान गुजर रहा है, उससे लगता है कि भारतीय कृषि व किसान दोनों संकट में फंसते जा रहे हैं। महाराष्ट्र, उत्तर प्रदेश, राजस्थान, मध्यप्रदेश, पंजाब, हरियाणा आदि राज्यों में किसान लगातार या तो आत्महत्या कर रहे हैं या सदमें से मौत की चपेट में जा रहे हैं। ऐसे में आवश्यकता है कि केन्द्र सरकार व राज्य सरकार किसानों के प्रति अपनी उदासीनता छोड़ तुरन्त किसानों को आपदा की इस घड़ी में राहत (तकनीक व नगदी) प्रदान करें। संगोष्ठी के दौरान सम्प्रेशण किसानों की समस्याओं, उनके मौत के कारणों को जानने का प्रयास किया जायेगा। साथ ही संगोष्ठी में यह विचार विमर्श किया जायेगा कि आज देश का अन्नदाता स्वयं भूखा क्यों हैं। एक तरफ जहाँ देश में खाद्यय सुरक्षा की बात की जा रही है, वही दूसरी तरफ दुनिया का पेट भरने वाला किसान दो वक्त की रोटी का मोहताज है। अर्थात् देश की या मानव की बुनियादी आवश्यकताओं (भोजन के खाद्य स्त्रोत की उपलब्धता) की पूर्ति करने वाला समुदाय अपनी आर्थिक जरूरतों से जूझते हुए आत्महत्या जैसे कदम उठा रहा है।

पहले किसानों का खेत में ही आलू खराब हो गया और अब गेहूँ की भी वही हालत है। कोल्ड स्टोरों में आलू रखने के लिए पर्याप्त जगह नहीं है और बेचने पर उसका भाड़ा भी किसानों को प्राप्त नहीं हो रहा है। एक तरफ प्राकृतिक आपदा तो दूसरी तरफ सरकारी मुलाजिमों की संवेदनहीनता

व बेरूखी के चलते किसानों को दो तरफा मार पड़ रही है। स्थिति यह हो गयी है कि दूसरों का पेट भरने वाला अन्नदाता स्वयं रात को भूखा सोने के लिए विवश है। **सेंटर फॉर डेवलपिंग सोसाईटीज ने 2013 से जनवरी 2014 के बीच देश के 137 जिलों के 274 गांवों में जाकर सर्वे किया।** सर्वे के आधार पर जो तथ्य निकलकर सामने आये उससे किसानों की माडी हालत का अंदाजा लगाया जा सकता है–

- 70 प्रतिशत जनसंख्या प्रत्यक्ष व अप्रत्यक्ष रूप से खेती व्यवसाय से सम्बन्धित है।
- 36 प्रतिशत किसान या तो झोपडी में रहते है या फिर कच्चे मकान में।
- 44 प्रतिशत के पास कच्चा पक्का मकान है।
- 18 प्रतिशत के पास स्वतन्त्र रूप से पक्का मकान है।
- 28 प्रतिशत किसान निरक्षर
- 32 प्रतिशत किसान परिवार चलाने के लिए खेती के अलावा अन्य काम करते हैं।
- 10 में से एक किसान ने माना कि पिछले एक साल के दौरान कुछ मौकों पर उसके परिवार को भूखा सोना पड़ा।
- 74 प्रतिशत किसानों ने माना कि खेती संबंधी कोई जानकारी कृषि विभाग से उन्हें नहीं मिली।

## बुनियादी ढांचे एवं प्रशासनिक क्षमता का आभाव–

अब तक लगभग 1100 करोड़ से अधिक मूल्य की फसलें बर्बाद हो चुकी है, और सरकार की तरफ से सिर्फ किसानों को मदद के नाम पर आश्वासन मिल रहा है। केन्द्र सरकार आँकड़े मांग रही है तो राज्य सरकार आंकड़े देने में विफल हो रही है। लेखपालों को खेतों पर जाकर फसलों का मुआयना करने का निर्देश मिला है परन्तु लेखपाल घर बैठकर ही या एक दो गाँवों के खेतों पर जाकर ही कागजी आँकड़े तैयार कर रहे हैं। दिनभर किसान अपने खेतों पर इस आशा से बैठे रहते हैं कि कोई सरकारी मुलाजिम

उनके दर्द को जायेगा। किसानों की 70–80 प्रतिशत के बीच फसल बर्बाद हो चुकी है, जबकि सरकारी आँकड़ों में इसे 35 प्रतिशत ही बताया जा रहा है। ऐसे में उन किसानों की और भी बुरी दशा है जो ठेके पर लेकर खेती करते हैं क्योंकि ना तो उनका कर्ज किसान क्रेडिट कार्ड से लिया गया है न ही किसी बैंक से, वे बुरी तरह महाजनों व साहूकारों के चंगुल में फंसे हुये हैं। सरकार को चाहिए कि ऐसे किसानों पर भी ध्यान दें जिनकी स्वयं की कोई भूमि नहीं है। जिन किसानों ने अपनी फसलों का बीमा करा रखा था उन्हें बीमा कम्पनियों की तरफ से भी अभी कोई मदद नहीं मिल रही है, हालांकि सरकार ने बीमा कम्पनियों को तुरन्त राहत देने के निर्देश दिये हैं, पर यह सरकारी नीतियों की विफलता ही है कि अब तक किसानों को कोई विशेष मदद नहीं मिल रही है और न ही किसानों की मौतों का सिलसिला एक पाया है।

किसानों को सरकार की तरफ से जो मुआवजा देने की बात की जा रही है वह ऊँट के मुँह में जीरा देने के बराबर है। साथ ही मुआवजा वितरण में क्षेत्रीय विसंगतियाँ मौजूद है। किसी क्षेत्र में फसल बोते समय लागत कम तो कहीं ज्यादा आती है, पर सरकार सभी को समान रूप से मुआवजा देने की बात कर रही है। देश में खेती योग्य जमीन लगातार कम होती जा रही है। पिछले वर्षों में जमीन का रकबा प्रति व्यक्ति 2.63 हेक्टेयर से घटकर 0. 8 हेक्टेयर रह गया है। देश में सीमांत किसानों की संख्या लगभग 67 प्रतिशत है जिनके पास एक हेक्टेयर से भी कम जमीन है। जबकि लगभग 18 प्रतिशत किसान ऐसे हैं, जिनके पास एक से दो हेक्टेयर जमीन है। बीच, उर्वरक, कीटनाशक इत्यादि की कीमत लगातार बढ़ती जा रही है, जिसके लिए सरकार की तरफ से साब्सिडी बढ़ाये। जीने की जरूरत है जबकि सरकार का ध्यान भूमि अधिगृहण बिल को पास कराने में लगा हुआ है। आज जरूरत है कि कम क्षेत्रफल में अधिक पैदावार हो, इसके लिए कृषि प्रसार तंत्र को अधिक मजबूत करने की आवश्यकता है जिससे किसानों विशेषकर लघु व सीमांत कृषकों को नवीनतम तकनीकों का लाभ प्राप्त हो सके। पर ये सब नहीं हो पा रही है यदि कारण है कि किसान अपने बच्चो को खेती का काम विरासत में नहीं देना चाहते। वे अपने बच्चों को स्कूल में चपरासी तो बनाना पसंद करते हैं पर खेती करवाना नहीं। यही कारण है कि आज किसानों की संख्या दिन प्रतिदिन घटती जा रही है और किसान मजदूर बनने को विवश

है (आंकड़े जनगणना–2011)

समुची दुनिया में जब खेती में आधुनिक प्रौद्योगिकी का उपयोग कर उत्पादकता कई गुना तक बढ़ा लिया गया है। लेकिन भारत में जैव प्रौद्योगिकी जैसी वैज्ञानिक खोजों से दूरी बनाई गई है। फर्टिलाइजर को लेकर सरकार की ढुलमुल नीतियों का खामियाजा किसानों को भुगतना पड़ रहा है। सरकारी कृषि आंकड़े कभी सटीक नहीं रहे। मौसम की भविष्यवाणी, पैदावार के आंकड़े उपज के मूल्य संबंध ताजा जानकारी और खाद्यान्न की मांग व आपूर्ति के हालात संबंधी आँकड़ों की जानकारियाँ किसानों को सही समय पर नहीं मिल पाती है, जो एक बड़ी समस्या है। लागत हटाने और उपज के उचित मूल्य दिलाने की कृषि नीतियों का सर्वथा अभाव है। घाटे से निकालकर लाभ में तब्दील करने की घोषणाऐं कभी नीति नहीं बन पाई। खेती की दशा सुधारने की रणनीति केन्द्र व राज्यों के बीच इस कदर उलझी हुई है कि बदहाल किसानों को सही दिशा नहीं मिल पा रही है। तभी तो घाटे व मुश्किलों से जूझते किसान खुदकुशी की हद को छून लगे हैं।

कृषि उपज की बिक्री के लिए जितनी मंडियां उतने कानूनों के होने से हालात और गंभीर हैं। किसान से उपभोक्ता तक कृषि उपज के पहुंचने में बिचौलियों की लंबी श्रृंखला ने महंगाई तो बढ़ा दी है, लेकिन फायदा किसानों को नहीं मिल पाता है। तभी तो घाटे की चपत से खुदकुशी करना उसकी नियति बन गई है।

18 फरवरी 2016 को प्रधानमंत्री नरेन्द्र मोदी ने फसल बीमा योजना को लांच किया जिसमें किसानों की फसलों को आकस्मिक प्राकृतिक आपदाओं से संरक्षण को लक्षित किया गया परन्तु 2018 में आए आंकड़ों ने चौकाने वाले तथ्य प्रस्तुत किए जिसमें बीमा कम्पनियों के घाटे, अप्रशासनिक प्रबन्ध एवं किरानों तक रिटर्न प्राप्ति की पहुंच सुनिश्चित ना हो पाना आदि प्रमुख मुद्दे रहे। जिसकी बड़ी वजह सर्वे के अनुसार किसानों ने वित्त साक्षरता का आभाव एवं बीमा कम्पनियों का नीति को प्रभावी रूप से क्रियान्वयन करने में इच्छा शक्ति का अभाव आदि। फसल बीमा एजेंसियां या कंपनियां किसानों को हुये वास्तविक नुकसान का आंकलन आखिर क्यों नहीं करतीं? यदि हर आदमी के जीवन का बीमा यहां तक कि सुदूर गांवों में रहने वाले लोगों का भी हो सकता है, तो वही व्यवस्था फसलों के लिए क्यों नहीं लागू

की जातीं? यदि चोरी, आग या प्राकृतिक आपदा के खिलाफ हर घर का बीमा हो सकता है, तो उसी तरह से फसलों का बीमा क्यों नहीं हो सकता? बीमा एजेंसियों को क्यों किसी एक क्षेत्र में ही फसलों की बीमा की मंजूरी दी जानी चाहिए? इसका उत्तर स्पष्ट है कि सरकारें इसके लिए उत्सुक नहीं हैं। ऐसा तभी हो सकता है जब एक राष्ट्रीय किसान आय आयोग का गठन किया जाये, जो किसानों को सुनिश्चित मासिक आय प्रदान करे और फसल बीमा के लिये उचित प्रावधान भी अपनाऐं। किसानों के लिए सुनिश्चित मासिक आय को फसलों की उत्पादकता और खेतों की भौगोलिक स्थिति से जोड़ा जाना चाहिये। मसलन फसलों का उत्पादन पहाड़ों और रेगिस्तान में अलग–अलग होता है। इसलिये किसानों के लिये मासिक आय की व्यवस्था करते वक्त खेतों की भौगोलिक स्थिति को ध्यान में रखना होगा।

उक्त विश्लेषण से स्पष्ट है कि देश में 12 करोड़ किसान है तथा परिवार सहित उनकी जनसंख्या 60 करोड़ आकलित की गयी है। इस प्रकार से देश की लगभग 60 प्रतिशत जनसंख्या प्रत्यक्ष व अप्रत्यक्ष रूप से कृषि व कृषि से संबंधित क्षेत्रों से ही रोजगार प्राप्त कर रही है। परन्तु देश में कृषि और किसान लगातार संकट में फँसते जा रहे हैं। तभी तो 1950 में जीडीपी में कृषि का 51.9 फीसद हिस्सा घटकर अब 13.7 रह गया। कभी तीन चौथाई आबादी को रोजगार देने वाला यह क्षेत्र अब 49 फीसदी की ही आजीविका का साधन है। कृषि क्षेत्र लगातार कमजोर होता जा रहा है पर सरकार की आर्थिक नीतियों ने कृषि को तरजीह देना बंद कर दिया है। यह कड़वी हकीकत है। एन0 एस0 एस0 ओ0 ने जो आंकड़े प्रस्तुत किये हैं, उनके बारे में हम 20 साल से बात करते आ रहे हैं। इससे पहले 200–04 में एन0 एस0 एस0 ओ0 ने ही आंकड़े पेश किये थे कि कृषक परिवार की औसतन कमाई 2115 रूपये है। जम्मू कश्मीर, तमिलनाडू और पंजाब इस औसत से ऊपर थे। अब वक्त बदलने के साथ ही खेती से कमाई से खास बढ़ोतरी नहीं हुई है। दस साल पहले 2115 रूपये जो कमाई थी, उसमें से 900 रूपये औसतन गैर कृषि कार्यों से आ रहे। यह आंकड़ा संसद में पेश किया गया था। (NSSO-National Sample Survey Office)

एन0 एस0 एस0 ओ0 के नये आँकड़ों के हिसाब से करीब 50 फीसदी किसान परिवार कर्जे में हैं। लेकिन यह आँकड़ा कम है क्योंकि एन0 एस0

एस0 ओ0 के सैम्पल का आकार छोटा था। पूरे देश की स्थिति देखें तो 80 फीसदी किसान कर्जे में है। कई अध्ययन कह रहे हैं 58–62 फीसदी किसान हर रोज भूखे सोते हैं। भूखी आबादी में अगर 50–60 फीसदी किसान ही है तो अंदाजा लगाया जा सकता है कि कृषि की स्थिति कितनी खराब है। किसान खेती छोड़कर शहरों की तरफ रोजगार प्राप्ति के लिए पलायन कर रहे हैं। वर्ल्ड डवलपमेंट रिपोर्ट में कहा गया है कि 2015 तक भारत की 40 करोड़ आबादी शहरों में पलायन कर जायेगी। यह आबादी इंग्लैण्ड, फ्रांस और जर्मनी की आबादी से कहीं ज्यादा है।

60–70 करोड़ लोग कृषि से जुड़े है, बावजूद इसके 2012–13 का आम बजट 16.67 लाख करोड़ रूपये का था। इसमें से कृषि के लिए मात्र 23 हजार करोड़ रूपये आवंटित हुये थे। मनरेगा का बजट कृषि बजट से ज्यादा था। इस साल आम बजट में मनरेगा का 40 हजार करोड़ रूपये दिये गये हैं जबकि कृषि को 20 हजार करोड़ दिये गये हैं। कृषि के उत्थान की कहानी इस आवंटन से समझी जा सकती है। 11वीं पंचवर्षीय योजना में कृषि को 01 लाख करोड़ रूपये दिया गया। 12वीं पंचवर्षीय योजना में 1.50 लाख करोड़ दिये गये। दूसरी तरफ अकेले उद्योगों को 2014–15 में 5.73 लाख करोड़ की कर छूट दी गई है। उद्योगों के लिए यह छूट एक तरह की कमाई ही कहलाएगी।

उत्तर प्रदेश में 2.33 करोड़ किसान है, जिसमें सीमांत किसान 1.85 करोड़ (एक हेक्टेयर से कम), छोटे किसान 30.35 लाख (दो हेक्टेयर से कम) अन्य 17.58 लाख (दो हेक्टेयर से ज्यादा) जबकि कुल रकबा 1.76 करोड़ हेक्टेयर है। इस प्रकार रकबा कम व किसानों की जनसंख्या अधिक है। यह बात लंबे अरसे से उठ रही है कि हमारे देश में अब कृषि की औसत जोत इतनी कम हो गई है कि इससे भरण–पोषण नहीं हो सकता है। कृषि में सीमांत उत्पादकता बहुत कम होते जाने के कारण यह बात उठती रही है कि अब कृषि पर निर्भर आबादी को कम किये जाने की आवश्यकता है। कृषि निर्भर आबादी का अनुपात कम करने के लिए सबसे जरूरी बात यह होगी कि वर्तमान में कृषि पर निर्भर इन लोगों को वैकल्पिक और पूरक रोजगार उपलब्ध कराये जायें और यह तभी संभव है जब ग्रामीण क्षेत्रों में उद्योग–धंधे हो। यह कहना गलत होगा कि गांवों के उद्योग धंधे नहीं लगाये जा सकते।

यदि सरकार मूलभूत आवश्यकताओं की पूर्ति गांवों में कर गांवों का विकास करें तो वहाँ उद्योग धंधे फल–फूल सकते हैं।

2010 में किसानों के विभिन्न आयु वर्ग के लोगों का सर्वेक्षण किया गया। जिसमें 30 से 59 आयु के किसानों में आत्महत्या के ज्यादा मामले प्रकाश में आये। अतः जरूरत है कि उन कारणों का पता लगाया जाये जिसके चलते किसान खेती से पलायन व आत्महत्या जैसे खतरनाक कदम उठा रहा है।

2010 का सर्वे (आयु के आधार पर आत्महत्या करने वाले किसानों का वर्गीकरण)

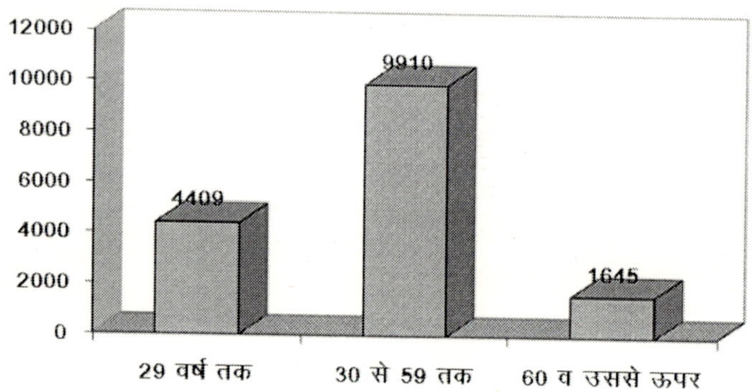


स्रोत– योजना पत्रिका (मार्च, 2011)

महिला किसान भी आत्महत्या कर रहे है इस सोचनीय स्थिति से स्पष्ट है कि कर्जे एवं घाटे का सौदा साबित हो रही कृषि व्यापारी गतिविधियों लिंग आधारी समस्या नहीं है अर्थात् इस समस्या ने भारतीय समाज में महिला किसान एवं किसान पुरूष दोनों को अपनी गिरफ्त में लिया है।

महिला आत्महत्या = 2372

पुरूश आत्महत्या = 13592

## Women farmers, too, commit suicide

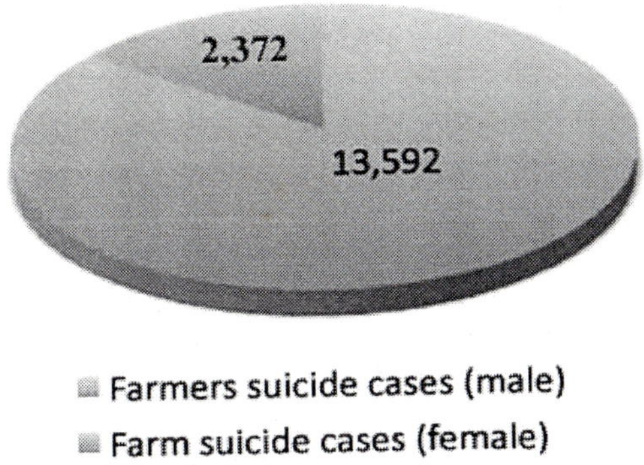


## राज्य आधारित आत्महत्या संख्याओं के आंकड़े

Farmers suicide: no end to despair

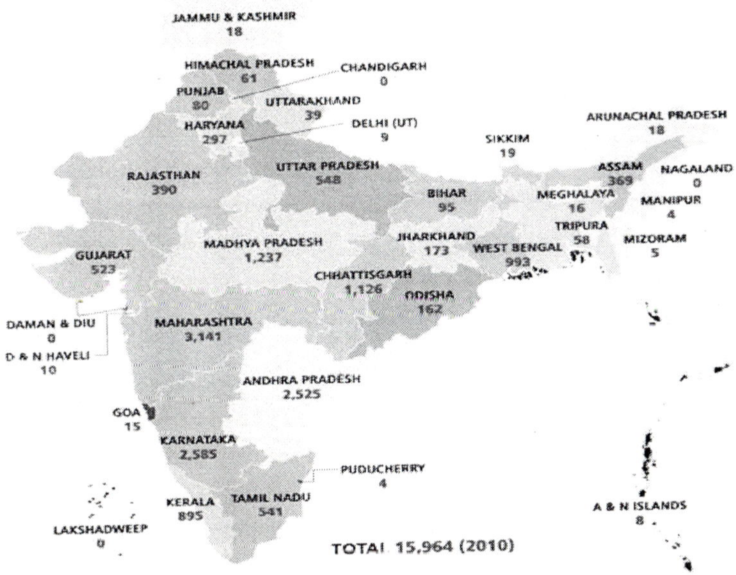


स्रोत– Down to earth

उपरोक्त समस्याओं को देखते हुये सरकार को ठोस कदम उठाने की आवश्यकता है ताकि देश के अन्नदाता को इन मुसीबतों से बचाया जा सके। साथ ही श्रम पर राष्ट्रीय आयोग ने जो भी सुझाव दिये हैं, उन पर अमल किया जाये। सिंचाई, जल निकासी, बाढ़ नियंत्रण, ग्रामीण विद्युत आपूर्ति, बैंकों से रियायती दर पर लोन, फसल नष्ट होने पर मुआवजा व आगामी खेती करने के लिये सहायता उपलब्ध करायी जाये। महाजनों के चंगुल से छोटे किसानों को बचाने के लिये प्रयास किये जाये। साथ ही कृषि श्रमिकों के लिये भी रोजगार सुरक्षा, काम के घंटे, न्यूनतम मजदूरी का भुगतान और विवादों के निष्पादन के लिये मशीनरी की व्यवस्था तथा केंद्र व राज्य स्तर पर ग्रामीण श्रमिकों के लिये भी रोजगार सुरक्षा, काम के घंटे, न्यूनतम मजदूरी का भुगतान और विवादों के निष्पादन के लिये मशीनरी की व्यवस्था तथा केंद्र व राज्य स्तर पर ग्रामीण श्रमिकों के लिये पृथक विभाग की स्थापना की जाये और उसमें स्थानीय स्तर के अधिकारी नियुक्त किये जाये। साथ ही कृषि श्रमिकों के लिये मजदूर संघों का भी प्रावधान किया जाये। कृषि श्रम कोष की स्थापना की सिफारिश की जाये। प्रसूति अवकाश, वृद्धावस्था पेंशन, मृत्यु एवं चोट पर क्षतिपूर्ति की व्यवस्था, भ्रष्टाचार पर लगाम कसकर की जाये, तभी देश के किसानों व कृषि श्रमिकों को सम्मानपूर्वक जीवन दिया जा सकता है।

शोध समस्या का दूसरा पक्ष यह भी है कि किसानों को मुआवजे के रूप में मिलने वाली राशि उनके श्रम की मजदूरी के समकक्ष नहीं होती। वही यह प्रक्रिया इतनी लंबी होती है कि किसान आस ही छोड़ मौत को गले से लगा लेता है। 2010 से 2015 के बीच जितने किसानों ने आत्महत्या की है उसे निम्न तालिका में दर्शाया गया है–

| वर्ष | किसान |
|---|---|
| 2015 | 12786 |
| 2014 | 12500 |
| 2013 | 11,744 |
| 2012 | 13,754 |
| 2011 | 14,207 |

**राज्यों में किसान आत्महत्या–**

| वर्ष | किसान |
|---|---|
| महाराष्ट्र | 3030 |
| तेलंगाना | 1358 |
| कर्नाटक | 1197 |
| मध्य प्रदेश | 581 |
| आंध्र प्रदेश | 516 |
| छत्तीसगढ़ | 854 |

यूनिवर्सिटी ऑफ केलीफोर्निया, ब्रेकले द्वारा भारत में किसान आत्महत्या पर किए गए शोध में पाया कि पिछले 30 वर्षों में 59,000 किसानों ने आत्महत्या की है। अतः वर्तमान में लगभग 45 प्रतिशत किसान प्रतिदिन आत्महत्या कर रहे हैं।

**निष्कर्ष–**

भारत शीर्ष अर्थव्यवस्थाओं में है किन्तु भारतीय कृषि संघर्ष की स्थिति में है। यह विषय सोचनीय है कि जिस कृषि को किसी समय अर्थव्यवस्था का आधार माना जाता था वह आज अर्थव्यवस्था में नगर स्थिति में है लेकिन भारत कृषि उत्पादन व उत्पादन क्षेत्र में अपना विशेष स्थान रखता है जिससे, आज कृषि के 14 प्रतिशत (अर्थव्यवस्था में हिस्सा) को दो गुना किया जा सकता है और बेरोजगारों की बड़ी संख्या में रोजगार को उपलब्धता होगी क्योंकि 1990 के बाद जहाँ भारत में वैश्वीकरण पर बल दिया, लेकिन यह वैश्वीकरण उद्योग व सेवा क्षेत्र तक सीमित रह गया। अर्थात् वैश्वीकरण ने कृषि को हासिए पर धकेल दिया, जिसमें किसान के लिए खेती घाट का सौदा साबित होने लगी। 1990 के दशक में किसान आत्महत्या की सूचना आने लगी।

## सन्दर्भ ग्रन्थ सूची

1. National Crime Reports Bureau, ADSI Report Annual 2012, Gov. of India.

2. Gruere, G. & Sengupta, D. (2011) Shadow Space : Suicide and the Predicament of rural India, Journal of Peasant Studies.

3. Das, A. (2011), Framers suicide in India: Implication for Public Mental Health, International Journal of Social Psychiatry.

4. शर्मा, देविंदर– "मुट्ठी भर दोनों के लिए" प्रभात प्रकाशन, नई दिल्ली 2015

5. जलवायु परिवर्तन– (अप्रैल 2010) योजना।

6. नेशनल सेमिनार, कंजरवेशन, मैनेजमेन्ट एण्ड डवलपमेन्ट ऑफ लेन्ड रिसोर्स 20–21 मार्च 2006, चौ0 चरण सिंह विश्वविद्यालय, मेरठ

7. गांवों से शहरों की ओर पलायन– कुरूक्षेत्र (दि0 2010) ग्रामीण विकास मंत्रालय, नई दिल्ली।

8. खेती का बदलता स्वरूप– कुरूक्षेत्र (जुलाई 2010), ग्रामीण विकास मंत्रालय, नई दिल्ली।

9. Chaudhary and Swamy (2014), Protecting the Borrower: An Experiment in Colonial India.

# 2

# कृषि एवं पर्यावरणीय प्रभाव

डॉ0 प्रतीत कुमार

एसोसिएट प्रोफेसर

राजनीति विज्ञान विभाग,

चौ0 चरण सिंह राजकीय महाविद्यालय,

छपरौली, बागपत

वर्तमान समय में वैश्विक स्तर पर मानव जाति के समक्ष अनेक चुनौतियाँ उभर कर आयी हैं, यथा अन्तर्राष्ट्रीय आतंकवाद, मानव तस्करी, एड्स जैसी घातक बीमारी तथा वैश्विक तापन इत्यादि। ये समस्याएँ समस्त देशों की साझी समस्याएँ हैं। कोई भी देश अपने ही स्तर पर इन समस्याओं का सामना नहीं कर सकता। अतः आज सभी देश इनका सामना करने के लिए साझी कोशिश कर रहे हैं। वैश्विक तापन मानव के द्वारा प्रकृति के अंधाधुंध दोहन का परिणाम है। वैश्विक तापन प्रमुखतया ग्रीन हाउस गैसों के वायुमण्डल में बढ़ते घनत्व का परिणाम है। जिसके कारण विश्व के औसत तापमान में वृद्धि हो रही है। वैश्विक औसत तापमान में यह वृद्धि मानव जाति के लिए घातक सिद्ध हो रही है। वैश्विक तापन ने वैश्विक स्तर पर अनेक समस्याओं को जन्म दिया है इनमें जलवायु परिवर्तन प्रमुख है। जलवायु परिवर्तन का सीधा प्रभाव कृषि पर पड़ता है।

जलवायु के सन्दर्भ में वैश्विक ताप में वृद्धि निम्न और उच्च अक्षांशों पर

कृषि को विभिन्न तरीकों से प्रभावित करेगी। जहाँ एक ओर उच्च अक्षांशों पर तापमान में वृद्धि विकसित देशों की खाद्यान्न उत्पादकता में वृद्धि करेगा वही दूसरी ओर भारत और दूसरे उष्ण कटिबन्धीय देशों में इसके विषम प्रभाव पड़ेंगे।

जलवायु परिवर्तन वर्तमान समय में राजनीतिक और पब्लिक एजेण्डे में प्रमुख स्थान पर है। विकासशील देशों में इस वैश्विक परिघटना पर विशेष ध्यान केन्द्रित किया जा रहा है, क्योंकि इसके कृषि पर व्यापक नकारात्मक प्रभाव परिलक्षित हो रहे हैं। कृषि विकासशील देशों की अर्थव्यवस्था का आध ाार है। इन देशों की अधिकांश जनसंख्या की जीविका कृषि पर आधारित है। वर्तमान में भारत की लगभग 58 प्रतिशत जनसंख्या अपनी जीविका के लिए कृषि पर निर्भर है। अतः जलवायु परिवर्तन के कृषि पर प्रभाव इन देशों में भुखमरी तथा अन्य सामाजिक–आर्थिक समस्याएँ पैदा कर रहे हैं।

भारत का गर्मी का मानसून, जिस पर भारत की 75 प्रतिशत वर्षा निर्भर करती है, कृषि के लिए बहुत निर्णायक है। जलवायु परिवर्तन गर्मी के मानसून की स्थिति में परिचालनता को बढ़ा सकता है, जिससे देश के कुछ भागों में बाढ़ तथा कुछ भागों में सूखे की स्थिति पैदा होगी।

बाढ़ तथा सूखा जलवायु परिवर्तन के कृषि पर पड़ने वाले खतरनाक प्रभाव को रेखांकित कर रहे हैं। यद्यपि बाढ़ तथा सूखा परम्परागत रूप से प्राकृतिक परिघटना है लेकिन जलवायु परिवर्तन के कारण सूखे तथा बाढ़ की पुनरावृत्ति में वृद्धि हुई है तथा इनके द्वारा पैदा होने वाली विभीषिका में वृद्धि हुई है।

वैश्विक तापन के कारण ग्लेशियर तेजी से पिघल रहे हैं। परिणामस्वरूप नदियों में बाढ़ की स्थिति गंभीर हो गयी है। बाढ़ की बारम्बारता में वृद्धि हो रही है। वैश्विक तापन के कारण भारत में सिन्धु, ब्रह्मपुत्र तथा गंगा की द्रोणी में बाढ़ की स्थिति अधिक गंभीर हो गयी है। जलवायु परिवर्तन पर संयुक्त राष्ट्र के अन्तर्राष्ट्रीय पैनल आई0पी0सी0सी0 ने 2007 को ब्रूसेल्स में एक रिपोर्ट जारी की थी। रिपोर्ट में चेतावनी दी गयी है कि 2030 तक हिमालयी ग्लेशियर पिघल जाएगा। अनुमानतः उनका क्षेत्रफल 5 लाख वर्ग किमी0 से घटकर 1 लाख वर्ग किमी0 रह जाएगा। परिणामतः गंगा जैसी जीवनदायिनी नदी नष्ट होने के कगार पर पहुँच जाएगी जिसके अभाव में गंगा के दोआब

में लहराती फसलें इतिहास की बात बन जाएगी। रिपोर्ट का मानना है कि ग्लेशियरों के पिघलने से शुरूआत में पानी की सप्लाई बढ़ जाएगी परिणामस्वरूप बाढ़ का खतरा बढ़ जाएगा जोकि कृषि पर नकारात्मक प्रभाव डालेगा फलस्वरूप फसलें बर्बाद हो जाएगी उपज घट जाएगी, उत्पादकता कम हो जाएगी, लेकिन बाद में ग्लेशियरों के पिघलकर समाप्त हो जाने के बाद, यह क्षेत्र रेगिस्तान में बदल जाएगा, भूमि बंजर हो जाएगी। रिपोर्ट में चेतावनी दी गयी है कि उच्च अक्षांश पर जंगल और खाद्य उत्पादन शुरूआत में थोड़ा बढ़ने के बाद घट जाएगा। पूर्व और दक्षिण–पूर्व एशिया में फसलों का उत्पादन 20 प्रतिशत बढ़ सकता है लेकिन केन्द्रीय और दक्षिण एशिया में यह 30 प्रतिशत तक घट सकता है। इस रिर्पोट के अनुसार तापमान अगर 1.5–2. 5 डिग्री सेल्सियस तक भी बढ़ गया, तो पशुओं और पौधों की 20–30 प्रतिशत प्रजातियों के विलुप्त होने का खतरा 66 प्रतिशत तक बढ़ जाएगा। इस प्रकार आई0पी0सी0सी0 की रिपोर्ट के निष्कर्षों से स्पष्ट होता है कि वैश्विक तापन का कृषि पर व्यापक नकारात्मक प्रभाव पड़ रहा है तथा भविष्य में इसके और अधिक गम्भीर परिणाम होंगे।

इस रिपोर्ट के अनुसार जलवायु परिवर्तन का सबसे ज्यादा असर जिन क्षेत्रों पर पड़ेगा उनमें उत्तरी अर्जेन्टीना व भारत, द0 चीन, दक्षिण अस्ट्रेलिया एवं पूरा अफ्रीका शामिल है। उल्लेखनीय है कि उष्ण कटिबन्धीय तथा उप उष्ण कटिबन्धीय क्षेत्रों में दुनिया की लगभग आधी आबादी रहती है। वर्तमान में यहाँ 3 अरब जनसंख्या निवास करती है। जिसके इस सदी के अंत तक दुगुनी हो जाने का अनुमान है। इस क्षेत्र की ज्यादातर आबादी कृषि पर आधारित है। रिपोर्ट के अनुसार तेजी से बढ़ रहे तापमान से इस क्षेत्र के ज्यादातर जल स्रोत सूख जाएंगे और जमीन की नमी खत्म होने से उपजाऊ जमीनों में दरारें पड़ने लगेंगी। इसके बाद यह जमीन बंजर में तब्दील हो जाएगी। जलवायु परिवर्तन के कारण पड़ने वाले सूखे से भोजन तथा पानी की कमी और अधिक गंभीर होगी। अमेरिकी शोधकर्त्ताओं के अनुसार गर्मी में वृद्धि वर्ष 2100 तक इतनी बढ़ जाएगी कि मिट्टी की नमी समाप्त हो जाएगी। मिट्टी की नमी घटने से उत्पादन का नकारात्मक प्रभाव पड़ेगा। इसका परिणाम यह होगा कि उष्ण कटिबन्धीय क्षेत्र में चावल और मक्के जैसे अनाजों की पैदावार में 20–40 प्रतिशत की कमी हो सकती है।

विगत वर्षों में पड़ने वाले सूखे और सूखों की बारंबारता में वृद्धि का एक

मुख्य कारण है तापमान में वृद्धि। वनों की कटाई और तापीय वृद्धि से संतृप्त वायु हेतु अधिक नमी की आवश्यकता होती है। चूँकि अधिक नमी की आपूर्ति संभव नहीं है, इसलिए पर्याप्त जलवायु के बावजूद संघनन की अवस्था का निर्माण नहीं होता है। परिणामतः वर्षा में कमी होती है तथा सूखे की स्थिति उत्पन्न होती है।

वर्ष 2009 में देश में पड़ा सूखा शताब्दी का सबसे बड़ा सूखा कहा गया है। कृषि मंत्री शरद पंवार के अनुसार लगभग आधा देश इस सूखे की चपेट में रहा है। भारत में 2009 में एक जून से 30 अगस्त तक जो बारिश हुई, वह औसत से लगभग 29 प्रतिशत कम है। इसके कारण देश के कई राज्य सूखे की चपेट में आ गए। चूंकि देश में कृषि की केवल 40 प्रतिशत जमीन पर ही सिंचाई के इंतजाम हैं, इसलिए ज्यादा दारोमदार वर्षा पर होता है और कम वर्षा हमेशा अर्थव्यवस्था पर विपरीत प्रभाव डालती है। सूखे के कारण खाद्य पदार्थ का उत्पादन कम हो जाता है। परिणामस्वरूप महंगाई बढ़ जाती है तथा इससे जुड़े कई संकट खड़े हो जाते हैं।

जलवायु परिवर्तन पर विश्व बैंक की एक रिपोर्ट में भारत के आन्ध्र प्रदेश एवं महाराष्ट्र के सूखाग्रस्त क्षेत्रों तथा उड़ीसा के बाढ़ ग्रस्त जिलों के अध्ययन पर आधारित निष्कर्ष प्रस्तुत किए गए हैं। रिपोर्ट में आन्ध्र प्रदेश में सूखे के कारण शुष्क भूमि में उत्पन्न की जाने वाली फसलों की पैदावार में कमी की सम्भावना व्यक्त की गयी है। महाराष्ट्र में गन्ने की पैदावार में 30 प्रतिशत की कमी की संभावना व्यक्त की गयी है। इसी प्रकार उड़ीसा के बाढ़ग्रस्त तटीय इलाकों में चावल की पैदावार में 12 प्रतिशत की कमी को रेखांकित किया गया है। इन क्षेत्रों में गरीब तथा सीमान्त किसान रहते हैं, जिनके पास 1 एकड़ से भी कम जमीन का स्वामित्व है। स्पष्ट है कि जलवायु परिवर्तन का सबसे अधिक प्रभाव उन गरीबों तथा सीमान्त किसानों पर पड़ेगा जो कि वैश्विक तापन के सबसे कम जिम्मेदार हैं।

वैश्विक स्तर पर सूखे के कारण उपज में कमी आयी है। परिणामस्वरूप पहले से ही खाद्य संकट झेल रहे विश्व के सामने भूखमरी वैश्विक चुनौती बनकर उभरी है। प्रसिद्ध पर्यावरण पत्रिका साइंस जर्नल की ताजा रिपोर्ट के अनुसार अगर विकसित एवं विकासशील देशों ने मिलकर वैश्विक तापन के विरूद्ध सार्थक कदम नहीं उठाये तो इस सदी के अंतिम वर्षों में दुनिया की

आधी आबादी भूखे रहने को मजबूर हो जाएगी। अमेरिका की स्टेनफोर्ड यूनिवर्सिटी में खाद्य सुरक्षा व पर्यावरण कार्यक्रम के निर्देशन रोसमंड नेलर के शब्दों में ''यदि जलवायु परिवर्तन की दिशा में कोई प्रभावी कदम अभी नहीं उठाया गया तो सदी के अन्त तक अन्न का संकट अब तक इतिहास के देखे–सुने सबसे बुरे संकट से भी बहुत ज्यादा बुरा होगा।''

एफ0ए0ओ0 के विशेषज्ञ कार्य दल ने दिसम्बर 2009 को प्रस्तुत अपनी रिपोर्ट में जलवायु परिवर्तन के फसलों की उत्पादकता पर पड़ने वाले गंभीर परिणामों को रेखांकित किया है। रिपोर्ट का निष्कर्ष है कि पृथ्वी के वर्तमान औसत तापमान में प्रत्येक 1 डिग्री सेल्सियस की बढ़ोत्तरी से भारत जैसे देशों में गेहूँ के उत्पादन में लगभग 6 मिलियन टन की कमी प्रतिवर्ष होगी। दूसरी अन्य फसलों के उत्पादन में भी इसी प्रकार कमी आएगी। प्रो0 एम0एस0 स्वामीनाथ्न ने 1989 में जेनेवा में होने वाले 'जलवायु परिवर्तन एवं कृषि' विषय पर हुई कान्फ्रेंस में रेखांकित किया था कि विश्व के औसत तापमान में 2 डिग्री सेल्सियस की वृद्धि दक्षिण एशिया तथा सब सहारा अफ्रीका ने फसल की उत्पादकता पर गंभीर प्रभाव डालेगी। परिणामस्वरूप हमारे निध र्न किसानों को प्रतिवर्ष लगभग 20 मिलियन डालर की लागत का घाटा उठाना पड़ेगा, ग्रामीण महिलाओं को और भी अधिक कठिनाईयों का सामना करना पड़ेगा, क्योंकि वे पशु चारा और पानी की देखभाल करती हैं।

एफ0ए0ओ0 का अनुमान है कि भूखे लोगों की संख्या में वृद्धि का एक मूल कारण, जो कि अब एक बिलियन से भी ऊपर है, बुनियादी आवश्यक वस्तुओं के मूल्य में वृद्धि है। दुर्भाग्य से भारत को बड़ी संख्या में संसार के कुपोषित बच्चों, औरतों और आदमियों का घर माना जाता है। ऐसी स्थिति में बढ़ते जलवायु के खतरे और उत्पादन में सभी के चलते सबको भोजन प्रदान करना कठिन कार्य होगा। खाने और पीने वाला पानी हमारी प्राथमिकताओं में सबसे ऊपर है। इसलिए तापमान में 2 डिग्री सेल्सियम की वृद्धि के कारण होने वाले सामान्य और भिन्न प्रभावों को पहचानते हुए कृषि और ग्रामीण रहन–सहन को प्राथमिकता देनी होगी।

प्रमुख कृषि वैज्ञानिकों का मानना है कि जलवायु परिवर्तन विभिन्न फसलों में खतरनाक रोगों को पैदा करेगा। हम अपनी फसलों को दो भागों में बाँट सकते हैं प्रथम जलवायु सहन करने वाली फसलें तथा द्वितीय

जलवायु संवेदनशील फसलें। जैसे गेहूँ जलवायु संवेदनशील फसल है, जबकि चावल या धान जलवायु के साथ–साथ अन्य परिस्थितियों पर भी निर्भर करती है। आलू जैसी फसलों के लिए उच्च तापमान से बहुत सारी समस्याएँ आएँगी। उच्च तापमान वाले क्षेत्रों में आलू के उत्पादन के लिए बीमारी रहित बीजों को उत्पन्न करना कठिन हो जाएगा। आलू की फसल के लिए बीमारियों एवं कीटों का तुलनात्मक महत्व बदल जाएगा। गेहूँ की फसल में स्टेमरस्ट नामक रोग बढ़ेगा जो कि भारतीय उपमहाद्वीप में ज्यादा प्रभावी होगा।

जलवायु परिवर्तन के प्रभाव से कृषि उत्पादकता के संरक्षण तथा वृद्धि के लिए प्रसिद्ध कृषि वैज्ञानिक प्रो0 एम0एस0 स्वामीनाथन ने सुझाव प्रस्तुत किए हैं। प्रसिद्ध कृषि वैज्ञानिकों का मानना है कि जलवायु परिवर्तन के कारण पैदा होने वाले खतरनाक रोगों से बचने के लिए ऐसे नये जीन को विकसित करने की आवश्यकता है जो फसलों पर पड़ने वाले घातक प्रभावों को सहन कर सकें। भूमि की उत्पादकता सम्बन्धी कमियों को दूर करने की सबसे अधिक संभावनाएँ मृदा कार्बन बैंक बनाने तथा मृदा कार्बन का संरक्षण करने में हैं। मृदा कार्बन पूल में एक टन की वृद्धि खाद्य उत्पादन की बढ़ोत्तरी में सहायक होगी क्योंकि मृदा की सबसे बड़ी कमियों में से एक मृदा में पाये जाने वाले आवश्यक पोषक तत्वों का न होना है। कम से कम एक बिलियन वृक्षों के रोपण करने का आन्दोलन चलाया जाना चाहिए जो कि कार्बन की मात्रा को सन्तुलित करेगा तथा मृदा में पोषक तत्वों की वृद्धि करेगा। बायो गैस प्लांट की मदद से ग्रीन हाउस गैसों का उत्सर्जन कम कर सकते हैं तथा ऊर्जा एवं पानी की सुरक्षा को बढ़ा सकते हैं। इसी तरीके से नीम से बना यूरिया अमोनिया के वोलेटिलाइजेशन में कमी करेगा तथा इसके परिणामस्वरूप नाइट्रेस ऑक्साइड को वातावरण में निकालने में भी मद्द करेगा। ग्लोबल वार्मिंग के कारण पड़ने वाले सूखे एवं बाढ़ संकेत करने वाले पूर्व चेतावनी केन्द्र स्थापित किए जाए तथा इनकी विभीषिका को कम करने के लिए एतियाती कदम उठाने होंगे। किसानों को देश की फसलों की व्यवस्था तथा मौसम प्रतिमानों पर आधारित दिशा निर्देश उपलब्ध कराए जाएँ। इसके साथ–साथ वैकल्पिक फसल प्रतिमान सम्बन्धी दिशा निर्देश उपलब्ध कराए जाएँ। बीजों एवं खाद्यान्नों के बैंकों का गठन किया जाए, जो भिन्न–भिन्न मौसम सम्भावनाओं और उनके क्षेत्र विशेष की सामान्य फसलों तथा फसली

सत्रों पर पड़ने वाले प्रभाव को रेखांकित करने वाले कम्प्यूटर सिम्युलेशन मॉडलस पर आधारित हो। गाँव के प्रत्येक आदमी और औरत को 'क्लाईमेट रिस्क मैनेजर' के रूप में प्रशिक्षित किया जाए। आधुनिक विज्ञान की सहायता से परम्परागत ज्ञान को समृद्ध किया जाए।

जलवायु परिवर्तन का प्रभाव यदि इसी प्रकार जारी रहा तो हमारी आगामी पीढ़ी दो वक्त की रोटी के लिए भी तरस जाएगी। अतः प्रमुख कृषि वैज्ञानिकों तथा देश के राजनीतिक नेतृत्व को बदलती परिस्थितियों में कृषि पर विशेष ध्यान केन्द्रित करना होगा। कृषि नीति को समय रहते परिवर्तित नहीं किया गया तो जलवायु परिवर्तन के कारण होने वाली कृषि समस्याओं तथा इसके कारण होने वाली सामाजिक समस्याएँ गंभीर परिणाम पैदा करेंगी। शासन प्रशासन वैज्ञानिकों द्वारा इस प्रकार के संकेत बार–बार दिए जाते हैं तथापि शासन इसे गंभीरता से लेता हुआ नहीं दिखायी देता है अन्यथा अन्न उत्पादन–वितरण किसानों की समस्या और उसके निदान के संदर्भ में जनाक्रोश स्थान–स्थान पर और समय–समय पर परिलक्षित नहीं हुआ होता। अतः समय रहते हुए लोक नीति के निर्माण में शासक प्रशासक के साथ–साथ उत्पादकों और उपभोक्ताओं की सक्रिय सहभागिता की नितांत आवश्यकता है।

## सन्दर्भ सूची

1. IPCC, Report on Climate Change 2007 (The Fourth Assessment Report of IPCC)
2. F.A.O. Expert Working Group Report, 2009.

# 3

# साहित्य में अभिव्यक्त किसान मुद्दे एवं गाँव की उपस्थिति संदर्भ समकालीन हिन्दी कथा साहित्य

डॉ0 विपिन कुमार शर्मा

मनुष्यता का पक्ष,

आजादी की उत्तरगाथा, नयी सदी

का सिनेमा किताबें प्रकाशित।

वर्तमान समय में किसान स्वयं को दो राहे पर खड़ा अनुभव करता है। एक तरफ गाँव के स्थानिक परिवेश को शहर से चुनौती मिल रही है, वहीं दूसरी ओर अर्थव्यवस्था के अपने दबाव हैं। आज हम भूमंडलीकरण के दौर में हैं। जिसे टामस एल0 फ्रीडमेन अपनी विषालकाय पुस्तकों की श्रृंखला द लैक्सस एंड द ऑलिवट्री, वर्ल्ड इज फ्लैट एवं वर्ल्ड इज नॉट फ्लैट में इस प्रक्रिया को बड़े इत्मीनान से साझा किया है। वह कहते हैं ''वैश्वीकरण विश्व के छोटे आकार' को सिकोड़कर उसे और भी छोटे आकार में बदल रहा है। और साथ ही खेल के मैदान को और समतल कर रहा है। वैश्वीकरण की सक्रिय शक्ति थी, विभिन्न देशों का वैश्विक होना। इस प्रक्रिया के पीछे सबसे अलग शक्ति वह यह थी, कि इस युग में अकेला व्यक्ति इतना शक्तिशाली बन गया कि अकेला ही पूरी दुनिया के साथ सहयोग और

प्रतिर्स्पद्धा दोनों ही कर सकता है।''[1]

वैश्वीकरण ने जहाँ सूचना तकनीक के आधार पर एक नयी, विश्व आभासी व्यवस्था की स्थापना की, लेकिन आर्थिक स्तर पर अंतर राष्ट्रीय मुद्रा कोश द्वारा शुल्क प्रशुल्कों में कमी की गयी, उसके साथ के डंकल एवं गैट समझौते ने दुनिया को खुला बाजार बना दिया। ऐसे में सीमाओं का कोई सवाल नहीं था। मजदूर वर्ग एवं खेती किसानी पर आश्रित जन समुदाय के लिए नये किस्म के संकट थे। किसान संबंधी जो अवधारणा है उसमें एर्के वूल्फ की यह टिप्पणी महत्वपूर्ण है ''कृषकों को परिभाशित करने के लिए भूमि का स्वामित्व एक महत्वपूर्ण कसौटी है। सन् 1966 में कृषकों को परिभाषित करते हुए ऐसे लोगों को कृषक बताया है जो ग्रामीण खेतिहर किसान है। जिनकी उपज का आधिक्य शासकों के लिए प्रभु समूह को हस्तान्तरित कर दिया जाता है। एक ऐसा जन समुदाय जो जीवकोपार्जन हेतु खेती के काम में लगा होता है और खेती की प्रक्रिया के सम्बन्ध में स्वतन्त्र निर्णय लेता है।''[2]

खेतिहर किसान की भारत में स्वतन्त्र निर्णय लेने की स्थिति शायद ही कभी रही हो। रजनी पामदत्त की पुस्तक आजादी के पूर्व भारत की यथार्थ तस्वीर खीचती है। अंग्रेजों ने जो कुटीर उधोगों को विनिष्ट किया उससे किसान भी नष्ट हुए क्योंकि खेती किसानी की मूल उपज की खपत कुटीर उद्योगों में ही थी। कपास के संदर्भ में तो यह बात पूरी सच है। उपनिवेशीकरण ने भारतीय मजदूर एवं किसान के जीवन को दूभर बना दिया। पूरा राष्ट्रीय आन्दोलन, राजनैतिक–सांस्कृतिक अस्मिता मूलक विशयों के साथ ही आर्थिक उपनिवेशीकरण का प्रतिकार भी है। खेती–कृषि व्यवस्था के चौपट होने ने उन्हें विकल्पहीन बना दिया। किसानों की दारूण स्थिति जगीदार की बजह से भी थी। जमीदारी उन्मूलन की लड़ाई एक लम्बी लड़ाई के रूप में रही। आर्थिक आजादी, आजादी का एक बड़ा सवाल था। पॉल0आर0 ब्रास अपनी पुस्तक 'चरण सिंह और कांग्रेस राजनीति 1937–1961' में चरण सिंह के राजनीतिक जीवन के साथ उत्तर भारत के किसानों के जीवन का भी अध्ययन है। गाँवों की आंतरिक दुर्दशा पर बड़ी बारीकी से इसमें बात की गई है। आजादी के बाद गाँवों में किसानों से मोहभंग होने का बड़ा कारण सत्ता नियंताओं का गांवों के बरक्स शहर को प्राथमिकता देना भी है।

इस विषय पर चरण सिंह सत्ता नियंताओं को हमशा कटघरे में खड़ा करते रहे।

''ज्ञापन की भाषा थोड़ी कठोर हो सकती है और कुछ के लिए कुंठित करने वाली। लेकिन इस तथ्य का कोई खंडन नहीं कर सकता कि शहर के लोग अपने आपको किसानों से श्रेष्ठत्तर समझते हैं। ये तो रोज के अवलोकन का मामला है कि एक शहरी, गैर कृषक, अपने गरीब देशवासी जो गाँव से हैं को 'देहाती', 'गँवार' या दहकनी उतने ही घृणाजनक लहजें में कहता है, जितने घृणाजनक लहजे में 'स्वर्ग' से उतरा यूरोपियन उन सभी को बिना किसी भेद के भारतीयों को फटकारता था या 'देसी' या 'नीग्री' जैसे शब्द कहा करता था।[3]

भारतीय किसान के बारे में सोचने वाले चिंतक कम रहे हैं, इतनी गहराई से सोचने वाले और भी कम। किसान को जो हताश करता है वह आर्थिक बदहाली के साथ ही अभिजात्य का माइंड सेट भी है। किसान की आपद स्थिति को प्रेमचन्द के कथा साहित्य में स्पष्ट रूप स देखा जा सकता है। हिंदी साहित्य तो क्या, भारतीय भाषाओं के कथा साहित्य में भी 'गोदान' जैसा उपन्यास दिखाई नहीं पड़ता। किसानी जीवन, मजदूर किसान के जमीदार द्वारा किए जाने वाले शोषण, आने वाले समय के संकेतों को पकड़ने की अपूर्व क्षमता 'गोदान' को किसान जीवन का सघन आख्यान बनाती है। यह आजादी के पूर्व का यथार्थ और भविष्य के पूर्व की खेतिहर आबादी के लिए एक चेतावनी के रूप में उभरता है, शहर बनाम गांव का द्वंद्व जो कई समाज शास्त्रियों आर्थिक विशेषज्ञों के शोध एवं चिंता का आधार रहा है।

आने वाले जटिल समय के आभास 'गोदान' में पकड़े जा सकते हैं। आज जब कहा जाता है कि 'किसान की मृत्यु कोई खबर नहीं है, इसे होरी की अकाल मृत्यु से किसानों की अनवरत आत्महत्याओं की त्रासद सिलसिले की यह गाथा है।

''हारे हुए महीप की भाँति उसने अपने को इस तीस बीघे के किले में बंद कर लिया था और उसे प्राणों की तरह बचा रहा था। फाके सहे, बदनाम हुआ मजूरी की, पर किले को हाथ से नहीं जाने दिया, मगर अब किला भी हाथ से निकल जाता था। तीन साल से लगान भी बाकी पड़ा हुआ था और अब पंडित नोखेराम ने उस पर वेदखली का दावा कर दिया था। कहीं से

रूपये मिलने की आशा न थी। जमीन उसके हाथ से निकल जाएगी। और उसके जीवन के बाकी दिन मजूरी करने में कटेंगे।[4]

होरी के लिए किसानी उसके अस्तित्व का प्रश्न है। मजदूरी करने को वह 'मरजाद' सेल्फ डिग्नटी से संबंद्ध करता है। गाँव उजड़ रहे हैं, विकल्पहीनता की स्थिति में लोग शहर की ओर पलायन कर रहे हैं। यहाँ शहर बनाम गाँव का द्वंद भी स्पष्ट रूप से परिलक्षित होता है। गोबर शहर में जाकर 'शहराती कल्चर' को अपने अंदर सब्ज कर लेता है, वैसे वह शहर के लिए आउट साईडर ही है। इस पैंडलूम की भांति गाँव के जीवन की त्रासदी को चरण सिंह ने महसूस किया था। 'गोदान' 1936 के आसपास की किसान स्थितियों का खाँका खींचता है। आजादी से लोगों को बहुत उम्मीदें थी। 'गाँव' आजादी के आंदोलन के केन्द्र में थे। गांधी का तो पूरा दर्शन ही गांव किसानी पर ही केन्द्रित था। मगर आजादी के बाद भी ऐसा कुछ हुआ नहीं। किसानों ने आजादी आने के पश्चात् स्वयं को ठगा हुआ अनुभव किया।

उनकी स्थिति में रत्ती भर भी परिवर्तन नहीं आया। जमीदारी उन्मूलन बिल में खेतिहर किसानों को उनके द्वारा एक निश्चित अवधि तक बोई–जोती जा रही जमीन, जिस पर वह पर्याप्त लगान के रूप में मूल्य भी चुका चुके हैं, देने की बात की गई थी, मगर यहाँ भी जमीदारों ने खेतिहर किसानों को चतुराई से हिस्सा देने से इंकार कर दिया, व्यवस्था में स्वयं की पकड़ होने से जमींदार जमीन अपने पास रखने में सफल रहे, पॉल0आर0 ब्रास जमीदारी चरण सिंह पर केन्द्रित पुस्तक में जमीदारी उन्मूलन वाले अध्याय में इस बात को स्वीकार करते हैं।

'हरित कांति' का भी बड़े किसानों, जिसे आप जमीदार ही मान सकते हैं ने लाभ उठाया। मंझोले और मध्यग किसानों तक हरित क्रान्ति के लाभ नहीं पहुँच पाए। एक वर्ग विशेष तक संसाधनों की पहुँच ने किसानों के बीच की खाई के पाट को और चौड़ा किया। किसानों में भी एक वर्ग बन गया, सुविधा सम्पन्न और वंचित वर्ग। सन् 1990 में जब उदारीकरण की प्रक्रिया शुरू हुई, अन्तर्राष्ट्रीय मुद्रा कोश एवं अन्तर्राष्ट्रीय खाद्य संगठन के निर्णयों ने खेती किसानी के लिए विकट संकट उत्पन्न कर दिया। इसी दौर में गैट समझौता हुआ। जनसामान्य मे एक नारा 'डंकल के डंक से कृषि को बचाओं' प्रचलित हुआ। इसी समय में किसानों की आत्महत्याओं की खबर सुनने में

आने लगी। किसानों पर बढ़ते कर्ज ने उन्हें दबाव में डाल दिया। कर्जमाफी की बात लोक कल्याणकारी राज्य की अवधारणा में तो है, मगर उदारीकरण के नियंताओं की चिंताओं में सिर्फ पूँजी प्राप्त करना है, कर्जमाफी जैसा शब्द नहीं। इन स्थितियों में किसान अवसाद की चपेट में आ गया।

संजीव ने किसानों की आत्महत्याओं को अपने उपन्यास में मार्मिकता के साथ उठाया है। एक वर्ग आरामयाफ़्ता जीवन बिताता है, और किसान भूख से मरता रहता है।

उपन्यास का एक संवाद है, 'हरित क्रान्ति के लिए बांध बन रहे हैं, हमने विस्थापन के बाद पुनर्वासन के लिए पैसे मांगे, नौकरिया मांगी जवाब में ठीक गांधी जयन्ती के दिन पुलिस ने हमें पीटा।

लाखादुर तहसील के दुख पुधार गांव के सोन्दरकार जी की फसल अचानक बारिश से बर्बाद हो गयी। देखकर खड़े–खड़े गिरे, मर गए। ऐसे कई सोन्दरकार जी को में जानता हूँ।''[5] (संजीव का उपन्यास : फाँस)

संजीव ने किसानों की आत्महत्या के पूर्व और बाद की स्थितियों में सत्ता और तंत्र की भूमिका का बेहद शोधपरक दृश्टि से मूल्यांकन किया है। किसान को कौन से कारक आत्महत्या जैसे कदम उठाने के लिए विवश करते हैं। आत्महत्या यदि कोई ऐसा व्यक्ति करता हैं जिसके नाम पर जमीन नहीं तब उसे किसान आत्महत्या में शामिल नहीं किया जाता। संजीव का उपन्यास उदारीकरण के युग में जी रहे किसान की त्रासदियों को ही साझा करता है। सरकार कृपया हम किसानों को यह बताये कि आत्महत्या करते वक्त किन–किन बातों का ख्याल रखा जाए। कब और कैसे की जाती है आत्महत्या? किस पंडित से पूछकर . . . यह भी सिखाया जाए कि कैसे लिखी जाती हैं सुसाइड नोट . . .[6]

यह भूख से बिलबिला रहे बहुसंख्यक वर्ग के यथार्थ से रू–ब–रू होना है। किसानों की हताशा, जल संसाधनों के निरंतर सिकुड़ते जाने, बीजों के निरंतर महंगे होते जाने, फसलों के नष्ट होने पर कर्जमाफी के अभाव से उत्पन्न होती है, ''एक बड़े समूह के लिए जिंदगी मात्र एक दुःस्वप्न बन जाए और मौत एक मात्र विकल्प! मौत, मौत होती है– आत्महत्या में पात्र–अपात्र का फर्क करना सरकार या अधिकारियों की बेईमानी या बदनीयती बताती है।''[7]

एक ऐसी स्थिति पूरे देश में बन रही है। जिसमें खेती किसानी को घाटे का सौदा बनाकर पेश किया जा रहा है। किसानों में अपनी फैसलों के उचित दाम ना मिलने से हताशा का माहौल है, यह उदारीकरण के विगत समय का यथार्थ है। सन् 2010 में राष्ट्रीय सहारा ने उदारीकरण के बीस सालों का मूल्यांकन करते हुए हस्तक्षेप का एक विशेषांक निकाला था, **'उदारीकरण के बीस साल'** के नाम से। इसमें खेती–किसानी पर कृषि विशेषज्ञ देविन्द शर्मा का लेख था 'इंडिया भारत और मैन हट्टन' इस लेख में वह बताते हैं उदारीकरण के शुरूआती वर्षों से ही खेती किसानी को हाशिए पर धकेला जा रहा है। बाजार उद्योग केन्द्रित अर्थतंत्र को विकसित करने का गहरा आग्रह है। देश में कृषि की हालत आज बदत्तर है। 1997 से लेकर आज तक (अर्थात् 2010 तक) दो लाख किसान आत्महत्या कर चुके हैं। सरकार जानबूझ कर ऐसा माहौल उत्पन्न कर रही है, जिससे किसान खेती छोड़ें और उन्हें मजदूर में तब्दील किया जाए। सरकार की कोशिश है 40 फीसदी किसान खेती से मुँह मोड़ लें।''[8]

इन स्थितियों, 'गाँव किसानी और किसान' को अपनी परिधि से बाहर मानने की प्रवृत्ति ही किसानों को आत्महत्या के लिए विवश करती है। प्रतिष्ठित ब्लॉग सत्याग्रह की किसान आत्महत्या पर चार लेखों की किस्तवार श्रृंखला' राजस्थान विर्दभ के किसानी की दारूण स्थिति को साझा करती है।

श्री विजय नगर, जिला श्री गंगा नगर, राजस्थान 32 वर्षीय दिलीप कुमार की मौत के बाद उनके घर में मातम पसरा है। कुमार ने 14 जुलाई को एक नहर में कूदकर आत्महत्या कर ली थी। स्थानीय लोगों के मुताबिक वे कई महीनों से बैंक के कर्ज को लेकर परेशान थे। कुमार के पड़ोसियों का कहना है कि पिछले दो साल से उनकी फसल अच्छी नहीं हुई थी और जो हुई, उसके भी उन्हें वाजिब दाम नहीं मिले।[9]

पुलकित भारद्वाज अपनी रिपोर्ट में किसानों पर प्रकृति की मार से ज्यादा नयी आर्थिक नीतियों की मार को खतरनाक बताते हैं। 90 फीसदी किसानों को उनकी फसलों की तय कीमतें ना मिल पाना। विदेशी महंगे बीजों का इस्तेमाल ने स्वदेशी किसानी के पैर्टन को ही ध्वसत कर दिया, अब महंगे बीजों के लिए किसान कर्ज लेता है, कर्ज ना चुकाने पर आत्महत्या करने को विवश होता है, यह एक दुष्चक्र है।

हिंदी के महत्वपूर्ण कथाकार राजू शर्मा अपने उपन्यास 'हलफ़नामें' में किसान आत्महत्या और सरकारी तंत्र में हलफनामा भरने की प्रक्रिया को आधार बनाते हैं। यह उपन्यास हिंदी साहित्य में एक नये किस्म का उपन्यास है, अर्थात् दुःख और नयी आर्थिक व्यवस्था से उत्पन्न हताशा का वास्तविक चित्र खींचती कृति।

मकईराम, स्वामीराम उपन्यास के पात्र आज का सच हैं– "एक सुबह अचानक यह दहलानें वाली खबर आई कि स्वामीराम नहीं रहा। उसकी मौत हो गई है। किसी वक्त रात में उसने जहर पी लिया। जब तक पता चला बहुत देर हो चुकी थी। स्वामीराम ने खुदखुशी कर ली।[10]

यह अचानक हुई आत्महत्याएँ नहीं, बल्कि उदार तथाकथित उदार तंत्र द्वारा की गई हत्याएँ हैं। पी0 साईनाथ ने विदर्भ और देश भर में किसानों के बीच घूमकर यह तथ्य पाया, किसानों के लिए उद्योग केन्द्रित अर्थव्यवस्था में खेती किसानी के लिए निरंतर स्पेस के कम होने ने किसानों को आत्महत्या के लिए विवश किया है। युवा कथाकार पंकज सुबीर का उपन्यास 'अकाल में उत्सव' किसान की यातनापूर्ण जिंदगी और अनवरत देश भर में होती किसान आत्महत्याओं पर ही केन्द्रित है, "लेकिन सर किसान तो सरकार के ही भरोसे है न? अगर सरकार उसकी मदद नहीं करेगी तो कौन करेगा? खेतों में खड़ी फसल अगर बरबाद हो गई, तो किसान क्या करे, मर जाए, उपन्यास आगे के संवाद में सत्ता का किसानों के प्रति गैर जिम्मेदार नजरिये को भी दिखाता है। "तो मर जाए? सरकार के भरोसे बैठा है क्या ही डर है तो! जब कहा ही जाता है खेती तो मौसम के भरोसे खेला जाने वाला जुआ है, तो क्यों खेलते हो इस जुए को? मत करो खेती। कोई दूसरा काम करो।"[11]

कृषि को गैर प्राथमिकता का क्षेत्र मानने की प्रवृति भारत में नब्बे के दशक में तेजी से बढ़ी। किसानों को लेकर अध्ययन करने वाले कृषि विशेषज्ञ इस बात को मानते हैं, विगत ढ़ाई दशकों में लाखों किसानों ने आत्महत्या की। यह स्थिति विदर्भ, उड़ीसा की ही नहीं है। बल्कि पंजाब राजस्थान की भी है। पी0 साईनाथ ने सूखा ग्रस्त इलाकों का दौरा कर अपनी किताब 'हू लव द ड्राउट', हिंदी में तीसरी फसल किताब में देश के सूखाग्रस्त क्षेत्रों में अपने अनुभवों को साझा किया है, यह उनकी रिर्पोटिंग की किताब है। पहले यह स्थिति विदर्भ में ही थी, अब देश के संपन्न इलाके भी इसकी चपेट में है।

इन्हीं दिनों आशा पांडेय का कहानी संग्रह 'खारा पानी' को पढ़ रहा था। 'खारा पानी' संग्रह गाँव और शहर के द्वंद्व को तो दिखाती ही है, इसके साथ ही किसान आत्महत्या पर 'जागते रहो' जैसी महत्वपूर्ण कहानी भी है। कर्ज में डूबते चले जाने और अंततः अवसाद की चपेट में आकर आत्महत्या करने की प्रवृति को यह कहानी ईमानदारी से अभिव्यक्ति करती है, पूरे गाँव के जीवन को साथ जोड़कर– "किसान राव की आत्महत्या के एक साल बाद गाँव में ये खबर पहुँची कि सरकार किसानों के कर्ज माफ कर रही है तथा आत्महत्या करने वाले किसानों के घरवालों को कुछ मुआवजा भी मिल रहा है। इस खबर के पन्द्रह दिन बार मेरे गाँव के गणेश अप्पा जी ने भी आत्महत्या कर ली। अभी गाँव इस दुःख से उबर भी न पाया था कि सुरेन सुघडे की घरवाली ने भी आत्महत्या कर ली।"[12]

'जागते रहो' कहानी किसी भावुक सॉल्यूशन की ओर हमें नहीं लेकर जाती। किसान आत्महत्या को लेकर जो मीडिया, समाज में राजनीति चल रही है, कहानी में इन स्थितियों के ब्यौरे हैं जो व्यक्ति को आंकड़े एवं खबर में तब्दील कर देते हैं–

एक दिन जब टी0वी0 पर बहस शुरू थी, कि अन्य क्षेत्रों की तरह विदर्भ भी सूखा ग्रस्त क्षेत्र घोषित किया जाना चाहिए था। नेता एक दूसरे पर आरोप प्रत्यारोप लगा रहे थे तथा चीख–चीख कर सिद्ध कर रहे थे कि विदर्भ में सूखा पड़ा, विदर्भ में सूखा नहीं पड़ा, तो उसी चीख–पुकार के बीच अचानक भाभी चीखती हुई गोठे से भागी–भागी मेरे पास आई प्रथमेष देख, दौड, तेरे दादा के मुँह से झाग निकल रहे है।[13]

आशा पांडेय के साथ ही कैलाश बनवासी के कहानी संग्रह 'बाजार में रामधन' में कई कहानी किसानी जीवन का सघन आंतरिक पक्ष रचती हैं, अनुज की कहानियों में भी विहार के ग्रामीण अंचल और कृषि संकट की शिनाख्त करती हैं। समकालीन कथा साहित्य में कैलाश वानखेडे की कहानियाँ भी किसानी जीवन का ईमानदार आख्यान है।

एक अजीब समय में हम जी रहे हैं, जहाँ वास्तविक यथार्थ के स्थान पर आभारी रिएलिटी को तरजीह देने का चलन है। नए आर्थिक उपनिवेशवाद के दौर में किसान कराह रहा है।

## संदर्भ सूची

1. टॉमस एल फ्रीडमैन की पुस्तक, 'वर्ल्ड इज फ्लैट' का हिन्दी अनुवाद, अब दुनिया गोल नहीं है। पृ0सं0 10, पैग्विन इण्डिया। मृदुला हालन एवं अन्य साथियों द्वारा किया गया अनुवाद।

2. घश्याम लाल शाह की पुस्तक; 'भारत में सामाजिक आंदोलन' के अध्याय, भारत में कृषक आन्दोलन के अंत में एर्क वूल्फ की कृषक की अवधारणा को लेकर टिप्पणी को समाहित किया गया है, सेज पब्लिकेशन, प्रथम संस्करण 2015।

3. पॉल0आर0 ब्रास की पुस्तक, चरण सिंह और कांग्रेस की राजनीति एक भारतीय राजनीतिक जीवन, 1937 से 1961, अध्याय 4, गांवों के साथ भेदभाव, सरकारी नौकरियों में 60 प्रतिशत का स्थान किसानों के लिए आरक्षित हो (1939–62), पृ0 79। सेज पब्लिकेशन, पृ0 सं0 2017। मूल पुस्तक, एन इंडियन पॉलिटिकल लाईफ : चरण सिंह एंड कांग्रेस पॉलिटिक्स 1937–1961 मूल पुस्तक का हिंदी अनुवाद प्रभात शुंगलू।

4. एक कृषक की नियति को गोदान में बेहतर समझा जा सकता है, उद्धरित किया गया आत्मसंवाद होरी का है, प्रेमचन्द उपन्यास गोदान। हिन्दी समय डाट कॉम, अन्तर्राष्ट्रीय हिंदी विश्वविद्यालय वर्धा की साहित्यिक वेबसाईट से आभार। अध्याय 35।

5. किसान आत्महत्याओं पर केन्द्रित उपन्यास फाँस के अंश, आज तक की साहित्यिक वेबसाईट से उद्धष्त। किताब के अंश, किसानों की जिंदगी 'फाँस' है कि 'फाँसी' है। 1 मई 2015 आज तक इन : संपादित नंदलाल शर्मा।

6. सभी संदर्भ पूर्ववत्त

7. सभी संदर्भ पूर्ववत्त

8. उदारीकरण के बीस साल (प्रभावों का आकलन) राष्ट्रीय सहारा का परिशिष्ट हस्तक्षेप, 12 जनवरी, 2010।

9. सत्याग्रह ब्लॉग पर पुलकित भारद्वाज की विशेष रिपोर्ट, हमारे

किसान आत्महत्या क्यों करते हैं, चार किस्तों में। आप पूरी रिपोर्ट amp.satyagrah.scroll पर देख सकते हैं।

10. राजू शर्मा के वैश्वीकरण के पश्चात् किसान जीवन पर केन्द्रित उपन्यास हलफनामें www.pustak.org/index.ph.d/books/bookletails2821 Halafname से उद्धृत।

11. पंकज सुबीर के उपन्यास अकाल में उत्सव पृ0 170 शिवना प्रकाशन।

12. आशा, पाण्डेय के कहानी संग्रह 'खारा पानी' की कहानी 'जागते रहो' किसान आत्महत्याओं के दुष्चक्र में एक अर्थशास्त्री और समाजशास्त्रीय टिप्पणी की तरह है, पृ0 45, बोधि प्रकाशन, जनवरी 2019।

# 4

# प्राचीन भारत से लेकर अब तक भारतीय किसानों की स्थिति

डॉ. रणवीर सिंह
सहायक प्रोफेसर, इतिहास विभाग
हर्ष विद्या मन्दिर पी0जी0 कॉलेज रायसी
लक्सर, हरिद्वार

डॉ. पूनम
सहायक प्रोफेसर, इतिहास विभाग
आर. जी.पी. कॉलेज,
मेरठ

पुरापाशाणयुगीन मानवीय सभ्यता का अध्ययन करने के लिये हमारे पास लिखित साक्ष्य नहीं है, परन्तु पुरातात्विक स्रोतों से पुरापाषाण युग के लोगों के जंगलों एवं पहाड़ी इलाकों में रहने के साक्ष्य मिलें हैं। साक्ष्यों से स्पष्ट है कि पुरापाषाणकाल में मनुष्य को खेती करना नहीं आता था, वह जंगली जानवरों के शिकार व कन्दमूल पर निर्भर था। पुरापाषाण का मनुष्य खाद्य उत्पादक न होकर खाद्य संग्राहक था। 9000 ई. पू. के आसपास मध्यपाषाणकाल में मनुष्य पशुपालन करने लगे। मध्य प्रदेश के आदमगढ़ व राजस्थान में बागोर से पशुपालन के प्राचीनतम साक्ष्य प्राप्त हुये हैं। परन्तु इस काल में भी मनुष्य ने खेती करना प्रारम्भ नहीं किया था परन्तु इस काल में (7000–6000 ई. पू.) में पौधे लगाने का साक्ष्य प्राप्त होता है। (नमकझील संभर–राजस्थान)।

वास्तविक रूप से देखा जाये तो कृषि का आविष्कार नवपाषाणकाल में ही हुआ। कृषि के विकास ने मनुष्य के जीवन में आमूल–चूल परिवर्तन कर

दिया। जहाँ पहले मनुष्य खानाबदोश था वहीं आज वह कृषि कार्य के चलते स्थायी रूप से बसने के लिये विवश हुआ। नवपाषाणकाल के मनुष्य को ही सबसे पुराना कृषक समुदाय माना जाता है। इस काल का मनुष्य गेहूँ, जौ, रुई का उत्पादन कर रहा था। अनाज को पीसने के लिये पाषाणखण्ड की चक्की का इस्तेमाल किया जाता था। इस काल का मनुष्य कृषि हल से कर रहा था अथवा अन्य किसी साधन से परन्तु यह तो स्पष्ट है कि उसने अनाज काटने के लिये हँसिये का इस्तेमाल करना प्रारम्भ कर दिया था। कृषि कर्म सर्वप्रथम किस देश में हुआ, इसे लेकर विद्वानों में मतैक्य है। पेरी महोदय के अनुसार, 'यह आविष्कार मिस्र की देन है। रूस के प्रसिद्ध विद्वान वैविलोन का मत है कि कृषि कर्म का सर्वप्रथम उदय अफगानिस्तान अथवा उत्तरी पश्चिमी चीन में हुआ।

नवपाषाण का किसान सिर्फ उतना ही अनाज पैदा कर पाता था जिससे वह अपना गुजर–बसर कर सके। नवपाषाणकाल के अंत तक आते आते जब धातुओं का इस्तेमाल होना प्रारम्भ हुआ तो सबसे पहले ताँबे का प्रयोग हुआ। इस काल का किसान गेहूँ, चावल, मसूर, उड़द, मूँग, बाजरा इत्यादि उपजाने लगा था। दक्कन की काली मिट्टी में इस समय कपास भी पैदा होती थी। निचले दक्कन में रागी, बाजरा और इसी तरह के अन्य अनाज पैदा होने लगे थे। इसी काल के कृषक समुदाय ने प्रायद्वीप भारत में बड़े–बड़े गाँव बसाये। ये लोग नवपाषाणकाल के किसानों की तुलना में ज्यादा अनाज उपजाते थे, जिससे कहीं न कहीं व्यापार को बढ़ावा मिला।

कांस्ययुगीन संस्कृति के काल में भारत में सिंधु नदी के तट पर उच्च कोटि की नगरीय सभ्यता का उदय हुआ। इस कांस्ययुगीन सभ्यता में कृषक समुदाय कृषि के क्षेत्र में आत्मनिर्भर हो चला था क्योंकि इस क्षेत्र में अच्छी खेती होती थी। पर्याप्त मात्रा में जल होने के कारण सिन्धु निवासी चावल की खेती सुगमतापूर्वक करते थे और बाढ़ आने के पहले अप्रैल महीने में गेहूँ और जौ की फसल पैदा कर लेते थे। इसके अतिरिक्त वे मटर और तिल की भी खेती करते थे। कालीबंगा से एक साथ दो प्रकार की खेती करने का साक्ष्य मिला है। अनाज ढोने के लिये बैलगाड़ी का इस्तेमाल होना प्रारम्भ हो चुका था। राज्य किसानों से टैक्स के रूप में अनाज एकत्र करता था क्योंकि सिन्धु घाटी सभ्यता से इसके साक्ष्य प्राप्त हुये है (मोहनजोदाडो से)। कृषि के साथ–साथ किसान पशुपालन का काम भी करता था। बड़े–बड़े नगरों के

उदय होने के पीछे का कारण किसानों द्वारा अधिशेष उत्पादन था। इस काल में किसी तरह की कृषि संबंधी समस्या देखने को नहीं मिलती है।

ऋग्वैदिककाल में भारत में एक नयी जाति आर्यो का आगमन होता है और यही काल सिन्धु घाटी सभ्यता के पतनोन्मुख का भी काल था। इस काल में नगरीय सभ्यता का पतन हुआ और ग्रामीण सभ्यता अस्तित्व में आयी। आर्यो को पशुओं से विशेष लगाव था, अतः इनका मुख्य व्यवसाय पशुपालन था न कि कृषि। 1000 ई. में अतरंजीखेडा से लोहे के साक्ष्य मिलते है जिसने कृषि के क्षेत्र में क्रान्ति ला दी। ऋग्वैदिककाल में खेती हल बैल की सहायता से होती थी। ऋग्वेद से वर्णन मिलता है कि, 'अश्विन देवताओं ने मनु को हल चलाना और यव की खेती करना सिखाया था। कृषि वर्षा जल पर निर्भर थी चक्र से कुएँ से पानी खींचा जाता था। इन्द्र को वर्षा का देवता माना जाता था और कबीले का मुखिया अपने समूह के साथ मिलकर इन्द्र देवता को खुश करने के लिये यज्ञ मे आहुति देता था ताकि फसल अच्छी पैदा हो सके। ऋग्वैदिकाल में कृषि की प्रतिष्ठा स्थापित हो चुकी थी।

उत्तरवैदिककालीन समाज पूर्णतः कृषि प्रधान अर्थव्यवस्था का समाज था। इस काल में आर्यो ने अन्न मूलक समाज को अत्यधिक महत्व देना प्रारम्भ किया। तैतरीय उपनिषद में अन्न की महत्ता का उद्दरण मिलता है, कृषि के द्वारा अन्न उत्पन्न होता है और अन्न ही सम्पूर्ण जगत का कर्ता–धर्ता है। इसी अन्न से समस्त प्राणी उत्पन्न होते हैं और इसी अन्न से इनका जीवन चलता है और वे विनिष्ट होकर अन्न में ही मिल जाते है और इसी में एकरूपता प्राप्त करते हैं। तैतरीय उपनिषद का उस समय का यह उद्घोष, अन्न बहु कुर्पोत। तद ब्रह अर्थात् अधिक अन्न उत्पन्न होना चाहिये, यही हमारा व्रत हो आज भी प्रासंगिक है। इस काल में लकड़ी के फल की जगह लोहे के फल का इस्तेमाल होने लगा जिससे उत्पन्न अधिक होने लगा। शतपथ ब्राह्मण में हल सम्बन्धी अनुष्ठान का लम्बा वर्णन आया है। विदेह के राजा जनक ने भी इन्द्र देवता को खुश करने के लिये हल चलाया था जबकि उच्च वर्णों के लिये हल चलाना वर्जित था।

अर्थववेद (1939) में अनावृष्टि के लिये प्रार्थना की गयी है। फसल को अनावृष्टि अतिवृष्टि और विद्युत उत्पादन से हानि पहुँचती थी। इस दैवीय विपतियों को दूर करने के लिये अथर्ववेद में तंत्र मंत्रों का उल्लेख है।

कीड़े–मकोडे और टिड्डीयों के आक्रमण से भी फसल के नष्ट हो जाने की बात आती है। छान्दोग्य उपनिषद में एक दुर्भिक्ष का उल्लेख है जो टिड्डीयों के आक्रमण के कारण पड़ा था। (छन्दोग्य उपनिशद 10–1–3)।

महाकाव्य काल में कृषि कर्म को सबसे पवित्र कर्म माना जाता है। महाभारत में दुर्योधन कहता है कि मेरे राज्य में कृषि को क्षति पहुँचाने वाला कोई भी तत्व नहीं है। (महाभारत 5–61–17)। सिंचाई की व्यवस्था करना राज्य का प्रमुख कर्तव्य था। साधारणतया किसान वर्षा जल पर ही निर्भर रहता था। महाकाव्यों में कई जगह सुन्दर बागवानी एवं पशुपालन का भी उल्लेख मिलता है। समाज में अनेक व्यक्ति पशु–विशेषज्ञ थे। बहुकाल में मध्य गंगा मैदान में शिल्प, वाणिज्य और नगरीकरण का होना यह सिद्ध करता है कि इस समय भारतवर्ष में सुदृढ़ एवं समृद्धशाली ग्रामों का उदय हो चुका था। नगरों का विकास कृषि अर्थव्यवस्था की समृद्धि की ओर इंगित करता है। इस काल में किसानों की स्थिति पहले से बहुत अच्छी हो चुकी थी। नगरवासियों को अनाज कृषक समुदाय उपलब्ध कराता था और किसानों की जरूरतमंद वस्तुओं को व्यापारी वर्ग उपलब्ध कराता था। कहा गया है कि गाँव के एक व्यापारी ने नगर के एक वणिक के जिम्मे 500 हल रखे थे। बहुकाल में तीन प्रकार के गाँवों का उल्लेख मिलता है। खेतों को सामान्यतः मनुष्य की व्यक्तिगत सम्पत्ति समझा जाता था परन्तु खेतों को बेचने के लिये ग्राम पंचायत की अनुमति लेनी पड़ती थी।

मौर्यकाल की अर्थव्यवस्था कृषि, पशुपालन और वाणिज्य–व्यापार पर आधारित थी परन्तु व्यवसाय में कृषि ही प्रमुख था। मेगस्थनीज के अनुसार चन्द्रगुप्त मौर्य के शासन काल में सबसे अधिक संख्या किसानों की ही थी। मेगस्थनीज यह भी बताता है कि भारत में अकाल नहीं पडता है। मेगस्थनीज ने आगे लिखा है कि भूमि पशुओं के निर्वाह योग्य है तथा अन्य खाद्य पदार्थ प्रदान करती है। चूँकि यहाँ वर्ष में दो वार वर्षा होती है अतः यहाँ दो फसलें काँटी जाती है। मेगस्थनीज ने इस वाक्य को कई बार दोहराया है कि किसान समाज पवित्र और महाध्य समझा जाता था।

कौटिल्य ने कई प्रकार की भूमि का वर्णन किया है। मौर्यकाल में 'सीताध्यक्ष' नामक अधिकारी कृषि संबंधी कार्यों पर निगरानी रखता था। राज्य की तरह से कृषि विकास के लिये तालाब, कुएँ, झीलों पर बाँध बनाये

थे। सौराष्ट्र में सुदर्शन झील इसका उदाहरण है। विषम परिस्थितियों में राज्य की तरफ से कृषक समुदाय की सहायता के लिये यथासंभव प्रयास किये जाते थे।

गुप्तकाल में भूमि अनुदान की परम्परा के चलते किसानों की स्थिति दयनीय हो चली। सामंतवादी प्रवृत्ति के कारण किसान बंधुआ मजदूर बन गये। अब भूस्वामी न अपनी जमीन आबाद कर सकते थे और न ही कर की वसूली करने में ही सक्षम थे। बृहस्पति और नारद स्मृतियों में यह स्पष्ट रूप से कहा गया है कि, "किसी भी व्यक्ति का जमीन पर मालिकाना अधिकार तभी माना जा सकता है, जब उसके पास कानूनी दस्तावेज हों।

मौर्यात्तर काल में राज्य द्वार करों की कमी करने के संकेत हैं। रुद्ध दामन के जूनागढ़ अभिलेख से ज्ञात होता है कि उसने अपनी प्रजा से विशिष्ट तथा प्रणय जैसे कष्टदायी कर नहीं वसूले थे।

उपरोक्त वर्णन से स्पष्ट है कि प्राचीनकाल में किसानों की स्थिति ठीक बनी रही। गाँव जो प्राचीन भारत के आधार थे कृषि कार्य के स्थल थे। पर्याप्त संसाधन व कम जनसंख्यास के चलते लोगों को धनाभाव व अन्नाभाव से नहीं गुजरना पड़ा।

मध्यकाल में भारतीय कृषि में आमूलचूल परिवर्तन नहीं हुआ और किसानों को प्राकृतिक आपदाओं से गुजरना पड़ा। किसानों पर लगाये गये भूराज्य व करों की अधिकता ने कृषक समुदाय की स्थिति दयनीय बना दी। कुछ शासकों ने किसानों की स्थिति सुधारने के लिये कल्याणकारी कार्य अवश्य किये। इन शासकों में फिरोजशाह तुगलक का नाम विशेष रूप से उल्लेखनीय है। आगे चलकर अकबर ने टोडरमल के सहयोग से कृषि सम्बन्धी सुधार किये ताकि किसानों की स्थिति में सुधार हो। बावजूद इसके किसानों की स्थिति में विशेषज्ञ सुधार देखने को नहीं मिला। धनी वर्ग और किसानों के रहन–सहन में धरती–आसमान का अंतर था। मुगल काल में बहुत बार अकाल पड़े जिसके पीछे का कारण अनावृष्टि था। शाहजहाँ के काल में 1630–32 में दक्कन व गुजरात में भयंकर अकाल पड़ा। शाहजहाँ के राज्यकाल का सरकारी इतिहासकार अब्दुल हमीद लाहौरी लिखता है, "लोग एक–दूसरे को निगलने लगे तथा पुत्र के प्रेम की अपेक्षा उसका मांस अधिक पसंद किया जाने लगा। एक डच व्यापारी ने उस अकाल का आँखों

देखा वर्णन लिखा है, ऐसे लोगों को जो गली में पड़े थे किन्तु अभी तक मरे नहीं थे, दूसरे लोग काटकर जिन्दा खा जाते थे।"

भारत में ईस्ट इंडिया कम्पनी की स्थापना के साथ ही कृषि क्षेत्र में भी महत्वपूर्ण परिवर्तन हुये। कम्पनी ने अपनी आय को सुनिश्चित करने के लिये कृषि क्षेत्र में तीन परीक्षण किये–स्थायी बंदोवस्त, महालवाड़ी बंदोबस्त व रैयतवाड़ी बंदोवस्त। जिसके चलते किसान खेती छोड़कर मजदूरी करने को विवश हो गया। 19वीं शताब्दी का यह समय किसानों की खराब स्थिति का चरम बिन्दु था। इस काल में मुद्रा अर्थव्यवस्था एवं कृषि के वाणिज्यकरण को प्रोत्साहन मिला जिससे देश में भुखमरी फैली। ब्रिटिश शासको ने बहुत लंबे समय तक कृषि के प्रति उपेक्षापूर्ण रवैया रखा। भगत सिंह ने किसानों की इस स्थिति को देखते हुये जेल वे एक पत्र लिखा, "किसानों को सिर्फ विदेशी शाषकों से ही मुक्ति नहीं मानी है, बल्कि उन्हें जमींदारों और पूँजीपतियों के चंगुल से भी आजाद होना है।" ब्रिटिश सरकार ने सिर्फ नाममात्र के अस्थायी उपचार किये जैसे मालगुजारी माफ करना, अकाल सम्बन्धी सहायता देना, तकावी ऋणों का वितरण करना इत्यादि। उपरोक्त व्यवस्था से कृषि क्षेत्र में कोई सुधार नहीं हुआ। भारतीय कृषि छटपटाती रही और कृषक अपनी दयनीय स्थिति पर आंसू बहाता रहा।

स्वतंत्रता के पश्चात भारतीय नियोजन में कृषि विकास को आधारभूत दृष्टिकोण के रूप में स्वीकार किया गया। देश की खाद्यान्न समस्या से छुटकारा पाने के लिये देश की प्रथम योजना में ही कृषि पर विशेष ध्यान दिया गया। यह योजना अपने वांछित उद्देश्य को पूरा करने में सफल रही। परन्तु दूसरी और तीसरी योजना में भारी उद्योग धन्धों की तरफ ज्यादा ध्यान दिया गया जिसके चलते भारतीय कृषि इस सीमा तक पिछड़ गयी कि तीसरी योजना के अन्तिम वर्ष 1965–66 में देश के सामने खाद्यान्न का गंभीर संकट पैदा हो गया। खाद्यान्न संकट के समाधान के लिये तीन वार्षिक योजनाओं में खेती कर विशेष ध्यान दिया गया। कृषि में उत्पादकता को बढ़ाने के लिये हरित क्रान्ति के नाम से नवीन योजना का सूत्रपात किया गया। परन्तु उसके पश्चात् 'हरित क्रान्ति' जैसो कोई नवीन योजना देखने को नहीं मिली।

इतनी सारी सरकारी योजना चलने के बावजूद भी छोटे किसान महाजनों के चंगुल में फँसे रहते हैं। भूमि पर जनसंख्या के अत्यधिक दबाव

के कारण जोतों का आकार बहुत छोटा हो गया है। कृषि से बाहर रोजगार अवसरों के अपर्याप्त विकास के कारण खेतिहर मजदूर कृषि से चिपके रहते हैं और कम मजदूरी पर ही काम करते हैं। भारतीय किसान आज भी खेती में परम्परा तरीकों का इस्तेमाल कर रहा है। एक तरफ अमेरिका का किसान है। जो बहुत बड़ा व्यापारी है तो दूसरे तरफ बुंदेलखण्ड का किसान है जो संसाधनों के अभाव में आत्महत्या करने को विवश है। पंजाब, हरियाणा और उत्तर प्रदेश में नवीन तकनीक का इस्तेमाल किया जा रहा है परन्तु बहुत सारे राज्य बहुत ज्यादा पिछड़े हुये हैं। इसलिये देश में एक तरह की तकनीकी दयात्मकता पैदा हो गयी है।

प्राचीनकाल से ही भारतीय किसान मानसून पर निर्भर था। आज भी यह निर्भरता आंशिक रूप से ही कम हुई है। आज भी भारतीय कृषि मानसून के हाथ का खिलौना है। सी. एच. हनुमन्तराव, एस. के. रे तथा के. सुब्बाराव ने 1959–1985 तक की अवधि के लिये जो अध्ययन किया है, उससे यह सिद्ध होता है कि खाद्यान्नों के कुल उत्पादन की संवेदनशीलता वर्षा में होने वाली कमी के प्रति अधिक बढ़ गयी है। जहाँ कहीं भी सिंचाई सुविधायें उपलब्ध है, उत्पादन में वृद्धि एक सुनिश्चित व स्थिर पथ पर चलती रहती है। दूसरी ओर वर्षा आधारित क्षेत्रों तथा अनिश्चित सिंचाई वाले क्षेत्रों में उत्पादन में अनिश्चिता बढ़ गयी। भारतीय किसानों के लिये कोई भी काल स्वर्ण काल नहीं था।

## References

(1) Pahaluen, Q.K. & Tripathi, R. S.: Intigrited Agricultural Development, Yojana, Val. 29, 1995, P. 20.

(2) Government of India, Planning Commission, Droft, Midtermapprisal of the Eighth five year plant, P 209

(3) Ashok gulati and tim kelly, trade liberalization and Indian agriculture (New Delhi, 1999)

(4) Government of India, Planning commission, Minth five year plan.

(5) दत्र रुह एवं सुन्दरम् के. पी. एन. भारतीय अर्थव्यवस्था 1986 एस चन्द्र

एण्ड कम्पनी लि. नई दिल्ली पृष्ठ सं. 494

(6) C.H. Hanumantha Rao, susanta K. Ray and K. Subbaraceunstable agriculture and droughts (New Delhi 1988).

(7) पाण्डे विमल चन्द, प्राचीन भारत का राजनीतिक तथा सांस्कृतिक इतिहास सेन्ट्रल पब्लिशिंग हाउस इलाहाबद 1998 पृष्ठ सं. 243

(8) श्रीवास्तव के सी. प्राचीन भारत का इतिहास तथा संस्कृति 1996 यूनाइटेड बुक डिपो इलाहाबाद पृष्ठ सं. 227

(9) झा. एवं श्रीमाली, प्राचीन भारत का इतिहास 1998 हिन्दी माध्यम कार्यान्वयन निदेशायल, दिल्ली विश्वविद्यालय पृ. 201

(10) तैतिरीय उपनिषद 3.3

(11) शर्मा, राम शरण प्राचीन भातर 1999, एन. सी. ई. आर. टी. पृष्ठ सं. 90

(12) मजूमदार राय चौधरी दत्र, भारत का वृहत इतिहास, मैकमिलन पृष्ठ सं. 282

(13) प्रो. चन्द्र विपिन भारत का स्वतंत्रता संघर्ष 1998, पृष्ठ सं. 197

(14) Mishra shri kant, Bharat me Krishi vikas, The Mc Millian Co. Of India Ltd. (1950) P.4.

# 5

# किसान आत्महत्या : कारण एवं निदान

डॉ0 मोनू सिंह

सहायक प्रोफेसर

हिंदी विभाग,

चौ0 चरण सिंह राजकीय महाविद्यालय,

छपरौली, बागपत

भारत के विषय में यह कहावत सुनते हुए हम बड़े हुए कि 'भारत एक कृषि प्रधान देश है' किन्तु आजादी के 7 दशक से अधिक समय व्यतीत हो जाने पर भी भारतीय कृषि और किसान के सम्मुख अनेकानेक समस्याएँ मुहँ बाये खड़ी हैं। आजादी के प्रथम दशक में जब सिंचाई के साधन बहुत सीमित थे, उन्नत किस्म के बीज एवं खादों का भी अभाव था, देश में नहरों का भी जाल नहीं बिछा था। कृषि क्षेत्रफल भी कम था। कृषि पूर्णरूपेण वर्षा पर आश्रित थी। इस सम्बन्ध में कहा भी जाता था कि भारतीय कृषि मानसून का जुआ है। फिर भी उस समय भारतीय कृषि का सकल घरेलू उत्पाद (G.D.P.) गें योगदान लगभग 52 प्रतिशत था। जबकि स्वतन्त्रता के सात दशक व्यतीत होने पर, भारतीय कृषि में हरित क्रान्ति होने के बावजूद, तमाम किस्म के उन्नत बीज एवं खादों, तकनीकी का प्रादुर्भाव होने कें बावजूद

भारतीय कृषि का जी0डी0पी0 में योगदान लगभग 13 प्रतिशत तक आ पहुँचा है, जो हमें सोचने को विवश करता है कि आखिर वे कौन से कारक हैं जिनके कारण भारतीय कृषि और किसान संकट की जद में है। किसानों की आत्महत्याओं का बढ़ता आंकड़ा जहाँ हमें डराता है, वहीं भारतीय अर्थव्यवस्था की चमकदार तस्वीर के स्याह पहलू को भी दिखाता है। भारत के विकास की यह कैसी आधी–अधूरी और खण्डित तस्वीर है? जिनके कारण देश का अन्नदाता मौत को गले लगाने के लिए विवश है। भारतीय कृषि के सम्बन्ध में कुछ तथ्यों को जान लेना महत्वपूर्ण है, जिनके आलोक में ही हम किसान आत्महत्याओं के वास्तविक कारणों की पड़ताल कर सकेंगे।

आजादी के बाद भूमि वितरण में बहुत असमानता देखी गयी कुछ स्थानों पर तो भूमि वितरण अच्छे ढंग से लागू किया गया जब कि कुछ स्थानों पर भूमि वितरण में कुछ खामियाँ रह गईं, जिसके कारण भूमि वितरण में बहुत असमानता है। आर्थिक सर्वे 2016–17 की एक रिपोर्ट के अनुसार भारत में 4.9 प्रतिशत किसानों के पास कुल भूमि का 31.8 प्रतिशत है, यानी लगभग 5 प्रतिशत किसान, 32 प्रतिशत कुल कृषि भूमि के मालिक हैं, जबकि 95 प्रतिशत किसान सीमान्त किसान हैं। लगभग 56.4 प्रतिशत ग्रामीण भारत में ऐसे परिवार हैं, जिनके पास कोई भूमि नहीं है, अर्थात् ये भूमिहीन लोग हैं। भारत में बड़े किसानों के पास छोटे किसानों की तुलना में 45 प्रतिशत अधिक भूमि है। राष्ट्रीय सर्वेक्षण नमूना की रिपोर्ट के अनुसार भारत में 47 प्रतिशत लोग अभी भी अपनी आजीविका के लिए कृषि पर निर्भर हैं। ये तमाम आँकड़े भारत में भूमि के असमान वितरण की कहानी को बयाँ करते हैं। इन आँकड़ों में ही भारतीय कृषि की बदहाल स्थिति की सच्चाई छिपी है। ऐसा भी नहीं है कि सरकार द्वारा भारतीय कृषि और किसानों की स्थिति को सुधारनें के लिए कोई कदम नहीं उठाए गए। सरकार द्वारा संचालित तमाम योजनाओं का लाभ बड़े किसान ही ले जाते हैं, जबकि छोटे किसान या भूमि पर आश्रित भूमिहीन मजदूरों के हिस्से कुछ नहीं आता। जिसके कारण किसानों की स्थिति में कोई आमूल–चूल परिवर्तन नहीं होता। दूसरा प्रमुख कारण किसान आत्महत्याओं का यह है कि सरकार द्वारा किसानों की फसल का समर्थन मूल्य निर्धारित तो किया जाता है किन्तु क्रियान्वित नही किया जाता। देवेन्द्र जोशी ने अपने लेख 'बदाली में जीते किसान' में इस ओर संकेत किया है– **"समर्थन मूल्य की बात करें, तो अभी केवल तेईस फसलों का ही**

**समर्थन मूल्य निर्धारित है और केवल बीस फीसद किसानों को ही इसका लाभ मिल रहा है। उन किसानों को इसका कोई लाभ नहीं मिल पा रहा है जिनकी फसलें इन तेईस फसलों में षामिल नहीं है। ऐसा नहीं है कि किसानों के लिए सरकार कुछ नहीं कर रही हैं। कुछ अच्छे प्रयास भी हुए हैं, जैसे मध्यप्रदेष में भावांतर योजना लागू कर किसानों को 152 करोड़ रूपए का भुगतान किया गया। बावजूद इसके वहाँ किसानों की हालत खस्ता है। देष में किसान मजदूरों की आबादी की विषालता को देखते हुए कुछ भागों में होने वाले इस तरह के प्रयास ऊँट के मुँह में जीरा ही साबित हो रहे हैं। इस तरह की पहल राश्ट्रीय स्तर पर समग्रता के साथ हो तो कृशि सुधार की कोई मुकम्मल तस्वीर देखने को मिलने की उम्मीद की जा सकती है।''[1]**

न्यूनतम समर्थन मूल्य सिर्फ कागजों तक सिमटा हुआ है, किसान बाजार के हवाले हैं, जहाँ बिचौलिए, आड़ती एवं दूसरे दलाल उसकी मजबूरी का फायदा उठाकर मन माफिक फसल की कीमत तय करते हैं। विगत दिनों देश के अलग–अलग भागों से किसानों द्वारा अपनी फसल को अपने आप नष्ट करते या सड़कों पर फेंकते हुए सभी ने देखा, ये तस्वीरें विचलित करने वाली है। अपनी खून पसीनें की गाढ़ी कमाई से सिंचित कोई किसान कैसे अपनी फसल को फेंक सकता है?

इसका कारण फसल का मूल्य था। प्याज और लहसुन का मूल्य 2 रूपयें किलो मिल रहा था। जो खेत से मंडी तक फसल को लाने में खर्च के बराबर भी नहीं था। ऐसी हालत में किसान अपनी फसल को नष्ट करने के लिए विवश थे। विगत दिनो महाराष्ट्र के एक किसान ने 750 किलों प्याज की बिक्री के बाद मुनाफे में मिले 1064 रूपयें का ड्राफ्ट प्रधानमंत्री कार्यालय के नाम विरोध स्वरूप भेजा। अतुल कनक ने इस सम्बन्ध में अपने लेख 'संवेदनहीनता का सामना करता किसान' में इस बात की चर्चा भी की है – **''महाराष्ट्र के एक किसान ने 750 किलो प्याज की बिक्री के बाद मिले मुनाफे के महज 1064 रूपये व्यवस्था के प्रति अपने प्रतीकात्मक प्रतिरोध के रूप में मनीआर्डर द्वारा प्रधानमंत्री कार्यालय को भेजे। अपेक्षा यह थी कि इस विरोध की प्रतिक्रिया के रूप में कोई सहानुभूति भरा आश्वासन मिलता, लेकिन अफसरों ने यह राशि**

**यह कह कर लौटा दी कि रूपए डिजिटल माध्यम से भेजे जाएँ, क्योंकि प्रधानमंत्री कार्यालय मनीआर्डर स्वीकार नहीं करता।"[2]**

उपर्युक्त उद्धरण किसानों की विवशता और सरकार की संवेदनहीनता का जीता–जागता नमूना है, जिस प्याज, लहसुन और टमाटर को किसान रूपए, दो रूपये किलो बेचता है, वहीं प्याज लहसुन और टमाटर कुछ दिनों के बाद मण्डी में 100–150 रूपयें किलो तक में बेचे जाते हैं। यह कैसी विडम्बना है? इस स्थिति को न सरकार दूर कर पाती है और न ही कोई और अन्य माध्यम। विगत दिनों एक किसान मंडी में अपने टमाटर 50 पैसे प्रति किलो ग्राम बेचने के लिए जाता है किन्तु खरीदार 25 पैसे प्रति किलो ग्राम देने के लिए कहता है ऐसी स्थिति में किसान अपने टमाटर को जमीन पर ही रौंद देता है। हमारा तंत्र ऐसी बदहाल स्थितियों पर चुप्पी साधे रहता है और किसान नियति के सहारे अपना जीवन जीने को मजबूर रहता है। ये स्थितियाँ किसानों की आत्महत्या के लिए उत्तरदायी हैं। छोटे–छोटे किसान सरकार या किसी अन्य साहूकार से कर्ज लेकर बहुत श्रम से फसल पैदा करते हैं, किन्तु फसल की लागत तो दूर बल्कि खेत से मंडी तक पहुँचाने का भाड़ा भी उस फसल से नहीं निकल पाता, जिसके कारण किसान पर कर्ज का बोझ निरन्तर बढ़ता चला जाता है। बैंक और साहूकार कर्ज वसूली के लिए उसे तरह–तरह के सामाजिक, मनोवैज्ञानिक एवं आर्थिक त्रास देते हैं, जिसके कारण हारा, थका, टूटा, बेसहारा किसान जीवन जीने की अपेक्षा मौत को गले लगाना उचित समझता है। आँकड़ें इस बात की तकसीद करते हैं। रिजवान अंसारी ने अपने लेख– **'कब थमेगी खेतिहर की खुदखुशी'** मे इसका हवाला दिया है–**"नेशनल क्राइम रिकार्ड ब्यूरो की ताजा रिपोर्ट ने एक बार फिर निराशजनक आँकड़े पेश किए हैं। इसके मुताबिक 2016 में 11379 किसानों ने खुदखुशी की है। 2016 में खेतिहर मजदूरों, भूस्वामियों और कास्तकारों द्वारा की गई 11379 आत्महत्याओं में से 3661 आत्महत्या महाराष्ट्र में हुई है, इससे पहले यहाँ 2014 में 4004 और 2015 में 4291 किसानों ने आत्महत्या की थी। 2015 की एक रिपोर्ट की बात करें तो इसमें ज्यादातर किसानों की आत्महत्या का कारण ऋणग्रस्तता बताया गया है।"[3]**

एक ओर सरकार 2022 तक किसानों की आमदनी दोगुनी करने का दम

भर रही है, वहीं दूसरी ओर किसानों की आत्महत्याएँ रुकने का नाम नहीं ले रहीं। सरकार द्वारा किसानों को हसीन सपने दिखाने और कृषि की गुलाबी तस्वीर पेश करने के बावजूद समूचा देश किसानों की आत्महत्याओं से सुलग रहा है। किसान आत्महत्याओं के लिए उत्तरदायी सरकार की दोषपूर्ण नीतियाँ हैं। किसानों की आत्महत्याओं का कारण नीति निर्माताओं की विसंगितपूर्ण आर्थिक नीतियाँ हैं। यदि किसान को उसकी फसल का वाजिब मूल्य समय से मिल जाए तो सम्भव है कि न तो किसान को कर्ज की आवश्यकता पड़े, और न ही किसान आत्महत्या करने के लिए मजबूर हो। न्यूनतम समर्थन मूल्य और सरकारी खरीद कृषि और किसानों के लिए रस्मी किस्म के उपाय बनकर रह गए हैं। जिनकी दीर्घकालीन गुणवत्ता शुरू से ही संदेह के घेरे में थी। सरकारी मूल्य और न्यूनतम समर्थन मूल्य जैसे वादे आड़तियों, बिचौलियों और सेठों के आगे दम तोड़ देते हैं। किसान की अधिकांश फसलों को न्यूनतम समर्थन मूल्यों के दायरे मे लाया ही नहीं गया। खेती निरन्तर घाटे का सौदा बन रही है। खाद्यान्न उत्पादन में सबसे अग्रणी राज्य पंजाब के अधिकांश किसान भी कर्ज की चपेट में है– **''खाद्यान्न उत्पादन मे सबसे अग्रणी राज्य पंजाब की बात करें तो एक अध्ययन के अनुसार वहाँ करीब 95 प्रतिशत ग्रामीण परिवार कर्ज में डूबे हैं, जबकि 96 प्रतिशत ग्रामीण परिवारों की आय खर्च की तुलना में कम है। सवाल है कि यह कौन सी आर्थिक नीति है जिसमें किसी स्थान विशेष की लगभग पूरी ही आबादी इस प्रकार का दयनीय जीवन व्यतीत करने को विवश है? यह भविष्य के किसी भयावह तूफान की आहट तो नहीं?''**[4]

भारतीय कृषि निरन्तर चिन्ता का विषय बनती जा रही है। 1930 के आसपास प्रेमचन्द अपनी कहानी 'पूस की रात' में कहानी के नायक हल्कू के माध्यम से भारतीय किसान की दयनीय स्थिति का चित्रण कर रहे थे। हाड़–तोड़ परिश्रम के बाद भी हल्कू अपने लिए पूस की हाड़ कपाती ठंड से बचने के लिए एक अद्द कम्बल का जुगाड़ नहीं कर पाता। वह अपने परिश्रम की गाढ़ी कमाई को साहूकार सेहना को देने के लिए विवश है। कहानी के अन्त में प्रेमचन्द हल्कू को विवशता में किसानी छोड़कर मजदूर बनने की विवशता दिखाते हैं। हालात आज भी बदले नहीं हैं, अपितु और अधिक भयावह हो चले हैं। एक ओर तो यह ढ़िढोरा पीटा जाता है कि कृषि का

उत्पादन रिकॉर्ड तोड़ रहा है, किन्तु इस बेतहाशा उत्पादन के बाद भी किसानों की आत्महत्याएँ बदस्तूर जारी हैं। हर दिन किसान खेती छोड़ रहे हैं। रवि शंकर अपने लेख 'किसान का संकट' में बड़ी उचित टिप्पणी करते हैं– **"एक रिपोर्ट के अनुसार घाटे का सौदा होने की वजह से रोजाना ढाई हजार किसान खेती छोड रहे हैं, और हर दिन पचास किसान मौत को गले लगा रहे हैं और तो और, देश में अभी किसानों की कोई एक परिभाषा भी नहीं है। वित्तीय योजनाओं में राष्ट्रीय अपराध रिकार्ड ब्यूरो (एनसीआरबी) और पुलिस की नजर में किसान की अलग–अलग परिभाषाएँ हैं। यह उस देश के लिए बहुत दुर्भाग्य की बात है जहाँ की साठ फीसद आबादी खेती किसानों से गुजारा करती है।"**[5]

भारत को कृषि प्रधान देश कहा जाता है। 'जय जवान जय किसान' का नारा लगाया जाता है। किसानों के नाम पर राजनीतिक रोटियाँ सेकी जाती हैं। चुनाव के समय सभी पार्टियों को भारत के अन्नदाता याद आते हैं, किन्तु यह कैसी विडम्बना है कि इन तमाम दावों और नारों के बावजूद भारतीय राजनीति के केन्द्र में कृषि अथवा किसान कभी नहीं रहे? यदि संवेदनशीलता और दृढ़ राजनीतिक इच्छा शक्ति के साथ इस ओर ठोस पहल की जाती तो भारत आज किसान आत्महत्याओं का कलंक अपने सिर न ढोता। कृषि निरन्तर हाशिए पर है। उद्योग और सेवा क्षेत्र में जहाँ वृद्धि दर विगत वर्ष 7 फीसदी के आसपास रही, वहीं कृषि की वृद्धि दर 2 फीसदी से भी कम हो गई। किसानों की बदहाल स्थिति को रोकने के लिए कोई सुनियोजित योजना पटल पर नहीं आती। भारत का अन्नदाता ही बिना अन्न भूखे पेट सोने को मजबूर है इससे ज्यादा दुःखद और कुछ नहीं हो सकता। रविशंकर ने अपने लेख में इस संदर्भ में लिखा है– **"कई अध्ययनों से पता चला है कि 58 फीसद से अधिक किसान हर रात भूखे पेट सोते हैं। इसे विडम्बना ही कहा जाएगा कि देश के लिए अनाज पैदा करने वाले खुद भूखे सो रहे हैं। वर्ष 2016 के आर्थिक सर्वे के मुताबिक भारत के 17 राज्यों में (लगभग आधे देश में) खेतिहर परिवारों की औसत आमदनी सालाना 20 हजार रूपये से कम है। नीति आयोग ने बताया है कि वर्ष 2010 से 2015 के बीच देश भर में किसानों की वास्तविक आय में वार्षिक वृद्धि दर आधा प्रतिशत**

**से कम (वास्तव में 0.44 फीसद) रही।''[6]**

दूसरे शब्दों में विगत 40 वर्षों में किसानों की आय स्थिर रही है। सरकार किसानों के नाम पर अपनी सियासत तो खूब चमकाती है। 6–6, 8–8 हजार रूपए के चुनावी लालीपाप भी बांटती है। किसानों के लिए पेंशन योजना का भी ऐलान होता है, किन्तु इन चुनावी झुनझुनों से किसानों की स्थिति सुधरने वाली नहीं है। किसानों की आर्थिक स्थिति तब सुदृढ़ होगी जब वह इन चुनावी लॉलीपॉपों से इतर बिना किसी आर्थिक मद्द के खुद सुदृढ़ हो सके। आर्गेनाइजेशन ऑफ इकोनॉमिक को–ऑपरेशन एण्ड डवलपमेन्ट की रिपोर्ट के मुताबिक 2000 से 2017 के बीच में किसानों को पैंतालीस लाख करोड़ रूपये का नुकसान हुआ, क्योंकि उन्हें उनकी फसलों का समुचित मूल्य नहीं मिल पाया।

भारतीय किसानों की बदहाल स्थिति का एक बड़ा कारण जनसंख्या का बढ़ता बोझ और जोत का निरन्तर सिकुड़ता जाना भी है। कृषि मंत्रालय के एक आँकड़े के अनुसार 1951 से 2011 के बीच भूमि की उपलब्धता में 70 फीसद की कमी आई है। भारतीय किसानों की आत्महत्याओं को सरकार छोटे–छोटे उपाय कर रोक सकती है। किसानों को छोटे–छोटे ऋण देकर, उनका समर्थन मूल्य निश्चित कर ब्याज मुक्त या निम्न ब्याज दरों पर कर्ज दिए जाएँ, जिससे कि उनकी आर्थिक स्थिति में सुधार हो।

चीन में छोटे और सीमान्त किसानों को ब्याज मुक्त ऋण दिया जाता है। वहीं श्रीलंका जैसे छोटे देश में भी किसानों के लिए बहुत कारगर नीतियाँ हैं। भारतीय किसानों के संदर्भ में यह बात प्रायः कही जाती है कि वे कृषि ऋण का उपयोग जीवन की दूसरी जरूरतें मसलन (शादी, बीमारी, मकान, गाड़ी) इत्यादि में कर लेते हैं, जिसके कारण वे समय पर ऋण नहीं चुका पाते, किन्तु प्रश्न यह है कि जो किसान या उसका सम्पूर्ण परिवार खेती में लगा हुआ है, और उत्पादन के बाद उसकी फसल का न्यूनतम समर्थन मूल्य भी उसे नहीं मिलता तब वह कैसे तो ऋण चुकाए और कैसे वर्ष भर अपने दैनेंदिनी आवश्यकताओं की पूर्ति करें। इसलिए वह कृषि ऋण का उपयोग जीवन की दूसरी आवश्यकताओं की पूर्ति हेतु करता है।

किसानों की कर्ज माफी को लेकर अक्सर आर्थिक गलियारे में यह विचार–विमर्श होता है कि इससे अर्थव्यवस्था चरमरा जाएगी। रिजर्व बैंक भी

इसकी आलोचना करता है। इससे कर्ज संस्कृति में असंतुलन पैदा होने का खतरा बताया जाता है, किन्तु कारपोरेट क्षेत्र के कर्ज पर रिजर्व बैंक और तमाम सरकारी ऐजंसियाँ मौन साध लेती हैं। कारपोरेट जगत के कर्ज पर संजीव पाण्डेय अपने लेख 'कर्ज माफी और सवाल' में स्पष्ट कहते हैं कि– **"रिजर्व बैंक के गवर्नर कर्ज संस्कृति के असर पर बात करते हुए सिर्फ किसानों का उदाहरण देते हैं, लेकिन कारपोरेट घरानों के दस लाख करोड़ का एन0पी0ए0 उन्हें याद नहीं रहता। एक मोटे अनुमान के मुताबिक एन0पी0ए0 दस लाख करोड़ रूपए से ऊपर निकल गया है। सरकार और रिजर्व बैंक को इससे कोई परेशानी नहीं दिखती लेकिन जैसे ही किसानों की कर्ज माफी की बात आई तो अधिकारियों को कर्ज माफी से कर्ज संस्कृति को नुकसान पहुँचने की सम्भावना दिखने लगी।"**[7]

हालांकि किसानों की कर्ज माफी कृषि का स्थायी और दीर्घकालीन समाधान नहीं है किन्तु फिर भी किसानों को संकट से निकालने और आत्महत्या को रोकने में छोटे–छोटे ऋण दिए जाए और आवश्यकता अनुरूप ब्याज मुक्ति या कर्जमुक्ति के द्वारा उन्हें इस स्थिति से उभारा जा सकता है। सीमान्त किसान संस्थागत स्रोतों से भी मजबूरी में कर्ज लेते हैं। इन सीमान्त किसानों को महाजन, एजेण्ट, व्यापारी और आडतियाँ मनमाफिक तरीके से लूटते हैं। इस कर्ज पर ब्याज की वार्षिक दर पच्चीस से पैंतीस फीसदी तक होती है। जिससे किसानों की कमर टूट जाती है, और वे अपनी बदहाली से तंग आकर आत्महत्या कर लेते हैं।

सरकारी स्तर पर खरीद के लिए न्यूनतम मूल्य प्रणाली एवं फसल बीमा जैसी योजनाएँ तकनीकी जटिलताओं के कारण और सरकारी उदासीनता के चलते किसानों को वांछित लाभ देने में असमर्थ सिद्ध हुई हैं। सरकार द्वारा संचालित योजनाओं का लाभ 5 प्रतिशत किसान ही उठा लेता है। जो राजनैतिक और शैक्षणिक रूप से सशक्त है। ये भूमिपति ही तंत्र द्वारा संचालित अधिकतर योजनाओं को हड़प जाते हैं। समूचा विश्व जब मंदी की चपेट से गुजर रहा था तब कृषि प्रधान देश जैसे भारत और चीन इस मार से अछूते थे। भारतीय कृषि आज भी प्रत्यक्ष परोक्ष रूप से भारतीय अर्थव्यवस्था का मेरूदण्ड है। हल्के उद्योग के लिए कच्चे माल की जरूरत की 70 प्रतिशत आपूर्ति इसी खेती से होती है। कृषि से जुड़े हुए ही अन्य कई व्यवसाय हैं,

जैसे देश के ग्रामीण परिवार, विशेष रूप से भूमिहीन तथा सीमान्त किसान पशु–पालन, मछली पालन, सुअर पालन, डेयरी, बकरी, ऊँट आदि के द्वारा रोजगार प्राप्त करते हैं जिससे अर्थव्यवस्था को गति मिलती है।

विगत दो दशकों में किसान आत्महत्याओं का आंकड़ा दो लाख से भी अधिक है, जो भारत के भविष्य के लिए तनिक भी ठीक नहीं। भारतीय सरकार को किसानों की बदहाल स्थिति सुधारने के लिए ठोस और मुकम्मल कदम उठाने होंगे जिससे कि उनकी स्थिति में सुधार हो सके। स्वामीनाथन कमेटी की सिफारिशों को धरातल पर क्रियान्वित करना होगा। कृषि को राज्य सूची के बजाय समवर्ती सूची में लाया जाए ताकि केन्द्र एवं राज्य दोनों किसानों की मदद के लिए समन्वित रूप से कार्य कर सकें। स्वामीनाथन कमेटी ने अच्छी उपज के लिए किसानों के पास नवीन तकनीक एवं जानकारी को भी महत्वपूर्ण माना है। देश में सभी गांवों में किसानों की मदद और जागरूकता के लिए विलेज नॉलेज सेण्टर या ज्ञान चौपाल की स्थापना पर बल दिया है, इसके अतिरिक्त महिला किसानों के लिए भी क्रेडिट कार्ड की व्यवस्था की जाए। कमेटी ने भूमि सुधारों पर भी जोर दिया है। सिफारिश में किसानों के लिए कृषि जोखिम फंड बनाने की बात भी कही गयी है, जो प्राकृतिक आपदाओं के समय किसानों की सहायता कर सके। छोटे, किसानों को कर्ज की व्यवस्था की भी सिफारिश की गयी है जिन पर ब्याज दर 4 प्रतिशत हो।

इसके अतिरिक्त भारतीय फसलों की अन्तर्राष्ट्रीय ब्रान्डिंग हो, जिससे अन्तर्राष्ट्रीय स्तर पर भारतीय उत्पाद उनका मुकाबला कर सकें और असमय फसलों के मूल्य में मन्दी को रोका जा सके। सरकार को किसानों के विषय में संवेदनशीलता के साथ सोचने की आवश्यकता है। कृषि निर्यात की सभी संभावनाओं, भण्डारण, परिवहन, अनाज बर्बादी आदि पर समग्र ढंग से विचार किया जाए। किसान का बाजार के साथ उचित तालमेल भी होना चाहिए। भारत के पूर्व प्रधानमंत्री चौधरी चरण सिंह अक्सर कहा करते थे कि 'देश की तरक्की का रास्ता खेतों एवं खलिहानों से होकर गुजरता है।' जब तक हम कृषि पर समुचित एवं समग्रता से ध्यान नहीं देंगे, तब तक भारत के विकसित राष्ट्र बनने का स्वप्न अधूरा रहेगा।

# सन्दर्भ ग्रन्थ सूची


1. जनसत्ता में प्रकाशित लेख 21 दिसम्बर, 2018
2. जनसत्ता में प्रकाशित लेख 23 दिसम्बर, 2018
3. जनसत्ता में प्रकाशित लेख 15 नवम्बर, 2019
4. जनसत्ता में प्रकाशित लेख 15 नवम्बर, 2019
5. जनसत्ता में प्रकाशित लेख 23 सितम्बर, 2019
6. जनसत्ता में प्रकाशित लेख 23 सितम्बर, 2019
7. जनसत्ता में प्रकाशित लेख 16 जनवरी, 2019
8. आर्थिक जनगणना, 2013–14
9. चौधरी चरण सिंह – सहकारी खेती
10. चौधरी चरण सिंह – भारत की भयावह आर्थिक स्थिति कारण और निदान
11. आर्थिक सर्वेक्षण– 2016–17
12. नीति आयोग की रिपोर्ट– किसानों की आय को दोगुनी करने के सम्बन्ध में।

# 6

# द्वितीय हरित क्रान्ति को किसान अनुकूल बनाने की रणनीति

डॉ0 दीपक राठी

सहायक निर्देशक क्रीडेंस मिडिया सोल्यूशन

प्राइवेट लि0 नई दिल्ली

दूसरी हरित क्रान्ति को बढ़ावा देने के लिए सबसे पहली रणनीति थी–कुल बोआ क्षेत्र और दोहरी–फसल क्षेत्र का विस्तार, जिसका मतलब था कि एक ही खेत में दो बार फसल लेना। सिंचाई सुविधाओं को बढ़ाकर, वर्षा के पानी का संरक्षण, वर्षा जल संग्रहण ढ़ांचे द्वारा, सिंचन सिंचाई प्रणाली या खरीफ के मौसम में उपयुक्त सब्जी, मूल या कंद की फसलें लगाकर बड़ी आसानी से दोहरी–फसल क्षेत्रों का विस्तार किया जा सकता है।

पूर्वी राज्यों में यह देखा गया है कि वहां की फसलों का पैटर्न पिछले डेढ़ दशकों में ज्यादा नहीं बदला है। इसका अंदाजा इस बात से लगा सकते हैं कि पूर्वी क्षेत्र में कुल 4.14 करोड़ हेक्टेयर की खेती की जमीन है। उसमें से करीब 78.83 प्रतिशत जमीन में खाद्यान्न की खेती होती है जबकि सकल भारत (19.28 करोड़ हेक्टेयर जमीन) का औसत मात्र 63.07 प्रतिशत है।''

## कषषि विज्ञान केंद्रों की भूमिका बढ़ाना

भारत सरकार के कृषि मंत्रालय की सहायता से प्रत्येक जिले में 'कृषि विज्ञान केन्द्र' का गठन किया गया है। ये केंद्र सरकारी शोध संस्थानों की नई नकनीकों और तरीकों को किसानों तक पहुंचाने का काम करते है। देश भर में आज 642 कृषि विज्ञान केंद्र विभिन्न राजकीय कृषि विश्वविद्यालयों के तहत कार्य कर रहे हैं। इन्हें 'भारतीय कृषि अनुसंधान परिषद्' (ICAR) से अनुदान प्राप्त है।

पूर्वी राज्यों में विशेषकर बिहार और उड़ीसा में, मोनसेंटो, डयूपौंट, सिंजेंटा, बायर क्रॉप सांइस जैसी बहुराष्ट्रीय बीज कंपनियों भी बड़ी तेजी से अपना व्यापार कर रही है। जाहिर सी बात है कि सरकारी संस्थाएं निजी कंपनियों को फैलने का भरपूर मौका दे रही हैं तभी इनका व्यपार इतना फल–फूल रहा है।

कृषक–मित्रों की भी महत्वपूर्ण भूमिका हो सकती है। कृषक –मित्र कृषि विभाग और किसानों के बीच मध्यस्थ की भूमिका निभा सकते हैं। वो किसानों को सरकारी बीजों की उपलब्धता और किस्मों के बारे में खेती की नई तकीनीकों और फसल बीमा के बारे में जानकारी दे सकते हैं।

## धान सघनीकरण विधि (श्री विधि) को लोकप्रिय बनाना

धान की पैदावार में क्रांन्ति या तो बेहतर बीजों के इस्तेमाल से या बेहतर खेती के तरीके से आ सकती है। 'धान सघनीकरण विधि' (System of Rice Internsification-SRI) या 'श्री' विधि ने यह साबित कर दिया है कि इसमें न सिर्फ पानी बचाने की क्षमता है बल्कि इससे किफायती तरीके से पैदावार भी बढ़ाई जा सकती है। देश में करीब 60 प्रतिशत धान के खेत सिंचित भूमि में हैं जहां से करीब 75 प्रतिशत उत्पादन होता है पर इसके लिए बेहिसाब पानी की जरूरत पड़ती है।

छोटे और सीमांत किसानों के लिए 'श्री' विधि बेहद उपयोगी है। श्री का मकसन है–'कम में से अधिक प्राप्त करना'। त्रिपुरा में एक बोर्ड पर श्री के बारे में बड़ा सटीक नारा लिखा था, जिसका मतलब है– ''बीज कम, खाद कम, पानी कम, दवाई कम, खर्च कम–पर उत्पादन ज्यादा और आमदनी ज्यादा।''

लगभग 30 साल पहले लैटिन अमेरिका में स्थित मेडागास्कर के पादरी हेनरी द लौलनी ने श्री विधि को विकसित किया। पूरे विश्व में लगभग 50

लाख से अधिक किसान श्री विधि को अपना चुके हैं। जिन 50 देशों में श्री विधि को अपनाया गया है वहां 30–40 प्रतिशत पानी की बचत देखी गई है।''

श्री में यह क्षमता है कि वह धान की उत्पादकता को 8 टन प्रति हेक्टेयर तक बढ़ा सकता है (जबकि राष्ट्रीय औसत केवल 2.1 टन प्रति हेक्टेयर है) और वह भी बिना किसी नए बीज के काफी कम खाद और कषि–रसायनों का इस्तेमाल करके और केवल आधी मात्रा में पानी का इस्तेमाल करके। अगर सर्वोत्तम तरीकों का प्रयोग किया जाए तो इस विधि से धान का उत्पादन 15–20 टन प्रति हेक्टेयर तक भी प्रापत किया जा सकता है।''

त्रिपुरा में वर्ष 2002 में केवल 44 किसानों के साथ श्री विधि की शुरूआत की गई थी। अब इनकी संख्या बढ़कर 3.50 लाख हो गई है जो करीब 1 लाख हेक्टेयर में खेती कर रहे हैं।'' त्रिपुरा में श्री विधि इतनी लोकप्रिय हो गई है कि देखते ही देखते आधा से ज्यादा धान क्षेत्र इसमें तबदील हो गया। इसी प्रकार वर्ष 2007 में बिहार के कुछ सौ किसानों ने श्री विधि की शुरूआत की। चार साल के अंदर बिहार का 10 प्रतिशत धान क्षेत्र श्री विधि का इसतेमाल करने लगा था।''

श्री विधि को नई 'हरित जमीनी क्रांति' के रूप में माना गया है, जो खरीदी हुई बाहरी सामग्रियों पर नहीं बल्कि वैज्ञानिक तौर पर सिद्ध तरीकों पर आधारित है।

यह अच्छी कृषि पद्धतियों का एक ऐसा संयोजन है जो विभिन्न जगहों पर वहां की कृषि परिस्थितिकी और फसल प्रणाली के अनुसार भिन्न तो हो सकता है, लेकिन इसकी मूल भावना हमेशा कम लागत में उच्च पैदावार से किसानों को लाभ पहंचाने की रहेगी।

श्री विधि के अंतर्गत, पारंपरिक 25 से 30 दिन पुराने पौधे के बजाय 8 से 12 दिन पुरानी पौध की रोपाई की जाती है। एक जगह पर अधिकतम दो–तीन पौध लगाई जाती है और उनके बीच एक 25ग25 सेंटीमीटर का फासला रखा जाता है। मिट्टी में नमी रखी जाती है पर इसे डुबो कर नहीं रखा जाता। नियमित निराई करके मिट्टी में वायु संचारण बरकरार रखा जाता है। रसायन खाद के बदले कंपोस्ट खाद या जैविक पोषण के अन्य स्त्रोंतों को प्राथमिकता दी जाती है।

## धान सघनीकरण 'श्री' विधि के फायदे

श्री विधि का प्रमुख फायदे है– पानी और बीज की बचत और अधिक उपज

- ज्यादा उत्पादकता : 20 से 50 प्रतिशत
- पानी की बचत : 30 से 50 प्रतिशत कम सिंचाई
- किफायती उत्पादन : 10 से 20 प्रतिशत कम खर्च
- ज्यादा आमदनी : 50 से 100 प्रतिशत ज्यादा
- जैविक प्रतिरोधक क्षमता : की और बीमारियों से अधिक प्रतिरोध ाता
- जलवायु लचनशीलता – ग्रीन हाऊस गैसों का कम उत्सर्जन
- भारत में श्री के तहत कुल कषषि क्षेत्र : 17 लाख हेक्टेयर

21वीं शताब्दी में, जहां पानी कृषि का महत्वपूर्ण खर्च और बाध्यता बन गया है, और जहां मृदा क्षरण और भूमि संसाधन घटते जा रहे हैं, और जलवायु परिवर्तन के प्रतिकूल प्रभाव दिख रहे हैं, ऐसे में श्री विधि लाखों वंचित कृषि परिवारों के लिए एक नई आशा की किरण हैं। श्री विधि में किसी भी प्रकार का कोई पेटेंट, रॉयल्टी या लाइसेंस शुल्क नहीं है। यह BGREI के तहत प्रोत्साहित की जा रही उन गिनी चुनी तकनीकों में से एक है जिसमें केवल किसानों का ही फायदा है।

(Bringing green Revalution in Eastern India)

## जैविक खेती को बढ़ावा

भारतीय कृषि बाजार में जैविक उत्पादों का अपना एक अलग स्थान है। कुल कृषि उत्पादन का ये केवल 1 प्रतिशत है। लेकिन पिछले कुछ सालों में घरेलू बाजार में इसकी मांग बढ़ रही है। इसकी वद्धि दर 100 प्रतिशत से भी ज्यादा है।

जैविक खेती में रसायनिक खाद, कीटनाशकों और शाकनाशको का बिल्कुल प्रयोग नहीं होता है। पूर्वी राज्यों में जैविक खेती की संभावनाएं बहुत

अच्छी है, क्योंकि यहां की पारंपरिक खेती में पहले से ही रसायनों का ज्यादा प्रयोग नहीं होता है। लोगों के पास जानकारी मौजूद है, इसलिए इन्हें आसानी से जैविक पद्धति की ओर मोड़ा जा सकता है। दूसरी अच्छी बात ये है कि पूर्वी राज्यों में खेतों का आकार अपेक्षकृत छोटे हैं। छोटे आकार वाले खेतों से जैविक पद्धति द्वारा ज्यादा उत्पादन प्राप्त किया जा सकता है।

सिक्किम के पूर्ण रूप से जैविक राज्य बन जाने के बाद से भारत में जैविक खेती के प्रसार के लिए ''समूह (गुच्छा)'' दृष्टिकोण अपनाया जा रहा है। केंद्र सरकार की योजना 10 हजार समूह (20 हेक्टेयर का 1 समूह) को देश भर में विकसित करने का है, जिससे घरेलू बाजार की मांग पूरी करने के साथ–साथ जैविक उत्पादों का निर्यात भी किया जा सके। इस योजना के तहत, 50 या उससे ज्यादा किसान एक समूह बना सकते हैं। हर किसान को 3 साल में बीज, कटाई और परिवहन के लिए 20 हजार प्रति एकड़ दिये जाने का प्रावधान है, जिसे कृषि मंत्रालय के अधीन 'परंपरागत कृषि विकास योजना' के तहत दिया जाएगा।

जैविक खाद्य अगर उत्पादक (या उत्पादक संस्था) द्वारा सीधे उपभोक्ता को बेचा जा रहा है तो उसे अनुपालन के सत्यापन (verification of compliance) की जरूरत नहीं है। यही छूट प्रसंस्कृत जैविक खाद्य पदार्थों के ऊपर भी लागू है। पंरतु जमीनी सच्चाई यह है कि देश भर में जैविक किसानों को अपने उत्पादों के प्रमाणीकरण (certification) को लेकर काफी मुसीबत झेलना पड़ता है। सिक्किम की तरह पूर्वी राज्यों को भी प्रमाणीकरण (certification) की प्रक्रिया को आसान बनाना चाहिए।

वर्षा आधारित क्षेत्र, आदिवासी और पहाड़ी क्षेत्रों में जैविक खेती के विकास की ज्यादा अच्छी संभावनाएं हैं। विशेषज्ञों को यह पड़ताल करनी चाहिए कि कैसे इस पद्धति से छोटे और सीमांत किसानों को फायदा पहुंचाया जाए और बंजर भमि को कैसे जैविक खेती के लिए तैयार किया जाए।

## देशी/पारंपरिक धान बीज

पूर्वी राज्यों के किसान प्रति हेक्टेयर 8–9 टन धान का उत्पादन करते हैं, जो 'अंतर्राष्ट्रीय धान शोष संस्थान' (IRRI) के संकर बीजों से भी बेहतर

है। इसी तरह का उत्पादन डॉ0 रिछारिया ने बहुत निम्न सामग्रियों (इंपुट) के साथ प्राप्त कर लिया था। डॉ0 रिछारिया भारत के प्रमुख चावल विशेषज्ञों में से एक थे। उन्होंनें अपने जीवनकाल में धान की 19,000 किस्मों को खोज निकाला था। उनका अनुमान था कि भारत में धान की कम से कम 2 लाख किस्में मौजूद हैं।

इनमें से अधिकतर किस्मों में जैविक दबावों (biotic stress) को लेकर प्रतिरोधी शक्तियां है, विशेषकर 'बैक्टेरियल ब्लाइट' जैसी बिमारी हो या धान के पौधों में लगने वाले कीट हों। इनमें से अनेक किस्मों का उपयोग चावल की नवीन प्रजातियों के निर्माण में किया भी जा रहा है।

देशी धान की किस्मों को बढ़ावा देने के लिए डॉ0 देबल देब, जो सेंटर फॉर इंटरडिस्सीप्लीनरी स्टडी कोलकाता के प्रमुख हैं, ने उड़ीसा में देशी धान का एक बीज बैंक बनाया है। उनके अनथक प्रयास से आज लगभग 5000 किसानों ने अपने खेतों में देशी बीज लगाना फिर से शुरू कर दिया है। डॉ0 देबल देब के अनुसार, 1970 के पहले बंगाल में धान की 5,600 से अधिक किस्में मौजूद थीं, पर आज 500 से भी कम किस्में बची हैं। डॉ0 देब ने अपनी किताब में 340 किस्मों का दस्तावेजीकरण किया है। वर्ष 1998 में उन्होंनें किसानों के बीच मुफ्त में बीज के आदान–प्रदान के लिए 'व्रीहि' की स्थापना की। अथर्ववेद में 'व्रीहि' शब्द का प्रयोग धान के लिए किया गया था।

पूर्वी क्षेत्रों में, ऐसे कई देशज धान की किस्में हैं जिन्हें किसानों ने अपने निजी ज्ञान के आधार पर तैयार किया है। इस क्षेत्र में सुगंधित, महीन, मोटे, उच्च प्रोटीन, औषधीय गुण जैसी तमाम किस्में विकसित हुई है, जिनकी फसल 60 से 150 दिनों में तैयार हो जाती है। सदियों से स्थानीय किसानों ने कुछ अनोखे किस्मों को विकसित किया है, जैसे सबसे छोटे चावल 'जगफूल' (4 मि.मि. लम्बा), सबसे लम्बा– 'डोकरा', 'डोकरी' (14 मि.मि. लम्बा), और सबसे मोटा– 'हाथी पंजारा' (जिसमें एक फूल में दो दानें होते हैं)। 'भीमसेन' की चौड़ाई सबसे अधिक है और एक किस्म का नाम है– 'उड़न पखेरू' क्योंकि इसकी लंबी और पंख जैसी आकषति है। डॉ0 रिछारिया ने अपनी एक पुस्तक में 'चिक्को' नाम की एक किस्म के बारे में जिक्र किया है, जो बस्तर के आदिवासी क्षेत्र मे पाया जाता है। इसकी खूबी ये है कि इसे पीसकर इसकी रोटी बनाई जा सकती है। एक और किस्म है – 'खोवा', जिसे

उबालने के बाद उसका स्वाद दूध जैसा हो जाता है। कुछ बहुत लम्बी किस्में भी हैं जो मूरी (मुरमुरे) के लिए लोकप्रिय है, या मोटी किस्में हैं जिन्हें पोहा (चूड़ा) के रूप में पंसद किया जाता है। कई किस्में तो उच्च–उत्पादन वाली हैं और कई कीट प्रतिरोधी भी। धान की कुछ अन्य विशेष किस्में भी हैं, जैसे बिहार की 'तुलसी मंजरी', जिससे खीर बनाई जाती है, या कुछ किस्में ऐसी हैं जो सिर या जोड़ों के दर्द में औषधि का काम करती हैं।

## पूर्वी क्षेत्रों में हरित क्रांति के विकास के लिए सुझाव/सिफारिशें

पिछले 5 वर्षों में जबसे 'बी.जी.आर.ई.आई' (BGREI) की शुरूआत हुई तब से अनेक नागरिक समाज समूह लगातार किसानों के बीच जाकर ये बता रहे हैं कि 'बी.जी.आर.ई.आई' (BGREI) का भी पिछली हरित क्रांति की तरह पर्यावरण और स्वास्थ्य के ऊपर विनाशकारी प्रभाव पड़ सकता है।

'सतत तथा समग्र कृषि गठबंधन' (आशा), जो किसान समूहों का एक प्रगतिशील राष्ट्रव्यापी गठबंधन है, ने अपने तीसरे किसान स्वराज सम्मेलन (अप्रैल 2016 में हैदराबाद में आयोजित) के घोषणापत्र में कहा – 'पूर्वी भारत में हरित क्रांति की शुरूआत हमें अस्वीकार्य है, और 'बी.जी.आर.ई.आई' (BGREI) के ऊपर हो रहे निवेश को रोककर उसे पारिस्थितिक कषषि के प्रसार में लगाना चाहिए।'' किसानों को आँख मूंद कर 'बी.जी.आर.ई.आई' (BGREI) की तकनीकों को स्वीकार करने से रोकना चाहिए और इससे होने वाले दुष्प्रभावों और इसमें छुपे खतरों के बारे में अवगत कराना चाहिए। 'बी.जी.आर.ई.आई' (BGREI) के तहत प्रचारित फसलों के लिए सिफारिशें व सुझाव :

### (क) धान के लिए सिफारिशें व सुझाव

- किसानों के हितों की सुरक्षा के लिए उपयुक्त हों, विशेषरूप से जब फसल नष्ट हो जाए या ठीक से बीज अंकूरित न होने पर
- देशी धान की किस्मों को बढ़ावा दिया जाए
- डॉ0 रिछारिया के धान की खेती के माडल को अपनाया जाए
- 'श्री विधि' का प्रचार किया जाए जिसमें पानी कम लगता है और उत्पादन ज्यादा होती है

- कृषि की स्थिरता (sustainability), मिट्टी का स्वास्थ्य और पर्यावरण सुरक्षा के सिद्धांतों को सबसे आगे रखा जाए
- पिछले साल के बचाए गए बीजों की खेती द्वारा बीज संप्रभुता को बचाकर रखा जाए
- जलवायु दबाव के प्रति सहनशील और लचनशील बीजों की संख्यावुद्धि की जाए
- धान निदेशालय और राज्य कृषि विश्वविद्यालयों के साथ मिलकर स्थानीय और देशी बीजों की गुणवत्ता और उत्पादकता बढ़ाना
- स्थानीय और देशी धान के बीजों की उपलब्धता सुनिश्चित करना
- विस्तारक संस्थाएं जैसे कृषि विज्ञान केंद्र और कृषक मित्र की मदद से स्थनीय और देशी बीजों के फायदों के बारे में जागरूकता फैलाना
- देशी धान के प्रसार के लिए नवीन तरीकों या माध्यमों के प्रयोग करना

## (ख) मक्का के लिए सिफारिशें व सुझाव

- मक्के की देशी, पारंपरिक, या खुले परागण वाली (open pollinated) किस्मों को बढ़ावा देना
- बीज संप्रभुता सुनिश्चित करने के लिए गांवों में बीज बैंकों का गठन करना
- जलवायु दबाव के प्रति सहनशील और लचनशील बीजों का संरक्षण व संख्यवद्धि करना
- सरकारी बीज संस्थाओं को पुनर्जीवित करना और उन्हें इस काबिल बनाना कि वे खुले परागण वाले बीजों का सरंक्षण व संख्यवद्धि कर सकें
- कृषि विश्वविद्यालयों को प्रोत्साहित करें कि वे जलवायु दबाव के प्रति सहनशील और लचनशील बीजों को खोजें, उनकी

गुणवत्ता में सुधार करें और उनकी उपलब्धता सुनिश्चित करें

- किसानों के बीच बीजों के आदान–प्रदान की प्रथा को बढ़ावा देना
- अन्य फसलों के साथ मिलाकर की जाने वाली मक्के की खेत (मिश्रित) का प्रचार किया जाए
- खुले परागण वाली (open pollinated) किस्मों को बढ़ावा दिया जाए। 'मक्का शोध निदेशालय' (Directorate of Maize Research) ने सौ से भी ज्यादा खुले परागण वाली (open pollinated) किस्मों को जारी किया है। पी.पी.पी. में लगाए जा रहे हैं पैसों का खुले परागण वाली (open pollinated) किस्मों के विकास में लगाया जाए
- मोनसेंटो और अन्य बीज कंपनियो ने लगभग हर राज्य में कषषि के अंदर व्याप्त कमियों का बखुबी फायदा उठाया है। खुले परागण वाली (open pollinated) किस्मों से 3 टन प्रति हेक्टेयर की पैदावार हासिल करना कोई मुश्किल काम नहीं है, बस अच्छे बीजों को चुनना आना चाहिए।

## (ग) विवेकसम्मत मशीनीकरण के लिए सिफारिशें व सुझाव

- ट्रेक्टर, पावर टिलर और अन्य औजारों के किराए पर लेने के लिए 'विशेष किराया सेवाओं' (Custom Hiring Services-CHS) को बढ़ावा देना चाहिए।
- 'कृषि मशीनरी बैंकों का गठन किया जाना चाहिए जो किसानों को मशीन सप्लाई कर सके।
- छोटे खेतों के लिए छोटे हाथ के औजारों और उपकरणों की ज्यादा जरूरत हाती है। इन्हें छोटे किसानों को उपकरणों के पैकेज के रूप में बांटा जाना चाहिए।
- महंगे कषषि उपकरणों को खरीदने और उनके रखरखाव के लिए सहकारी संस्थाओं (cooperatives) के गठन पर विचार करना चाहिए।

## सन्दर्भ

1. Karmkar K.G. and Sahoo B.B. (2015) "green Revalution in Eastern India" in the edited hook by M. Ghosh Disarkar and B.C. Ray, "Diversification of Agriculture in Eastern India" Springer 2015

2. Rita Sharma (2014) "More Rice from less water" 7 July 2014 The Hindu, New Delhi

3. Gopalkrishanan, R (2014). "For A second Rice Revalution" 5 Septemeber 2014, Business standard, New Delhi.

4. Vidal John (2013) India's Rice Revolution 16 Feb. 2013 gurdian, U.K.

5. Duval Marion and Claudia wilhfer, "organic food labeling practice in the EU. An option for the Domestic Market in India, Indo-german programme on consumer policy and consumer protection (CPP) GIZ, New Delhi

6. Mohan Vishwa (2016), Maha M.P. lead in earmarking special organic forming zone, 10 July 2016 times of India, New Delhi.

7. Alvores claude (1986) Dr. Richharia's story-crushed but nat Defeated, 23 March 1986, illustrated weekly of India, Bombay.

8. Menon, Meena (2001) The grain story, 2 July 2001, Business line, New Delhi.

9. Krishan Kumar, Asha (2003) The Raipur collection, Vol 20 Issue 02, 18-25 January 2003 Frontline, Chennai.

# 7

# भारत में किसानों की दशा : एक संक्षिप्त विश्लेषण


अमिताभ भट्ट | डॉ0 विक्रम सिंह

सहायक आचार्य राजनीति विज्ञान विभाग | सहायक आचार्य हिन्दी विभाग

हर्ष विद्या मन्दिर

एम. पी. जी. कॉलेज मसूरी देहरादन | पी. जी. कालिज रायसी हरिद्वार


भारत संरचनात्मक दृष्टि से गांवों का देश है, और अभी ग्रामीण समुदायों में अधिक मात्रा में कृषि कार्य किया जाता है इसलिए भारत को कृषि प्रधान देश की संज्ञा भी मिली हुई है। लगभग 70 प्रतिशत भारतीय लोग किसान हैं। वे भारत देश के रीढ़ की हड्डी के समान है। खाद्य फसलों और तिलहन का उत्पादन करने के साथ ही वाणिज्यिक फसलों के उत्पादक भी है। वे हमारे उद्योगों के लिए कुछ कच्चे माल का उत्पादन करते है, इसलिए वे हमारे राष्ट्र के जीवन रक्त है। भारत में लगभग 60 प्रतिशत कृषि पर प्रत्यक्ष या परोक्ष रूप से निर्भर भारतीय किसान पूरे दिन और रात काम करते है। वे दिन के समय में जहाँ बीज बोते है वही रात में फसलों की जंगली जानवरों से रक्षा करते है। जहाँ पहले बैलों की मदद से कृषि की जाती थी वही आजकल, कई राज्यों में बैलों की मदद से खेती करने कि संख्या लगभग

खत्म हो गई हैं और ट्रैक्टर की मदद से खेती की जाती है। उनकी पत्नीयाँ और बच्चे उनके काम में उनकी मदद करते है जिनकी मजदूरी का हिसाब किसान कभी भी अपनी आय में शामिल नहीं करता है। यदि समस्त परिवार जोकि कृषि कार्य में मदद करता है की मजदूरी उत्पादन लागत में शामिल कर दी जाये तो किसान को आय के रूप में कुछ भी नजर नहीं आयेगा।

भारतीय किसान गरीब है और उसकी गरीबी पूरी दुनिया में प्रसिद्ध है। किसान को दो वक्त का खाना भी नसीब नहीं हो पाता। उन्हें मोटे कपड़े का एक टुकड़ा नसीब हो पाता है। वह अपने बच्चों को शिक्षा भी नहीं दे पाते। वह अपने बेटे और बेटियों का ठीक पोशाक तक खरीद कर नहीं दे पाते। वह अपनी पत्नी को गहने पहनने का सुख नहीं दे पाते। किसान की पत्नी कपड़े के कुछ टुकड़े के साथ प्रबंधित करने के लिए है। वह भी घर पर और खेत में काम करती है। वह गौशाला साफ करती, गाय के गोबर बनाकर दिवारों पर चिपकाती और उन्हें धूप में सूखाती जोकि गीले मानसून के महीनों के दौरान ईंधन के रूप में उपयोग होता। भारतीय किसान को गांव के दलालों द्वारा परेशान किया जाता है। वह साहूकार और कर संग्राहकों से परेशान रहते इसलिए वह अपने ही उपज का आनन्द नहीं कर पाते है। भारतीय किसान के पास उपयुक्त निवास करने के लिए घर नहीं होता। वह किसान फूस की झोपड़ी में रहते हैं। जिसका आकार बहुत छोटा तथा उसमें उपयुक्त रोशनी का भी अभाव होता है। केवल बड़े किसानों की हालत में सुधार हुआ है, छोटे भूमि धारकों और सीमांत किसानों की हालत अब भी संतोषजनक से भी कम है।

पुराने किसानों की अधिकांश आबादी ज्यादा पढ़ी–लिखी नहीं थी लेकिन नई पीढ़ी के अधिकतर किसान शिक्षित हैं। उनके शिक्षित होने के नाते उन्हें बहुत मदद मिलती है। वे प्रयोगशाला में अपने खेतों की मिट्टी का परीक्षण करवा लेते है। इस प्रकार वे समझ जाते की उनके क्षेत्रों में सबसे ज्यादा फसल किसकी होगी। भारतीय किसान सरल संभव तरीके से सामाजिक समारोह मनाता है। अधिकांश किसान त्यौहार व शादी समारोह भी सादगी के साथ ही मनाते है तथा अधिकांशतः समारोह दिन के समय ही मनाते है जिससे लाईटिंग, जेनरेटर तथा रात में मेहमानों के ठहरने के खर्चे की बचत हो सके।

## भारत में किसान आत्महत्या–

भारत में किसान आत्महत्या 1990 के बाद पैदा हुई स्थिति है, जिसमें प्रतिवर्ष दस हजार से अधिक किसानों के द्वारा आत्महत्या की रपटें दर्ज की गई है। 1997 से 2006 के बीच 1,66,304 किसानों ने आत्महत्या की। भारतीय कृषि बहुत हद तक मानसून पर निभर है तथा मानसून की असफलता के कारण नकदी फसलें नष्ट होना किसानों द्वारा की गई आत्महत्याओं का मुख्य कारण माना जाता रहा है। मानसून की विफलता, सूखा, कीमतों में वृद्धि, ऋण का अत्यधिक बोझ आदि परिस्थितियाँ, समस्याओं के एक चक्र की शुरूआत करती हैं। बैंकों, महाजनों, बिचौलियों आदि के चक्र में फँसकर भारत के विभिन्न हिस्सों के किसानों ने आत्महत्याएँ की है।

## इतिहास–

1990 ई0 में प्रसिद्ध अंग्रेजी अखबार द हिन्दू के ग्रामीण मामलों के संवाददाता, पी0 साईंनाथ ने किसानों द्वारा नियमित आत्महत्याओं की सूचना दी। आरंभ में ये रपटें महाराष्ट्र से आई। जल्दी ही आन्ध्र प्रदेश से भी आत्महत्याओं की खबरे आने लगी। शुरूआत में लगा की अधिकांश आत्महत्याएँ महाराष्ट्र के विदर्भ क्षेत्र के कपास उत्पादक किसानों ने की है, लेकिन महाराष्ट्र के राज्य अपराध लेखा कार्यालय से प्राप्त आंकड़ों को देखने से स्पष्ट हो गया कि पूरे महाराष्ट्र में कपास सहित अन्य नकदी फसलों के किसानों की आत्महत्याओं की दर बहुत अधिक रही है। आत्महत्या करने वाले केवल छोटी जोत वाले किसान नहीं थे बल्कि मध्यम और बड़े जोतों वाले किसानों भी थे। राज्य सरकार ने इस समस्या पर विचार करने के लिए कई जाँच समितियाँ बनाई। भारत के प्रधानमंत्री मनमोहन सिंह ने राज्य सरकार द्वारा विदर्भ के किसानों पर व्यय करने के लिए 190 अरब रूपए के अनुदान की घोषणा की। बाद के वर्षों में कृषि संकट के कारण महाराष्ट्र, कर्नाटक, केरल, आन्ध्र प्रदेश, पंजाब, मध्य प्रदेश और छत्तीसगढ़ में भी किसानों ने आत्महत्याएँ की। इस दृष्टि से 2009 अब तक का सबसे खराब वर्ष था जब भारत के राष्ट्रीय अपराध लेखा कार्यालय ने सर्वाधिक 27,367 किसानों के आत्महत्या की रपटें दर्ज की। सबसे ज्यादा आत्महत्याएँ महाराष्ट्र, आंध्र प्रदेश, मध्य प्रदेश और छत्तीसगढ़ इन 5 राज्यों में 10765 यानी 62 प्रतिशत आत्महत्याएँ दर्ज हुई।

## आंकड़े–

राष्ट्रीय अपराध लेखा कार्यालय के आंकड़ों के अनुसार भारत भर में 2007 ई0 में 16,196 किसानों ने आत्महत्याएँ की थी। 2009 ई0 में आत्महत्या करने वाले किसानों की संख्या में 1,172 की वृद्धि हुई। 2009 के दौरान 17368 किसानों द्वारा आत्महत्या की अधिकारिक रपट दर्ज हुई। राष्ट्रीय अपराध लेखा कार्यालय द्वारा प्रस्तुत किए गए आंकड़ों के अनुसार 1995 से 2011 के बीच 17 वर्ष में 7 लाख, 50 हजार, 760 किसानों ने आत्महत्या की है। भारत में धनी और विकसित कहे जाने वाले महाराष्ट्र में अब तक आत्महत्याओं का आंकड़ा 50 हजार 760 तक पहुँच चुका है। 2011 में मराठवाड़ा में 435, विदर्भ में 226 और खानदेश (जलगाँव क्षेत्र) में 133 किसानों ने आत्महत्याएँ की है। आंकड़े बताते हैं कि 2004 के पश्चात् स्थिति बद से बदत्तर होती चली गई। 1991 और 2001 की जनगणना के आंकड़ों को तुलनात्मक देखा जाए तो स्पष्ट हो जाता है कि किसानों की संख्या कम होती चली जा रही है। 2001 की जनगणना के आंकड़े बताते हैं कि पिछले दस वर्षों में 70 लाख किसानों ने खेती करना बंद कर दिया। 2011 के आंकड़े बताते है कि पांच राज्यों क्रमशः महाराष्ट्र, कर्नाटक, आंध्र प्रदेश, मध्य प्रदेश और छत्तीसगढ़ में कुल 1534 किसान अपने प्राणों का अंत कर चुके है। सरकार की तमाम कोशिशों और दावों के बावजूद कर्ज के बोझ तले दबे किसानों की आत्महत्या का सिलसिला नहीं रूक रहा। देश में हर महीने 70 से अधिक किसान आत्महत्या कर रहे है।

## अगर किसानों की आत्महत्या को किसानों की स्थिति का पैमाना माना जाए तो 2009 में किसानों के हालात बदतर हुए है–

राष्ट्रीय अपराध रिकार्ड ब्यूरों के आंकड़ों के अनुसार भारत भर में 2009 के दौरान 17368 किसानों ने आत्महत्या की है–

- किसानों के हालात बुरे हुए हैं, इस बात का अंदाजा इसी बात से लगाया जा सकता है कि किसानों की आत्महत्या की ये घटनाएँ, 2008 के मुकाबले 1172 ज्यादा है, इससे पहले 2008 में 16196 किसानों ने आत्महत्या की थी।

- जिन राज्यों में किसानों की स्थिति सबसे ज्यादा खराब है उनमें

महाराष्ट्र, कर्नाटक, आंध्रप्रदेश, मध्यप्रदेश और छत्तीसगढ़ सबसे आगे है।

- किसानों की आत्महत्या की कुल घटनाओं में से 10765 यानी 62 प्रतिशत आत्महत्याएँ इन पांच राज्यों में ही हुई है।

## तमिलनाडु में हालात बदतर–

- इन पांच राज्यों के अलावा सबसे बुरी खबर तमिलनाडु से है यहाँ वर्ष 2009 में दोगुने किसानों ने आत्महत्या की। वर्ष 2008 में यहाँ 512 किसानों ने आत्महत्याएँ की जो वर्ष 2009 में 1060 पर जा पहुँची।
- पिछले दस वर्षों से किसान आत्महत्याओं के आंकड़ों में अव्वल रहने के लिए बदनाम महाराष्ट्र 2009 में भी सबसे आगे रहा, हालांकि यहाँ आत्महत्या की घटनाओं में कमी आई है।
- महाराष्ट्र में 2009 के दौरान 2872 किसानों ने आत्महत्या की जोकि 2008 के मुकाबले 930 कम है।
- इसके बाद कर्नाटक में सबसे ज्यादा 2282 किसानों ने आत्महत्याएँ की।
- केन्द्रशासित प्रदेशों में पॉन्डिचेरी में सबसे ज्यादा 154 किसानों ने आत्महत्या की।
- पश्चिम बंगाल में 1054, राजस्थान में 851, उत्तर प्रदेश में 656, गुजरात में 588 और हरियाणा में 230 किसानों ने आत्महत्या की।
- राष्ट्रीय अपराध रिकार्ड ब्यूरों के आंकड़ों के अनुसार 1997 से 2009 तक भारत में दो लाख 16 हजार 500 किसान आत्महत्या कर चुके है।
- कुल 28 राज्यों में से 18 राज्यों में किसान आत्महत्याओं की संख्या में इजाफा हुआ है।
- जम्मू–कश्मीर और उत्तराखण्ड में किसान आत्महत्याओं में ना के बराबर इजाफा हुआ है।

## कारण–

किसानों को आत्महत्या की दशा तक पहुँचा देने के मुख्य कारणों में खेती का आर्थिक दृष्टि से नुकसानदायक होना तथा किसानों के भरण–पोषण में असमर्थ होना है। कृषि की अनुपयोगिता के मुख्य कारण है–

- कृषि जोतों का छोटा होते जाना– 1960–61 ई0 में भूस्वामित्व की इकाई का औसत आकार 2.3 हेक्टेयर था जो 2002–03 ई0 में घटकर 1.06 हेक्टेयर रह गया।
- फसल उचित तथा समय पर पैसा न प्राप्त होना।
- पूरे परिवार की निर्भरता खेती पर होने के कारण मजबूरी में फसल बेचना।
- भारत में किसान अपने उत्पादन का दाम स्वयं तय नहीं कर सकता।
- साहूकारों का कर्ज व बैंकों की ऋण स्वीकृति की कठिन प्रक्रिया।
- भारत में फसल बीमा की अभी नई शुरूआत हुई है जिससे अधिकांश किसान परिचित नहीं है।
- मानसून पर आधारित कृषि तथा प्राकृतिक आपदाओं का प्रकोप।

भारत में उदारीकरण की नीतियों के बाद खेती (खासकर नकदी खेती) करने का तरीका बदल चुका है। सामाजिक आर्थिक बाधाओं के कारण पिछड़ी जाति के किसानों के पास नकदी फसल उगाने लायक तकनीकी जानकारी का अक्सर अभाव होता है और बहुत संभव है कि ऐसे किसानों पर बीटी कॉटन आधारित कपास या फिर अन्य पूंजी प्रधान नकदी फसलों की खेती से जुड़ी कर्जदारी का असर बाकियों की तुलना में कहीं ज्यादा होता हो।

## जीवन सुधारने के उपाय–

किसानों की मांग मुत बिजली और पानी नहीं है, बल्कि बिजली की निर्बाध आपूर्ति के लिए है जिसके लिए वे भुगतान करने के लिए तैयार है।

पंजाब जैसे राज्यों में, पहली बार में हरित क्रान्ति से किसानों को बहुत मदद मिली लेकिन कम कीमतों में बम्पर फसलों की उपज के कारण उनके काम में बाधाओं ने आना शुरू कर दिया। भारतीय किसानों की हालत में सुधार किया जाना चाहिए। उन्हें खेती की आधुनिक विधि सिखाया जाना चाहिए। उन्हें साक्षर बनाया जाना चाहिए। उनको पढ़ लिखा बनाना चाहिए। वह हर संभव तरीके में सरकार द्वारा सहायता प्रदान की जानी चाहिए। छोटे किसानों ने भी कुछ कुटीर उद्योग शुरू करने का निर्णय ले लिया। फसल चक्र प्रणाली और अनुबंध फसल प्रणाली कुछ राज्यों में शुरू कर दिया गया। इस तरह के कदम किसानों को सही दिशा में ले जाते और लंबे समय तक किसानी करने में मदद करते। भारत का कल्याण किसानों पर भी निर्भर करता है।

## सन्दर्भ सूची


1. डॉ0 विजय शिंदे का आलेख– आधारहीन किसानों का खेती से पलायन मूठमाती।

2- Farmers Suicide in India ईपीडब्ल्यू पर, अभिगमन तिथि, 12 अक्टूबर, 2013

3. Farmers Suicide in India : Dr. Vandana Shiva, Kunwar Jalees, Research Foundation for Science, Technology and Ecology, A-60, Hauz Khas, नई दिल्ली, 110 016, भारत

4. भारत में किसानों की आत्महत्या के कारण

5. Farmers Suicide Rates Soar Above the Rest : पी0 साईनाथ, द हिन्दू, अभिगमन तिथि : 21 अक्टूबर, 2013

6. Shiva, Vandana, "Why Are Indian Farmers Committing Suicide and How Can We Stop This Tragedy?" Voltaire Network अभिगमन तिथि 14 अप्रैल 2013

7. One Farmer's Suicide Every 30 minutes पी0 साईनाथ, सौजन्य से अभिगमन तिथि, 12 अक्टूबर, 2013

8

# भारतीय समाज में कृषक : एक अध्ययन

पंकज कुमार
शोध छात्र (इतिहास विभाग)
शहीद मंगल पाण्डे
राजकीय महिला स्नातकोत्तर महाविद्यालय
माधवपुरम, मेरठ

किसी भी विषय के संदर्भ में एक सर्वमान्य एवं सर्वविदित तथ्य है कि वर्तमान ही भविष्य का आईना है यदि वर्तमान व्यवस्थित व सकारात्मक है, तो भविष्य निश्चित रूप से समृद्ध, खुशहाल एवं उज्ज्वल होगा जब हम स्वतंत्रता की सुबह का स्वागत करने आगे बढ़े तो हमारे हाथ काँप रहे थे क्योंकि हवा में तिरंगा तो लहरा रहा था परन्तु खेतों में लहराने वाली फसलें नहीं थी। भारतीय अर्थव्यवस्था में कृषि के महत्व व वर्तमान दशा की ओर इंगित करते हुए **पंडित जवाहर लाल नेहरू** ने अपने भाषण में कहा था–

"Everything may wait but agriculture cannot. There is nothing more important in India today than better agriculture."

भारतीय अर्थव्यवस्था कृषि प्रधान अर्थव्यवस्था है। भारत की लगभग 60 प्रतिशत जनसंख्या कृषि पर आधारित है इसलिए वह गांव में निवास करती है। भारत की स्वतन्त्रता के पश्चात् शहरीकरण में तेजी आने के कारण नगरीय आबादी भी बढ़ती जा रही है भारत की अर्थव्यवस्था विकास की ओर अग्रसर है। सामान्यतः यह देखा गया है कि विकसित देशों में शहरी क्षेत्र का प्रभुत्व बना रहता है जबकि आर्थिक दृष्टि से पिछड़े देशों में ग्रामीण क्षेत्र प्रधान होता है। भारत जैसे विकासशील राष्ट्र में अर्थव्यवस्था की बागडोर ग्रामीण क्षेत्र को ही संभालनी होती है। इसी क्षेत्र में उन सब परिस्थितियों का निर्माण होता है जो सम्पूर्ण अर्थव्यवस्था को आगे बढ़ाने में समर्थ होती है।

कृषि भारतीय अर्थव्यवस्था का आधार स्तम्भ होने के बावजूद तथा विकास की प्रक्रिया में अपना राजनीतिक व सामाजिक महत्व रखने के उपरान्त भी हीन दशा में है, कृषि की इस दशा के कुछ प्राकृतिक, आर्थिक व सामाजिक कारण भी हैं, जो कृषि के विकास की गति को धीमा कर रहे है, भारत एक कृषि प्रधान देश होते हुए भी यहाँ की कृषि अत्यन्त पिछड़ी हुई स्थिति में है, वर्षों पूर्व **डॉ. क्लाउस्टन (Clouston)** का कथन है कि ''भारत में पिछड़ी हुई जातियाँ तो हैं ही, पिछड़े हुए व्यवसाय भी है और दुर्भाग्यवंश कृषि उनमें से एक है।'' यह कथन आज भी पूर्णतः सत्य जान पड़ता है।

**ग्रामीण समाज में कृषि के महत्व पर विद्वानों के विचार–** कृषि के आधुनिकीकरण में महत्वपूर्ण भूमिका निभाने वाले कृषि वैज्ञानिक **डॉ एम. एस. स्वामीनाथन** ने कृषि को नया आयाम दिया तथा भारतीय कृषि के विषय में विदेशी विद्वान भी चर्चा कर चुके हैं, जिनमें प्रमुख रूप से **नोरमन ई0 बॉरलोग** है तथा ब्रिटिश शासनकाल के एक गर्वनर जनरल **लॉर्ड मेयो** ने भारतीय अर्थव्यवस्था में कृषि के महत्व की चर्चा करते हुए कहा था कि ''भविष्य में अनेक पीढ़ियों तक धन एवं सभ्यता के विकास की दृष्टि से भारत की प्रगति प्रत्यक्ष रूप से उसकी कृषि की प्रगति पर निर्भर करेगी''।

भारत के प्रथम प्रधानमंत्री स्वर्गीय **श्री जवाहर लाल नेहरू** ने कहा था कि ''कृषि को सर्वाधिक प्राथमिकता देने की आवश्यकता है। यदि कृषि असफल रहती है तो सरकार एवं राष्ट्र दोनों ही असफल हो जायेगें''।

**एड़म स्मिथ** के अनुसार ''प्रत्येक अर्थव्यवस्था की विकास दर उसके

कृषि क्षेत्र की विकास दर पर निर्भर करती है। यदि कृषि क्षेत्र की उत्पादन क्षमता सीमित है तो अर्थव्यवस्था का विकास भी सीमित हो जाएगा।''

**प्रो. आर. एन. मुखर्जी** ने गांव या ग्रामीण समुदाय को निम्न शब्दों में परिभाषित किया है– ''कृषक समाज वह समुदाय है जहाँ तुलनात्मक दृष्टि से सामाजिक एकरूपता अनौपचारिकता, प्राथमिक समूह की प्रधानता, जनसंख्या का कम घनत्व और कृषि ही मुख्य व्यवसाय हो।''

## ग्रामीण जीवन की विशेषताएं –

(1) ग्रामीण जीवन प्रकृति के अति समीप है। उसकी सम्पूर्ण क्रियाऐं चाहे आर्थिक हों या सामाजिक सभी प्रकृति के साथ सामंजस्य स्थापित किए हुए हैं।

(2) ग्राम्य जीवन में कृषक का सबसे महत्वपूर्ण सम्बन्ध भूमि से है। भूमि ही ग्राम्य जीवन की मुख्य सम्पत्ति है।

(3) ग्राम्य जीवन एवं ग्राम्य समाज में लघु समुदाय होने के फलस्वरूप उनमें पारिवारिकता मुख्य रूप से मिलती है।

(4) गतिशीलता के अतिरिक्त सामाजिक नियन्त्रण ग्राम्य जीवन की मुख्य विशेषता है।

(5) गांव में एक परिवार के प्रत्येक व्यक्ति का कार्य क्षेत्र पृथक–पृथक होता है। पुरूष घर से बाहर का कार्य करते है तो महिलाएं गृह कार्य में संलग्न रहती है।

(6) ग्राम्य जीवन धर्म प्रधान होता है। धर्म परायणता ग्रामीण जीवन की मुख्य विशेषता है।

(7) ग्रामीण क्षेत्रों में अधिकांश जनता अशिक्षित होती है। शिक्षा का अभाव पाया जाता है।

(8) ग्रामीणों द्वारा खेतों की जुताई, फसल की बुवाई, फसल की कटाई करने से पूर्व ईश्वर की आराधना एवं पूजा की जाती है। ईश्वरवादिता एवं भाग्यवादिता में विश्वास करते हैं।

(9) समाज में प्रत्येक वर्ग, व्यवसाय एवं जाति के लोग निवास करते

है इसीलिये सामाजिक स्तरीकरण आर्थिक, सांस्कृतिक एवं राजनैतिक कारणों से उत्पन्न होते है।

**(10)** ग्रामीण क्षेत्रों में यातायात की कमी, संचार साधनों की न्यूनता, अशिक्षा आदि की न्यूनता के फलस्वरूप रहन–सहन का स्तर निम्न है।

## कृषक के समक्ष मौलिक समस्यायें–

कृषि भारतीय अर्थव्यवस्था की आधार–शिला है, यह केवल रोजी–रोटी का साधन ही नहीं अपितु हमारी सभ्यता, संस्कृति और जीवन शैली का आइना भी है, वैशाखी, बिहू जैसे त्यौहार प्रत्यक्ष रूप से कृषि से जुड़े हुए है, राष्ट्रीय आय में कृषि का हिस्सा लगभग 22 प्रतिशत है। देश के कुल निर्यात में 16 प्रतिशत हिस्सा कृषि का है, चाय, जूट, केला, आम, नारियल एवं पशुधन आदि की दृष्टि से विश्व में पहला स्थान हमारा है देश में 32 कृषि विश्वविद्यालय कृषि अनुसंधान व विकास के लिए कटिबद्ध हैं मोदी सरकार का भी लक्ष्य 2022 तक किसानों की आय को दोगुना करने का है। राष्ट्रीय किसान आयोग की स्थापना, फसल बीमा योजना, किसान क्रेडिट कार्ड योजना, श्रमयोगी मानधन योजना, कौशल विकास एवं स्टार्टअप योजना, राष्ट्रीय कामधेनु योजना तथा किसान सम्मान योजना के शुभारम्भ से कृषि जगत् में नयी ऊर्जा का संचार हुआ उपर्युक्त सारी बातें भारतीय कृषि की गुलाबी तस्वीर या **शुक्ल पक्ष** को दर्शाती हैं आइए हम भारतीय खेती के **कृष्ण पक्ष** पर भी नजर डाले,

तो पाएंगे कि वर्तमान में भारतीय कृषि देश के अनेक राज्यों में ऋणों व ब्याज के बोझ तले दबे निरीह किसानों की आत्महत्या का न थमने वाला सिलसिला, उदारीकरण व वैश्वीकरण के नाम पर विशेष आर्थिक क्षेत्र के लिए कृषकों की बहुमूल्य भूमि का सस्ते दामों पर अधिग्रहण, उचित दर पर ऋण की अनुपलब्धता, मौसम व कीट सम्बन्धी अनिश्चिताओं में जोखिम से जुड़े बीमा की अनुपलब्धता आदि समस्याओं से जूझ रही है–

"जिस खेत से दहकां, (किसान)

को मयस्सर नहीं रोजी।

उस खेत के हर खोशा–ए–गुन्दुम
(गेहूँ की बाली) को जला दो ।।

**– इकबाल**

इन कारणों को मोटे तौर पर दो वर्गों में विभाजित किया जा सकता हैं–

(1) तकनीकी कारण **(Technological Causes)** तथा,

(2) संस्थागत कारण **(Organizational Causes)**

(1) तकनीकी कारणों में निम्नलिखित उल्लेखनीय है–

(a) कृषि पर जनसंख्या का अत्याधिक बोझ,

(b) वर्षा की अनिश्चितता, असामयिकता तथा अभाव,

(c) कृषि की प्राचीन तथा अवैज्ञानिक प्रणाली का अनुकरण,

(d) पुराने तरीकों के कषषि औजारों का प्रयोग,

(e) उपजाऊ मिट्‌टी, उत्तम बीज, एवं उत्तम खाद का अभाव।

(f) जानवरों तथा कीड़े–मकोड़े एवं पौधों की रोगों से फसलों की बर्बादी।

(2) इसी प्रकार संस्थागत कारणों में –

(a) विश्व व्यापार संगठन के दोहरे मापदण्ड

(b) न्यून विकास दर

(c) विशेष आर्थिक क्षेत्र या स्पेशल इकॉनोमिक जोन

(d) सिंचाई सुविधाओं का अभाव

(e) किसानों द्वारा आत्महत्या – यह अत्यन्त शर्मनाक व दुःखद बात है मध्यप्रदेश के ''किसानों ने राष्ट्रपति से आत्म हत्या करने की अनुमति माँगना एक गम्भीर त्रासदी है, किसानों के जीवन के दीप को सरकार इस तरह बुझने न दे। पंद्रह–बीस साल के दौरान साढ़े तीन लाख किसान

खुदकुशी कर चुके हैं।

(f) कृषक ऋणग्रस्तता –कृषि की रीढ़ की हड्डी समझे जाने वाले कृषक की स्थिति कोई बहुत अच्छी नहीं है, राष्ट्रीय नमूना सर्वेक्षण संगठन द्वारा कराए गए एक हालिया सर्वेक्षण के अनुसार देश के आधे कृषक परिवार ऋणग्रस्त है शाही श्रम आयोग की टिप्पणी "भारतीय कृषक ऋण में ही जन्म लेता है, ऋण में ही जीवनयापन करता है और ऋण में ही मर जाता है"।

(g) दूसरी हरित क्रान्ति – राष्ट्रीय कृषक आयोग के अध्यक्ष तथा सुप्रसिद्ध कृषि वैज्ञानिक डॉ0 एम0एस0 स्वामीनाथन के अनुसार दूसरी हरित क्रांति के बिना, अर्थ–व्यवस्था के तीव्र विकास की बात बेमानी है, इसमें कोई शक नहीं कि जिन्दगी चुनौतियां भरी यात्रा है, असगर गोंडवी ने ठीक ही लिखा है

"चला जाता हूँ हंसता–खेलता
मौजे हवादिस से
अगर आसानियाँ हो,
जिन्दगी दुशवार हो जाए"।

दूसरी हरित क्रांति से कृषि क्षेत्र के साथ–साथ उद्योग तथा सेवा क्षेत्र भी समृद्ध होंगे, भारतीय अर्थव्यवस्था आत्मनिर्भर एवं सुदृढ़ होगी।

**भूमि अधिग्रहण अध्यादेश–**एनडीए सरकार का भूमि अधिग्रहण अध्यादेश उद्योगोन्मुखी और अमीर हितैषी हैं ये जनतन्त्र विरोधी, पर्यावरण विरोधी और किसान विरोधी है, इसलिए हमें विकास की प्रचलित अवधारणा को बदलने की जरूरत है, वैकल्पिक विकास जन हितैषी और पर्यावरण संरक्षक होना चाहिए, उपजाऊ खेतिहर जमीन का गैर–कृषि कार्यों में उपयोग न हो, बल्कि अनउर्वरक परती भूमि का सिर्फ जरूरी गैर–कृषि कार्यों में उपयोग हो, महात्मा गांधी ने भी कहा है –

"विकास ऐसा करो कि प्रकृति और मानवता का शोषण न हो, शोषण के बल पर हुआ विकास शाश्वत विकास नहीं हो सकता, ऐसा विकास कभी–न–कभी विनाश ही होगा"

## कृषि के उज्ज्वल भविष्य हेतु महत्वपूर्ण सुझाव

कृषि विकास के लिए उन्नत किस्म के बीज, खाद कृषि, उपकरण आदि से किसान तभी लाभ उठा सकेंगे जब उनकी प्राप्ति के लिए देश के प्रत्येक क्षेत्र में सरकारी संस्थाएं खोलकर उसकी उपलब्धता सुनिश्चित की जाए, गाँवों में आधुनिक बैंकों, सरकारी ऋण समितियों एवं ग्रामीण बैंकों की स्थापना कर किसानों को आर्थिक/वित्तीय सहायता प्रदान की जाए। आधुनिक कृषि उपकरण की सुविधा बड़े एवं मध्यम किसानों को ही मिल पा रही है, अत्यन्त छोटे किसान नवीन तकनीकी उपकरण का लाभ नहीं उठा पाते।

## कुछ महत्वपूर्ण सुझाव –

1. जरुरत ऐसे हालात बनाने की है कि किसान अव्वल तो कर्ज ले ही न, ले तो पूंजीगत कर्ज ले, जो उसकी उत्पादक क्षमता को लंबे समय के लिए बढ़ाए। इसे दीर्घकालिक ऋण कहा जाता है।

2. खेती में उत्पादन बढ़ाने की समस्या उतनी गंभीर नहीं है, जितनी जरुरत किसानों की आय बढ़ाने की है। अपने हक के लिए किसानों को भी खुद को बेचारा मानने की मानसिकता से बाहर आना होगा।

3. सरकार द्वारा प्राकृतिक आपदा की स्थिति में कृषकों को उनकी नष्ट फसल का मुआवजा समानुकूल कीमतों अथवा क्षेत्रफल के आधार पर दिया जाना चाहिए, साथ ही मुआवजे की राशि के निर्धारण हेतु कृषक प्रतिनिधि, राजस्व अधिकारी तथा कृषि अधिकारियों की सम्मिलित समिति का गठन किया जाना चाहिए।

4. खेती में कार्बनिक खादों एवं जीवाश्म खादों जैसे गोबर की खाद, कम्पोस्ट खाद, वर्मीकम्पोस्ट आदि का प्रयोग कर भूमि की उर्वरता में वृद्धि की जानी चाहिए।

5. किसानों की कृषि ऋणों की माफी और स्वामीनाथन आयोग के अनुसार–कृषि उत्पादन के न्यूनतम समर्थन मूल्य निर्धारण समिति में सरकारी प्रतिनिधियों के साथ कृषि वैज्ञानिकों व कृषक

प्रतिनिधियों को भी सम्मिलित किया जाना चाहिए।

6. किसानों के मुद्दे उठाना फैशन जैसा बन गया है। सभी राजनीतिक दल किसानों से उनकी सभी मांगे पूरी करने का वायदा करते है? पर एक बार जब चुनाव खत्म हो जाता है, तब किसान आर्थिक रडार से गायब हो जाते हैं और त्याग दिए जाते है।

7. प्रत्येक कृषक को सहकारिता के क्षेत्र में लाने का प्रयास करना चाहिए, इसके लिए आवश्यक है कि उसे सहकारिता के लाभों से अवगत कराया जाए और ग्रामीण क्षेत्रों में रोजगार के अवसरों में वृद्धि करनी होगी, जिससे गरीब कृषक अपने समय का सदुपयोग कर सकें।

8. फसल उत्पादन के साथ–साथ रेशम / मौम / मशरुम / फूलों की काश्त, / मुर्गी / सूकर / बत्तख / फलों / मछली पालन भी सम्मिलित कर फार्मिंग सिस्टम एप्रोच (Farming System Approach) पर विशेष बल दिया जाय, ताकि सीमान्त एवं लघु कृषकों की माली हालात सुधरें।

9. कृषि पर बढ़ते हुए जनसंख्या के भार को कम करने के लिए कृषकों को परिवार नियोजन के लिए प्रेरित किया जाना चाहिए, जिसमें स्त्रियों को शिक्षित करना अनिवार्य है एवं जनसंख्या नियंत्रण एक्ट बनाया जाए, यही कृषि के विकास की देश के लिए धुरी होगी, अर्थात 100 रोगों का एक इलाज।

10. गैर सरकारी संगठनों (NGO's-Non Govt. Organization) को अधिक–से–अधिक दायित्व और अवसर उपलब्ध कराकर विशेषरूप से ग्रामीण विकास के विभिन्न कार्यक्रमों के प्रभावी कार्यान्वयन को सुनिश्चित किया जाना चाहिए।

भारत में पिछले सत्तर वर्षों में बहुत से परिवर्तन व सुधार होते देखे गए हैं, परन्तु सभी प्रकार के परिवर्तनों को प्रगति हीं कहा जा सकता इन परिवर्तनों की दिशा क्या है, इसकी जाँच जरूरी है? हम इक्कीसवीं सदी में प्रवेश कर चुके हैं और अब समय आ गया है कि इन प्रमुख समस्याओं की

प्रकृति और आकार का विश्लेषण हो इन्हें समझा जाए, ग्रामीण भारत के सम्बन्ध में अलग से चर्चा करना आवश्यक क्यों है और सम्पूर्ण भारत के सम्बन्ध में एक साथ क्यों नहीं? इसका सरल व सहज उत्तर है आखिर जब जीएसटी के लिए मध्य रात्रि को संसद का विशेष सत्र बुलाया जा सकता है, तो फिर कृषि संकट को सुलझाने के लिए ऐसा क्यों नहीं किया जा सकता? यह अलग देश तो नहीं हैं, परन्तु यह भारत का वह भाग है, जहाँ भारत की 75 प्रतिशत जनसंख्या, छह लाख गाँवों में निवास करती है, जहाँ देश की 91 प्रतिशत गरीबी, 90 प्रतिशत बेरोजगारी और इससे भी अधिक अनुपात में अशिक्षा, कुपोषण व पिछड़ापन है, देश की बारहवीं पंचवर्षीय विकास योजनाओं के बाद भी देश के 65 प्रतिशत ग्रामों में चिकित्सा के लिए अस्पताल नहीं है, 55 प्रतिशत में 5 किलोमीटर के क्षेत्र में पशुओं की चिकित्सा की व्यवस्था नहीं है, 62 प्रतिशत में कषषि उपज का विक्रय नहीं हैं और कषषि उपज को संग्रह करके सुरक्षा से रखने की व्यवस्था का तो अभी पूर्ण विकास भी नहीं हुआ है।

उपर्युक्त के आधार पर कहा जा सकता है कि भारतीय कृषक अपनी समस्त सफलताओं व विफलताओं के बावजूद भविष्य में और अधिक योग्य बनने व चुनौतियों का सामना करने का वादा करती है, परन्तु इसके लिए सक्रियता, प्रशासनिक कुशलता व सतर्कता की आवश्यकता है, तभी हम कषषि के निर्यातोन्मुखी, विकासोन्मुखी तथा बाजारोन्मुखी होने की कल्पना को पूरा कर पाएंगे और भारत का प्रत्येक कष्षक व उसका परिवार महाकवि घाघ के इस कथन पर यकीन कर पाएगा–

"उत्तम खेती, मध्यम बान।
निकष्ष्ट चाकरी, भीख निदान।।"

## सन्दर्भ ग्रन्थ सूची

1. उपाध्याय, देवेन्द्र उत्तराचंल के आदिवासी, दीप एण्ड दीप प्रकाशन, नई दिल्ली 2004
2. सिंह, जगपाल एग्रेरियन सोशल स्ट्रक्चर एण्ड पीजेण्ट अनरेस्ट : ए स्टडी ऑफ लेण्ड ग्रेव मूवमेण्ट इन डिस्ट्रिक्ट बस्ती, पूर्व उ0प्र0 सोसियोलॉजिकल बुलेटिन, बनारस, 1974

3. गुप्ता, दीपांकर रिवेलरी एण्ड ब्रदरहुड पॉलिटिकल इन द लाइफ ऑफ फारर्मन इन नार्दन इंडिया, ऑक्सफोर्ड यूनिवर्सिटी प्रेस, नई दिल्ली, 1977

4. मुखर्जी पार्था, नक्सलाइट मूवमेन्ट एण्ड द पीजेण्ट रिवोल्ट इन नार्थ इण्डिया नई दिल्ली, मनोहर प्रकाशन, 1979

5. मोहन्ती, पी0के0 इन्साइकिलोपीडिया ऑफ सैडयूल ड्राइव इन इंडिया रावत प्रकाश, जयपुर, 1998,

6. Habib, Irfan 'The Peasant in India History', Essay in Indian History, Anthem Press, London 2002

7. Desai A.R. Peasant Struggles in India, Oxford University Press Bombay, 1979

## पत्र–पत्रिकाएँ :–

1. प्रतियोगिता दर्पण, योजना, कुरूक्षेत्र

2. अमर उजाला, दैनिक जागरण

# 9

# बीजों को बचाने के लिए संघर्षरत किसान

डा० अलका तोमर
एसोसिएट प्रोफेसर, राजनीति विज्ञान विभाग
बी. एस. एम. (पी.जी.)
कॉलेज रूडकी हरिद्वार

नवीन कुमार
सहायक आचार्य
समाजशास्त्र विभाग
चमन लाल महाविद्यालय
लण्ढौर हरिद्वार

बीज पर नियंत्रण और निजीकरण के तीन दशक (1896से) के बादभी भारतीय बीज की संप्रभुता बरकरार है। दरअसल इसकी जड़ें पारंपरिक (देशी) अथवा फसल से बचा कर रखी गई बीजों के संरक्षण, लेन–देन और पुनःरोपण की समृद्ध परंपरा में हैं। यह PVPFR प्राधिकरण के पास किसानों द्वारा पंजीकरण के लिए लाई जाने वाली पौधा किस्मों की संख्या से स्पष्ट होता है। 30 अक्टुबर 2018 तक देश भर से किसानों की तरफ से ऐसे कुल 10916 आवेदन प्राप्त किए गए, जिनमें से 1587 किस्मों का पंजीकरण प्रमाण पत्र किसान/किसान–समुदाय को जारी किया गया है। इससे पता चलता है कि भारतीय किसान अभी भी पौधे की विभिन्न किस्मों की सुरक्षा और संरक्षण में लगे हुए हैं। शायद इसलिए PVPFR प्राधिकरण हर साल पाँच पादप जीनोम संरक्षक समुदाय पुरस्कार (दस लाख रूपये प्रति पुरस्कार), दस

पादप जीनोम संरक्षम किसान पुरस्कार (डेढ़ लाख रूपये प्रति पुरस्कार) और बीस पादप जीनोम संरक्षक किसान प्रोत्साहन (प्रत्येक एक लाख रूपये) देता है। इसके साथ ही, प्रशस्ति–पत्र और समृति चिन्ह भी दिए जाते हैं। किसानों को बीजों की बौद्धिक संपदा व्यवस्था की लपेट में लाने के लिए प्राधिकरण और ICAR की संस्थाओं द्वारा समय–समय पर बीज संरक्षक किसानों के लिए कार्यशालाओं और प्रशिक्षण कार्यक्रमों का भी आयोजन किया जाता है।

PVPFR प्राधिकरण के इन सभी कवायदों से हमें यह भी पता चलता है कि बीज बचतकर्ताओं और किसान ब्रीडरों का इस आईपीआर प्रणाली में अधिक विश्वास नहीं है। उन्हें यह भरोसा नहीं है कि उक्त तरीका उनकी किस्मों को बायोपाइरेसी से बचा सकता है। इसलिए आईपीआर को मात देने और अपनी बीज–किस्मों को एकाधिकार से बचाने के लिए किसानों के समक्ष एकमात्र प्रभावी तरीका यह है कि वे अपने बीजों को आपस में प्रचलन में रखें। दूसरे, पंजीकरण के बार PVPFR प्राधिकरण द्वारा एकत्र किए गए नमूने राष्ट्रीय जीन बैंक यानी नेशनल ब्यूरो ऑफ प्लांट जेनेट्रिक रिसोर्स (NBPGR) में जमा किए जाते हैं। एक बार बाहरी संरक्षण में चले जाने के बाद ये बीज किसानों की पहुँच से बाहर चले जाते हैं। ऐसा कम ही होता है कि जीन बैंक में रखे गए बीज किसानों को गुणन और खेती के लिए दिए जाते हैं। इसे खत्म करने की जरूरत है। राष्ट्रीय जीन बैंक में संरक्षित बीज किस में किसानों की अपनी विरासत है। किसान की उस तक पहुँच सुगम बनाने के लिए सरकार को सक्रिय कदन उठाने चाहिए।

## बीज संरक्षण

### एक्स–सीटु बीज बैंक

बीज संरक्षण तंत्र किसानों को देशी संसाधन उपलब्ध कराने के लिए आनुवंशिक संसाधनों का आधार व्यापक करने के उद्धेश्य से विकसित किया गया है। संरक्षण दो प्रकार से किया जाता है। एक है लोगों (जरूरी नहीं कि किसानों) द्वारा बीज और पौधा प्रसार सामग्री एकत्रित कर खेत से अलग विशेष जीन बैंकों में संग्रह करना। इसे एक्स–सीटु संरक्षण कहा जाता है। जैसा कि ऊपर जिक्र किया गया है, भारत का अपना एक्स–सीटु जीन बैंक है, जिसे नेशनल ब्यूरो ऑफ प्लांट जेनेटिक रिसोर्स (NBPGR) कहा जाता है। यह दिल्ली में स्थित है। अभी राष्ट्रीय जीन बैंक के पास कुल 4,34,946

विभिन्न कृषि–बागवानी फसलें पंजीकृत हैं। यह विश्व में चौथे स्थान पर है।

इसमें धान, गेहूँ, मक्का और अन्य अनाज की 1,61,816 किस्में, ज्वार, बाजरा, मडुआ और अन्य मिलेट्स की 58,443 किस्में, चारे की 6,925 किस्में, रामदाना, कटु और अन्य स्यूडो अनाज की 7,295 किस्में, काबुनी चना, तूअर, मूँग और अन्य फलियों की 65,675 किस्में, मूँगफली, सरसों, कुसुम और अन्य तिलहनों की 58,571 किस्में, कपास, जूट और अन्य रेषेदार फसलों की 15,573 किस्में, बैंगन, मिर्च और अन्य सब्जियों की 26,071 किस्में, शरीफा, पपीता और अन्य फलों तथा बादाम आदि की 273 किस्में दर्ज हैं।

अंतर्राष्ट्रीय एक्स–सीटू जीन बैंक भी हैं। उदाहरण के लिए, फिलीपींस के लॉस बनोस का अंतर्राष्ट्रीय चावल शोध संस्थान (IRRI) यह दुनिया भर के सभी चावल किस्मों का संरक्षण करता है। इसी तरह, मेक्सिको स्थित अंतर्राष्ट्रीय मक्का और गेहूँ सुधार केन्द्र (CIMMYT) में 100 से अधिक देशों के गेहूँ के 15,000 नमूने रखे हुए हैं। यह दुनिया में किसी एक फसल का सबसे बड़ा संग्रह है। मक्का बैंक में 28,000 नमूने हैं। सीरिया के Tal Hadya शहर में स्थित अंतर्राष्ट्रीय उष्ण कृषि शोध केन्द्र (ICARDA) में गेहूँ, जौ, जई और अन्य अनाज के 135,000 से अधिक नमूने, फावा बीन, काबूली चना, मसूर और मटर जैसी फलियों की किस्में, और चारे तथा Rangelean के साथ–साथ इनमें से हरेक की जंगली प्रजातियाँ रखी हुई हैं। इसी तरह हैदराबाद (भारत) स्थित अंतर्राष्ट्रीय अर्ध–शुष्क ऊष्ण कटिबंधीय फसल अनुसंधान संस्थान (इक्रीसैट) में काबुली चना, तुअर, बाजरा, ज्वार और कडुआ के हजारों नमूने संरक्षित है।

2007 में, एक अन्य वैश्विक एक्स–सीटू बीज बैंक, डुम्स डे वॉल्ट की स्थापना की गई। यह दुनिया का सबसे बड़ा बीज बैंक है, जिसमें जर्मप्लाज्म के लगभग 800,000 नमूने हैं। यह नार्वे के स्पीट्सबर्गन द्वीप में एक सैडस्टोन पर्वत में 400 फीट नीचे बनाया गया है और उत्तरी ध्रुव से लगभग 1300 किलोमीटर दूर है। जमे हुए नमूनों के इस संग्रह को वैश्विक फसल विविधता ट्रस्ट से वित्तीय मदद मिलती है। गेट्स और रॉकफेलर फाउंडेशन के साथ–साथ उनके कॉपोरेट भागीदार मोनसेंटो, सिंजेंटा और बायर क्रॉपसाइंस ट्रस्ट के सदस्य हैं। योजना यह है कि इस बैंक में दुनिया भर के 1400 से अधिक जीन बैंकों में रखे गए सभी संग्रहों के नमूनों का संरक्षण किया जाएगा। इसके पीछे सोच यह है कि यदि इन जीन बैंकों में से किसी को

भी आपदा के कारण नुकसान पहुँचता है तो डूम्स डे बैंक अपने नमूनें से उस बैंक की नष्ट हुई सामग्री की क्षतिपूर्ति करेगा।

यूरोप के इस प्रयास तर्ज पर भारत में भी लद्दाख के चांग ला में अत्यधिक ठंडा बीज बैंक बनाया जा रहा है। यह लेह से 75 किलोमीटर दूर 17,500 फीट की ऊँचाई पर स्थित है। इसका प्रबंधन DIHAR (डिफेंस इंस्टीच्यूट ऑफ हाई अल्टीच्यूड रिसर्च) के हाथों में हैं। शुरू में इसे राष्ट्रीय संरक्षण केंद्र के रूप में विकसित किया गया। लेकिन अब इसे विकासशील और विकसित देशों के बीज संग्रह के लिए उपलब्ध कराने का प्रयास है। चांग ला का न्यूनत तापमान शून्य से 18 डिग्री सेल्सियस नीचे है, जो बिना किसी ऊर्जा लागत के कम तापमान पर बीज के संरक्षण के लिए आदर्श है। दरअसल, दुनिया की आनुवांशिक सामग्री और इसके बीजों को चक्रवात, तूफान या बम जैसी आपदाओं से कहीं ज्यादा खतरा गरम हो रही धरती ओर तदजन्य जलवायु परिवर्तन से है।

अत्यधिक कम तापमान में बनाए इन बी बैंकों का अपना महत्व है। लेकिन ये कृषि–जैवविविधता के उत्पादकों, स्थानीय व पारंपरिक किसानों के जीन बैंकों और जमीनी स्तर के बीज–विनिमय नेटवर्क की जगह नहीं ले सकते। हकीकत यह है कि बीज संरक्षक और पौधा–प्रजनक किसान बीज–विविधता–संग्रह के एक्स–सीटू जैसे केंद्रीकृत बैंकों और कॉर्पोरेट नियंत्रण को संदेह की नज़र से देखते हैं। कारण उन्हें यह अपने–आप में लोकतंत्र–विरोधी लगता है। इससे कृषि–जैव विविधता संरक्षण के दूसरे सभी तरीकों की तुलना में षीर्श पर बैठे विशेषज्ञों और आभिजात्य नीतियों को तरजीह देने वाली अहंकारी मान्यता का प्रदर्शन होता है।

## इन–सीटू बीज बैंक

बीज संरक्षण का दूसरा तरीका खेत आधारित है। इसमें किसान पारंपरिक/मौजूदा/देशी क़िस्मों की नियमित तौर पर खेती कर उनका संरक्षण करते हैं। इस तरह के संरक्षण को इन–सीटू (स्थानीय) या इन–वाइवो (living) कहा जाता है। बीज बैंक – चाहे वे राष्ट्रीय हों या क्षेत्रीय हों या फिर, वैश्विक – किसानों द्वारा स्थानीय व पारंपरिक तौर पर बीज संरक्षण का मुक़ाबला नहीं कर सकते। इन–सीटू संरक्षण बीज के साथ–साथ किसानों की भी रक्षा करता है। यह आज के समय की माँग है कि न केवल

हमें खिलाने वाले बीज बचाए जाएँ बल्कि उन किसानों को भी बचाया जाए जो उन्हें उगाते हैं, उनका चयन करते हैं। किसान "देशी/पारंपरिक ब्रीडर" जिन पर उन बीजों की दीर्घकालिक जीवंतता और विविधता–युक्त खेती पर निर्भर करती है।

इ–सीटू को ऐसे तरीके के रूप में प्रस्तावित किया गया है जो :

1 फसल के अपने पर्यावरण के अनुकूलन और उद्विकास की प्रक्रिया का संरक्षण करता है

2 पारिस्थिकी, प्रजाति और प्रजाति के भीतर–सभी स्तरों पर संरक्षण करता है

3 संसाधन–विहीन किसानों की आजीविका बेहतर करता है

4 कृषि–पारिस्थितिकी और प्रजातियों के स्तर पर विविधता का संरक्षण करता है

5 संसाधन–विपन्न किसानों की आजीविका बेहतर करता है

6 कृषि–पारिस्थितकी की रक्षा करता है

7 अपने आनुवांशिक संसाधनों पर किसान के नियंत्रण और पहुँच को बरकरार रखता है और उसमें इजाफा करता है

8 किसानों को राष्ट्रीय पौधा आनुवांशिक संसाधन व्यवस्था के साथ एकीकृत करता है।

PVPFR प्राधिकरण के बड़े पैमाने पर पंजीकृत किसान/पारंपरिक किस्में हमें बताती है कि भारतीय किसान अभी भी पारंपरिक बीजों का संरक्षण और नई किस्मों की ब्रीडिंग कर रहे हैं। किसानों द्वारा विकसित विभिन्न फसलों, सब्जियों, फलों, कंदों और मिलेट के बीज इस देश की अनूठी जैव विविधता की मिसाल पेश करते हैं। किसानों की यह माँग कि वे कृषि शोधकर्ताओं के समान व्यवहृत किए जाएँ, उचित ही है। प्रकति का सूक्ष्म अवलोकन करते हुए किसानों ने अनेकों पीढ़ियों से नई किस्में विकसित करने और कृषि के सभी पहलुओं मे खुद को सिद्धहस्त किया है। इससे यह भी साबित होता है कि कृषि नवाचार सिर्फ प्रयोगशालाओं में नहीं बल्कि खेतों

में भी होता है और आजादी से पहले भारत में चावल की 100,000 से अधिक किस्में क्यों थी।

दुःख की बात है कि हरित क्रान्ति के कारण ऐसी हजारों किस्में नष्ट हो गई। चावल की एक पारंपरिक किस्म पीढ़ी–दर–पीढ़ी हस्तांतरित होती है। चावल सरंक्षणवादी और जीव वैज्ञानिक डॉ0 देबाल देब के शब्दों में, ''इन विविद क़िस्मों के विकसित किए जाने में लगभग 12,000 साल लगे होंगे और हमनें उन्हें महज 30 साल में या तो नष्ट कर दिया या खो दिया। यह हमारी विरासत के लिए बेहत दुखद है।'' किसानों ने बीज बचाना और आदान–प्रदान करना छोड़ उसे बाज़ार से खरीदना शुरू कर दिया। नतीजा यह हुआ कि नई क़िस्मों की ब्रीडिंग का उनका ज्ञान और कौशल अप्रासंगिक हो गया। बीज, जो कभी 'सामुदायिक संसाधन' थे, जो बड़े ही जतन से हजारों सालों से उगाए, सँभाले और विकसित किए गए, अब व्यावसायिक संपति' में तब्दील हो गए।

इसका सामना करने और पारंपरिक बीजों को एकाधिकार और नियंत्रण की स्थिति में आने से बचाने के लिए हजारों किसान पारंपरिक तरीके से बीज संरक्षण में लगे हुए हैं। बीज विविधता को पुनर्जीवन प्रदान करने और अपनी मर्जी से फसल उगाने व बीज संप्रभुता को बढ़ावा देने के उद्देश्य से बीज के साझाकरण, आदान–प्रदान और संरक्षण की विरासत को बचाने के लिए उन्होंने हजारों क़िस्मों का संरक्षण किया है। इनके संग्रह में खाद्य फसलों की ऐसी अनेकों स्थानीय किस्में हैं जिन्हें कीट नुकसान नहीं पहुँचा सकते, जो कम उपजाऊ जमीन में उगाई जा सकती हैं और बदलती जलवायु परिस्थितियों में बची रह सकती हैं। इतना ही नहीं, वे उच्च पोशक तत्वों से भी भरपूर हैं जो न केवल कृषि–जैवविविधता के लिहाज से बल्कि खाद्य–सुरक्षा और टिकाऊ आजीविका की दृष्टि से भी उम्मीद भरा है। फसलों, बीज के चयन और स्थानीय वातावरण के अपने गहरे ज्ञान के आधार पर किसान आगे और नई, लचीली और पोषक क़िस्मों की ब्रीडिंग करने की क्षमता रखते हैं। डॉ. देबाल देब के अनुसार पारंपरिक बीज न केवल खाद्य सुरक्षा को सुनिश्चित करने के लिए बल्कि दुनिया भर में खाद्य–व्यवस्था के कॉर्पोरेट नियंत्रण के खिलाफ स्थानीय खाद्य संप्रभुता को बचाने के लिहाज से भी बेहद महत्वपूर्ण है।

पारंपरिक (या देशी) बीज क़िस्मों का महत्त्व

1 पारंपरिक/देशी बीज स्थानीय रूप से उपलब्ध हैं। कारण किसान खुद अपने खेत से अच्छे बीज इक्ट्ठा कर उसे अगली फसल के लिए बचा कर रखते हैं।

2 किसान अपने बीज खुद उगाते हैं या आपस में खरीद–बिक्री करते हैं। इसलिए बीज की लागत बेहद कम या न के बराबर होती है।

3 पारंपरिक/देशी बीज निर्वाह–अर्थव्यवस्था के लिए तैयार किए जाते हैं। किसान अपने जीवन निर्वाह के लिए अनाज उगाते हैं। कुछ बचता है तभी वे बाजार में बेचते हैं।

4 पारंपरिक/देशी बीज देशी–ज्ञान का मूर्त रूप हैं। अपने बीज का उपयोग करने वाला किसान दरअसल उसे उगाने के पारंपरिक ज्ञान, कौशल और बुद्धि का भी उपयोग कर रहा होता है। वह किसी "विशेषज्ञ" पर निर्भर नहीं करता है। इसलिए यह आत्मनिर्भरता को बढ़ाता देता है।

5 विविधता पारंपरिक/देशी बीजों की एक उत्कृष्ट विशेषता है

6 सालों से कीटों और रोगागुओं के खिलाफ प्रतिरोध विकसित कर लेने के कारण पारंपरिक/देशी बीज की सहन शक्ति भी बढ़ जाती है।

7 पारंपरिक/देशी बीजों में सहिश्णुता का स्तर उच्च होता है। वे स्थानीय कृषि–जलवायु परिस्थितियों के अनुकूल होते हैं।

भारतीय कृषि में फसलों की विशाल विविधता और उनकी देशी किस्में मुमकिन नहीं होतीं यदि किसाने बीजों के साथ निरंतर जुड़े नहीं रहते और उनकी अलग–अलग वातावरण में आजमाईश नहीं कर रहे होते। इस समृद्ध विविधता से जीवन–शैली को लचीलापन मिलता है। दरअसल यह बीज–विकास पर महज कुछ के एकाधिकार और लोगों की ज्ञान–प्रणाली के हथियानें के खिलाफ विरोध भी हैं। "दूसरे स्तर पर, यह केवल किसी कुशलता या तकनीक में महारत हासिल करने भर का

सवाल नहीं है। यह किसानों का अपनी कृषि और पारिस्थितिकी से गहरे जुड़ाव का मामला है, जिससे उन्हें जबरन किनारा किया जा रहा है। किसान एक बार फिर, अपनी कृषि का स्वामी बनना चाहते हैं और जैसे ही किसान अपनी ज़मीन पर क्रॉस–ब्रीड करना शुरू करते हैं और दूसरे उनसे सीखते हैं, जमीनी स्तर पर सच्चा कृषि वैज्ञानिक होने का उनका दावा भी मजबूत होने लगता है।'

बीज बचाने के तहत रोपण, अवलोकन, चयन, ब्रीडिंग, कटाई, भंडारण और संरक्षण के अलावा अगले वर्ष बीज के पुनर्रोपण, आदान–प्रदान और ज्ञान–निर्माण जैसे सारे काम आते हैं। बीज रखने के लिए किसान काँच की पुरानी बोतलों, मिट्टी के बर्तनों, प्लास्टिक की थैलियों या बोरियों का इस्तेमाल करते हैं। तरीका अलग–अलग हो सकता है। लेकिन उन सबका विश्वास एक ही है और वह यह की बीज की जगह खेत हैं और बीज–किस्मों को बचाने का एकमात्र उपाय उन्हें उगाना, उनका उपयोग करना और उन्हें खेतों में चलन में रखना है।

बीज संरक्षक अधिक कुशल होते हैं जबकि किसान गहन खेती में सिद्धहस्त होते हैं। बीज संरक्षक अपनी क़िस्मों के जानकार होते हैं। उन्हें पता रहता है कि उनकी किस्में कैसे और कहाँ के लिए अनुकूल हो सकती हैं। बीज बचाने के क्रम में वे बीज की ब्रीडिंग और संरक्षण के ज्ञान की दावेदारी और साथ ही, उसे पुनर्जीवित भी कर रहे होते हैं। किसान अपने खेत में बीज के उगने की प्रक्रिया का अवलोकन करते हुए उसकी समझ हासिल करते हैं। इस अभ्यास से उन्हें मिट्टी, जलवायु, पोषण, स्वाद, भंडारण, कीटों और बीमारियों की विभिन्न चुनौतियों से निपटने के लिए रचानात्मक रूप से ज्यादा–से–ज्यादा फसल किस्में विकसित करने या उगाने में मदद मिली है। बीज बचाने या पारंपरिक बीज–संरक्षण में खासकर महिला किसान महत्वपूर्ण भूमिका निभाती हैं।

इसलिए बीज बचाना भारतीय किसानों का अपनी बीजों को एकाधिकार और नियंत्रण से सुरक्षित रखने के लिए किया जाने वाला संघर्ष है। भारतीय किसान अपनी साझी आनुवांशिकी और जैव–संस्कृति का कुछ के हाथों निजीकरण और एकाधिकार नहीं होने दे सकते। उन्हें अपने बीजों के बिना किसी शर्त या बाधा के रोपण, उपयोग, पुनःत्पादन, चयन, सुधार, बचाने,

बाँटने, आदान–प्रदान करने और बिक्री के अपने अधिकारों की रक्षा के लिए डटकर खड़ा होना होगा वे यह सदियों से करते आ रहे हैं।

## सामुदायिक बीज बैंक

ऐसे कई सामुदायिक संगठन हैं जो पारंपरिक/देशी बीज बचाने और बढ़ावा देने में लगे हुए हैं। उदाहरण के लिए, वसुधा (उड़ीसा), सहज समृद्ध (कनार्टक), हमारे चावल बचाओ अभियान (केरल), खेती विरासत (पंजाब), DRCSC (पश्चिम बंगाल), संपर्क (मध्य प्रदेश), पेबिल गार्डेन (पोंडिचेरी), नागपुर बिजुत्सव समूह (महाराष्ट्र), रिचारिया अभियान (छत्तीसगढ़), Bhoom Gaadi (छत्तीसगढ़), MITTRA (महाराष्ट्र), बेवर स्वराज अभियान (मध्य प्रदेश), Dang Collective (गुजरात), बीज बचाओ आंदोलन (उतराखंड), नवदान्या और जीन अभियान आदि। इनमें से अधिकांश भारत बीज स्वराज मंच का हिस्सा हैं। अखिल भारतीय स्तर का यह मंच बीज संरक्षरण और सामुदायिक स्तर पर सहभागिता आधारित पौधा ब्रीडिंग के प्रोत्साहन के लिए बनया गया है। यह राष्ट्रीय नेटवर्क व्यक्तिगत स्तर पर बीज बचाने वालों और पौधा–ब्रीडिंग करने वाले किसानों के एकीकरण पर ध्यान केंद्रित करेगा और देश भर में क्षमता–निर्माण कार्यशालाओं के माध्यम से बीज–किस्मों की शुद्धता का ख्याल रखेगा।

वे सरकार को यह समझाने की कोशिश करते हैं कि विविधता–संरक्षण को बढ़ावा देना और जैव–नकल तथा कॉर्पोरेट के एकाधिपत्य को रोकना कितना जरूरी है। वे बीज, पौधों और जीवन के रूपों की विशाल जैव–विविध ता को अपनी सामूहिक विरासत और पवित्र/धार्मिक मानते हैं। उनके मुताबिक इन सब पर हमारा जन्मसिद्ध अधिकार है, जो जीवन और कल्याणा के लिए आवश्यक है। इसलिए आने वाली पीढ़ियों के लिए उन्हें बचाने को वे अपना कर्तव्य समझते हैं। इन आनुवांशिक संसाधनों को महज पण्य/जींस या ऐसे 'बौद्धिक संसाधन' के रूप में नहीं देखा जा सकता है जिन पर कॉर्पोरेट मुनाफाखोरी के लिए 'मिल्कियत' कायम की जा सके। यहाँ ऐसे कुछ संगठनों का उल्लेख उचित रहेगा:

बसुधा की शुरूआत डॉ. देबाल देब (उन्होंनें) 1998 में पश्चिम बंगाल के बांकुड़ा में वृही (चावल का संस्कृत नाम) बीज बैंक बनाया था, जिसे बाद में उडीसा स्थानांतरित किया गया) ने की, यह किसी एक फसल की

सबसे अधिक किस्में संरक्षित करने वाला इन सीटू संग्रह है। इसमें अभी चावल की 1320 किस्में संरक्षित हैं। इसमें बीज रखने के लिए महँगी वातानुकूलित सुविधा की जगह प्राकृतिक सामग्री का उपयोग किया जाता है। अपने पास बीज के लिए आने वाले किसानों से बसुधा कोई कीमत नहीं लेता। वह किसानों से केवल इतना आग्रह करता है कि वे बीज बोएँ और दूसरे किसानों के लिए बीज वितरक बनें ताकि उसके विलुप्त होने की संभावना कम हो सके। बसुधा/वृही के संग्रह में एक से बढ़कर एक अनूठी किस्में हैं। उदाहरण के लिए, 'जुगल चावल' इसके एक खोल (कर्नेल) में चावल के दो दाने होते हैं, कुछ किस्में ऐसी हैं जिन्हें उगाने के लिए पानी की एक बूँद भी नही चाहिए जबकि कुछ 3–4 फीट गहरे पानी में उगाई जा सकती है। कुछ किस्मों की खेती 12 फीट गहरे पानी में भी की जा सकती है। ''गरीब साल'' नामक एक पारंपरिक किस्म में चाँदी पाई जाती है। किसी पौधे द्वारा जमीन से चाँदी अवशोषित करने का यह पहला मामला है। देबाल देब को लगता है कि इस प्रकार के चावल का उपयोग औषधीय प्रयोजनों के लिए किया जाता रहा होगा। चाँदी में किटाणुनाशक गुण होता है। इसलिए यह चावल गैस्ट्रिक संक्रमण वाले रोगियों को दिया जाता था। डॉ. देबाल देब कहते हैं, ''हम आइरन और जिंक जैसे धातुयुक्त चावल की खोज कर रहे थे, तभी यह चाँदीयुक्त चावल हमारे हाथ लगा''। उनके पास ऐसी किस्में भी हैं जो उच्च लवणता वाली मिट्टी में उग सकती है। इसके अलावा, उनके संग्रह में रोगों से लड़ने की क्षमता रखने वाली किस्में भी हैं। कुछ किस्में सुखे के अनुकूल हैं ''देशी बीज से कम पैदावार होती है'' डॉ. देब ऐसे सरकारी आधिकारिक तर्कों को खारिज करते हैं। वे कहते हैं, ''मेरे पास ऐसी कई किस्में हैं जो उपज के मामले में तथाकथित उच्च पैदावार वाली किस्मों से बेहतर ठहरती हैं''। वैसे भी, उच्च पैदावार से खाद्य सुरक्षा सुनिश्चित नहीं हो जाती। वे इस तथ्य का उल्लेख करते हैं कि भारत के पास चावल और गेहूँ का ज़खीरा है। फिर भी, दुनिया के कुल कुपोषित का एक चौथाई हिस्सा यहाँ है।

सहज समृद्धि (Bounitiful Nature) को सन् 2000 में सिर्फ नौ किसानों के साथ शुरू किया गया, लेकिन आज यह छोटे किसानों के एक बड़े नेटवर्क में विकसित हो गया है जो बीज संरक्षण और टिकाऊ खेती के ज्ञान का साझाकरण और आदान–प्रदान करता है। यह किसानों को धान

और मिलेट से लेकर फल और सब्जी – सभी तरह के फसल के लिए अच्छी गुणवत्ता वाले पारंपरिक बीज मुहैया करता है। इसने डायना (मधुमेह के रोगियों के लिए अच्छा) सहित धान की 700 पारंपरिक किस्मों को संरक्षित किया है। उत्तर–पूर्व भारत के धान की स्थानीय किस्म ब्लैक बर्मा को भी इसने संरक्षित किया है। सहज समृद्धि ने 68 से अधिक किस्मों के पुराने भारतीय मिलेट के विकास और संरक्षण में सहायता की है जो आसानी से नष्ट न होने वाले, सूखा प्रतिरोधी और बेहद पौष्टिक हैं। सहज किसानों के पास कुछ अनोखी किस्में हैं, उदाहरण के लिए, मांड्या जिले के शिवहल्ली के एक किसान बोर गौड़ा ने किसानों को राजामुड़ी चावल की कई उपकिस्मों के सरंक्षण और उत्पादन के लिए प्रेरित किया है। कारण पकाने के दो दिनों बाद तक यह चावल खराब नहीं होता है। इसी तरह, हावेरी जिले के मुकप्पा पुजार के पास गुल्ली रागी है, जो पैदावार को चार गुना बढ़ा देता है। मांड्या जिले के सैयद घनी खान ने धान की 700 से ज़्यादा और आम की 120 क़िस्मों के साथ–साथ कई प्रकार की सब्जियों और फलियों का संरक्षण कर रखा है''।

इन सबके अलावा, ऐसे सैंकड़ों किसान/बीज रक्षक हैं, जिन्होंनें विभिन्न फसल–किस्मों के बीजों का सरंक्षण कर रखा है। कुछ ने किसी विशेष फसल में कुशलता हासिल कर रखी है। उदाहरण के लिए, ऑरोविले की एक महिला किसान दीपिका कुंडाजी ने भारत के विभिन्न हिस्सों से सब्जियों के लगभग 90 देशी बीजों को बचाया है। इसी प्रकार, महाराष्ट्र के कोम्बलने गाँव की एक महिला किसान रहिबाई सोमा पोपेरे ने कई देशी फसलों का संरक्षण किया है, जिनमें 15 किस्म के चावल, 9 किस्म के अरहर, 60 प्रकार की सब्जियाँ और कई तरह के तेल के बीज शामिल हैं। उन्होंनें देशी बीजों को बचाने के लिए कलसुबाई पेरिस बियानी संवर्धन समिति के नाम से एक स्वयं–सहायता समूह (एसएचजी) भी शुरू किया। यह 32 फसलों के 122 क़िस्मों का वितरण करता है।

रहिबाई का कहना है कि ''देशी फसल की किस्में न केवल सूखा और रोग प्रतिरोधी होती हैं बल्कि वे पोषक–तत्वों से लैस भी होती हैं। साथ ही, उन्हें रासायनिक उर्वरकों और ज़्यादा मात्रा में पानी की भी जरूरत नहीं होती है। इसलिए वे जमीन की उर्वरता बरकरार रखती हैं। उत्तराखंड में बीज बचाओ आंदोलन के प्रमुख स्तंभ विजय जड़धारी किसान हैं। उन्होंनें अब तक

चावल की 350, बीन्स की 220, गेहूँ की 30, मोटे–अनाज की 11, जौ की 4, अमरूद की 3, आलू की 8, राईस बीन की 20, रागी बाजरा की 12, barnyard millet की 8, लोबिया की 8, स्थानीय सोयाबीन की 5 किस्मों का संरक्षण किया है। इन सब के अलावा, उनके पास स्थानीय अनाजों, सब्जियों और तिलहनों की भी कई किस्में हैं। जड़धारी ने उत्तराखंड और उत्तर प्रदेश के सैंकड़ों किसानों को पारंपरिक किस्मों के संरक्षण के लिए प्रेरित किया है। उन्होंनें किसानों का उत्तम बीजों के चयन और संरक्षण के पारंपरिक तरीके में प्रशिक्षित किया है। जड़धारी ने किसानों को यह भी सिखाया है कि प्राकृतिक परागण के माध्यम से नई किस्में कैसे तैयार की जा सकती है। किसानों को अपने पारंपरिक ज्ञान और कृषि–जैव विविधता के गहरे भंडार के बारे में जानने, लुप्त हो चुकी क़िस्मों को पुनर्जीवित करने और अपनी प्राथमिकताओं तथा जरूरतों के अनुसार नई किस्में विकसित करने के लिए प्रोत्साहित करने से खाद्य संप्रभुता हासिल करने में मदद मिलेगी।

मुंबई मिरर के इंद्रजीत सेन ने पश्चिम बंगाल के बांकुड़ा जिले के एक दूरदराज गाँव में भैरव सैनी और उनके साथी किसानों के बारे में लिखा है, जिन्होंनें चावल की लगभग 50 किस्मों का संरक्षण किया है। उनमें से कुछ औषधीय मूल्य के हैं:

- टिन सैटिन चावल पेट की खराबी और संक्रमण को ठीक करता हैं।
- Dui Satin चावल हल्का होता है और उसके चयापचय करने में समय लगा है, जिससे लंबे समय तक पेट भरा रहता हैं।
- Parmaishal, Bhootmuri or Phoolkathi चावल भी पेट के रोगों में अद्भुत काम करते हैं।
- हीरा–मोती चावल में आइरन की मात्रा अधिक होती है। वहीं Garib-shal or Naichishal चावल गर्भवती महिलाओं की कमजोरी दूर करता हैं।
- कोबिराज–शाल चावल भी आइरन का समृद्ध स्त्रोत है (प्रति 100 चावल में 12 से 16 मिलीग्राम) और आमतौर पर बच्चे के जन्म के बाद प्रसुता को दिया जाता हैं।

- करीम–शाल में सबसे अधिक आइरन (16 मिलीग्राम) और लगभग 46 मिलीग्राम जिंक पाया जाता है (जो दस्त ठीक करने में मदद करता है)।
- Damodargetu चावल शक्तिवर्धक होता है।
- काला भात या काला चावल एंटीऑक्सीडेंट से भरपूर होता है।
- Parmaishal चावल में कैंसर–रोधी गुण पाए जाते हैं।

चावल की एक किस्म मप्पिलाई सांबा (भास्करन नामक किसान द्वारा संरक्षित) अपने कामेच्छा बढ़ाने वाले औशधीय गुण के कारण तमिनलाडु में काफी लोकप्रिय है। इसे वियाग्रा चावल भी कहा जाता है। इसी तरह, एक अन्य पारंपरिक चावल कड्डुयनम (करिकालन नामक किसान द्वारा संरक्षित) अपने–आप में प्रकृति का अचरज है, कारण इसमें बाढ़ और सूखा, दोनों हालातों को बर्दाशस्त करने की क्षमता है।

25 अप्रैल, 2014 को नई दिल्ली में आयोजित बीज प्रदर्शनी में भारत बीज स्वराज मंच ने भारत बीज संप्रभुता घोषणा पत्र जारी की। इसमें कहा गया है कि पारंपरिक/देशी बीज सामूहिक जैव–संस्कृति विरासत का प्रतीक है। इस विरासत में जैव विविधता, खाद्य संस्कृति, पारिस्थितिक ज्ञान और मूल्य प्रणाली शामिल हैं। इसे स्थानीय समुदायों ने बिना किसी नियंत्रण के आपस में साझेदारी करते हुए पीढ़ी–दर –पीढ़ी हस्तांतरित किया। इस तरह के बीज खेती–आश्रित आजीविका और इन पर निर्भर लोगों के लिए बेहद जरूरी संसाधन हैं। खासकर तेजी से खत्म हो रहे, लेकिन महँगे हो रहे जीवाश्म ईंधन ओर रासायनिक इनपुट के साथ–साथ मिट्टी के क्षरण, जलपायु परिवर्तन, पानी की कमी और अनियमित मौसम के मद्देनजर उनका सहेजा पानी जाना जरूरी है। किसानों द्वारा स्थानीय रूप से अनुकूलिक खुद के बीजों से जैव–विविध पारिस्थितिक खेती न करने से खाद्य सकट विकराल होता चला जाएगा।

ये बीज नेटवर्क और सामुदायिक संगठन भारत के लगभग हर राज्य में बीज उत्सव आयोजित कर रहे हैं। कुछ राज्यों में यह एक वार्षिक कार्यक्रम बन गया है, जहाँ उस राज्य के साथ–साथ पड़ोसी राज्यों के किसान पारंपरिक किस्मों के अपने संग्रह के प्रदर्शन के साथ–साथ जानकारी और

बीजों के आदान–प्रदान के लिए एकत्रित होते हैं। आशा के त्रैवार्शिक किसान स्वराज सम्मेलन और OFAI (ऑर्गेनिक फार्मिंग एसोसिएशन ऑफ इंडिया) के द्विवार्षिक सम्मेलन के अवसर पर भी बीज उत्सव का आयोजन किया जाता है। ग्रेटर नोएडा में (नवंबर 2017) 19वें IFOAM ऑर्गेनिक वर्ल्ड कांग्रेस (OWC) के दौरान आयोजित बीज महोत्सव जैव विविधता का एक भव्य प्रदर्शन था। वहाँ भारत के 15 राज्यों से लगभग 60 बीज संरक्षक समूह एकत्रित हुए थे। खेती से बीज बचाने और बीज विविधता तथा संबंधित ज्ञान का बढ़ावा देने में संलग्न उन समूहों ने लगभग 4,000 से ज़्यादा विभिन्न किस्मों के बीजों की प्रदर्शनी लगा रखी थी।

इन सामुदायिक उत्सवों का आयोजन निम्नलिखित उद्देश्यों के लिए किया जाता है:

1. भारत की अविश्वसनीय बीज विविधता और जैव–सांस्कृतिक विरासत के प्रदर्शन, उत्सव और संरक्षण के लिए।
2. बीजों की विविधता और संबंधित ज्ञान पर साझे हक और उनके सहभागितापूर्ण चयन और नवाचार की सामुदायिक संरक्षण परंपराओं को जाहिर करने के लिए।
3. स्थानीय रूप से अनुकूलित बीज–विविधता और संबंधित ज्ञान के सामुदायिक इन–सीटू संरक्षण, पुररूत्पादन, उपयोग और साझाकरण के लिए नीतिगत बदलाव और पहलकदमी को प्रेरित करने के लिए और उन्हें पेटेंट/विशेष दावों से संरक्षित करने के लिए।

## निष्कर्ष

पारंपरिक किस्मों के संरक्षण और पुनर्जीवन, किसान ब्रीडरों द्वारा चयन, सामुदायिक बीज बैंक, बीज मेले आदि जैसे प्रयास कुछ हद तक स्थानीय किसानों की बीज संबंधी जरूरतों को पूरा कर रहे हैं, लेकिन वे अभी भी अनौपचारिक प्रणाली हैं। उन्हें सरकार से कोई समर्थन या सहायता नहीं मिल रही है। अब यह जरूरी हो गया है कि केंद्र और राज्य सरकारें और आगे आएँ और पारंपरिक किस्मों (इसकी परवाह किए बिना वे PVPFR प्राधि ाकरण के तहत पंजीकृत हैं या नहीं हैं) के संरक्षण और उसमें जुटे किसान–समुदाय और किसान के प्रयास की महत्ता समझें। सरकारी सहायता

और प्रोत्साहन पाकर ज़्यादा–से–ज़्यादा किसान बीज बचाने और पारंपरिक क़िस्मों की खेती के लिए प्रेरित होंगे।

किसानों को पारंपरिक किस्मों के लिए प्रोत्साहित करने का दूसरा तरीका यह है कि उनके लिए एक बाजार तैयार किया जाए और उपभोक्ताओं को इन फसलों की खासियतों और पौषक पहलुओं के बारे में जागरूक किया जाए। यह तभी मुमकिन हो सकता है जब टिकाऊ कृशि और कृशि–पारिस्थिकी (agroecology) भारतीय कृषि में मुख्यधारा का रूप ले और इसे सभी राज्य अपनाएँ। बीज की रक्षा खेती के पारंपरिक तरीकों की रक्षा का हिस्सा है। कारण बीज संप्रभुता खाद्य संप्रभुता का प्रमुख हिस्सा है। हाइब्रिड या जीएमओ बीज के आधार पर एग्रोइकोलोजी और जैविक खेती नहीं की जा सकती। इसके लिए देशी स्थानीय बीज चाहिए। इसलिए देशी बीज की विविधता के संरक्षण और प्रसार के लिए एग्रोइकोलोजी को बढ़ावा देना जरूरी है।

सूखा प्रतिरोधी, मजबूत और सहनशील देशी बीज के साथ–साथ स्थानीय किसानों तथा बीज प्रणालियों की आनुवांशिक विविधता के संरक्षण और प्रसार के माध्यम से ही जलवायु–जनित संकटों का सामना किया जा सकता है। इसलिए इस दिशा में कदम उठाना सरकार की उच्च प्राथमिकता होनी चाहिए। यह तो ज्ञात तथ्य है कि व्यावसायिक 'उच्च उपज' वाली किस्में जलवायु परिवर्तन को बदर्शत कर पाने में नाकामयाब साबित हो रही हैं और किसान और भी ज़्यादा असुरक्षित हो रहे हैं। इसलिए पारंपरिक और स्थानीय किस्मों का बचाया जाना जरूरी है, क्योंकि उन्हें ज्यादा पानी या रासायनिक खाद और कीटनाशक की जरूरत नहीं होती है। वे जलवायु परिवर्तन से उत्पन्न चुनौतियों के रागक्ष टिक सकती है। उसके कठोर दुष्प्रभावों का सामना कर सकती है। यह सुनिश्चित करने के लिए हमारे किसाने और खाद्य प्रणाली जलवायु परिवर्तन के अनुकूल होने की क्षमता हासिल करें, भारत का तत्काल अपनी बीज विविधता और संबंधित ज्ञान को पुनर्जीवित करने के लिए रणनीतियों और नीतियों की आवश्यकता है।

बड़ी बीज कंपनियों के बीच विलय और अधिग्रहण को देखते हुए, हमें यह मॉग करनी चाहिए कि सरकार बीज उद्योग के हितों को बचाने की जगह किसानों की बीज प्रणाली की सहायता करे, जो बीजों की खोज करने,

सहेजने, बढ़ाने, इक्ट्ठा करन, ब्रीडिंग और आदान–प्रदान करने पर आधारित है।

सरकार की बीज नीति ऐसी होनी चाहिए जो किसानों और स्थानीय निवासियों के अपने बीजों के उपयोग, आदान–प्रदान, ब्रीडिंग, चयन और बिक्री के सामुदायिक अधिकारों की गारंटी दे। नीति को यह सुनिश्चित करना चाहिए कि किसान बीज और प्रजनन सामग्री पर अपना दावा कर सकें और बीज के उपयोग, बिक्री आदान–प्रदान के उनके अधिकार बने रहें।

आईपीआर और बीजों के पेटेंट की एकमात्र प्रभावी जवाबी कार्रवाई यही हो सकती है। किसानों की बीज प्रणाली के एकाधिपत्य और नियंत्रण का एकमात्र तरीका यही है।

## सन्दर्भ


1. Karmkar K.G. and Sahoo B.B. (2015) "green Revalution in Eastern India" in the edited hook by M. Ghosh Disarkar and B.C. Ray, "Diversification of Agriculture in Eastern India" Springer 2015

2. Rita Sharma (2014) "More Rice from less water" 7 July 2014 The Hindu, New Delhi

3. Gopalkrishanan, R (2014). "For A second Rice Revalution" 5 Septemeber 2014, Business standard, New Delhi.

4. Vidal John (2013) India's Rice Revolution 16 Feb. 2013 gurdian, U.K.

5. Duval Marion and Claudia wilhfer, "organic food labeling practice in the EU. An option for the Domestic Market in India, Indo-german programme on consumer policy and consumer protection (CPP) GIZ, New Delhi

6. Mohan Vishwa (2016), Maha M.P. lead in earmarking special organic forming zone, 10 July 2016 times of India, New Delhi.

7. Alvores claude (1986) Dr. Richharia's story-crushed but

nat Defeated, 23 March 1986, illustrated weekly of India, Bombay.

8. Menon, Meena (2001) The grain story, 2 July 2001, Business line, New Delhi.

9. Krishan Kumar, Asha (2003) The Raipur collection, Vol 20 Issue 02, 18-25 January 2003 Frontline, Chennai.

# 10

# हरित क्रान्ति या हरित भ्रान्ति, किसानों को कर्ज में डुबाने की साजिश


आशुतोष शर्मा
सहायक आचार्य
हिन्दी विभाग
चमन लाल महाविद्यालय
लण्ढौरा, हरिद्वार

सुमित कुमार
शोध छात्र
राजनीति विज्ञान विभाग
एस.डी.पी.जी. कॉलेज मुजफ्फरनगर


हरित क्रान्ति के मूल सिद्धान्तों के तहत सिंचित परिस्थितियों में रासायनिक उर्वरकों और कीटनाशकों के साथ अधिक–उपज बौनी किस्मों का प्रयोग था। अतः यह प्रौद्योगिकी दरअसल अपने लक्ष्य और विस्तार में सीमित थी। उसका आधार बस दो या तीन ही घटक थे (जबकि खेती मूलतः अनगिनत घटकों का संलय है) और वह भी सिर्फ सिंचित इलाकों के लिए (जबकि देश में अधिकांश खेती शुरू से ही असिंचित और वार्ष आधारित रही है) साथ ही, हरित क्रान्ति की खेती एक पैकेज के रूप में आयी, जो सिर्फ बड़े व अमीर किसानों के लिए उपयुक्त थी और बहुसंख्यक छोटे किसानों के मुद्दों का कहीं कोई हवाला नहीं था।

परन्तु कई कारणों से – आजादी के पहले एक–दो दशकों में देश में कृषि में ठहराव और खाद्य का अभाव और संभवतः उसके फलस्वरूप, उस

समय सरकार की हताश मनः स्थिति – वह प्रौद्योगिकी एक वरदान की तरह आई, और एक जादू या चमत्कार की तरह लगी। संकर प्रजाति के बीजों को 'चमत्कारिक बीज' शब्दावली में भी संबोधित किया जाता था।

अगर हरित क्रान्ति एक चमत्कार थी तो हमें यह भी याद रखना होगा कि चमत्कार कभी–कभी ही होते हैं और अक्सर दोहराए नहीं जाते हैं या लंबे समय तक नहीं रहते।

एक दशक व थोड़े ही कुछ समय में, यह प्रौद्योगिकी अपनी कीमत वसूलने लगी थी और हरित क्रान्ति का महिमा मण्डन, उसकी सफलताएं व उसके इर्द–गिर्द जो उत्साह हुआ करता था, वह छितराने लगा। निश्चय ही, एक गुब्बारे को एक हद तक ही फुलाया जा सकता है।

## एक अत्यधिक कीमत पर

सबसे पहले खेतों में किसानों ने और फिर कृषि के मुद्दों पर काम कर रहे शोधकर्त्ताओं व नागरिक समाज को एहसास होने लगा कि हरित क्रान्ति की जो सफलताएं थीं और देश के लिए उसके जो फायदे हुए, वे अत्यधिक कीमत पर हो रहे थे, और हर फसल–चक्र के साथ यह एहसास गहराता रहा कि हरित क्रान्ति से जिस–जिस लाभ का दावा किया जाता था, वह हर लाभ समय के साथ–साथ या तो एक नकरातात्मक प्रभाव के साथ आया या उसमें परिणत हुआ। ये नकारात्मक प्रभाव सब एक साथ नहीं आए, उनकी परत पहले तो धीरे–धीरे खुल पर फिर समय के साथ–साथ उन प्रभावों की रफ्तार तेज हुई और फिर मानों वे संचित ब्याज के साथ आने लगे। यह दिखने और समझ में आने लगा कि–

गेहूँ और धान के बढ़ते क्षेत्रफल के मायने यह हुए कि अन्य फसलों, जैसे दालें, तिलहन, ज्वार–बाजरा, आदि के लिए क्षेत्रफल घटा और उनकी उपलब्ध ता कम हुई।

गेहूँ और धान उगाने पर ही पूरा जोर दिए जाने से अन्य अनाजों की खेती में कमी आई। गेहूँ और धान ने ही अधिकांश सिंचाई का पानी खींचा और उनहीं में अधिकाधिक उर्वरकों का इस्तेमाल हुई। साथ ही, सरकार की मूल्य समर्थन व खरीद नीतियाँ मुख्यतः गेहूं और धान के ही फायदे के लिए रहीं। इसका एक दूरगामी प्रभाव यह रहा कि लोगों की खाद्य व पोषण की

सुरक्षा में कुल कमी आई। 1966 में, अनाजों की प्रति व्यक्ति उपलब्धता 359.9 ग्राम प्रति दिन थी जो कि 1971 में 417.6 ग्राम प्रति दिन और 1896 तक 434.3 ग्राम प्रति दिन बढ़ी। परन्तु उसकी तुलना में दालों की उपलब्धता, हरित क्रान्ति से पहले, 1966 में 48.2 ग्राम प्रति दिन थी पर 1986 तक हरित क्रान्ति से पहले के स्तर से भी कम 44 ग्राम प्रति दिन रह गई।

रासायनिक उर्वरकों के बढ़ते प्रयोग से मिट्टी में नैसर्गिक खनिज पदार्थों का पूरा ह्रास।

बहुत समय पहले से यह समझ में आ चुका है कि हरित क्रान्ति के झण्डा–बरदार अधिक–उपज–किस्म, वास्तव में ''अधिक–प्रतिक्रियात्मक'' किस्म हैं, जिनमें रासायनिक उर्वरकों, कीटनाशकों और सिंचाई की स्थिति में ही अनुक्रिया होती है। उन्हीं की वजहों से वे किस्में इतना अधिक उत्पादन दे सकीं। लेकिन खेती में रसायनों के अत्यधिक इस्तेमाल से मिट्टी की प्राकृतिक उर्वरता खत्म हुई और देश भर में सभी किसानों का यह अनुभव रहा कि अपने पुराने उत्पादन स्तर मात्र को बनाए रखने के लिए उनहें अब हर साल अधिकाधिक रसायनों का इस्तेमाल करना पड़ रहा है – और अब तो वह भी काम नहीं कर रहा है।

रसायनों के प्रयोग से, मिट्टी और भूमिगत पानी जहरीला हो रहा है, जो कि हमारी पूरी खाद्य श्रृंखला को – हमारे लिए और जनवरों के लिए – बहुत अस्वथ बना रहा है।

पंजाब इस बात का जीता–जागता व त्रासद उदाहरण है कि हरित क्रान्ति कैसे स्वजाति–भक्षी बन चुकी है, जो अपनी ही संतति को खा रही है! पंजाब की खुशहाली के कारण आज उसके लिए अभिशाप और निराशा का कारण बन गए हैं। कैंसर से मौत, आनुवांशिक खामियाँ, गुरदा रोग व पात, मरे बच्चे पैदा होना या किसी खामी के साथ पैदा होने जैसे गंभीर रोग की खबरें आए दिन वहाँ से आती रहती हैं, शोधकर्ता जिनका कारण कीटनाशकों व पातनाशकों का अत्यधिक प्रयोग व दुरूपयोग मानते हैं। पंजाबी विश्वविद्यालय ने कीटनाशकों व पातनाशकों का प्रयोग करने वाले 210 किसानों का अध्ययन किया और पाया कि उनमें से एक–तिहाई किसान डी.एन.ए. क्षति से प्रभावित थे, जितना कि उम्र की वजह, सिगरेट–बीड़ी पीने व अन्य खान–पान की आदतों से भी नहीं होता। वैज्ञानिकों ने यह भी पाया कि

जिन गाँवों में अधिक कीटनाशकों का इस्तेमाल होता है वहाँ कैंसर की दर भी अधिक है।

दरअसल समस्या का एक कारण यह भी है कि कीटनाशक उद्योग को लेकर कानून अपर्याप्त तो हैं ही, उनका कार्यान्वयन व उद्योग का नियमन भी कमजोर ही है। 2011 में, कृषि मंत्री शरद पवार ने स्वीकार किया कि दुनिया के अन्य देशों में प्रतिबंधित 67 कीटनाशकों का भारत में व्यापक इस्तेमाल हो रहा है। पंजाब में किसानी के मुद्दों पर काम कर रहे गैर–सरकारी संगठन खेती विरासत मिशन के उमेन्द्र दत्त कहते हैं, "ज्यादा आश्चर्यजनक और दहलाने वाली बात यह है कि किसान अलग–अलग कीटनाशकों का कॉकटेल बना कर इस्तेमाल करते हैं। इस खतरनाक मिश्रण का लगभग हर दूसरे–तीसरे दिन छिड़काव किया जाता है। प्रसार अधिकारी या कीटनाशक उद्योग के वितरक एजेन्ट किसानों को ऐसा करने से हतोत्साह भी नहीं करते हैं। वास्तव में, अधिकांश तो किसानों को मालूम ही नहीं होता कि इन कीटनाशकों के इस्तेमाल करते समय कम ही लोग सुरक्षात्मक कपड़ों या साधनों का प्रयोग करते हैं। गाँवों में तो कीटनाशकों के खाली पात्रों को कभी–कभी रसाईघर में उपयोग के लिए भी पुनः प्रयोग में लाया जाता है।

इससे स्पष्ट है कि कृषि विभाग का प्रसार कोष्ठ जो हरित क्रान्ति के फैलाव में एक मुख्य घटक चिन्हित किया गया था, वो या तो अपनी जिम्मेदारी निभाने में असफल रहा है या फिर इस समस्या से जूझने की अब उसमें क्षमता ही नहीं है। साथ ही, इसके मायने यह भी हैं कि "अधिक और अधिक उत्पादन" का लोभ (बड़े किसानों के संदर्भ में) व हताशा अथवा जानकारी की कमी (छोटे व सीमांत किसानों के संदर्भ में) पंजाब में खेती पर हावी हो चुके हैं। पंजाब का क्षेत्रफल, भारत का मात्र 1.5 प्रतिशत है पर उसका कीटनाशक उपभोग पूरे देश का 20 प्रतिशत है।

खेती में रारायनिक निवेशों के प्रयोग व दुरूपयोग, मानव, पशु, पक्षी, कीड़ों व समस्त पर्यावरण से भारी कीमत वसूल चुके हैं। कीटनाशकों के छिड़काव से मित्र–कीट भी मरें हैं और साथ ही, उनके लगातार प्रयोग से, स्वयं शत्रु–कीटों ने कीटनाशकों के विरूद्व प्रतिरोधक क्षमता विकसित कर ली है जिससे वे अब और बड़े स्तर पर, जयाद। विकराल रूप गें फसलों को दुष्प्रभावित करने लगे हैं।

हाल के काफी सर्वेक्षणों और अध्ययनों ने मधुमक्खियों की बड़े स्तर पर मरने की जानकारियां दी हैं। उनकी पूरी की पूरी डार का विनाश हो रहा है। यह तो हम जानते ही हैं कि अधिकांश पौध प्रजातियां व पोध उत्पाद जिन्हें हम या जानवर खाते हैं, वे फलने–फूलने के लिए सीधे या परोक्ष रूप से परागण पर निर्भर रहते हैं, और मधुमक्खियां हमारे सर्वश्रेष्ठ परागणकर्ता हैं। ऐसे में, मधुमक्खियों का ह्रास हमारी फसलों की मात्रा व गुणवत्ता, दोनों को कुप्रभावित करता है। मधुमक्खियों की मृत्यु का कारण कृषि व बागवानी में कीटनाशकों और फंसगनाशकों व अन्य रसायनों का प्रयोग माना जा रहा है। मधुमक्खियों के इस तरह विनाष को यदि तुरन्त रोका नहीं गया तो हमारे खाद्य उत्पादन के लिए गंभीर समस्या खड़ी हो जाएगी।

सिंचाई, जो वास्तव में अक्सर अत्यधिक सिंचाई ही हो जाती है, उसे मिट्‌टी का लवणीकरण हुआ है और भूमिगत जल भंडार कम हुए हैं और भूमि जल–स्तर नीचे गया है।

भारत में सिंचाई के लिए उपयोग किया जा रहा लगभग आधा पानी भूमिगत जल भंडारों से आता है। विश्व बैंक की 2010 की एक रिपोर्ट के अनुसार, भारत में भूमिगत जल एक महत्त्वपूर्ण संसाधन है जो 65 प्रतिशत सिंचाई का पानी व 85 प्रतिशत पेयजल आपूर्ति करता है। रिपोर्ट यह भी सचेत करती है कि उपयोग का मौजूदा स्तर यदि जारी रहा तो अगले 20 सालों में 60 प्रतिशत भूमिगत जलस्त्रोत गंभीर अपक्षीण की स्थिति में आ जाएंगें। उपग्रह से प्राप्त हाल की जानकारी के अनुसार देश के सर्वाधिक प्रभावित उत्तर–पश्चिम राज्यों में, 2002 से 2008 तक भूमिगत जलस्तर की औसत गिरावट 33 सेंटीमीटर प्रति वर्ष रही है।

## विविधता का मृत्यु आह्वान

हरित क्रान्ति अपनी सफलता के लिए लगभग पूरी तरह गेहूं और धान पर आश्रित थी, जिसकी कीमत किसान समुदायों को अन्य फसल उगाना छोड़ कर चुकानी पड़ी। एकधान्य खेती न तो फसल व भूमि और न ही मानव पोषण के लिए अनुकूल या उचित रही है। उसने रासायनिक उर्वरकों और कीटनाशकों के प्रयोग को सरल व कारगर जरूर बनाया है, पर अंततः अधिकाधिक कीट आक्रमण हुए जिनसे ज्यादा नुकसान हुआ। एकधान्य खेती में कीट आक्रमण या तो पूरी फसल को नष्ट कर देते हैं या मजबूरन अधिकाधि

क कीटनाशकों का, अधिकाधिक मात्रा में प्रयोग करना पड़ता है जिससे खेती में रसायनों के प्रयोग से जुड़ी बाकी सब समस्याएं बढ़ती रहती हैं। मिश्रित खेती में कीट, प्रजाति विशेष पर ही आक्रमण करते हैं और खेत में खड़ी पूरी फसलों का सफाया नहीं होता, जिससे फसल पकने पर उत्पादन का पर्याप्त हिस्सा किसान के बटोरने के लिए बचा रह जााता है।

एकधान्य खेती के मायने यह भी हैं कि आप एक ही समय पर बीज बोओ या पौधा लगा दो और निर्धारित समय के बाद एक साथ ही पूरी फसल काट लो। इसकी तुलना में, मिश्रित खेती में बुवाई को फसल के अनुसार आगे–पीछे, अलग–अलग समय पर करना होता है, और उसी तरह फसल कटाई भी अलग–अलग समय का अंतराल रखते हुए, अलग–अलग फसलों के पकने के अनुसार की जाती है। उदाहरण के लिए, बारानाजा उत्तराखण्ड की एक अति विकसित, खरीफ की पारम्परिक मिश्रित खेती की पद्धति है जिसमें एक दर्जन से कम या अधिक फसलें एक ही खेत में उगाई जाती हैं। इससे यह सुनिश्चित रहता है कि बढ़ने की शुरूआती अवधि के बाद लगभग हर महीने कुछ न कुछ घर में आ रहा है – चाहे इंसान या जानवरों के उपभोग के लिए। लोगों की खाद्य सुरक्षा का यह एक अहम पहलू है जिसे एकधान्य खेती ने समूल नष्ट कर दिया है। विविध किस्में व विविध आहार, विभिन्न स्वादों व मानव शरीर के पोशण की विभिन्न जरूरतों को पूरा करती हैं।

अंततः, एकधान्य खेती प्रणाली ने खाद्य और कृषि के बोध को ही उलट दिया है। पहले, फसलों की विविधता का मतलब होता था खेतों में आहार उग रहा है, आहार जो तृप्त करता है और जो आदरणीय है। फसलों व अनाजों को एक विशेष पवित्रता व श्रद्धा का दर्जा हासिल था और उनका अनादर व अपव्यय हतोत्साहित किया जाता था। हरित क्रान्ति व एकधान्य खेती ने उस दृष्टि व मान्यता को ही बदल दिया है। चूँकि अब उत्पादन ही कृषि की प्रमुख प्रेरणा व औचित्य हो गया है जिसके लिए रसायनों का प्रयोग जायज हो जाता है, अतः खेत में उग रही फसलें मात्र उपभोग के लिए अनाज होकर रह गई हैं। उनमें कोई पवित्रता, कोई शुचिता नहीं रही।

हरित क्रान्ति ने लघु किसानों को सामाजिक–आर्थिक व बौद्धिक स्तर पर दरिद्र किया है।

## असमानता, सामाजिक–आर्थिक विभाजन व अन्याय

हरित क्रान्ति की ओर से यह दावा किया जाता रहा है कि उससे देश में खाद्य पर्याप्त हुआ व भुखमरी खत्म हुई। लेकिन उसका दर्शन व पथ प्रौद्योगिकी पर आधारित था न कि सामाजिकी पर। उसने कृषक समाज में वर्ग विभाजन को अधिक गहरा किया और असमानताओं व अन्याय की धार तेज की। बड़े व अमीर किसानों ने उससे फायदा उठाया व और भी बड़े व अमीर बने, जबकि छोटे किसान बेरोजगारी, गरीबी व भुखमरी की ओर धकेले गए।

कृषि में उपलब्ध इमदाद का सबसे ज्यादा फायदा बड़े किसानों ने ही लिया और जो भी चकबंदी हुई वह भी अमीरों के हित में हुई है। खेती में ज्यादा जमीन आने से अमीर किसानों ने हल लगाने से लेकर फसल कटाई तक में फटाफट मशीनीकरण अपनाया, सब ने आय में विषमताओं को बढ़ाया और यह भी हुआ कि छोटे किसानों के लिए जमीनें कम होने लगी। मशीनीकरण ने भूमिहीन किसानों को, जो खेतीहर मजदूरी से अपना जीवनयापन करते थे, प्रभावी तौर पर हाशिए पर किया। एक अन्य स्तर पर, मशीनीकरण से पशुधन, खासकर बैल, कम हुए जिसके फलस्वरूप गोबर की कुल खाद कम हुई। ये वास्तव में कारण–व–प्रभाव की लंबी श्रृंखला है।

जब हम हरित क्रान्ति के योगदान का मूल्यांकन करें तो हमें यह सवाल भी करने की जरूरत है कि वह भुखमरी के मुद्दे को सुलझाने में कितनी सफल रही है? अफसोस कि इसका उत्तर नकारात्मक ही होगा। हरित क्रान्ति का मुख्य लक्ष्य उत्पादन बढ़ाना था जबकि भूख मूलतः किसी व्यक्ति या परिवार की आहार तक पहुँच में कमी से, उसकी खाद्य उगाने या खरीदने की असमर्थता से है। यह असमर्थतता मुख्यतः सामाजिक असमानता व अन्याय का परिणाम होती है क्योंकि बावजूद इसके कि विश्व में पर्याप्त अन्न उगाया जा रहा है, आज की तारीख में भी 92.5 करोड़ लोग भूख व कुपोषण से ग्रस्त हैं। विश्व बैंक द्वारा 1986 में भूख पर किए गए एक अध्ययन में स्वीकार किया गया कि ''खाद्य सुरक्षा की समस्याएं जरूरी नहीं है कि अपर्याप्त खाद्य आपूर्ति का परिणाम हों, जैसा कि व्यापक तौर पर माना जाता है, वरन् वे देशों व परिवारों में क्रय शक्ति की कमी से होती हैं।'' रिपोर्ट में आगे लिखा है, ''खाद्य उत्पादन को सर्वोपरि मानना गलत है अगर हमारे लिए उसकी प्राथमिकता अन्य तात्कालिक चितांओं से ऊपर है। ऐसी एक चिंता है कि कई गरीब देशों,

और हजारों–लाखों गरीब लोगों को दुनिया की प्रचुर खाद्य आपूर्ति का एक छोटा हिस्सा भी मुहैया नहीं हो पाता है।"

उत्पादन का संकीर्ण उद्‌देश्य अंततः अपने ही लक्ष्य का ह्यस करता है क्योंकि वह संसाधन के उस आधार को ही खत्म कर देता है जिस पर कृषि टिकी रहती है। गरीबों की अशक्तता को संबोधित करते परिवर्तन की किसी भी रणनीति के अभाव का त्रासद परिणाम यह होगा कि खाद्य ज्यादा होगा पर भुखमरी भी ज्यादा होगी।

लघु किसानों के लिए विफल होते परिदृश्य और बड़े किसानों के लिए तत्काल लाभ ने कंपनियों के लिए कृषि व संबंधित मामलों पर अपना नियंत्रण सख्त करने का रास्ता साफ किया। देश में अनाज की मात्रा जरूरी बढ़ी, पर उसी रतार से भुखमरी भी। हरित क्रान्ति ने वास्तव में और अंततः यही हासिल किया।

हरित क्रान्ति या हरित भ्रान्ति!

पीछे देखें तो दिखता है कि हरित क्रान्ति कोई जादू या चमत्कार नहीं परन्तु हाथ सफाई थी, और स्तब्ध दर्शकों की तरह, सरकार व नौकरशाही इतनी सम्मोहित हो गई कि बस प्रशंसा में उसे ताकती व ताली बजाती रही। यह अब स्पश्ट है कि तथाकथित अधिक– उपज–किस्मों का प्रवेश या हरित क्रान्ति स्वयं, खाद्य संपन्नता हासिल करने व भुखमरी मिटाने कि उतनी मासूम रणनीति नहीं थी जैसा कि दावा किया जाता रहा है। वह विशुद्ध, अंग्रेजों द्वारा अपने शासनकाल में यहाँ अपनाई गई रणनीति का ही प्रतिरूप थी, फर्क सिर्फ यह था कि हरित क्रान्ति अधिक घाघ व विद्वेशणपूर्ण थी–शोषण व प्रभुत्व पर आधारित बाजार की पुरानी, रणनीति, इस बार विज्ञान आधारित विकास की आड़ में थी।

वास्तव में "हरित क्रान्ति" अनुपयुक्त नाम है। वह कोई हरित क्रान्ति नहीं, बल्कि हरित भ्रान्ति थी! हमें कृषि के व उसके जरिए देश की खुशहाली के सब्जबाग दिखाए। वह कोई कृषि की रणनीति या खती की व्यवस्था नहीं थी। वह विशुद्ध एक बाजार व्यवस्था थी।

हरित क्रान्ति ने बाजार की शक्तियों के पूरे जोशो–खरोश से कृषि में आने के लिए जमीन तैयार की और ये बाजार की शक्तियाँ अंनर्राष्ट्रीय

संस्थानों की पीठ पर सवार होकर आई, जो उनके रास्ते की सभी अड़चनों को अंनर्राष्ट्रीय नियमों व संधियों के जरिए हटा सकें।

## अंतर्राष्ट्रीय समझौते

दो प्रमुख अंनर्राष्ट्रीय संगठनों–विश्व बैंक व अंनर्राष्ट्रीय मुद्रा कोष – ने विकसित देशों की बहुराष्ट्रीय कंपनियों को दुनिया भर में कृषि पर अपना प्रभुत्व व नियंत्रण जमाने में अहम भूमिका निभाई। यह उन्होंने विभिन्न आज्ञप्तियों व समझौतों के जरिए किया।

शुरूआती अंनर्राष्ट्रीय समझौतों में था – जनरल एग्रीमेन्ट ऑन ट्रेड एण्ड टैरिफ (जी ए टी टी अथवा गैट) जिसकी पहल, की आजादी के साल,1947 में हुई। 1948 में यह अंनर्राष्ट्रीय कानून बन गयां द्वितीय विश्व युद्ध खत्म हुए कुछ ही साल हुए थे और जो समाज से भारी कीमत ले चुका था और युद्ध में आलिप्त देशों की अर्थव्यवस्था तबाह हो रखी थी। अपनी अर्थव्यवस्था को पुनर्जीवित करने के लिए, अमेरीका व उसके मित्र देशों ने एक नई व्यापार व्यवस्था बनाने का निर्णय लिया जिसके तहत विश्व व्यापार को नियमित व उद्वार बनाया जाए तथा देश अपने शुल्क व राजानुदान को, जिन्हें अंनर्राष्ट्रीय व्यापार में बाधा माना जाता था, कम किया जाए। इसके लिए गैट की स्थापना हुई और भारत उसके शुरूआती 23 सदस्यों में था। बाद में, बहुपक्षीय व्यापार वार्त्ताओं, समझौतों व व्यापार विवादों को सुलझाने के लिए गैट, एक महत्वपूर्ण मंच व प्रेरक बना। उसकी बैठकें समय–समय पर दुनिया के अलग–अलग भागों में होती रहीं और बहुपक्षीय व्याापार को ''ट्रेड राऊण्ड्स'' या ''व्यापार दौर'' कहा गया।

1986 से 1994 तक गैट की उरूग्वे की बैठकें बड़ा मील का पत्थर साबित हुई और उस दौरान दो बड़ी बातें हुई। एक, विकासशील देश पहली बार इन बैठकों में सक्रिय भाग लेने लगे, और दूसरा, ''कृषि'' जिसपर उससे पहले तक हल्की ही बात होती थी, वह चर्चा की कार्यसूची का एक प्रमुख विषय बन गया। उरूग्वे राउण्ड के दौर में ही एग्रीमेन्ट ऑन एग्रीकल्चर (ए. ओ.ए. अथवा कृषि पर अनुबंध) को चर्चा कर तय किया गया।

हालांकि गैट अधिकांश अंतर्राष्ट्रीय व्यापार के लिए नियम बनाता था, फिर भी वह एक अस्थाई समझौता ही था और एक औपचारिक संगठन की

जरूरत सदा महसूस होती रही। साथ ही, उभरते बाजार परिदृश्यों व समस्याओं को लेकर गैट को कुछ मुश्किलें हो रही थी। तदानुसार, 1995 में गैट के स्थान पर और उसे समाहित करते हुए वर्ल्ड ट्रेड ऑर्गनाईजेशन (डब्ल्यू.टी.ओ अथवा विश्व व्यापार संगठन) बनाया गया। तब तक गैट की सदस्य देषों की संख्या 123 हो गई थी। वैसे गैट, उरूग्वे राऊण्ड में जैसा अद्यतन किया गया, वस्तु व्यापार विषय पर, विश्व व्यापार संगठन के एक सह–समझौते के तौर पर अभी भी है।

विश्व व्यापार संगठन की स्थापना के साथ ही, ऊरग्वे राऊण्ड में तय कृषि अनुबंध लागू हो गया। तब से अब वह, कृषि उत्पादों को लेकर, सबसे प्रमुख वैश्विक व्यापार उदारीकरण समझौता हो गया है। इसी अनुबंध के जरिए, सदस्य देशों द्वारा शुल्क व राजनुदान जैसी व्यापार बाधाओं को पहले कम कर और फिर हटा कर, बाहरी देशों के कृषि उत्पादों के लिए व्यापक बाजार का रास्ता खोला गया था।

लघु किसानों की दृष्टि से और वास्तव में दीर्घकालीन कृषि की भी दृष्टि से, गैट, विश्व व्यापार संगठन व कृषि पर अनुबंध प्रमुख साधन रहे हैं जिन्होंने हरित क्रान्ति की नींव पर खुद को खड़ा करते हुए पहले खेती को 'व्यापार' में तब्दील किया और फिर उसे विकसित देशों व उनकी कृषि–रासायनिक बहुराष्ट्रीय कंपनियों के सख्त नियंत्रण में बांधा। वात्ताओं में पेटेन्ट व बौद्धिक संपदा अधिकार के मुद्दे लाकर उन्होंनें कृषि को, जो एक समय लोगों की, किसानों की उपजीविका होती थी, उसे कृषि–रासायनिक उद्योग के व्यापारियों के हाथों में दे दिया। आज, 58.2 प्रतिशत बीजों पर, 6.19 प्रतिशत कृषि–रसायनों पर, 24.3 प्रतिशत उर्वरकों पर, 53.4 प्रतिशत पशु औशाधियों पर, तथा पशु आ।नुवांशिकी में 97 प्रतिशत मुर्गियों व दो–तिहाई सुअर व अन्य पशु अनुसंध ाान पर मात्र चार कंपनियों का नियंत्रण है। उनका व दो अतिरिक्त बहुउद्देशशीय कंपनियां (मोन्सान्टो, डु पॉन्ट, सिन्जैन्टा, बायर, डाऊ और बास्फ) का निजी क्षेत्र द्वारा पौध प्रजनन अनुसंधान के 75 प्रतिशत पर कब्जा। है।

कृषि पर अनुबंध ने दुनिया भर के छोटे किसानों की स्थिति को और कमजोर व संवेदनशील बनाया है। विश्व व्यापार संगठन, अंतर्राष्ट्रीय संगठनों व कंपनियों को कानूनन व व्यवहारिक तौर पर इस बात की इजाजत देता है कि वे किसी भी देश के घरेलू कानूनों व नीतियों पर निगरानी रख, प्रभावित

कर, दबाव डाल व हस्तक्षेप कर सकते हैं; और ये सब लघु किसान जनसमूह का अहित करके किया गया है। उदाहरण के लिए, विश्व व्यापार संगठन में कृषि के विशय पर राजानुदान एक प्रमुख मुद्दा है। पर एक तरफ तो अमरीका जैसे विकसित देशों को अपने किसानों को पर्याप्त व लगभग निरंकुश राजानुदान देने की इजाजत है, वहीं दूसरी ओर विकासशील देशों को अपने राजानुदान आवंटन को बढ़ाने या जारी ही रखने को सख्ती से रोका जाता है। यह प्रथम–दृष्टा ही सिद्धांतों के खिलाफ है क्योंकि वह विकसित देशों को अपने कृषि के उत्पादों को अंतर्राष्ट्रीय बाजार में बहुत कम दामों में बेचने व डंप करने की इजाजत देता है, और विकासशील देशों के लिए बड़ी विडंबनापूर्ण परिस्थिति हो जाती है कि उन्हें आयात सस्ता पड़ता है जबकि उनकी अपनी खेती में उत्पादन की लागत उससे कहीं ज्यादा बैठती है।

विश्व व्यापार संगठन किस तरह अमीर देशों के नैतिक व आर्थिक अन्याय को वार्त्ताओं में हावी होने देता है व विकासशील देशों पर अपने बहुसंख्यक लोगों के हित को छोड़ने के लिए हर तरह का दबाव डालता है, इसका ताजा उदाहरण दिंसबर 2013 में इंडोनेशिया में हुए उसके सम्मेलन में देखने को मिला, जहाँ भारत को अपने खाद्य सुरक्षा कानून को लेकर विकसित देशों की गंभीर आलोचना व आक्रमण का षिकार होना पड़ा।

अंततः जैसा कि लोक संगठन आवर वर्ल्ड इज़ नॉट फॉर सेल के अनुसार, ''विश्व व्यापार संगठन मूलतः अप्रजातांत्रिक है। बंद दरवाजों के पीछे काम करते हूुए उसके व्यापार न्यायधिकरणों ने व्यापक राष्ट्रीय स्वास्थ्य व सुरक्षा, मजदूरों, मानवाधिकारों व पर्यावरणीय कानूनों के खिलाफ निर्णय दिए हैं जिनमें विकसित देशों की सरकारों ने अपने कंपनी मुवक्किलों की तरफदारी करते हुए इन मुद्दों को सीधा व्यापार में बाधा बता कर चुनौती दी है।

फलस्वरूप, देश में कई नियम, कानून, पहल व परिवर्तन हुए जिनका खाद्य व कृषि तथा छोटे किसानों के जीवन पर सीधा अथवा परोक्ष रूप से दुष्प्रभाव पड़ा। इनमें भूमि का विषय किसान संघर्शों का पहले से और अब भी एक अहम मुद्दा रहा है। सभी सरकारों द्वारा किया गया भूमि अधिग्रहण अधिकांशतः मनमाने ढंग से हुआ है जिसने खेतीहरों और आदिवासियों को अपनी जमीन से दरकिनार किया है और मूलतः संपत्ति खरीद–फरोख्त के ध

ांधे से जुड़े लोगों, उद्योगपतियों व बांध निर्माण कंपनियों को ही फायदा पहुंचाया है। पानी का मुद्दा भी कम अहम नहीं है – और जो पानी लोगों के मूलभूत जीवन व दीर्घकालिक खेती की जरूरतों के लिए होना चाहिए था, उसे व्यापारिक उपयोग व बांध की झीलों को भरने के लिए मोड़ दिया जाता रहा है। जंगलों को लेकर भी उसी तरह की समस्या है। वास्तव में, विभिन्न कार्यक्षेत्रों के संचालन से संबंधित आज बहुत सारे शासनादेश, नियम व विनियम लागू हैं जिनका किसानों की खुशहाली पर गंभीर दबाव पड़ रहा है।

## कुछ अपने कानून

इधर, कुछ कानून–अधिनियमों पर संक्षिप्त नज़जर डालते हैं– पौध प्रजाति संरक्षण व किसान अधिकार अधिनियम 2001 (पी.पी.वी.एफ.आर), जैवीय विविधता अधिनियम 2002, बीज विधेयक 2004, आदि– जिनका छोटे किसानों व अन्य लघु उत्पादकों पर विविध व दीर्घगामी प्रभाव अवश्यम्भावी पड़ेगा और पड़ भी रहा है। यह विडम्बना ही है कि कहने को तो ये नियम–कानून देश में गरीबों व छोटे किसानों के प्रति चिंता से उपजे–उभरे हैं पर परोक्ष तौर पर ये अमीर किसानों व बड़े व्यापार जगत का ही भला करते हैं।

पी.पी.वी.आर.एफ.आर. अधिनियम का कथित उद्देश्य के अधिकारों की रक्षा करना है जिनकी पौध आनुवांशिक संसाधनों के संरक्षण में ऐतिहासिक भूमिका रही है। पर अधिनियम में पौध प्रजनकों के अधिकारों पर जोर देकर, यह अधिनियम कंपनियों द्वारा प्रजनित बीजों को प्राथमिकता देता है जो किसानों को अंततः पैसे से खरीदने पड़ेगें या उन्हें अपने बीजों को प्रयोग करने से वर्जित किया जाएगा। यह अन्याय ही नहीं, अत्याचार है क्योंकि कंपनियां जो भी नया बीज प्रजनित करेंगी, उनके मूल मातृ–बीज तो निसंदेह किसानों के खेतों व संग्रहों से ही आए होंगे।

जैवीय विविधता अधिनियम 2002 की उत्पति, 1992 में ब्राजीज के रियों डी जेनेरियों में आयोजित पर्यावरण सम्मेलन की जैवीय विविधता उपसांधे (सी.बी.डी.) से हुई। उस उपसंधि में जैवविविधता संरक्षण, जैवीय संसाधनों के दीर्घकालिक उपयोग तथा जैवीय संसाधनों व संबंधित ज्ञान से उपजे फायदों को न्यायोचित रूप से साझाा करने की सिफारिश की गई थी।

जैवीय विविधता अधिनियम 2002 में सी.बी.डी. के उन उद्‌देश्यों के कार्यान्वयन के लिए एक सांस्थानिक ढ़ांचे की व्यवस्था करने की बात की गई। हांलाकि अधिनियम की कुछ धाराएं प्रगतिशील हैं, पर उसके कई पक्ष चिंताजनक भी हैं। इकॉनामिक एण्ड पोलिटिकल वीकली में शालिनी भूटानी और कांची कोहली लिखती हैं, ''जब तक यह अधिनियम प्रभावी हुआ, राष्ट्रीय व वैश्विक स्तर पर व्यापार अनिवार्यताएं पर्यावरणीय कानून व नीति निर्धारण को प्रभावित करने लगी थीं। इस अधिनियम का अंतिम स्वरूप तथा 2004 में पर्यावरण व वन मंत्रालय द्वारा जारी जैवीय विविधता नियमों के जरिए उसके कार्यान्वयन के तरीके उस झुकाव को प्रतिबिंबित करते हैं।''

## बीज विधेयक

बीज, जीवन और दीर्घकालिक खेती की कुँजी हैं और ऐतिहासिक तौर पर किसान समुदाय उनके पालन व मालिक रहे हैं। 1950 के शुरू दशक तक अधिकांश किसान बीजों के मामले में स्वतंत्र व आत्मनिर्भर थे। संकर तकनीक के आने के बाद, बीजों का परिदृश्य बड़ी तेजी से बदला। बीज, व्यापार का एक उत्पाद बन जाने से उसके उत्पादन व वितरण की पारंपरिक प्रणालियां धवस्त हो गई और कंपनियां बीजों के व्यापार में उतर आई।

भारत में इसकी शुरूआत 1957 में 'अखिल भारतीय समन्वित फसल सुधार परियोजनाओं की स्थापना के लिए भारतीय कृषि अनुसंधान परिषद् व रॉकफेलर फाऊण्डेशन के बीच करार से हुई। 1963 में बीजों के उत्पादन को व्यवस्थित तौर पर करने और बीज उद्योग को दिशा देने के लिए राष्ट्रीय बीज निगम की स्थापना की गई और 1965 में सरकार ने 'अधिक उपज किस्म कार्यक्रम' अपनाया।

तत्पश्चात, बीज अधिनियम 1996 बना और बीज नियम 1968 अपनाए गए। उसके अगले ही साल, 1969 में, केंद्रीय बीज प्रमाणीकरण परिषद् की स्थापना की गई। 1983 में बीज (नियंत्रण) आदेष जारी किया गया जिसे 1994 में प्रभावी होना था। 1998 में सरकार ने बीज विकास पर एक नई नीति प्रस्तुत की और 2002 में राष्ट्रीय बीज नीति लागू की गई।

विश्व व्यापार संगठन की शर्तों में एक यह भी थी कि लघु किसानों को व्यापारिक बीज उत्पादकों व बीज पूर्तिकत्ताओं की एकाधिकारिक गतिविधि

ायों से सुरक्षा प्रदान की जाए। उसके मद्देनजर व अन्य कारणों से भी, 1998 में बीज नीति समीक्षा समूह ने बीज अधिनियम 1966 के स्थान पर एक नया बीज कानून लाने की सिफारिश की। फलस्वरूप, दिसंबर 2004 में राज्य सभा में बीज विधेयक 2004 प्रस्तुत किया गया। इस विधेयक की उल्लेखनीय बातों में एक शर्त बीज की सभी किस्मों के पंजीकरण व प्रमाणीकरण की भी थी और हालांकि विधेयक में किसानों को इस पाबंदी से छूट दी गई थी तथा उन्हें ''अपने खेत के बीजों व पौध सामग्रियों को रखने, इस्तेमाल करने, परस्पर आदान–प्रदान व सांझाा करने और बेचने'' की इजाजत थी, पर विध ेयक में लगभग उसी क्रम में यह भी दर्ज था कि किसान ''अपने उन बीजों या पौध सामग्रियों को किसी ब्रांड के तहत या जो नियत प्रजनन, भौतिक शुद्धता, आनुवांशिक शुद्धता के न्यूनतम स्तर पर खरा नहीं उतरते हैं, उन्हें नहीं बेच सकते हैं...।''

तो यह तो वही बात हो गई कि एक हाथ से देना और दूसरे से ले लेना! इस विधेयक के वास्तविक हितग्राही तो सीधे–सीधे बीज व्यापार से जुड़ी कंपनियां (देशी अथवा विदेशी कंपनियों की साझीदारी में) बनती हैं जो कि किसानों पर अपने बीज बेचने पर प्रतिबंध के बाद, बीज के विशाल बाजार पर ज्यादा से ज्यादा कब्जा करने की उम्मीद कर सकते हैं।

लेकिन चूंकि किसान, नागरिक समाज व अन्य लोग किसानी के मुद्दों पर शासन की दोमुंही बातों के प्रति अब सजग हो चुके हैं, सो इस राष्ट्रीय बीज विधेयक पर व्यापक बहस व विवाद हुआ और उसे कृषि पर स्थायी संसदीय समिति को भेजा गया। कई संशोधनों के साथ, विधेयक का मसौदा तब नए शीर्षक से बीज विधेयक 2010 – दोबारा संसद में पेश किया गया। इस संशोधित विधेयक की भी तीखी आलोचना हुई क्योंकि उसमें कृषि पर स्थायी संसदीय समिति द्वारा दिए गए प्रमुख सुझावों को अनदेखा कर दिया गया था। उसमें किसानों को कोई राहत नहीं दी गई थी, बल्कि उल्टा उनकी कीमत पर बीज उद्योग की ही तरफदारी की गई।

तो कानूनों और आदेशों की एक पूरी ही श्रृंखला है जिसका हमारी खेती पर सीधा प्रभाव पड़ता है – आवश्यक वस्तु अधिनियम 1955, बीज अधिनियम 1966, पर्यावरण सुरक्षा अधिनियम 1986, उपभोक्ता सुरक्षा अधि ानियम 1986, पौध, फल व बीज (भारत में आयात नियमन) आदेश 1989,

उत्पादों का भूगोल सूचक अधिनियम 1999, पौध प्रजाति संरक्षण व किसान अधिकार अधिनियम 2001, जैवीय विविधता अधिनियम 2002, पेटेंट संशोधन अधिनियम 2005, राष्ट्रीय खाद्य सुरक्षा अधिनियम 2013, इत्यादि। लगभग 30 नियम–कानून हैं जिनकी गिरत में हमारी भारतीय कृषि और बीज हैं। कानून और नियम के उस चक्रव्यूह को देख कर तो यही लगता है कि छोटे किसानों की डगर कभी आसान नहीं होने वाली है। ऐसे में, छोटे किसानों और उनके मुद्दों पर काम कर रहे नागरिक समाज व अन्य लोगों के लिए जरूरी बन जाता है कि कैसे अपने कानूनों के सार्थक बिंदुओं पर जोर देते हुए उसके नकरात्मक पहलुओं का विरोध व उन पर संघर्ष जारी रखें।

## संदर्भ

1. सतीश कुमार, गांधीज़ स्वदेशीः दी इकॉनामिक्स ऑफ पर्मानेन्स, जैरी मंदर व एडवर्ड गोल्डस्मिथ द्वारा संपादित ''द केस अगेन्स्ट द ग्लोबल इकॉनामी'' में, अर्थस्कैन, लंदन, 2001।

2. एम.एस. स्वामीनाथन, फूड एज़ पीपल्स राइट, द हिन्दु, 3 जनवरी 2012।

3. ग्रीन रेवोल्यूशनः कर्स और ब्लैसिंग।

4. अनुपमा जीवनदास, आर.पी. सिहं व रंजीत कुमार, कनसर्न्स ऑफ ग्राऊण्वॉटर डिप्लीशन एण्ड इरिगेषन एफीशिएन्सी इन पंजाब एग्रीकल्चरः ए माइक्रो लेवल स्टडी, एग्रीकल्चर इकॉनामिक्स रिसर्य रिव्यू, खण्ड 21 (जुलाई–दिसंबर 2008)।

5. एम.रोडैल, आई. वैलीकौग्ना व जे. फैमीग्लीयटी, सैटेलाईट–बेस्ड एस्टीमेट्स ऑफ ग्राऊण्डवॉटर डिप्लीशन इन इण्डिया, नेचर, खण्ड 460 (2009)।

6. डाईमेन्शन्स ऑफ नीडः एन एटलस ऑफ फूड एण्ड एग्रीकल्चर, संयुक्त राष्ट्र, रोम, 1995।

7. अशोक कुम्बानू, द ''जीन रेवोल्यूशन'' एण्ड द सोषियों–इकोलॉलिकल सस्टेनबिलिटी ऑफ एग्रीकल्चरः ए कम्पैरेटिव

स्टडी ऑफ द एडॉप्शन ऑफ जैनटिकली मॉडिफाइड क्रॉप्स, 5 दिसम्बर 2013 को देखा।

8. पॉवटी एण्ड हंगरः इश्यूज़ एण्ड ऑप्षन्स फॉर फूड सिक्यूरिटी इन डेवलपिंग, कन्ट्रीज, वर्ल्ड बैंक पॉलिसी स्टडी, वांशिगटन, सं.रा. अमरिका 1986, 5 जनवरी 2014 को देखा।

9. अंडरस्टैन्डिंग द डब्ल्यू.टी.ओ., विश्व व्यापार संगठन प्रकाशन, स्विट्रज़रलैण्ड, 2011, 6 जनवरी 2013 को देखा।

# 11

# "भारतीय किसानों में बढ़ती आत्महत्या की समस्या एवं समाधान"

विशाल कुमार लोधी
शोध छात्र, (समाजशास्त्र) विभाग
आई0एन0 (पी0जी0) कॉलिज, मेरठ (उ0प्र0)

नकुल किरन
शोध छात्र, (समाजशास्त्र) विभाग
आई0एन0(पी0जी0) कॉलिज, मेरठ (उ0प्र0)

राष्ट्र की 'आत्मा' माना जाने वाले ग्रामीण भारत में देश की कुल आबादी का 70 प्रतिशत निवास करता है। असल में पूरे यूरोप की जनसंख्या से अधिक लोग भारत के ग्रामीण क्षेत्रों में रहते हैं। देश की 70 फीसदी आबादी गांवों में रहती है और कृषि पर ही निर्भर है। ऐस में किसानों की खुशहाली की बात सभी करते हैं और उनके लिए योजनाएँ भी बनाते हैं किन्तु उनकी मूलभूत समस्या ज्यों की त्यों बनी रहती है। स्वतंत्र भारत से पूर्व और स्वतंत्र भारत के पश्चात् एक लम्बी अवधि व्यतीत होने के बाद भी भारतीय किसानों की दशा में सिर्फ 19–20 का ही अंतर दिखाई देता है। जिन अच्छे किसानों की बात की जाती है, उनकी गिनती उंगलियों पर की जा सकती है। बढ़ती आबादी, आद्योगीकरण एवं नगरीकरण के कारण कृषि योग्य क्षेत्रफल में निरंतर गिरावट आयी है।

## किसानों की हालत

भारतीय किसान गरीब है। उनकी गरीबी पूरी दुनिया में प्रसिद्ध हैं। किसान को दो वक्त का खाना भी नसीब नहीं हो पाता। उन्हें मोटे कपड़े का एक टुकड़ा नसीब नहीं हो पाता है। वह अपने बच्चों को शिक्षा भी नहीं दे पाते। वह अपने बेटे और बेटियों को ठीक पोशाक तक खरीद कर नहीं दे पाते। वह अपनी पत्नी को गहने पहनने का सुख नहीं दे पाते। किसान की पत्नी घर पर और क्षेत्र में काम करती है। वह गौशाला साफ करती, गाय के गोबर बनाकर दिवारो पर चिपकाती है और उन्हें धूप में सूखाती। वह गीले मानसून के महीनों के दौरान ईंधन के रूप में उपयोग होगा। भारतीय किसान को गांव के दलालों द्वारा परेशान किया जाता है। वह साहूकार और कर संग्राहकों से परेशान रहते इसलिए वह अपने ही उपज का आनंद नहीं कर पाते हैं। भारतीय किसान के पास उपयुक्त निवास करने के लिए घर नहीं होता। वह भूसे फूस की झोपड़ी में रहते हैं। उसका कमरा बहुत छोटा है और डार होता। जबकी बडे किसानों का बहुत सुध ार हुआ .है, छोटे भूमि धारकों और सीमांत किसानों की हालत अब भी संतोषजनक से भी कम है।

**परिवार का दबाव** : परिवार के खर्चें और मांगों को पूरा करने में असमर्थता मानसिक तनाव पैदा करती है जिससे इस समस्या से पीड़ित किसान आत्महत्या करने को मजबूर हो जाते हैं। जब 1947 में भारत को आजादी मिली तो कांग्रेस पार्टी के नेतृत्व में सत्ता नेहरू ने संभाली। लेकिन साथ ही राष्ट्रपति राजेन्द्र प्रसाद बने जो जमींदारों के प्रतिनिधि थे। देश के नवोदित पूंजीपति वर्ग के प्रतिनिधि के बतौर नेहरू का प्रधानमंत्री बनाना और वर्ग व जमींदारों के बीच अंतर्विरोध को दिखाता है। आजादी के बाद होना तो यह चाहिए था कि जमींदारों से भूमि छीनकर उनको भूमिहीनों में वितरण होना चाहिए तथा लेकिन संविधान के निर्माण के लिए बनी सभा में जमींदारों के 100 से अधिक प्रतिनिधि थे और इसीलिए संविधान में यह कानून न बन सका। हालांकि बाद में इन जमींदारों को प्रिवीपर्स देकर या फिर इन्हें पूंजीवादी फार्मर के नये सांचे में ढाला गया। कांग्रेस पार्टी ने किसानों को जमीन वितरण के मुद्दे पर साथ में लिया था लेकिन सत्ता में आते ही वह मुकर गयी और इससे किसानों में तीव्र असंतोष पैदा हुआ। तेलंगाना व तिभागा जैसे आंदोलन इसी का परिणाम थे जिसे भारतीय शासक वर्ग ने काफी क्रूरता

से कुचल दिया। इस तरह आजादी के बाद से ही किसानों की हालत में कोई सुधार नहीं हुआ।

इसके बाद जब 1964 में अकाल पड़ा तो साम्राज्यवादी देश अमेरिका ने बेहद कड़ी व अपमानजनक शर्तों पर लाल गेंहू भारत को दिया। और तब भारतीय शासक वर्ग को किसानों की याद आयी। तब पूंजीवादी वर्ग के प्रतिनिधि लाल बहादुर शास्त्री ने 'जय जवान–जय किसान' का नारा दिया। इस समस्या से निपटने के लिए भारत में हरित क्रांति शुरू की गयी। हरित क्रांति ने देश में खाद्यान संकट को हल तो किया परन्तु आगे जाकर यह ठहराव का कारण पंजी निवेश का कम होना भी था। यह योजना चूंकि पुराने भूस्वामियों को पूंजीवादी फार्मर में बदलने व पूंजी निवेश पर आधारित थी। अतः छोटे व मंझोले किसानों को इससे कोई ज्यादा फायदा नहीं हुआ। उनकी स्थिति लगातार खराब ही होती गयी तथा परिवारों में जमीनों के बंटवारे ने उनकी संख्या व बदहाली को ही बढ़ाने का काम किया।

आज भारत में 1 हेक्टेअर से कम भूमि वाले किसानों की संख्या 71 प्रतिशत के आस–पास है। इनकी जोतों का आकार कम होने के कारण इन्हें खेती से इतनी आय भी प्राप्त नहीं होती है कि वे अपनी गुजर–बसर कर सकें। अगर आय के हिसाब से देखा जाए तो इन्हें खेती में लागत के मुकाबले आय काफी कम होती हैं और इसलिए ये किसान कृषि के अतिरिक्त मजदूरी आदि करने को मजबूर होते हैं।

खेती का सकल घरेलू उत्पाद में योगदान तो गिरा ही है (1972–73 में यह 41 प्रतिशत था वही 2014–15 आते–आते यह घटकर 13 प्रतिशत रह गया है।) साथ ही खेती में प्रति वयक्ति आय भी काफी कम रतार से बढत्री है। 1978–79 से 1983–84 के बीच कृषि से प्राप्त सालाना आय 9961 थी वहीं 1988–89 से 1993–99 के बीच यह 11179 व 1998–99 से 2003–04 के बीच यह 11996 थी।

अगर खेती में लगे रोजगार को देखा जाये तो यहाँ सकल घरेलू उत्पाद में वृद्धि दर कम हुयी है उसी अनुपात में खेती पर निर्भर लोगों की संख्या में कमी नहीं हुयी है। यहाँ 1972–73 से रोजगार में कृषि का हिस्सा 73.9 प्रतिशत था वहीं 2004–05 में यह 56.5 प्रतिशत था। इसकी वजह भारत का वह औद्योगिक विकास है जिसमें खेती से पलायन करने वाली देशी आबादी

के लिए पर्याप्त स्थान नहीं मिल पाया। यह देशी आबादी पूंजीपति के लिए रिर्जव आबादी का काम कर मजदूरी को और सस्ता कर दे रही है। जब कृषि का सकल घरेलू उत्पाद में हिस्सा घटकर आधा रह जाये पर उस पर निर्भर आबादी में उसी अनुपात में कमी न हो तो उस आबादी की शोचनीय दशा को समझा जा सकता है।

साथ ही खेती में लगातार बढ़ रही लागत ने भी किसानों को बर्बादी की तरफ ढकेला है। खादों से सब्सिडी घटाने ने खेती में पूंजी निवेश को बढ़ा दिया है साथ ही कीटनाशक, पानी आदि में लागत तथा बढ़ी मजदूरी ने भी इसे बडत्रे निवेश का मामला बना दिया है। जिसके लिए बडत्रे किसानों को तो बैंकों से कर्ज मिल जाता है। तथा किसानों के नाम पर चलायी जा रही योजनाओं में से वे बड़ा हिस्सा डकार जाते हैं। परन्तु छोटे किसानों को सूदखोरी से कर्ज लेना पड़ता है। ये सूदखोर पुराने वाले सूदखोर नहीं हैं। इनमें माइक्रो फाइनेन्स कम्पनियाँ भी हैं जो 30 से लेकर 50 प्रतिशत तक पर कर्ज देती है। कुछ दिनों पहले सरकार ने इन सूदखोरो को संस्थागत करने की बात भी की थी।

खेती को पिछले दो दशकों में सरकारी नीतियों की उपेक्षा का शिकार होना पड़ा है। हालांकि यह प्रक्रिया 1980–81 से ही शुरू हो गयी थी। लेकिन 1991–92 में जबसे नई आर्थिक नीतियों की घोषणा की गयी तब से खेती में सरकारी सहायता घटाकर उसे उद्योगों को देना शुरू कर दिया है। आंकड़े बताते हैं कि 1995–96 से खेती में सार्वजनिक निवेश घटा है और निजी पूंजी निवेश बढत्रा है। 1980–81 में कुल कृषि सकल घरलू उत्पाद के प्रतिशत के तौर पर कृषि में सकल पूंजी निर्माण की बात की जाये तो यह 4 प्रतिशत था जबकि निजी पूंजी निवेश 5.2 प्रतिशत था। 2001–02 आते–आते सार्वजनिक निवेश 1.8 प्रतिशत हो गया और निजी पूंजी निवेश 8.5 प्रतिशत तथा 2004–05 में निजी पूंजी निवेश 10.7 प्रतिशत था। जाहिर था कि इस निजी पूंजी निवेश का फायदा बडत्रे किसानों या पूंजीवादी फार्मरों को ही मिलना था। छोटे व मंझोले किसानों की स्थिति तो खराब होनी ही थी।

सरकारी सब्सिडी कम होने तथा मिल रही सब्सिडी को बडत्रे किसानों द्वारा हड़पे जाने के कारण ज्यादातर छोटे व मंझोले किसान खेती छोड़ देना

चाहते हैं परन्तु भारत में जिस तरह का औद्योगिक विकास है उससे इससे उजड़ने वाली आबादी के लिए स्थान ही नहीं है और वह मजबूरी में खेती से चिपके हुए हैं या फिर स्वरोजगार में लगे हैं। यह उनकी कंगाली व दरिद्रता अगर हम इन सब बातों का निचोड़ निकाले तो पायें कि आज भारत में किसानों व कृषि की दुर्दशा की जिम्मेदार यहाँ की पूंजीपरस्त नीतियाँ हैं। भारत का पूंजीपति वर्ग है। यहाँ की पूंजीवादी व्यवस्था है। जो अपनी सामान्य गति में तो किसानों को उजाड़ ही रही हैं खासकर भारत के सम्बन्ध में उसकी विशिष्ट गति किसानों के लिए इधर उधर खाई की स्थिति पैदा कर रही है। पूंजीवाद की यह सामान्य गति है कि वह लगातार औद्योगिक विकास को तरजीह देती है तथा खेती में लगी आबादी का शोषण करती है उसे उजाड़कर मजदूर बनाती है ताकि उद्योगों में काम करने वाले मजदूरों की कमी न रहे। उसके लिए मजदूरों की रिजर्व आर्मी तैयार करती है।

## इतिहास

1990 ई0 में प्रसिद्ध अंग्रेजी अखबार द हिंदू के ग्रामीण मामलों के संवाददाता पी0 साईनाथ ने किसानों द्वारा नियमित आत्महत्याओं की सूचना दी। आरंभ में ये रपटें महाराष्ट्र से आई। जल्दी ही आंध्रप्रदेश से भी आत्महत्याओं की खबरें आने लगी। शुरूआत में लगा की अधिकांश आत्महत्याएँ महाराष्ट्र के विदर्भ क्षेत्र के कपास उत्पादक किसानों ने की है। लेकिन महाराष्ट्र के राज्य अपराध लेखा कार्यालय से प्राप्त आँकड़ों को देखने से स्पष्ट हो गया कि पूरे महाराष्ट्र में कापस सहित अन्य नकदी फसलों के किसानों की आत्महत्याओं की दर बहुत अधिक रही है। आत्महत्या करने वाले केवल छोटी जोत वाले किसान नहीं थे बल्कि मध्यम और बडत्रे जोतों वाले किसान भी थे। राज्य सरकार ने इस समस्या पर विचार करने के लिए कई जाँच समितियाँ बनाई। भारत के प्रधानमंत्री मनमोहन सिंह ने राज्य सरकार द्वारा विदर्भ के किसानों पर व्यय करने के लिए 110 अरब रूपए के अनुदान की घोषणा की। बाद के वर्षों में कृषि संकट के कारण महाराष्ट्र, कर्नाटक, केरल, आंध्रप्रदेश, पंजाब, मध्यप्रदेश और छत्तीसगढ़ में भी किसानों ने आत्महत्याएँ की। इस दृष्टि से 2001 अब तक का सबसे खराब वर्ष था, जब भारत के राष्ट्रीय अपराध लेखा कार्यालय ने सर्वाधिक 17,368 किसानों के आत्महत्या की रपटें दर्ज की। सबसे ज्यादा आत्महत्याएँ महाराष्ट्र,

कर्नाटक, आंध्रप्रदेश, मध्यप्रदेश और छत्तीसगढ़ में हुई थी। इन 5 राज्यों में 10765 यानी 62 प्रतिशत आत्महत्याएँ दर्ज हुई।

## आँकड़े

राष्ट्रीय अपराध लेखा कार्यालय के आँकड़ों के अनुसार भारत भर में 2007 ई0 में आत्महत्या करने वाले किसानों की संख्या में 1,162 की वृद्धि हुई। 2009 के दौरान 17368 किसानों द्वारा आत्महत्या की आधिकारिक रपट दर्ज हुई। ''राष्ट्रीय अपराध लेखा कार्यालय'' द्वारा प्रस्तुत किये गए आँकड़ों के अनुसार 1994 से 2011 के बीच 17 वर्ष में 7 लाख, 50 हजार, 860 तक पहुँच चुका है। 2011 में मराठवाड़ा में 435, विदर्भ में 226 और खानदेश (जलगांव क्षेत्र) में 133 किसानों ने आत्महयाएँ की हैं। आँकड़े बताते हैं कि 2004 के पश्चात् स्थिति बद से बदतर होती चली गई। 1911 और 2001 की जनगणना के आँकड़े को तुलनात्मक देखा जाए तो स्पष्ट हो जाता है कि किसानों की संख्या कम होती चली जा रही है। 2001 की जनगणना के आंकड़े बातते है कि पिछले दस वर्षों में 70 लाख किसानों ने खेती करना बंद कर दिया। 2011 के आंकड़े बताते हैं कि पाँच राज्यों क्रमशः महाराष्ट्र, कर्नाटक, आंध्रप्रदेश, मध्य प्रदेश और छत्तीसगढ़ में कुल 1534 किसान अपने प्राणों का अंत कर चुके हैं।

महात्मा गाँधीने कहा था–''भारत का हृदय गांवों में बसता है।'' गांवों में ही सेवा व परिश्रम के अवतार किसान बसते हैं। ये किसान ही नगरवासियों के अन्नदाता हैं। सृष्टि के पालक हैं। गांवों की उन्नति से ही भारत की उन्नति हो सकती है। भारतीय किसान को देखकर यह सूक्ति बरबस ही आ जाती है–

''सादा जीवन उच्च विचार।

यह है देखो भारतीय किसान।।''

सचमुच में भारतीय किसान भारतीयता का सच्चा प्रतिनिधि है। उसमें भारत की आत्मा निवास करती है। यह कड़वा सच है कि घोर परिश्रमी और सीधा सादा होने के बावजूद भी भारतीय किसान की जीवन दशा बड़ी ही दुःखद है। उसका सम्पूर्ण जीवन जोखिम भरा है। उसके जीवन का एकमात्र आधार कृषि की बड़ी ही शोचनीय दशा है। ऐरा इसलिए उस पर कभी न कभी कोई न काई प्राकृतिक आपदाओं के बादल मंडराया करते हैं। कभी

अतिवृष्टि से तो कभी अनावृष्टि की मार उसे सहनी पड़ती है। इसी तरह कभी उपलवृष्टि से तो कभी बाढ़ की चपेट में वह स्वयं को बचाने में असहाय हो अपने भाग्य को कोसने लगता है। इसके अतिरिक्त उसे कभी टिड्डी दल के आक्रमण तो कभी आंधी और तूफान के प्रहार भी झेलने पड़ते हैं। कभी–कभी तो उसे चूहों और विषैले पशु–पक्षियों से प्रताड़ित होना पड़ता है। दिन–रात कठोर परिश्रम करने पर भी उसके पास टूटी–फूटी, घास–फूस की ही झोपड़ी होती है। उसके बच्चे भूख से कभी–कभी इतना बिलबिलाने लगते हैं और वे बहुत ही दयनीय अवस्था में दिखाई पड़ते हैं, उनका जन्म भी तो घोर अभाव, बेबसी, ऋण जाल में फंसा लिपटा होता है।

## कृषि शिक्षा

जिस देश में 1.25 करोड़ के लगभग आबादी निवास करती है और देश की 70 प्रतिशत आबादी कृषि पर आधारित है, उस देश में कृषि शिक्षा के विश्वविद्यालय और कॉलेज नाम–मात्र के हैं, उनमें भी गुणवत्तापरक शिक्षा का अभाव है। भूमंडलीकरण के दौर में कृषि पर आधुनिक तकनीकी बहुराष्ट्रीय कंपनियों के माध्यम से जो इस देश में आती हैं उसे कृषि का प्रचार–प्रसार तंत्र उन किसानों तक पहुँचानें में लाचार नजर आता है, यह गंभीर और विचारणीय विषय है। शिक्षा का ही दूसरा पहलू जिसे प्रबंधन शिक्षा की श्रेणी में रखा जा सकता है, नाम–मात्र भी नहीं है। राष्ट्रीय अथवा प्रदेश स्तर पर कृषि शिक्षा के जो विश्वविद्यालय हैं, उनमें शोध संस्थानों के अभाव में उच्चस्तरीय शोध समाप्त प्राय से है। चाहे संस्थानों का अभाव हो, वित्तीय एवं तकनीकी सुविधाओं का अभाव हो अथवा गुणवत्तापरक शिक्षकों का अभाव हो, जिसके कारण एक हरित क्रांति के बाद फिर कोई उल्लेखनीय कार्य नहीं हुआ। किसान ईश्वरीय कृपा पर ही आज भी निर्भर हैं। कृषि शिक्षा का व्यापक प्रचार–प्रसार ग्रामीण क्षेत्रों में होना चाहिए और प्रत्येक शिक्षण संस्थान में न्यूनतम माध्यमिक स्तर तक की शिक्षा अवश्य होनी चाहिए। उन लोगों का उपयोग .षि के निचले स्तर के व्यापक प्रचार–प्रसार और उत्पादन वृद्धि में किया जाना चाहिए।

## भूमि प्रबंधन

आजादी के बाद भी किसी प्रकार की भूमि एवं फसल प्रबंधन की बात देश के किसी कोने में दिखाई नहीं देती और तदर्थ आधार पर नीतियों और

प्रबंधन का संचालन वे लोग करते हैं, जिन्हें इस क्षेत्र की कोई जानकारी नहीं होती। यदि राष्ट्रीय स्तर पर यह नीति बनाई जाए कि देश के अंदर विभिन्न जिंसों की कितनी खपत हैं और वह किस क्षेत्र में है, इसके अतिरिक्त भविष्य के लिए कितने भंडारण की आवश्यकता है। साथ ही, कितना हम निर्यात कर सकेंगे। जिंसवार उतने उत्पादन की व्यवस्था क्षेत्रीय आधार पर करनी चाहिए और संबंधित किसानों की इसकी शिक्षा दी जानी चाहिए। इसके अतिरिक्त जो भूमि अवशेश रहती है, उस पर ऐसे उत्पादों को बढ़ावा देना चाहिए जो किसानों के लिए व्यावसायिक सिद्ध हो तथा निर्यात की संभावनाओं को पूर्ण कर सकें और आयात को न्यूनतम कर सकें।

यहाँ यह भी देखना होगा कि जिन फसलों को हम बोना चाहते हैं, उनके लिए आवश्यक जलवायु, पानी, भूमि, आदि कैसा होना चाहिए। इसका परीक्षण कर संबंधित किसानों को शिक्षित किया जाए ताकि वह सुझावानुसार कार्य करने के लिए सहमत हो। इस हेतु अच्छी प्रजाति के बीजों की व्यवस्था सुनिश्चित की जानी चाहिए और जो खेत या किसान चिंन्हित किए जाएँ, उन्हें ये बीज उपलब्ध कराए जाने चाहिए। फसल की बुवाई के समय .षि क्षेत्र के तकनीकी विशेषज्ञ अपनी देखरेख में बुवाई कराएँ तथा उन पर होने वाली बीमारियों, आवश्यक उर्वरकों, सिंचाई, निकाई, निराई, गुड़ाई आदि का कार्य आवश्यकतानुसार समय–समय पर कृषि विशेषज्ञों के निर्देशन में कराया जाए। इससे उत्पादन बढ़ेगा और किसान भी व्यावहारिक दृष्टि से प्रशिक्षित होंगे।

## भूमि अधिग्रहण नीति

केन्द्र/राज्य सरकारों अथवा राज्यान्तर्गत गठित विभिन्न विकास प्राधिकरणों द्वारा भूमि अधिग्रहण की नीति में कृषि योग्य भूमि के मद्देनजर परिवर्तन किया जाना परमावश्यक है। औद्योगिक विकास, आधारभूत संरचना विकास व आवासीय योजनाओं हेतु ऐसी भूमि का अधिकरण किया जाना चाहिए जो कृषि योग्य नहीं है। ऊसर बंजर तथा जिसमें अत्यधिक कम फसल पैदावार होती है, ऐसी भूमि का अधिग्रहण हो। कृषि उपयोग में लाए जाने वाली भूमि का अधिग्रहण और, उस पर निर्माण प्रतिबंधित कर देना चाहिए। आवासी औद्योगिक एवं ढांचागत निर्माणों के लिए कृषि योग्य भूमि का अंधाधुंध अधिग्रहण किए जाने से कृषि योग्य भूमि अत्यधिक संकुचित

होती चली जाएगी जो तीव्र गति से बढ़ती हुई जनसंख्या के भरण हेतु कृषि उत्पादन के लिए अक्षम होगी। यह भी आवश्यक है कि जिन किसानों की भूमि अधिगृहित की जाती है उसे वस्तुतः जील पर लिया जाना चाहिए तथा मुआवजे के रूप में एकमुश्त भुगतान के आधार पर वार्षिक रूप से धनराशि लीज अवधि तक प्रदान की जानी चाहिए। साथ ही परियोजनाओं में हो रहे लाभ से भी लाभांवित किए जाने हेतु अधिगृहित भूमि पर विकसित प्रोजेक्ट में एक अंशधारक के रूप में किसानों को रखा जाए जिससे उन्हें प्रोजेक्ट के लाभ में नियमित भागीदारी मिलती रहे।

## साख प्रबंधन

न्याय पंचायत अथवा ग्रामसभा स्तर पर एक कृषि केंद्र होना चाहिए जहाँ ग्रामीण कृषि क्षेत्र से संबंधित सभी कर्मचारी आवासीय सुविधाओं के साथ कार्यालय में कार्य कर सकें। यहाँ एक सहकारी समिति भी होनी चाहिए अथवा कृषि सहकारी समिति का विक्रय केंद्र होना चाहिए जिस पर कृषि मानकों के अनुसार बीज, उर्वरक, कीटनाशक आदि की व्यवस्था कराई जाए, जो किसानों को ऋण के रूप में उपलब्ध हो। साथ ही, ऐसे यंत्र/उपकरण जिनकी किसानों को थोड़े समय के लिए आवश्यकता पड़ती है, वह उपलब्ध रहने चाहिए और निर्धारित किराए पर उन्हें उपलब्ध कराया जाना चाहिए।

**भारतीय किसान का अभाव–ग्रस्त जीवन** : भारतीय किसान छल, प्रपच भेद–भाव से नितान्त दूर सीधा–सादा जीवनयापन करता है। भारतीय किसान शिक्षित नहीं हेता है। अपने परम्परागत तरीको द्वारा अन्न पैदा करता है। सबके लिए अन्न पैदा करने वाले किसान का सारा जीवन अभाव–ग्रस्त रहता है। सबको भोजन खिलाने वाला किसान स्वयं भूखा रहता है। एक वस्त्र, नंगे बदन अभावों से घिरा भारतीय किसान फिर भी प्रसन्न रहता है। आज भी भारतीय किसान के लिए पक्के घर नहीं हैं। कच्चे मकानों में जानवरों के साथ रहकर वह खुश हैं। अशिक्षा, अंध विश्वास, धर्म भीरूता व रूढ़ियों से किसान की हालत बिगड़ती जाती है। शादियों में, जन्म–मुत्यु में, अन्य धार्मिक अनुष्ठानों में शक्ति से अधिक व्यय कर भारतीय किसान अपने को सदा–सदा के लिये दरिद्रता के जाल में फँसा लेता है। इस विषम जाल से ऊपर उठने के लिये उसकी पीढ़ियाँ गुजर जाती हैं फिर भी कर्ज से दबा हुआ किसान कभी उठ नहीं पाता है।

**भारतीय किसान की समस्याएँ** : भारतीय किसान की खेती पूर्ण रूप से प्र.ति पर निर्भर रहती है। प्रायः उसकी फसल अतिवृष्टि या अनावृष्टि का शिकार हो जाती है। वर्षा न होने से खेती सूख जाती है। अधिक वर्षा के कारण बाढ़ आदि द्वारा फसल बहकर नष्ट हो जाती है।

तुषार व ओले तो फसल के दुश्मन हैं। इस प्रकार जब तक किसानों की फसल खेतो से घर में न पहुँच जाए तब तक उसके अनेक दुश्मन हैं, जिससे किसान का कठोर परिश्रम मिट्टी में मिल जाता है। फसल प्राप्त होने पर अब चलता है व्यापारियों का किसानों को ठगने का दुष्चक्र।

परिश्रम से प्राप्त अनाज को व्यापारी लोग सस्ते भावो पर खरीदते हैं। कई दलाल किसानों को अनेक प्रकार से चक्कर में डाल देते हैं। हमारा भारतीय किसान अभी तक अपने परम्परागत तरीकों से खेती करता है। आधुनिक वैज्ञानिक युग में नवीन आविष्कारों ने कृषि के क्षेत्र में भी आशातीत सफलता प्राप्त कर ली है।

भारतीय किसान की परम्परागत खेती में प्रति हैक्टेयर उपज अन्य देशों की तुलना में कम होती है। हमारे देश में भी कृषि के क्षेत्र में बहुत आविष्कार होते हैं लेकिन वह वैज्ञानिको की प्रयोगशाला तक ही सीमित होते हैं। विदेशी लोग उन आविष्कारों का फायदा उठाते हैं।

**फसल पर सही मूल्य** : किसानों की एक बड़ी समस्या यह भी है कि उन्हें फसल पर सही मूल्य नहीं मिलता। वहीं किसानों को अपना माल बेचने के तमाम कागजी कार्यवाही भी पूरी करनी पड़ती है। मसलन कोई किसान सरकारी केंद्र पर किसी उत्पाद को बेचना चाहे तो उसे गांव के अधिकारी से एक कागज चाहिए होगा। ऐसे में कई बार कम पढ़े–लिखे किसान औने–पौने दामों पर अपना माल बेचने के लिए मजबूर हो जाते हैं।

**अच्छे बीज** : अच्छी फसल के लिए अच्छे बीजों का होना बेहद जरूरी है। लेकिन सही वितरण तंत्र न होने के चलते छोटे किसानों की पहुँच में ये महँगे और अच्छे बीज नहीं होते हैं। इसके चलते इन्हें कोई लाभ नहीं मिलता और फसल की गुणवत्ता प्रभावित होती है।

**सिंचाई व्यवस्था** : भारत में मानसून की सटीक भविष्यवाणी नहीं की जा सकती। इसके बावजूद देश के तमाम हिस्सों में सिंचाई व्यवस्था की

उन्नत तकनीकों का प्रसार नहीं हो सका है। उदाहरण के लिए पंजाब, हरियाणा और पश्चिमी उत्तर प्रदेश के क्षेत्र में सिंचाई के अच्छे इंतजाम है लेकिन देश का एक बड़ा हिस्सा ऐसा भी है, जहाँ कृषि, मानसून पर निर्भर है। इसके इतर भूमिगत जल के गिरते स्तर ने भी लोगों की समस्याओं में इजाफा किया है।

**मिट्टी का क्षरण** : तमाम मानवीय कारणों से इतर कुछ प्रा.तिक कारण भी किसानों और कृषि क्षेत्र की परेशानी को बढ़ा देते हैं। दरअसल उपजाऊ जमीन के बड़े इलाकों पर हवा और पानी के चलते मिट्टी का क्षरण होता है। इसके चलते मिट्टी अपनी मूल क्षमता को खो देती है और इसका असर फसल पर पड़ता है।

**मशीनीकरण का अभाव** : कृषि क्षेत्र में अब मशीनों का प्रयोग होने लगा है लेकिन अब भी किसान स्वयं करते हैं। वे कृषि में पारंपरिक तरीकों का इस्तेमाल करते हैं। खासकर ऐसे मामले छोटे और सीमांत किसानों की साथ अधिक देखने को मिलते हैं। इसका असर भी कृषि उत्पादों की गुणवत्ता और लागत पर साफ नजर आता है।

**भंडारण सुविधाओं का अभाव** : भारत के ग्रामीण इलाकों में अच्छे भंडारण की सुविधाओं की कमी है। ऐसे में किसानों पर जल्द से जल्द फसल का सौदा करने का दबाव होता है और कई बार किसान औने–पौने दामों में फसल का सौदा कर लेते हैं। भंडारण सुविधाओं को लेकर न्यायालय ने भी कई बार केंद्र और राज्य सरकारों को फटकार भी लगाई है लेकिन जमीनी हालात अब तक बहुत नहीं बदले हैं।

**परिवहन भी एक बाधा** : भारतीय कृषि की तरक्की में एक बड़ी बाधा अच्छी परिवहन व्यवस्था की कमी भी है। आज भी देश के कई गांव और केंद्र ऐसे हैं जो बाजारों और शहरों से नहीं जुड़े हैं। वहीं कुछ सड़कों पर मौसम का भी खासा प्रभाव पड़ता है। ऐसे में किसान स्थानीय बाजारों में ही कम मूल्य पर सामान बेच देते हैं। कृषि क्षेत्र को इस समस्या से उबारने के लिए बड़ी धनराशि के साथ–साथ मजबूत राजनीतिक प्रतिबद्धता भी चाहिए।

**पूंजी की कमी** : सभी क्षेत्रों की तरह कृषि को भी पनपने के लिए पूंजी

की आवश्यकता है। तकनीकी विस्तार ने पूंजी की इस आवश्यकता को और बढ़ा दिया है। लेकिन इन क्षेत्र में पूंजी की कमी बनी हुई है। छोटे किसान महाजनों, व्यापारियों से ऊँची दरों पर कर्ज लेते हैं। लेकिन पिछले कुछ सालों में किसानों ने बैंकों से भी कर्ज लेना शुरू किया है लेकिन हालात बहुत नहीं बदले हैं।

## भारत में कृषि से जुड़ी समस्याएँ

सरकार ऋणों पर ब्याज दरों को कम करके और कृषि ऋण को बन्द करके आर्थिक रूप से किसानों के समर्थन के लिए पहल कर रही है। हालांकि सरकार को उनसे ज्यादा मदद नहीं मिली। सरकार के लिए यह समय समस्या का मूल कारण पहचानने और किसान आत्महत्याओं के मामलों को नियंत्रित करने के लिए काम करने का है। यहाँ कुछ ऐसे मुद्दे बताये गये हैं जिन पर तत्काल ध्यान देने की आवश्यकता है–

1. देश में कृषि गतिविधियों का आयोजन किया जाना चाहिए। फसलों की खेती, सिंचाई और कटाई के लिए उचित नियोजन किया जाना चाहिए।
2. सरकार को यह देखना होगा कि किसानों को निश्चित खरीद मूल्य मिल जाए।
3. बिचौलियों द्वारा किसानों का शोषण रोकना चाहिए। सरकार को उत्पादों को सीधे बाजार में बेचने के लिए किसानों के लिए प्रावधान करना चाहिए।
4. सरकार को यह सुनिश्चित करना चाहिए कि शुरू की गई सब्सिडी और योजनाएँ किसानों तक पहुँचे।
5. अचल संपत्ति के मालिकों को उपजाऊ जमीन बेचना बंद कर दिया जाना चाहिए।

**किसान आत्महत्या के लिए जिम्मेदार कारक** : यहाँ भारत में किसानों के आत्महत्याओं के कुछ प्रमुख कारणों पर एक नजर डाली गई हैं–

**सूखा** : अपर्याप्त वर्षा फसल की विफलता के मुख्य कारणों में से एक हैं। जिन क्षेत्रों में बार–बार सूखा पड़ता है वहाँ फसल की पैदावार में बडत्री

गिरावट दिखाई देती है। ऐसे क्षेत्रों में किसान आत्महत्याओं के मामले अधिक पाए गये हैं।

**बाढ़ :** किसानों को सूखे से जितना नुकसान होता है उतना ही बुरी तरह प्रभावित वे बाढ़ से होते हैं। भारी बारिश के कारण खेतों में पानी ज्यादा हो जाता है और फसल क्षतिग्रस्त हो जाती है।

**उच्च ऋण :** किसानों को आम तौर पर जमीन की ोती करने के लिए धन जुटाने में कठिनाई होती है ओर अक्सर इस उद्देश्य के लिए वे भारी कर्ज लेते हैं। इन ऋणों का भुगतान करने में असमर्थता किसान आत्महत्याओं का एक और प्रमुख कारण है।

**सरकारी नीतियाँ :** भारत सरकार की मैक्रो–आर्थिक नीति में परिवर्तन, जो कि उदारीकरण, निजीकरण और वैश्वीकरण के पक्ष में जानी जाती है, भी किसान आत्महत्याओं का कारण माना जाता है। हालांकि यह फिलहाल बहस का मुद्दा है।

**आनुवांशिक रूप से संशोधित फसलें :** यह दावा यिका गया है कि आनुवांशिक रूप से संशोधित फसलों जैसे कि बीटी कपास भी किसान आत्महत्या का कारण हैं। इसका कारण यह है कि बीटी कपास के बीजों की कीमत लगभग दोगुनी आम बीजों के बराबर होती है। किसानों को निजी पूँजीदारों से इन फसलों के बढ़ने के लिए उच्च ऋण लेने के लिए मजबूर किया जाता है और बाद में उन्हें कपास को बाजार मूल्य की तुलना में बहुत कम कीमत पर बेचने के लिए मजबूर कर दिया जाता हैं जिससे किसानों के बीच कर्ज और आर्थिक संकट में वृद्धि होती हैं।

**पशु ही किसान का सच्चा धन :** भारत के इस दरिद्र नारायण का सच्चा धन एक मात्र पशु है। वह पशुओं का पालन–पोषण करता है। बैल तो किसान का सच्चा मित्र है। पशुओं से किसान अपने कई कार्य लेता है। गाय–भैसों के पालन–पोषण से वह दूध प्रापत करता है जो उसके दैनिक जीवन के लिए उपयोगी है। पशुओं के गोबर से निर्मित खाद द्वारा वह अपने खेतों को उर्वरक बनाता है। गोबर से वह ईधन का काम भी लेता है। बैल जहाँ उसके हल चलाने के काम में आते हैं, वहाँ बैल गाड़ी खीचकर सामान को एक स्थान से दूसरे स्थान तक ढोते हैं। पशु उसके घर की शोभा हैं और

एक मात्र संकट काल की सम्पत्ति है। उनके दूध–घी को बेचकर वह अपने कर्ज उतारने का प्रयत्न करता है। जब पशुओं के बछड़े बड़े होते हैं तब उनकी बिक्री कर वह अपने कर्ज के भारत को हल्का करता है।

**भारत में किसान आत्महत्या को नियंत्रित करने के उपाय** : यहाँ कुछ उपाय बताए गये हैं जिनकी मदद से सरकार को भारत में किसानों की आत्महत्याओं के मुद्दे पर नियंत्रण करने के लिए कदम उठाने चाहिए–

1. सरकार को विशेष कृषि क्षेत्रों की स्थापना करनी होगी जहाँ केवल कृषि गतिविधियों की अनुमति दी जानी चाहिए।
2. किसानों को कृषि उत्पादकता बढ़ाने में मदद करने के लिए आधुनिक कृषि तकनीकों को सिखाने के लिए पहल की जानी चाहिए।
3. सिंचाई सुविधाओं में सुधार होना चाहिए।
4. खराब मौसम की स्थितियों के बारे में किसानों को चेतावनी देने के लिए राष्ट्रीय मौसम जोखिम प्रबंधन प्रणाली की शुरूआत की जानी चाहिए।
5. सही प्रकार की फसल बीमा पॉलिसी शुरू की जानी चाहिए।
6. किसानों को आय के वैकल्पिक स्रोतों के लिए प्रोत्साहित किया जाना चाहिए। सरकार को उन्हें नए कौशल हासिल करने में मदद करनी चाहिए।

**किसान आत्महत्या : सांख्यिकीय डाटा** : आँकड़ों के हिसाब से भारत में किसान आत्महत्याएँ कुल आत्महत्याओं का 11.2 प्रतिशत हिस्सा हैं। 10 वर्ष की अवधि में 2005 से 2015 तक देश में किसान की आत्महत्या की दर 1.4 और 1.8 / 100,000 आबादी के बीच थी। वर्ष 2004 में भारत में सबसे ज्यादा संख्या में किसानों की आत्महत्याएँ देखी गईं। इस वर्ष के दौरान अब तक 18,241 किसान आत्महत्या कर चुके हैं।

2010 में राष्ट्रीय अपराध रिकॉर्ड ब्यूरो ने देश में कुल 135,599 आत्महत्याएँ दर्ज की जिनमें से 15,963 किसान आत्महत्या से जुडत्रे मामले थे। 2011 में देश में कुल 135,585 आत्महत्या के मामले सामने आए थे जिनमें से 14,207

किसान थे। वर्ष 2012 में कुल आत्महत्या मामलों में 11.2 प्रतिशत किसान थे जिनमें से एक चौथाई महाराष्ट्र राज्य से। 2014 में 5,650 किसान आत्महत्या मामले दर्ज किए गए थे। महाराष्ट्र, पांडिचेरी और केरल राज्यों में किसानों की आत्महत्या की दर सबसे अधिक है।

**किसान आत्महत्या–वैश्विक सांख्यिकी** : किसान आत्महत्याओं के मामलों ने केवल भारत में देखे गये है बल्कि यह समस्या वैश्विक रूप धारण कर चुकी है। इंग्लैंड, कनाडा, ऑस्ट्रेलिया, श्रीलंका और अमरीका सहित विभिन्न देशों के किसान भी इसी तरह की समस्याओं का सामना कर रहे हैं। अमेरिका और ब्रिटेन जैसे देशों में भी अन्य व्यवसायों के लोगों की तुलना में किसान आत्महत्याओं की दर अधिक है।

**किसानों की दशा सुधारने के उपाय** : किसानों द्वारा पैदा की गई फसल की उन्हे उचित कीमत मिलनी चाहिये। उन्हें दलालो से बचाना चाहिये। प्रत्येक अनाज की कीमत निर्धारित कर, विक्रय करना चाहिये। सरकार स्वयं अनाज खरीद कर किसानो को दलालो से बचा सकती है। कृषि उत्पादन के परम्परागत तरीके बन्द कर नवीन पद्धति से खेती करने के लिए किसानों को प्रशिक्षण दिया जाये। आज कम जमीन पर वैज्ञानिक खेती से अधिक उपज पैदा की जाती है।

कृषि वैज्ञानिकों को हमारे यहाँ प्रोत्साहन न मिलने के कारण वे दूसरे देशों की शरण में जाकर अपने ज्ञान का लाभ उन्हें पहुँचाते हैं, इसलिए कृषि वैज्ञानिकों को प्रोत्साहित करके अपने देश में ही उनका लाभ लिया जा सकता है। किसानों को बीज व खाद खरीदने के लिए बिना ब्याज का ऋण देने की व्यवस्था की जाए। किसानों में शिक्षा का प्रचार व प्रसार किया जाये।

## ऋण योजनाएँ

व्यावसायिक बैंकों द्वारा अपनी ऋण नीतियाँ इस प्रकारनहीं बनाई गई थी जिससे कृषि एवं ग्रामीण क्षेत्रों को पर्याप्त ऋण सुविधाएँ उपलब्ध हो सकें। अतः इस उद्देश्य की पूर्ति हेतु इन क्षेत्रों में ग्रामीण बैंकों की स्थापना आवश्यक थी। इनकी ऋण नीतियाँ एवं ऋण योजनाएँ निम्न हैं–

1. लघु एवं सीमांत कृषकों एवं कृषि श्रमिकों को ऋण।

2. अनुसूचित जाति/अनुसूचित जनजाति वर्ग के ग्रामीणों को ऋण।

3. ग्रामीण कारीगरों एवं लघु व्यावसायी को ऋण।

## विविध ऋण योजनाएँ

भारत सरकार के माध्यम से इन बैंकों द्वारा ग्रामीणों को अत्यधिक ऋण सुविधाएँ प्रदान की जाती हैं, जो ग्रामीणों के लिए वरदान साबित हुई हैं। क्षेत्रीय ग्रामीण बैंक प्रत्यक्ष एवं अप्रत्यक्ष दोनों प्रकार के ऋण प्रदान करते हैं।

## प्रत्यक्ष कृषि योजनाएँ

इसके अंतर्गत लघु, सीमांत कृषक एवं कृषि श्रमिकों को ऋण प्रदान किए जाते हैं, जो निम्न हैं–

**कृषि संबंधित ऋण** : भारत सरकार द्वारा इन बैंकों के माध्यम से ग्रामीण क्षेत्रों में कृषि संबंधी ऋण प्रदान किए जाते हैं जो ग्रामीण विकास की गति में तीव्रता प्रदान कर रहे हैं–

1. फसल ऋण
2. पान बाड़ी हेतु ऋण
3. डंगर बाड़ी हेतु ऋण
4. लघु सिंचाई योजना संबंध ऋण
5. भूमि सुधार हेतु ऋण
6. बैल क्रय करने हेतु ऋण
7. गोबर गैस पलांट लगाने हेतु ऋण

**पशुपालन संबंधी ऋण** : भारत सरकार द्वारा ग्रामीण क्षेत्रों को पशुपालन संबंधी ऋण सुविधाएँ प्रदान की गई हैं ताकि ग्रामीण वर्ग अपनी आय में वृद्धि कर सके और पशुपालन का लाभ उठा सके। इसके लिए ग्रामीण बैंकों द्वारा विभिन्न ऋण योजनाएँ प्रदान की गई हैं।

1. दुग्ध विकास हेतु पशु क्रय करने की योजना।

2. बकरी पालन हेतु वित्तीय योजना।

3. सूअर पालन हेतु वित्तीय सहायता।

4. कुक्कुट पालन हेतु ऋण योजना।

## अप्रत्यक्ष कृषि ऋण

**भारत सरकार सामान्यतः** अप्रत्यक्ष कृषि ऋण सरकारी समितियों के माध्यम से प्रदान करती है। वर्तमान में विभिन्न बैंक समितियों के माध्यम से समस्त वर्गों को ऋण प्रदान कर रहे हैं जो निम्न हैं–

1. ग्रामीण कारीगरों को ऋण।

2. ग्रामीण क्षेत्रों के चर्मशाधकों व चर्मकारों हेतु वित्तीय सहायता।

3. बांस की टोकरी बनाने के लिए ऋण योजना।

4. दर्जियों को सिलाई मशीन हेतु वित्तीय सहायता।

**ग्रामीण लघु व्यावसायियों को ऋण सहायता** : सरकार द्वारा ग्रामीण अंचलों में रहने वाले व्यावसायियों अथवा नए सिरे से अपना व्यवसाय प्रारंभ करने वाले व्यक्तियों को बैंकों द्वारा निम्नलिखित शीर्षकों के अंतर्गत ऋण प्रदान किया जाता है–

1. नौका क्रय हेतु नाविकों को ऋण।

2. होटल/पान दुकान हेतु ऋण।

3. हाथ–ठेला या रिक्शा क्रय हेतु ऋण।

4. सब्जी के व्यवसाय हेतु ऋण।

दुर्भाग्य यह है कि आज स्वार्थी राजनीतिक नेताओं ने किसानों को भी जाति और दल के आधार पर बांट रखा है। इसलिए किसानों की ताकत बिखर गई है। यही कारण है कि आज किसान जहाँ भी जाता है, उसका शोषण होता है। (किसान–मसीहा चौधरी चारण सिंह)

भारत के 33वें स्वतंत्रता दिवस पर ऐतिहासिक लाल किले पर राष्ट्रीय ध्वज फहराया। लाल किले की प्राचीर से राष्ट्र को सम्बोधित करते हुए

उन्होंने कहा–

''राष्ट्र तभी सम्पन्न हो सकता है जब उसके ग्रामीण क्षेत्र का उन्नयन किया गया हो तथा ग्रामीण लोगों की क्रय शक्ति अधिक हो।''

उन्होंने कहा–''किसान वर्ग कठोर परिश्रम करता है परन्तु उसे अपने उत्पादों का लाभकारी मूल्य नहीं मिलता। भण्डार गृहों में खाद्यान्न प्रचुर मात्रा में थे। हालांकि सारे देश में मानसून अनुकूल नहीं था, मुझे आशा है कि किसान फिर भी अधिक उत्पादन करने हेतु और ज्यादा परिश्रम करेंगे।''

किसी भी राष्ट्र का विकास तभी संभव है जब वहाँ की महिलाएँ विकसित हों। महात्मा गांधी ने कहा था कि ''अगर घर के किसी कोने में गड़ा खजाना अचानक मिल जाए तो कितनी खुशी होगी। महिला शक्ति सुस्त पड़ी है, अगर भारत की महिलाएँ जाग जाएं तो वे इसी प्रकार विश्व को चकाचौंध कर देंगी।'' इस क्रम में डॉ0 भीम राव अंबेडकर ने कहा था कि ''समाज में स्त्री का बड़ा महत्व है, जिस घर–परिवार में स्त्री शिक्षित–प्रशिक्षित हो, उनके बच्चे सदा ही उन्नति के पथ पर अग्रसर रहते हैं। वह सुंदर परिवार की निर्मात्री है, जब तक हमोर आंदोलनों में महिलाएँ भी भरपूर हिस्सा नहीं लेंगी, तब तक हमारा आंदोलन कभी सफल नहीं हो सकता।''

'हर खेत को पानी' के लक्ष्य की ओर आगे बढ़ती भारत सरकार की प्रधानमंत्री कृषि सिंचाई योजना में वाटरशेड विकास को एक मुख्य घट के रूप में मान्यता दी गई है। इसे समेकित वाटरशेड प्रबंध कार्यक्रम भी कहा जाता है। इसके अंतर्गत पानी के साथ मिट्टी प्रबंध और हरियाली विकास के कार्यक्रम भी जोडत्रे गए हैं ताकि वाटरशेड का समग्र विकास हो सके। कृषि का समन्वित और संतुलित विकास वाटरशेड क्षेत्र में आजीविका सुधार का आधार बन सकता है, परंतु इसके लिए जल प्रबंध की उचित व्यवस्था आवश्यक है।

## संदर्भ सूची

1. सिंह, डॉ0 नत्थन (2002) : ''संघर्षों के तूफान से जूझता एक दीपस्तंभ'', किसान–मसीहा चौधरी चरणसिंह (1902–1987), प्रकाशक ए0बी0 सेतुमाधवन, किसान–ट्रस्ट, 12, तुगलक रोड, नई दिल्ली–110011

2. शर्मा, भोला शंकर (2013) : "धरा पुत्र चौधरी चरण सिंह और उनकी विरासत", प्रकाशक राष्ट्रीय लोकदल, 12, तुगलक रोड, नई दिल्ली–110011

3. आयपे, सारा (2019) : "ग्रामीण शिक्षा को बढ़ावा देने की रणनीति", कुरूक्षेत्र, ग्रामीण विकास को समर्पित, वर्ष–66, अंक–1, पृष्ठ–56

4. चौधरी, डॉ0 कृष्ण चंद्र (2018) : "पंचायतों में महिलाओं की भागीदारी", कुरूक्षेत्र, ग्रामीण विकास को समर्पित, वर्ष–64, अंक–9, पृष्ठ–60

5. किशोर, नवल (2011) : "भारतीय किसान और उनकी मूलभूत समस्याएँ" कुरूक्षेत्र, दिसम्बर, 2011

6. भारतीय किसान और पूंजीवादी व्यवस्था, www.cottonyarnmarket.net

7. भारत में किसान आत्महत्या आँकड़े और कारण, www.indianfarmer.org

8. भारतीय किसान, https://hi.wikipedia.org

9. भारत में किसान आत्महत्या, https://hi.wikipedia.org

10. भारत में कृषि, https://hi.wikipedia.org

11. Farmer Suicides, www.hindikiduniya.com

# 12

# ''प्राचीनकाल से आधुनिक काल तक किसानों की दशा का बदलता स्वरूप : एक विश्लेषण''

जितेन्द्र कुमार

शोध छात्र– इतिहास विभाग

शहीद मंगल पाण्डे राजकीय महिला स्नातकोत्तर

महाविद्यालय, मेरठ

कृषि किसानों की आजीविका एवं जीवन–यापन का प्रमुख साधन है। किसान उस व्यक्ति को माना जाता है जिसे किसी भूखण्ड का स्वामित्व प्राप्त होता है उस भूमि से उसका भावनात्मक जुड़ाव होता है। जो किसान भूमि को पूँजी के रूप में एक व्यावसायिक दृष्टिकोण देखते हैं, वे किसान नहीं, भूमिपति हैं। भारत के सामाजिक, आर्थिक एवं राजनीतिक विकास में किसानों ने महत्वपूर्ण भूमिका निभायी है। प्राचीनकाल की वर्ण–व्यवस्था एवं सामाजिक ढाँचे के ताने–बाने में किसान वर्ग की भूमिका महत्वपूर्ण प्रतीत होती है किन्तु मध्यकाल तक भारतीय समाज में किसान वर्ग की दशा में एक

स्थायित्व–सा दृष्टिगोचर होता है। आधुनिक भारतीय समाज में पुनः किसान वर्ग की भूमिका प्रमुखता प्राप्त करती है। अंग्रेजों के द्वारा अपने निहित आर्थिक स्वार्थों के चलते किसानों के शोषण का प्रयास किया जाता है तब तो उनकी परिणति एक सशक्त आन्दोलन के रूप में दिखाई देती है।

रोटी, कपड़ा एवं आवास प्राचीनकाल से ही मानव की मूलभूत आवश्यकताएँ रही हैं। रोटी हमें गेहूँ, बाजरा, ज्वार, जौ इत्यादि अनाजों से मिलती है जिसका उत्पादन किसानों द्वारा बड़े पैमान पर किया जाता है। ऋग्वैदिक काल में यद्यपि पशुपालन आजीविका का मुख्य पेशा था, फिर भी कृषि कार्यों से सम्बन्धित उल्लेख जहाँ–तहाँ मिलते हैं। उत्तर वैदिककाल में समाज वर्ण–व्यवस्था के अनुरूप दृष्टिगत होने लगता है, और आजीविका के साधनों का आवंटन वर्णों के आधार पर होने लगता है। समाज ब्राह्मण, क्षत्रिय वैश्य, शूद्र वर्णों में बंट जाता है, इनमें वैश्य वर्ण को कृषि कार्य से सम्बद्ध किया गया है। उत्तर वैदिक काल में इस बात का कोई स्पष्ट उल्लेख नहीं मिलता कि भूमि पर कृषि करने के लिए किसानों को भूमिकर देना पडता था, उक्त भूमिकर की अवधारणा वैदिक ग्रन्थों में पूर्णतया अनुपलब्ध है। बुद्धकाल में प्रथम बार मजदूरी पर कार्य करने वाले भूमिहीन लोगों की जानकारी मिलती है। पूर्वी उत्तर प्रदेश और बिहार में लगभग 500 ई0 पू0 प्रारम्भ होनेवाले लौहकाल के द्वितीय चरण में जब दस्तकारी तथा कृषि में लोहे का अधिक प्रयोग हो गया था, दस्तकारों, किसानों तथा कृषि मजदूरों के वर्ग सामाजिक एवं व्यावसायिक रूपों में पुरोहितो और योद्धाओं से अलग हो गये थे।

मौर्यकाल में कृषि की उन्नति एवं उसके चंहुमुखी विकास की ओर विशेष ध्यान दिया गया। भूमि पर राज्य तथा किसानों दोनों का अधिकार होता था। राजकीय भूमि की व्यवस्था सीताध्यक्ष नामक अधिकारी द्वारा की जाती थी। इस काल में राज्य की आय का प्रमुख स्रोत भूमिकर था, जो उपज का 1/6 भाग होता था। कौटिल्य कृत, अर्थशास्त्र नामक ग्रंथ के अनुसार यदि किसान अपने हल, बैल, कृषि उपकरण और बीज आदि लगाकर राजकीय भूमि पर खेती करता था उसे उपज का आधा भाग प्राप्त होता था। जिन किसानो के पास व्यक्तिगत भूमि होती थी, वे अपनी उपज का एक भाग राजा को देते थे। अधिकांश किसान छोटी जोत वाले ही होते थे तथा सामान्य रूप से उनका कार्य स्वयं तथा अपने परिवार के द्वारा संचालित किया जाता

था परन्तु कुछ कृषि कार्य बड़े पैमाने पर भी किए जाते थे, जिनके स्वामी अपने खेतों में कृषि मजदूरों द्वारा कराते थे। गुप्तकाल में कारण स्वरूप वर्ण–व्यवस्था में कुछ लचीलापन आया और शूद्रों ने वैश्यों का स्थान ग्रहण कर लिया। शूद्र भी अब कृषि कार्य करने लगे। किन्तु इससे पूर्व वैश्य वर्ण ही किसान का कार्य करते थे और शूद्र मजदूरी का। किन्तु गुप्तकाल तक शूद्र ही किसान थे और शूद्र ही मजदूर। गुप्तकाल के पश्चात् भारतीय समाज में सामन्तवाद का अस्तित्व सामने आया। भूमि अनुदानों की अधिकता के कारण पूर्व मध्यकाल में सामन्तों तथा भू–स्वामियाँ की संख्या अधिक हो गयी अतः इन्होंने अपने खेतों पर कृषि कार्य करने के लिए बड़ी संख्या में मजदूर वर्ग का उपयोग किया।

मध्यकालीन भारत में कृषि यन्त्रों तथा कृशि के तरीकों में सुधार दृष्टिगत होने लगता है। 14वीं शताब्दी में रेंहट (गियर्ड व्हील) के आविष्कार ने सिंचाई के क्षेत्र में अपनी क्रान्तिकारी भूमिका अदा की। मध्यकाल में कृषि–प्रौद्योगिकी का अत्याधिक विकास हुआ। सत्रहवीं शताब्दी में भारतीय मक्का, तम्बाकू जैसी फसलों से परिचित हुए। बंधवा मजदूर एवं उन पर व्यक्तिगत अधिकार मध्यकाल की एक मुख्य विशेषता बन गई थी। चौदहवीं शताब्दी के एक महत्वपूर्ण दस्तावेज से स्पष्ट होता है कि किसान स्वतन्त्र पैदा होता है, किन्तु कर देने की उनकी बाध्यता है, वे उन्हीं गाँवों से बँधकर रहें, जहाँ वे अपनी जमीन जोत रहे हैं। अधिकारियों के पास यह अधिकार था कि किसानों को जमीन जोतने के लिए विवश कर सकते थे और उनके इसी अधिकार के कारण किसान जमीन छोड़कर नहीं जा सकते थे। यदि वे जमीन छोड़कर जाते भी थे तो उन्हें पकड़कर वापस बुला लिया जाता था। अन्त में यदि किसान कर का भुगतान नहीं कर पाते थे तो बादशाह की सेना उन पर धावे बोलती थी और उन्हें दास बना लेती थी। मध्यकाल में किसान विद्रोहों की भी एक श्रंखला देखने को मिलती है, जिसका कारण भू–राजस्व ही था। दोआब क्षेत्र में कर वद्धि की प्रतिक्रिया स्वरूप सन् 1330 ई0 में किसानों द्वारा विद्रोह किया गया।

सोलवीं शताब्दी में किसान वर्ग साम्राज्यवादी अंग्रेजी शासन के अधीन भारतीय कृषि व्यवस्था में व्यापक परिवर्तन किए गए। भू–राजस्व की नवीन पद्धतियों के द्वारा अधिक से अधिक भू–राजस्व वसूलने का प्रयास किया गया, जिससे किसानों की आर्थिक दशा में निरन्तर गिरावट आने लगे और उनमें

भारी असन्तोष व्याप्त हो गया। अंग्रेजों ने भारत की 19 प्रतिशत भूमि पर स्थायी बन्दोबस्त (जमींदारी पद्धति) लागू की। इसमें बंगाल, बिहार, उड़ीसा आदि रियासतें सम्मिलित थी। उत्तर प्रदेश, मध्य प्रान्त एवं पंजाब रियासतों में 30 प्रतिशत भूमि पर महलवाड़ी बन्दोबस्त लागू किया गया। रैय्यतवाड़ी बन्दोबस्त बम्बई, मद्रास आदि में 51 प्रतिशत भूमि पर लागू किया गया।

स्थायी बन्दोबस्त पद्वति के तहत जमींदार को भूमि का स्थायी स्वामित्व प्राप्त हो गया, जो भूमि को बेच भी सकता था अथवा दान दे सकता था। भूमि कर की दर निश्चित कर दी गई थी। बंगाल में यह दर 89 प्रतिशत थी, अतः जमींदार के पास 11 प्रशित शेष बचता था। इस कारण जमींदारों ने अधि ाक से अधिक कर वसूलने का प्रयास किया। इससे किसानों पर कर की दोहरी मार पड़ी और उन में भारी असन्तोष व्याप्त हो गया। महलवाड़ी एवं रैय्यतवाड़ी बन्दोबस्त से भी किसानों को भारी हानि उठानी पड़ी। सरकारी कर तथा जमींदारों का भाग अत्याधिक होने के कारण किसान निरन्तर साहूकारों एवं व्यापारियों के मकड़जाल में उलझते चले गए किसान न केवल अंग्रेजों के बल्कि देशी शोषकों के शोषण का भी शिकार हुए। जमींदारों के शोषण एवं ब्रिटिश सरकार की धनलोलुप नीतियों के चलते किसानों को अपनी कृषि से बेदखल होने के लिए बाध्य होना पड़ा। अतः इसकी प्रतिक्रिया तत्कालीन किसान आन्दोलनों के रूप मे दिखाई देती हैं। बंगाल में जब किसानों को नील की खेती करने के लिए बाध्य किया गया तब सन् 1860 ई0 में पाबना एवं नदिया जिले के किसानों ने सर्वप्रथम एक महत्वपूर्ण किसान हड़ताल की। सन् 1875 ई0 में मराठा किसान विद्रोह मूलतः मारवाड़ी एवं गुजराती साहूकारों के विरोध किया गया था। महात्मा गाँधी जैसे महान् राजनेता ने भी किसानों की विभिन्न समस्याओं के समाधान के लिए चम्पारण एवं खेड़ा सत्याग्रह में भाग लेकर अपना महत्वपूर्ण योगदान दिया।

सन् 1920 ई0 के दशक में बंगाल, पंजाब, उत्तर प्रदेश आदि में किसान सभाओं का गठन हुआ। 11 अप्रैल सन् 1936 ई0 को अखिल भारतीय किसान सभा का गठन हुआ, जिसका प्रमुख उद्देश्य किसान वर्ग के हितों की रक्षा करना था। बिहार प्रान्तीय किसान सभा के संस्थापक एवं अध्यक्ष स्वामी सहजानन्द सरस्वती ने कहा था कि "मेरी आँखें किसानों के कलेजे पर जो तीन बहुत भारी चट्टाने देख रही हैं, वे हैं अंग्रेजी सरकार, महाजनी प्रथा एवं जमीदारी प्रथा।" सन् 1938 ई0 में पटना में एक बडा प्रदर्शन हुआ, जिमसें एक

लाख किसानों ने हिस्सा लिया। इन सभाओं व सम्मेलनों में बार–बार प्रस्ताव पारित कर इसे एक लोकप्रिय नारा बना दिया गया। बिहार के किसानों की माँगें। गैर कानूनी वसूलियों और किसानों की बेदखली के अन्त की थी।

अखिल भारतीय किसान सभा ने सन् 1936 ई0 में एक नया कार्यक्रम बनाया, जिसमें कुछ महत्वपूर्ण माँगें की गयी कि जमींदारी प्रथा समाप्त की जाए, सरकारी भूमि भूमिहीन किसानों को दी जाए और किसान के विरोध में बने सभी कानून रद्द किए जाए। इस माँग पत्र से किसान वर्ग में एक नवीन चेतना एवं उत्साह का संचार हुआ। अब किसानों में एकता दिखाई देने लगी। भारतीय इतिहास में पहली बार सन् 1936 ई0 में मई माह में मजदूर दिवस को एक उत्सव के रूप में सभी किसानों ने अत्यन्त उत्साह के साथ मनाया। दूसरी ओर जब 1 सितम्बर को देश में किसान दिवस मनाया गया तो मजूदरों ने भी किसानों की माँगों का समर्थन किया। सन् 1937 ई0 में जब लोकप्रिय सरकारों का गठन हुआ तो 23,000 किसानों ने बिहार विधान सभा के समक्ष नारे लगाए "हमें पानी दो, हम प्यासे हैं, हमें रोटी दो, हम भूखे हैं, हमारे सभी कृषि ऋण छोड़ दो, हमें जमींदारों के शोषण से बचाओ।"

भारत की स्वतन्त्रता पूर्व 10 वर्षों में तीन प्रमुख किसान आन्दोलन बंगाल का तेभागा आन्दोलन, हैदराबाद का तेलंगाना आन्दोलन तथा पश्चिमी भारत में वार्मी विद्रोह चलाये गए। उनमें तेलंगाना विद्रोह सन् 1946 से सन् 1951 ई0 तक चलता रहा। यहाँ के किसानों को जमींदारों और देशमुखों के हाथों उत्पीड़न का शिकार होना पड़ रहा था। यहाँ के कम्यूनिस्टों ने सरकार द्वारा लादी गई घणित अनाज लेवी तथा वेठ–बेगार प्रथा या जमींदारों व अफसरों द्वारा करायी जाने वाली जबरदस्ती मजदूरी व्यवस्था के खिलाफ निजाम विरोधी चल रहे आन्दोलनों में सक्रिय रूप से भाग लिया।

प्राचीनकाल से आधुनिक काल तक किसानों की दशा एवं दिशा में महत्वपूर्ण परिवर्तन हुए। किसानों ने अंग्रेज सरकार द्वारा क्रियान्वित जमींदारी, रैय्यतवाड़ी, महलवाड़ी इत्यादि पद्धतियों के परिणामस्वरूप अनेक कष्ट झेले किन्तु आधुनिक काल में भारतीय नेताओं एवं विभिन्न संस्थाओं के सम्मिलित प्रयासों से किसान उठ खडे हुए। किसान आन्दोलनों के रूप में निरंतर संघर्ष करते रहे जिसके फलस्वरूप उनकी दषा एपं कृषि के विकारा महत्वपूर्ण बदलाव रेखांकित हुए।

## सन्दर्भ सूची

1. आर0एस0 शर्मा, प्राचीन भारत में भौतिक एवं सामाजिक संरचनाएँ।
2. शिवस्वरूप साहाय, प्राचीन भारत का सामाजिक एवं आर्थिक इतिहास।
3. इरफान हबीब, भारतीय इतिहास में मध्य काल।
4. सतीश चन्द्र, मध्यकालनी भारत।
5. धनपति पाण्डेय, आधुनिक भारत का आर्थिक इतिहास।
6. ग्रोवर एवं यशपाल, आधुनिक भारत का इतिहास।
7. पत्र पत्रिकाएँ।
8. इन्टरनेट।

# 13

# उत्तराखण्ड में कृषि एवं कृषकों की स्थिति एक अध्ययन

डॉ0 जया नैथानी

राजनीति विज्ञान विभाग

राजकीय स्नात्तकोत्तर महाविद्यालय

रानीखेत, अल्मोड़ा

भारत एक कृषि प्रधान देश है। कृषि भारतीय अर्थव्यवस्था की रीढ़ है। यहाँ की लगभग दो तिहाई आबादी (64प्रतिशत) कृषि पर आधारित है। कृषि से देश को मौलिक पूँजी प्राप्त होती है। जो देश के विकास का बहुत बड़ा कारण है। सकल राष्ट्रीय आय का 26 प्रतिशत कृषि पर आधारित है। कृषि उत्पादों में भारत विश्व का दूसरा बड़ा उत्पादक देश है जिसका उत्पादन वैश्विक कृषि उत्पादन में कुल 7.68 प्रतिशत अंकित है। कृषि उत्पादों का पर्याप्त मात्रा में निर्यात होता है जिससे विदेशी मुद्रा की प्राप्ति हाती है। भारत के कुल निर्यात में 37 प्रतिशत योगदान कृषि एवं उससे बनी वस्तुओं का है। इतना ही नहीं कृषि के माध्यम से खाद्यान्न तो मिलता ही है अनेक प्रमुख कृषि आधारित उद्योग जैसे– सूती वस्त्र उद्योग, जूट उद्योग, चीनी उद्योग, चाय उद्योग, सिगरेट तथा तम्बाकू उद्योग को कच्चा माल भी

उपलब्ध होता है। विभिन्न पंचवर्षीय योजनाओं द्वारा चलाये जा रहे विभिन्न कार्यक्रमों एवं प्रयासों से कृषि को राष्ट्रीय अर्थव्यवस्था में गरिमापूर्ण दर्जा मिला है। कृषि ही ऐसा आधार है जिस पर देश के 55 लाख से भी अधिक गाँवों में निवास करने वाली 75 प्रतिशत जनसंख्या प्रत्यक्ष तथा अप्रत्यक्ष रूप से आजीविका प्राप्त करती थी। इतना सब कुछ होते हुए भी सीमित खनिज स्रोतों के आधार पर खड़े बड़े–बड़े उद्योग लोगों को अधिक आकर्षित कर रहे हैं। जबकि असीमित कृषि स्रोतों से हम अपना हाथ खींच रहे हैं।

**स्रोत** : एक नजर में कृषि सांख्यिकी, 2016 पी.आर.एस.

पिछले कुछ दशकों के दौरान कृषि क्षेत्र की वद्धि दर अस्थिर रही है। 2005–06 में जहाँ यह दर 5.8 प्रतिशत थी। वहीं 2009–10 में 04 प्रतिशत और 2014–15 में 0.2 प्रतिशत थी।

9 नवम्बर 2000 को भारत का 27वाँ राज्य बना उत्तराखण्ड एक कृषि प्रधान राज्य है, जहाँ 85 प्रतिशत भाग पहाड़ी है। उत्तराखण्ड में 75 प्रतिशत से अधिक जनसंख्या अपनी आजीविका के लिए कृषि पर निर्भर है। जिसका योगदान राज्य के घरेलू उत्पाद में 22.4 प्रतिशत है। (एक नजर में उत्तराखण्ड, 2013–14)

पहाड़ों का अधिकांश हिस्सा प्राचीन काल से ही घने वनों से ढका रहा है। लेकिन जनसंख्या वद्धि के साथ वनों का क्षेत्रफल घटता गया। आज की तस्वीर देखें तो पूरे उत्तराखण्ड में कुल क्षेत्रफल 56.72 लाख हेक्टेयर में से मात्र 7.41 लाख हेक्टेयर भूमि में ही खेती की जा रही है। उत्तराखण्ड भारत के उत्तरी भाग में स्थित है। यह तराई और भाबर क्षेत्र में आता है। यहाँ सिंचित और असिंचित कृषि दोनों ही की जाती है। देश का पहला कृषि विश्वविद्यालय यहीं 1960 में पंतनगर में खोला गया। जहाँ आधुनिक खेती पनपी और यहाँ पैदा किये गये उन्नत बीजों ने देश–विदेश में नई खेती की अलख जगाई। नोबल विजेता विश्व प्रसिद्ध कृषि वैज्ञानिक डा0 नार्मन बोर लॉग ने तो यहाँ तक कह दिया कि हरित क्रान्ति का जनम तराई की इसी उर्वरा भूमि में हुआ है।

पहाड़ के किसान रूढ़ी (ग्रीष्म), चौमास(वर्षा) और ह्यून (शीत) इन्हीं तीन मौसमों के हिसाब से अपनी परम्परागत फसल उगाते हैं। अनाज में गेहूँ, धान, मक्का, मडुवा (कोदो), मादिरा (ज्वार), कौनी, दालों में गहत, भट, मास, लोबिया, सीमी (राजमा), मसूर, मटर, तिलहनों में तौरिया (राई), सब्जियों में आलू, पालक,

मेथी, मटर, प्याज, लहसुन राई आदि। पहाड़ों की ऊँची उपजाऊ जमीन पर पहाड़ के किसान अपनी फसलें केवल वर्षा के भरोसे करते हैं।

व्यापारिक फसलों में आलू पहाड़ों की प्रमुख फसल है। पहाड़ी आलू की साख आज भी मैदानों में नी हुई है। कहा जाता है कि उत्तराखण्ड के पहाड़ों में 1843 के आसापास पहली बार आलू लाया गया था। वहाँ आलू लाने का श्रेय अंग्रेज अक्सर मेजर यंग को दिया जाता है जिसने पहली बार मसूरी में इसे बोया था। गरूड़ घाटी आलू के लिये प्रसिद्ध है और यहाँ के आलू को मंडी में पहाड़ी आलू का मानक माना था।

तराई के ऊधम सिंह नगर, देहरादून और हरिद्वार जिले में गन्ने की व्यापारिक फसल उगाई जाती है। इसके अलावा अदरक, मिर्च, हल्दी, अरबी, प्याज, लहसुन, राई (तोरिया), और तिल की खेती की जाती है। किसान बाजार में बेचने के लिये फूलगोभी, पत्ता गोभी, शिमलामिर्च, बैंगन और मटर की भी खेती करने लगे हैं।

उत्तराखण्ड में किसान एक अरसे से सेब, आड़ू, खुबानी, प्लम, नाशपाती, अखरोट लीची, संतरों, और नींबू की बागवानी करते आ रहे हैं। उत्तराखण्ड के रसीले सेब और मीठी लीची की बाजार में विशेष माँग बनी रहती है। देहरादून की लीची की अपनी साख बनी हुई है।

उत्तराखण्ड में सर्वप्रथम बोलाडोना की खेती 1903 में कुमाऊँ में शुरू की गयी, आज राज्य में कुटकी (ळदंज), अफीम, पाइरेथम आदि कई औषधियों की खेती की जाती है। जिरेनियम अफ्रीकी मूल का एक शाकीय सुगंध युक्त पौध ाा है। इसका उपयोग सुगन्धित तेल बनाने के लिए किया जाता है। इसके अतिरिक्त उत्तराखण्ड राज्य के मध्य हिमालय और शिवालिक पहाडियों के मध य स्थित पर्वतीय ढालों पर चाय पैदा की जाती है। चास विकास बोर्ड का गठन कौसानी में एक अत्याधुनिक चाय उत्पादन इकाई के के रूप में किया गया है।

**उत्तराखण्ड में भूमि उपयोग**

| क्र0सं0 | मद | 2011–12 | 2012–13 | 2013–14 |
|---|---|---|---|---|
| 1 | 2 | 3 | 4 | 5 |
| 1 | शुद्ध सिंचित | 339397 | 337566 | 328104 |

| | क्षेत्र | | | |
|---|---|---|---|---|
| | (क) नहर | 95548 | 87513 | 79463 |
| | (ख) नलकूप | 187574 | 188297 | 209772 |
| | (ग) अन्य कुऐं | 35833 | 41110 | 15944 |
| | (घ) तालाब | 390 | 55 | 57 |
| | (ड.) अन्य | 20052 | 20591 | 22868 |
| 2 | सकल सिंचित क्षेत्रफल | **554837** | **553928** | **544084** |

स्रोत मुख्य राज्य आयुक्त, उत्तराखण्ड।

राजस्व विभाग के आँकड़ों के अनुसार उत्तराखण्ड राज्य गठन के समय 9 नवम्बर 2000 को राज्य में 776191 हेक्टेयर कृषि भूमि थी जो अप्रैल 2011 में घटकर 723164 हेक्टेयर रह गयी। इन वर्षों में 53027 हेक्टेयर कृषि भूमि कम हो गयी। इसका सीधा मतलब यह हुआ कि इतने समय के अन्तराल में औसत 4500 हेक्टेयर प्रतिवर्ष की गति से खेती योग्य भूमि कम हुई है।

अगस्त 2018 में उत्तराखण्ड हाई कोर्ट ने प्रदेश में घट रही कृषि भूमि की ओर आमजनों का ध्यान आकर्षित करने का कोशिश की थी। इस विषय पर तत्कालीन कार्यवाहक मुख्य न्यायाधीश राजीव शर्मा और मनोज तिवारी की बैंच ने 226950 किसानों द्वारा पर्वतीय क्षेत्रों से पलायन करने पर चिंता जताई थी। इस दौरान कोर्ट ने बीते वर्षों में प्रदेश के जनपदों में क्रमशः अल्मोड़ा से 36401, पौड़ी से 35644, टिहरी से 33689 पिथौरागढ़ से 22936, देहरादून से 20625, उत्तरकाशी से 11710, चम्पावत से 11281, रूद्रप्रयाग से 10970, बागेश्वर से 10073 किसानों द्वारा पलायन की बात कही थी। कुछ वर्ष पहले तक बोरियों के हिसाब से अनाज और खाद्यान्न पैदा करने वाला किसान आज अपने पेट भरने के लिए महज 10 से 20 रू0 किलो गेहूँ और चावल लेने के लिए सस्ते गल्ले की दुकान में लगी लम्बी लाइन में अपनी बारी का इन्तजार करते हुए मिलता है। युवाओं के जो हजारों हाथ जो कभी खेती पाती का कामा करते थे, जब रोजगार की तलाश में वे शहरों में दस्तक दे रहे हैं। घर पर केवल महिलाऐं, बच्चे और बुजुर्ग रह जाते हैं। जिनके लिये

अकेले खेती का कठिन काकम संभालना मुश्किल हो जाता है। इस कारण खेत खाली छूटते जा रहे हैं। जमीन पर औने–पौने दाम में भू–माफिया कब्जा करने लगे हैं। इस कारण कृषि भूमि होटलों, और रिजॉर्टों में तब्दील हो रही है। परिणामस्वरूप राज्य में खेती के लिए भूमि सिकुड़ती जा रही है। जहाँ जमीन बची हुई है और लोग भी हैं वह भी मंडुवा जैसी मेहनत माँगने वाली फसलों की खेती बहुत कम कर रहे हैं। पहाड़ों में उपज की बिक्री या फूलों के विपणन के लिए कोई भरोसेमंद तंत्र न होने के कारण पहाड़े किसान मडुवा, सोयाबीन, प्याज, लहसुन, मिर्च, अदरक, हल्दी, अरबी जैसी नकदी फसलों की खेती से भी हाथ खींच रहे है।

पलायन आयाग के मुताबिक उत्तराखण्ड में 2011 की जनगणना के बाद अब तक 734 गाँव पूरी तरह जनसंख्या शून्य हो गये हैं, वहीं 565 गाँव ऐसे हैं जिनकी जनसंख्या 50 प्रतिशत से कम हो गयी है और यह सिलसिला थमता नहीं नजर आता। कम तोड़ मेहनत के बावजूद भी पर्वतीय क्षेत्रों मं खेतीबाड़ी घाटे का सौदा साबित हो रही है। यही वजह है कि राज्य गठन के 18 सालों में कृषि का क्षेत्रफल करबी 15 प्रतिशत घटा है। खेती में मुनाफा न होने से राज्य में कर्जदार किसानों की तादाद भी बढ़ी है। मार्च 2017 तक प्रदेश में सात लाख किसानों पर 10968 करोड़ कर्ज का बोझ है जिस पर सालाना 93432 करोड़ का ब्याज लगा रहा है। प्रदेश के मैदानी जिले देहरादून, हरिद्वार व ऊधम सिंह नगर से ज्यादा पर्वतीय क्षेत्रों के किसानों की आर्थिक स्थिति खराब है। जिस कारण किसान खेतीबाड़ी छोड़कर पलायन करने को मजबूर है। कृषि का अधिकांश सिंचित क्षेत्र मैदानी जिलों में है। प्रदेश में 3.30 हेक्टेयर क्षेत्र में सिंचाई की सुविधा उपलब्ध है जिसमें 2.86 हेक्टेयर पर 86.88 प्रतिशत मैदानी क्षेत्र में शामिल हैं। पर्वतीय क्षेत्र में मात्र 13.11 प्रतिशत क्षेत्रफल में मौजूदा समय मे सिंचाई की सुविधा है। साथ ही आधुनिक कृषि तकनीकी सिंचाई, कृषि उत्पादों की मार्केटिंग के लिए कोई सुविधा विकसित नहीं है। कोल्ड स्टोर, कलैक्शनन सेंटर जैसी तमाम सुविधाएें न होने के कारण कृषि उत्पाद बाजार में पहुँचने से पहले ही खराब हो जाता है। साथ ही सूखा और अतिवृष्टि से हर साल किसानों को भारी नुकसान झेलना पड़ता है। नुकसार की मार झेल रहे किसान अब खेती बाड़ी छोड़ने को विवश है। प्रदेश में 1.43 लाख हेक्टेयर परती भूमि जिस पर पहले खेती थी अब नहीं) और 3.18 लाख हेक्टेयर भूमि बंजर है। हाल में ही हुए

अध्ययन से यह भी साफ हो गया है कि पहाड़ी जिलों में मिट्‌टी की उर्वरता लगातार कम हो रही है।

## कृषि में रूकावटें–

1. निवेश वस्तुऐं का बहुत सीमित उपयोग के साथ छोटे, खण्डित बिखरे हुए भूमि जोत।
2. लहरदार स्थलाकशति मश्दा अपदरन और अपवाह के लिए अग्रणी, उथली और पथरीली मिट्‌टी जो समय–समय पर पानी तनाव के अधीन है।
3. बुनियादी विपणन ढाँचे का अभाव।
4. किसानों को सीमित क्रेडिट सुविधा।
5. तीव्र तूफान, ओलावष्टि, बाढ़ महामारी, रोगों कीटों और अनियमित मानसून की तरह प्राकृतिक खतरों का आना।
6. लैन्टीना / कुर्री जैसी घास व जंगली पादप से धरती बाज हो गयी है।
7. बंदर, हिरन, सूअर जैसे जंगली जानवरों का आतंक।
8. जल संकट के कारण सिंचाई समस्या।
9. मजदूरों का समय पर न मिलना।
10. पहाड़ी जनमानस का तीव्रगति से शहरों की ओर पलायन (कृषि योगय भूमि की अपर्याप्तता, कष्टप्रद जीवन, रोजगार की तलाश, शिक्षा, स्वास्थ्य एवं चिकित्सा सम्बन्धी सुविधाओं के अभाव के कारण।
11. पशुओं के उन्नत प्रजाति के न होने के कारण पर्वतीय क्षेत्रों में दुग्ध उत्पादन बहुत कम है।
12. ऊन का उत्पादन पर्वतीय क्षेत्र का एक पशुजन्य उद्योग है। लेकिन अभी भी देशी भेड़ों की संख्या क्रास ब्रीड भेड़ों की तुलना में तीन गुनी अधिक है जिनसे ऊन का उत्पादन बहुत कम होता है।

13. चारागाह के अभाव के कारण भी पशु पालन और भेड़ पालन से लोगों का मोह भंग हो गया है।

14. किसी भी अर्थव्यवस्था के लिए उद्योगों का विकास आर्थिक विकास का प्रमुख द्योतक है। उत्तराखण्ड की अर्थव्यवस्था का एकांगी एवं असन्तुलित विकास हुआ है। पर्वतीय क्षेत्रों में प्राकृतिक संसाधनों का विदोहन असंतुलित रूप से हुआ है और इन संसाधनों के अनुरूप औद्योगिक विकास को प्रोत्साहित करने में प्रभावशाली प्रयास नहीं हो पाए।

15. तकनीकी ज्ञान का अभाव।

## उत्तराखण्ड में किसानों के लिये चलायी जा रही सरकारी योजनाऐं–

**मदा स्वास्थ्य एवं परीक्षण कार्यक्रम–** मदा परीक्षण एक महत्वपूर्ण तकनीकी परामर्श सेवा का कार्यक्रम है जिसका मुख्य सिद्धान्त मदा स्वास्थ्य एवं उर्वरता को सुरक्षित रखते हुए अनवरत फसल उत्पादन प्राप्त करना है जो कि कृषि के लिए अति आवश्यक है।

**जैविक कषि कार्यक्रम–** जैविक खेती का मुख्य उद्देश्य मदा पर्यावरण का संरक्षण एवं पुर्नभरण करना है तथा इसके जैविक, भौतिक एवं रसायनिक स्वरूप को पुर्नस्थापित करना है।

**उन्नत बीज–** गुणवत्तायुक्त बीजों की उपलब्धता सुनिश्चित करने में उत्तराखण्ड बीज एवं तराई विकास निगम तथा उत्तराखण्ड सीड सार्टिफिकेशन ऐजेंसी का अहम योगदान है। इन संस्थाओं के सहयोग प्रदेश बीज उत्पादन के क्षेत्र में अग्रणी राज्य है, जो स्वयं की पूर्ति के साथ–साथ अन्य राज्यों को भी बीजों की आपूर्ति करता है। इसके साथ ही निजी संस्थाओं का भी अहम योगदान है। जिसके द्वारा नवीनतम फसल प्रजातियों के बीजों का वितरण करते हुए उत्पादन और उत्पादकता के स्तर में सुधार की नये आयाम स्थापित हुए हैं।

**फसल उत्पादन कार्यक्रम–** फसल के उत्पादन में वद्धि हेतु कृषकों को विभागा द्वारा बहुत सी सुविधाऐं दी गयी हैं।

**श्रीधाम पद्धति–** श्रीधाम पद्धति द्वारा 8 से 12 दिन की पौध को 25ˣ25 सेमी0 के अन्तराल पर रोपा जाता है। इस प्रकार प्रति हेक्टेयर कम बीज की आवश्यकता है। इस विधि में खरपतवारों के नियन्त्रण हेतु कोनोवीडर का प्रयोग किया जाता है। श्री धाम पद्धति में पोषक तत्व प्रबन्धन हेतु 50 प्रतिशत कार्बनिक/जैविक खादों यथा गोबर/वर्मी कम्पोस्ट द्वारा तथा 50 प्रतिशत उर्वरकों द्वारा किया जाता है, सिसे मदा के भौतिक एवं रसायनिक गुणों में वद्धि होती है ताकि अधिक उपज प्राप्त होती है। धान के अन्य उत्पादन पद्धतियों से भिन्न इस पद्धति में सिंचाई के लिए जल की कम आवश्यकता होती है।

**राष्ट्रीय संपोषणीय कृषि मिशन–** राष्ट्रीय संपोषणीय कृषि मिशन केन्द्र के RAD (Raifed Area Development) घटक के अन्तर्गत वर्षा आधारित कृषि क्षेत्रों में विकास के लिए चयनित ब्लॉकों में पथ प्रदर्शन मॉडल के माध्यम से वर्षा आधारित तकनीकों को महत्व देना तथा अन्य स्कीमों/मिशनों के माध्यम से संसाधनों का संयोजन करते हुए कृषकों को सहायता उपलब्ध करायी गयी है।

**कृषि यन्त्रीकरण एवं पौध संरक्षण कार्यक्रम–** कृषि में श्रम एवं लागत में कमी लाने के लिए कृषि यंत्रीकरण कार्यक्रम के अर्न्तगत आधुनिक कृषि यंत्रों के उपयोग को प्रोत्साहित किया जा रहा है। जैसे पावर टीलर, लेजर लैण्ड लेबरर।

**कृषि प्रसार एवं प्रषिक्षण–** कृषकों को कृषि विभाग द्वारा योजनाओं के अन्तर्गत कृषि क्षेत्र के सर्वांगीण विकास हेतु प्रशिक्षण दिये जा रहे हैं।

फसल बीमा एवं सूचना प्रसार–

**मॉडीफाइड राष्ट्रीय कृषि बीमा योजना–** भारत सरकार द्वारा राष्ट्रीय कृषि योजना में आंशिक संशोधन करते हुए प्रायोगिक तौर पर संशोधित राष्ट्रीय कृषि योजना को प्रारम्भ किया गया है। भारत सरकार के अनुसार उत्तराखण्ड के समस्त जनपदों में रबी 2013–14 से राष्ट्रीय फसल बीमा कार्यक्रम के अन्तर्गत मॉडीफाइड राष्ट्रीय कृषि बीज योजना चलाई जा रही है।

**सूचना का सुदृढ़ीकरण–** किसान सूचना एवं सलाह केन्द्रों का निर्माण।

**फार्मस पोर्टल–** भारत सरकार के वेबे पोर्टल www. farmer. gov.in पर राज्य के कृषकों का पंजीकरण किया गया है।

वेबसाइट का निर्माण www.agriculture.uk.gov.in

टॉल फ्री नम्बर 1801800011

स्रोत किसान पोर्टल, भारत सरकार

इन योजनाओं के अतिरिक्त किसान कल्याण योजना, किसान पेंशन योजना द्वारा भी किसानों को प्रोत्साहित किया जा रहा है। सरकार द्वारा चलायी जा रही ये योजनाऐं कितनी सफल होंगी ये तो आने वाला समय बतायेगा।

**कृषि को बढ़ाने के लिए जरूरी रणनीतियां–** उपलब्ध प्राकृतिक संसाधनों का न्याय संगत दोहन करते हुए तकनीकों का इस्तेमाल ऐसे हों जो पर्यावरण के अनुकूल हो जो खाद्य और पोषण की सुरक्षा के लिए आवश्यक है।

1. मदा और जल संरक्षण के साथ बागवानी हेतु प्रेरित करना।
2. उत्तराखण्ड में सही भूमि की स्थिति का आंकलन के लिए नया भूमि बंदोबस्त जरूरी।
3. प्रत्येक गाँव में अनिवार्य चकबंदी– पहाड़ की खेती किसानी को बचाने के लिए और कृषि को लाभप्रद बनाने के लिए यहाँ की छोटी को बिखरी जोतें व्यवसायिक खेती की राह में सबसे बड़ा रोड़ा है। मुख्यतः महिलाओं के श्रम पर आधारित पहाड़ की खेती महिलाओं के लिए अलाभकारी बोझ है। इसके साथ ही राज्य के मैदानी क्षेत्र में भू–माफिया, बड़े फार्मरों के कब्जे में पड़ी सीलिंग, ग्राम समाज व गरीब जनजातियों की जमीन को बाहर निकालने के लिए चकबन्दी आवश्यक है।
4. जंगली जानवरों व आवारा पशुओं से फसलों की रक्षा के लिए ठोस व्यवस्था।
5. पहाड़ों में कृषि कार्यों को मनरेगा योजना से जोड़ना आवश्यक।

6. पशुधन आबादी को बढ़ाकर पशुपालन और दुग्ध उत्पादन को रोजगार का जरिया बनाया जाय।

7. पर्वतीय उत्पादों का न्यूनतम समर्थन मूल्य और खरीद की गारण्टी तय हो।

8. व्यवसायिक कृषि की आवश्यकता।

9. मधुमक्खी पालन, मत्स्य संसाधनों का व्यावसायिक बनाना।

10. फलों और सब्जियों के सुरक्षित स्टोर के लिए उचित व्यवस्था।

11. प्राकृतिक खेती की बढ़ावा– विशेषकर पर्वतीय क्षेत्रों में जैव अवशेषों, कम्पोस्ट व प्राकृतिक संसाधनों का प्रयोग किया जा सकता है। इससे मदा की उर्वरा शक्ति को बनाये रखने व शुद्ध पौष्टिक आहार उत्पन्न किया जा सकता है।

उत्तराखण्ड में कृषि की दशा बेहद चिंताजनक है। विशेषकर पर्वतीय क्षेत्र में जहाँ एक लम्बे अरसे से युवा पलायन कर रहा है। गाँव के गाँव खाली हैं। जो जनमानस शेष हैं वह भी जानवरों के आतंक से त्रस्त हैं। ऐसे में वह खेती जैसे कठिन कार्य को नहीं करना चाहता। विभिन्न योजनाओं होम स्टे योजना कौशल प्रशिक्षण द्वारा सरकार ने युवाओं को रोकने के प्रयास किये हैं लेकिन वह भी क्षेत्र विशेष तक सीमित हैं। गाँवों को फिर से आबाद करना सरकार के लिये एक कठिन चुनौती है।

## संदर्भ सूची


1. शाक एवं मसालों की उत्पादन प्रोद्यौगिकी, गंगाशरण सैनी।

2. जनसत्ता पहाड़ में खेती, प्रेमपाल षर्मा।

3. फ्रांसा (उपन्यास) राजीव।

4. प्रगतिशील कृषि के स्चर्णाक्षर लेखक, राजीव रंजन प्रसाद।

5. भारत में विपणन उज्जवल परम्परा कृषि विज्ञान।

6. भारत के कृषि विश्वविद्यालय।

7. सामान्य कृषि विज्ञान मनुराम सिंह

8. कृषि विज्ञान, जयराम सिंह

9. भाशा अनूप की पत्रिका खेती का दोगुनी कृषक आय, विशेषांक

10. कृषक भारती पत्रिका राष्ट्री मासिक पत्रिका

11. कृषि मंजूषा अर्द्धवार्षिक पत्रिका।

12. कृषि समाचार पत्र

13. अमर उजाला।

14. दैनिक जागरण।

14

# भारत में किसान आत्महत्या एवं सरकारी प्रयास

डॉ. कवलजीत कौर

समाजशास्त्र विभाग, सांध्यकालीन संविदा शिक्षक

एम. बी. राज. स्ना. महाविद्यालय, हल्द्वानी (नैनीताल), उत्तराखण्ड

प्रायः सभी उत्पादन का आधार कृषक है और कृषि भारतीय अर्थव्यवस्था की रीढ़ है। सभी व्यवस्थाएँ अर्थव्यवस्था से जुड़ी है। हालात यह है कि सभी व्यवस्थाएँ मजबूत होती जा रही हैं और वैष्विक अर्थव्यवस्था के इस दौर में किसानी व्यवस्था ही हाशिए पर धकेल दी गई है। वर्तमान में करीब 70 फीसदी से ज्यादा कृषि आधारित व्यवस्था मुनाफा कमा रहे है लेकिन इस खाद्य ऋृंखला में किसान ही है जिसकी स्थिति अत्यन्त दयनीय है। हमारे देश में किसानों की आत्महत्या एक राष्ट्रीय समस्या का रूप धारण कर चुकी है। प्रतिदिन देश के किसी ना किसी हिस्से से किसानों के आत्महत्या करने की खबरें मीडिया में देखने व सुनने को मिलती हैं। देश की प्रगति एवं विकास में अपनी महत्वपूर्ण भूमिका निभाने के बाद भी किसानों को

जिन्दगी से निराश होकर ऐसे कदम उठाने के लिए मजबूर होना पड़ रहा है। यह निश्चित रूप से गंभीर चिंता का विषय है। देश में किसानों द्वारा आत्महत्या करने के मामलों में अप्रत्याशित तौर पर काफी वद्धि हुई है।

भारत में किसान आत्महत्या 1990 के बाद पैदा हुई स्थिति है जिसमें प्रतिवर्ष 10 हजार से अधिक किसानों के द्वारा आत्महत्या की रिपोर्ट दर्ज की गई है। भारतीय कृषि बहुत हद तक मानसून पर निर्भर है तथा मानसून की असफलता के कारण नकदी फसलें नष्ट होना किसानों द्वारा की गई आत्महत्याओं का मुख्य कारण माना जाता रहा है। मानसून की विफलता,, सूखा, कीमतों में वद्धि, ऋण का अत्यधिक बोझ आदि परिस्थितियां, समस्याओं के एक चक्र की शुरूआत करती है। बैकों, महाजनों, बिचौलियों आदि के चक्र में फंसकर भारत के विभिन्न हिस्सों के किसानों ने आत्महत्याएं की है।

30 दिसम्बर 2016 को जारी राष्ट्रीय अपराध रिकार्ड ब्यूरो की रिपोर्ट 'एक्सिडेंटल डेथ्स एंड सुसाइड इन इंडिया 2015' के मुताबिक साल 2015 में 12,602 किसानों और खेती से जुड़े मजदूरों ने आत्महत्या की है। 2014 की तुलना में 2015 में किसानों और कृषि मजदूरों की कुल आत्महत्या में दो फीसदी की बढ़ोत्तरी हुई। साल 2014 में कुल 12,360 किसानों और कृषि मजदूरों ने आत्महत्या की थी। गौर करने वाली बात ये है कि इन 12,602 लोगों में 8,007 किसान थे जबकि 4,595 खेती से जुड़े मजदूर थे। साल 2014 में आत्महत्या करने वाले किसानों की संख्या 5,650 और खेती से जुड़े मजदूरों की संख्या 6,710 थी। इन आंकड़ों के अनुसार किसानों की आत्महत्या के मामले में एक साल में 42 फीसदी की बढ़ोत्तरी हुई। वहीं कृषि मजदूरों की आत्महत्या की दर में 31.5 फीसदी की कमी आई है।

किसानों की आत्महत्या के मामले में सबसे ज्यादा खराब हालात महाराष्ट्र की रही। राज्य में साल 2015 में 4291 किसानों ने आत्महत्या कर ली। महाराष्ट्र के बाद किसानों की आत्महत्या के सर्वाधिक मामले कर्नाटक में 1569, तेलंगाना में 1400, मध्य प्रदेश में 1290, छत्तीसगढ़ में 954, आन्ध्र प्रदेश में 916 और तमिलनाडु में 606 सामने आए। राष्ट्रीय अपराध ब्यूरो के रिपोर्ट के अनुसार किसानों और कृषि मजदूरों की आत्महत्या का कारण

कर्ज, कंगाली और खेती से जुड़ी दिक्कतें हैं। आंकड़ों के अनुसार आत्महत्या करने वाले 73 फीसदी किसानों के पास दो एकड़ या उससे कम जमीन थी। 29 राज्यों पर आधारित किसान आत्महत्या की संख्या में 61.52 प्रतिशत सिर्फ पाँच राज्यों से है। इनमें अगर बीमारू राज्यों की श्रेणी में रखे जाने वाले मध्य प्रदेश एवं छत्तीसगढ़ को निकाल दिया जाए तो महाराष्ट्र, आन्ध्र प्रदेश (आज तेलगांना और आन्ध्र प्रदेश) और कर्नाटक राज्य आगे बढ़े हुए राज्य माने जाते हैं। यहाँ यह गौर करने की बात है कि क्या किसान आत्महत्या करने वाले राज्य में ही गरीबी है, अन्य राज्यों में नहीं है। जवाब सरल है कि संचार क्रान्ति की लहर समद्ध प्रान्तों में अधिक प्रभावकारी ढंग से पहुँची है, यहाँ के लोगों की जीवन–शैली उपभोक्ता संस्कृति के ज्यादा करीब है।

**किसान आत्महत्या से सबसे ज्यादा प्रभावित 5 राज्य**

| वर्ष | महाराष्ट्र | आन्ध्र प्रदेश | कर्नाटक | मध्य प्रदेश एवं छत्तीसगढ़ | इन राज्यों में कुल आत्महत्या | भारत में प्रतिवर्ष किसानों की आत्म हत्या | पाँचों राज्यों में कुल आत्महत्या का प्रतिशत |
|---|---|---|---|---|---|---|---|
| 1995 | 183 | 1196 | 2490 | 1239 | 6008 | 10720 | 56.04 |
| 1996 | 1981 | 1706 | 2011 | 1809 | 7507 | 13729 | 54.68 |
| 1997 | 1917 | 1097 | 1832 | 2390 | 7236 | 13622 | 53.12 |
| 1998 | 2409 | 1813 | 1883 | 2278 | 8383 | 16015 | 52.34 |
| 1999 | 2423 | 1974 | 2379 | 2654 | 9430 | 16082 | 58.64 |
| 2000 | 3022 | 1525 | 2630 | 2660 | 9837 | 16603 | 59.25 |
| 2001 | 3536 | 1509 | 2505 | 2824 | 10374 | 16415 | 63.20 |
| 2002 | 3695 | 1896 | 2340 | 2578 | 105090 | 17971 | 58.48 |
| 2003 | 3836 | 1800 | 2678 | 2511 | 10825 | 17164 | 63.07 |
| 2004 | 4147 | 2666 | 1963 | 3033 | 11809 | 18241 | 64.74 |

| 2005 | 3926 | 2490 | 1883 | 2660 | 10959 | 17131 | 63.97 |
|---|---|---|---|---|---|---|---|
| 2006 | 4453 | 2607 | 1720 | 2858 | 11638 | 17060 | 68.22 |
| 2007 | 4238 | 1797 | 2135 | 2856 | 1126 | 16632 | 66.29 |
| 2008 | 3802 | 2105 | 1737 | 3152 | 10795 | 16796 | 66.66 |
| 2009 | 2872 | 2414 | 2282 | 3197 | 10765 | 17368 | 61.98 |
| 2010 | 3141 | 2525 | 2585 | 2363 | 10614 | 15964 | 66.49 |
| 2011 | 3337 | 2206 | 2100 | 1326 | 8969 | 14027 | 63.98 |
| कुल | 33752 | 20610 | 19083 | 23956 | 97401 | 149783 | 65.03 |
| कुल 1995 2011 | 53818 | 33326 | 37153 | 42388 | 166685 | 270940 | 61.52 |

**स्रोत–राष्ट्रीय अपराध रिकार्ड ब्यूरो (एनसीआरबी) रिपोर्ट 1995–2011**

इसी सन्दर्भ में पिछले दिनों उत्तराखंड में एक नया भूमि कानून पास हुआ जो वहां के भूमि प्रयोग को प्रभावित करेगा। इन कानून के तहत उत्तर प्रदेश जमींदारी विनाश और भूमि व्यवस्था अधिनियम 1950 में बदलाव किया गया है। इस बदलाव से उत्तराखंड का किसान अपने को सुरक्षित नहीं महसूस कर रहा है। कारण यह है कि उद्योगों या किसी परियोजना के लिए उसकी जमीन का अधिग्रहण औने–पौने दामों में हो सकता है। इस कानून के अन्तर्गत धारा–143, जो कृषि भूमि को गैर कृषि के लिए अधिकृत की जा सकती है, को इसमें सम्मिलित किया गया है। इस संशोधन से किसानों पर यह प्रभाव पड़ेगा कि जिस खेत का इस्तेमाल वे खेती के लिए कर रहे थे, उसको अन्य कार्यों के लिए अधिकृत किया जा सकता है, यानी उपज देने वाली जमीन अन्य उद्योग–धन्धों को खोलने के लिए इस्तेमाल की जा सकती है। इसी तरह धारा–154 पहले साढ़े बारह एकड़ से अधिक भूमि को प्रदेश में खरीदने से रोकती है। अब इसमें संशोधन करके उप धारा–2 जोड़ने से पर्वतीय क्षेत्र में भूमि की खरीद के लिए कोई सीमा नहीं होगी। यानी किसान

अपने खेतों से उद्योगों के नाम पर बकदखल हो सकता है।

उत्तराखण्ड जब बना था, तब बाहरी लोगों द्वारा भूमि खरीदने की आशंका को देखते हुए तत्कालीन सरकार साल 2002 में हिमाचल के भूमि कानून के अनुसार अध्यादेश लाई थी बाद में सरकार ने बहुगुणा समिति का गठन किया था। इस कमेटी ने तत्कालीन अध्यादेश में सम्मिलित प्रावधानों की समीक्षा कर उसमें जुड़े कठोर नियमों को सरल कर दिया था। इसके कारण उत्तराखण्ड के शहरी क्षेत्रों में बेरोकटोक भूमि व्यापार का धंधा चल निकला। इसके बावजूद सरकार ने एक व्यवस्था कर दी थी कि ग्रामीण क्षेत्र में जो व्यक्ति मूल अधिनियम धारा–129 के तहत जमीन का खातेदार न हो, वह बिना अनुमति के पांच सौ वर्गमीटर से अधिक जमीन नहीं खरीद सकता है। बाद में इसकी सीमा घटा कर ढाई सौ वर्गमीटर तय कर दी गई। अब नए संशोधनों के बाद बाहरी व्यक्ति के लिए भूमि खरीदने के लिए कोई रूकावट नहीं है।

पहाड़ में कम जोत वाला व्यक्ति आर्थिक दबाव में आनन–फानन में भूमिहीन हो सकता है। अब भूमि की खरीद–फरोख्त में कोई सीमा न होने से गरीब किसान मजबूरन भू–माफियाओं के चंगुल में फंस सकता है। यह काम इस कानून के आने से पहले भी चोरी–छिपे होता आ रहा है। स्थानीय किसान या उत्तराखंड के निवासी को भागीदार बना कर कई परियोजनाएं उत्तराखंड में चल रही है। उत्तराखंड को बनं हुए अठारह साल बीत चुके हैं। इसके बावजूद इसके विकास के लिए कोई ठोस योजना न बनी और न उसकी तैयारी है। इसका नतीजा यह हुआ है कि कल तक जो खेत अन्न उपजाते थे, वे जंगल बनते जा रहे है। इसलिए रोजी–रोटी की तलाश में लोग गांव छोड़कर शहरों का रूख कर रहे हैं। इस पलायन से पहाड़ खाली हो रहे हैं। जो अभी पहाड़ों में रूके हैं वे जंगली जानवरों की आबादी में इजाफे से परेशान है। जंगली जानवर खेतों को नुकसान पहुंचा रहे है। इन्हीं मुद्दों को देखते हुए पहाड़ों के खेतों की चकबंदी की बहुत जरूरत है। यदि एक परिवार के खेत एक जगह पर मिल जाए तो वे उन खेतों में पैदा हेने वाली फसलों की सुरक्षा करने में सक्षम हो सकते है। उन्हें मीलों दूर दूसरे खेत में नही जाना पड़ेंगा। अभी होता यह है कि जो परिवार गांव में रह रहा है औश्र खेती कर रहा है, उसे अपने एक दूसरे खेत में जाने में ही पूरा दिन खोना पड़ता हैं, वह अच्छी तरह से खेतों में पैदा होने वाली फसल की देखभाल

आसानी से नहीं कर पाता।

एक और उपाय है पहाड़ों को हरा भरा रखने का, जिस पर भी गंभीरता से विचार कर लागू करने की जरूरत है। पूरे पर्वतीय प्रदेश में सिंचाई सुविधा सुलभ करने की जरूरत है। जब इजराइल अपनी बंजर भूमि को हरा भरा कर सकता है, तब हम क्यों नहीं कर सकते। लगातार पहाड़ी दरियाओं, प्राकषतिक स्त्रोत्रों और झरनों से पानी बहता जाता है, उसका उपयोग हम नहीं कर पा रहे हैं। इसलिए देश को एक और हरित क्रान्ति की जरूरत है। खेती की सिंचाई के लिए नई–नई तकनीक की जरूरत है। देश के खाद्यान्न भंडारण के लिए जरूरी है कि कृषि को प्राथमिकता दी जाए। किसानों की आत्महत्या रोकने के लिए गम्भीर उपायों की जरूरत है। इसके लिए जरूरी है कि कृषि भूमि पर कोई उद्योग खड़ा न किया जाए, ताकि कृषि की उपज प्रभावित न हो।

देश को एक नई भूमि व्यवस्था की जरूरत है, ताकि बढ़ती आबादी की खाद्यान्न जरूरतें पूरी की जा सकें और खाद्यान्न में हम हमेशा आत्मनिर्भर बने रहें। इसके लिए देश में भूमि व्यवस्था का समान कानून हो तो किसानों की समस्याएं कम की जा सकती है। यह किसी पहाड़ी या मैदानी प्रान्त का विषय नहीं होना चाहिए, बल्कि इसे पूरे देश के सन्दर्भ में देखे जाने की जरूरत है।

**किसान आत्महत्या रोकने के लिए सरकार की पहल :–** भारत सरकार द्वारा किसानों को संकट में डालने और आत्महत्या करने से रोकने के लिए भारत सरकार द्वारा कुछ पहल की कई हैः–

**राहत पैकेज 2006–** वर्ष 2006 में, भारत सरकार ने महाराष्ट्र, कर्नाटक, केरल और आन्ध्र प्रदेश राज्यों में 31 जिलों की पहचान की और वहाँ के किसानों की संख्या को कम करने के लिए एक विशेष पुनर्वास पैकेज पेश किया। ये किसान आत्महत्या की उच्च दर वाले राज्य हैं।

**महाराष्ट्र बिल 2008–** महाराष्ट्र की राज्य सरकार ने किसानों को निजी ऋण देने को विनियमित करने के लिए मनी लेंडिंग (विनियमन) अधिनियम, 2008 पारित किया। यह निजी ऋणदाताओं द्वारा किसानों को दिए गए ऋण पर अधिकतम ब्याज दर निर्धारित करता है, जो भारतीय रिजर्व

बैंक द्वारा निर्धारित धन उधार दर से थोड़ा अधिक है।

**कृषि ऋण माफी और ऋण राहत योजना –** भारत सरकार ने वर्ष 2008 में कृषि ऋण राहत योजना शुरू की जिसने 36 मिलियन से अधिक किसानों को लाभान्वित किया। इस योजना के तहत किसानों द्वारा दिए गए ऋण मूलधन और ब्याज के हिस्से को लिखने के लिए कुल 653 अरब रूप्ये खर्च किए गए थे।

**महाराष्ट्र राहत पैकेज 2010–** महाराष्ट्र सरकार ने गैर–लाइसेंसधारी को 2010 में ऋण अदायगी की खरीद से अवैध बना दिया। किसान इस पैकेज के तहत कई अन्य लाभों के हकदार थे।

**केरल किसान ऋण राहत आयोग (संशोधन) विधेयक 2012–** 2012 में केरल ने 2011 के दौरान कर्ज परेशान किसानों को लाभ प्रदान करने के लिए केरल किसान ऋण राहत आयोग अधिनियम 2006 में संशोधन किया।

**2013 के आय स्त्रोत्र पैकेज में विविधता लाएं–** सरकार ने इन पैकेज को महाराष्ट्र, कर्नाटक, आन्ध्र प्रदेश और केरल जैसे किसान आत्महत्या क्षेत्रों के लिए पेश किया है।

**राज्य की पहल –** भारत में कई राज्य सरकारों ने किसान आत्महत्या को रोकने के लिए विशेष पहल की है। किसानों को संकट में मदद करने के लिए समूह समर्पित किए गए हैं और मौद्रिक सहायता प्रदान करने के लिए धन भी जुटाया गया है।

अभी हाल ही में, मोदी सरकार ने भारत में किसान आत्महत्याओं के मुद्दे से निपटने के लिए भी कदम उठाए हैं। इसने मोनसेंटो की रॉयल्टी में 7 प्रतिशत की कटौती की घोषणा की है, जो किसानों को इनपुट सब्सिडी में राहत देती है और प्रधानमंत्री कृषि बीमा योजना (किसानों के लिए फसल बीमा) और प्रधान मंत्री कषषि सिंचाई योजना शुरू की है। सरकार मदा स्वास्थ्य कार्ड भी जारी कर रही है जिसमें किसानों की कृषि उत्पादकता बढ़ाने में मदद करने के लिए पोषक तत्वों और उर्वरकों की फसलवार सिफारिशें शमिल हैं।

सरकार अत्महत्या करने वाले किसान परिवार को 1 लाख का मुआवजा

देती है। यह मुआवजा तीन शर्तों पर दिया जाता है। पहली, किसान के पास अपनी मिल्कियत की जमीन हो, दूसरी, आत्महत्या करते वक्त किसान कर्जदार रहा हो और तीसरा, कर्जदारी ही उसकी आत्महत्या का प्रधान कारण हो। इन तीन कारणों से आत्महत्या करने वाले कई किसानों के परिवार मुआवजे से वंचित हुए। पितृसत्तात्मक समाज में अक्सर महिलाओं की गणना किसान आत्महत्या के आँकड़ों में नहीं की जाती क्योंकि उनके नाम से जमीन की मिल्कियत नहीं होती जबकि जमीन की मिल्कियत का होना किसान कहलाने के लिए सरकारी नीतियों और आँकड़ों में जरूरी है। ठीक इसी तरह आत्महत्या करने वाले दलित और आदिवासी किसानों के आँकड़ें भी सरकारी आकलन में ठीक–ठाक पता नहीं किए जा सकते क्योंकि उनमें से ज्यादातर के पास जमीन का स्वामित्व साबित करने वाले सक्षम दस्तावेज नहीं होते। नीची जाति के किसान और उनका परिवार जमीन की मिल्कियत के मामले में भी भेदभाव भरी नीतियों का शिकार होता है। जिन किसानों के पास अपनी जमीन की मिल्कियत नहीं होती उन्हें आधिकारिक तौर पर किसान नहीं माना जाता और परिवार के मुखिया की आत्महत्या की दशा में उसका परिवार किसान ना माने जाने के कारण सरकारी मुआवजे और राहत से वंचित हो जाता है।

'फार्मर स्यूसाइड, ह्यूमन राइटस एंड द एग्रेरियन क्राइसिस इन इंडिया' के अनुसार, किसानों की आत्महत्या का एक पहलू जातिगत और लैंगिक भेदभाव से जुड़ा हुआ है। भारत में उदारीकरण की नीतियों के बाद खेती (खासकर नकदी खेती) का पैटर्न बदल चुका है। सामाजिक–आर्थिक बाधाओं के कारण 'नीची जाति' के किसानों के पास नकदी फसल उगाने लायक तकनीकी जानकारी का अक्सर आभाव होता है। सम्भवतः ऐसे किसानों पर बीटी–कॉटन आधारित कपास या फिर अन्य पूंजी–प्रधान नकदी फसलों की खेती से जुड़ी कर्जदारी का असर बाकियों की तुलना में कहीं ज्यादा होता हो और आत्महत्या करने के सिवाय उनके पास कोई चारा न बचता हो।

यह निर्विवाद सत्य है कि करोड़ों भूमिपुत्र का जीविकोपार्जन खेती पर ही निर्भर है। सरकार जनता को लुभाने के लिए ढेर सारी योजनाएं बनाती है पर सच्चाई तो यह है कि न तो वह जमीनी हकीकत से जुड़ी है न ही किसानों की बुनियादी समस्याओं से। प्रश्न तो यह है कि सम्पूर्ण ग्रामीण रोजगार योजना, स्वर्ण जयन्ती ग्राम स्वरोजगार योजना, मनरेगा, प्रधानमंत्री

ग्रामोदय जैसी कियानोन्मुखी योजनाओं के बावजूद किसान क्यों आत्महत्या करने पर विवश है? इसका सीधा जवाब यह है कि ये योजनाएं किसानों को ध्यान में रखकर बनाए ही नहीं गए। इसका सीधा लाभ बिचौलियों को मिलता है जिसमें कषषि के नाम पर ऋण देने वाला बैंक, सेठ साहूकार, महाजन सभी शमिल हैं। सरकारी नीतियां, बैकों का रवैया, उद्योगपतियों की स्वार्थभावना, मौसम की प्रतिकूलता आदि कई ऐसे कारण है जिनकी वजह से किसानों के जीवन में दुखों का अंबार टूट पड़ता है और वे आत्महत्या करने के लिए विवश हो जाते है।

**निष्कर्ष :–** किसानों की आत्महत्या रोकने का कार्य सरकार कई किसान कल्याण एवं कृषि विकास की योजनाओं द्वारा कर सकती है। साथ ही सरकार को फसल बीमा एवं कई अन्य प्रकार की सहायता जैसे सहकारी बैकों से कम ब्याज दर पर ऋण की उपलब्धता कराना एवं उच्च गुणवत्ता वाले बीच, उच्च स्तर के खाद, उत्तम कषषि यंत्र प्रदान करना एवं भूमिहीन किसानों को भूमि उपलब्ध कराना आदि उपायों के द्वारा सरकार किसानों की आत्महत्या को रोकने में कामयाब हो सकती है। कृषि क्षेत्र में निरन्तर मौत का तांडव दोषपूर्ण आर्थिक नीतियों का नतीजा है। दोषपूर्ण आर्थिक नीतियों के चलते कृषि धीरे–धीरे घाटे का सौदा बन गई है, जिसके कारण किसान कर्ज के दुष्चक्र में फंस गया है। पिछले एक दशक में कृषि ऋणग्रस्तता में 22 गुना बढ़ोत्तरी हुई है। अतः सरकार को किसानों के लिये प्रभावी नीतियों का निर्माण करना होगा। सबसे बढ़कर इन नीतियों का कार्यान्वयन सुनिश्चित करना होगा।

किसानों की आत्महत्या किसी भी समाज के लिए एक बेहद शर्मनाक स्थिति है। आखिर वो कौन सी परिस्थितियां हो सकती है जिसकी वजह से किसान, जो सबके लिए अनाज उपजाता है वो आत्महत्या करने को मजबूर हो जाता है। भारत में अभी हाल के दिनों में किसानों के आत्महत्या करने के आंकड़ों में वृद्धि दर्ज की गयी है जो वाकई चिंता का विषय है और इस और अगर वक्त रहते ध्यान नहीं दिया गया तो ये हालात और भी बिगड़ सकते है। सरकार को किसानों की आत्महत्या जैसे ज्वलंत मुछ्दे को समझने और उन कारणों, जिनकी वजह से किसान इतना बड़ा कदम उठाने पर मजबूर हो जाते है,का समाधान सोचने की आवश्यकता है। भारत जैसे एक कृषि प्रधान देश में किसानों की आत्महत्या बेहद चिंताजनक स्थिति है।

## सन्दर्भ सूची :–

**1-** https://hi.wikipedia.org/wiki/

**2-** http://hindi.indiawaterportal.org/node/34289

**3-** http://hindi.corapost.com.otg/indian-national-news-hindi/ncr-report-on-farmers-suicide/50146

**4-** http://www.mediaforrights.org/poverty/hindi-articles/221

**5-** www.allrights.org.co.in/manavadhikar-sanghathan-ki-report-kisan/

**6-** http://jansatta.com/politics/farmer-suicides-karnataka-police-karnataka-state-financiers/35675/

http://vishwahindijan.blogspot.in/2017/02/blog-post_27.html

# 15

# किसानो के उत्थान के लिए केन्द्र सरकार एंव राज्य सरकारों द्वारा चलायी जा रही योजनाओ की जानकारीः एक अवलोकन

उमेश चन्द

शोधार्थी (इतिहास विभाग)

शहीद मंगल पाण्डे राजकीय महिला

स्नातकोत्तर महाविद्यालय माधवपुरम

मेरठ उ0प्र0

**प्रस्तावनाः–** अपने इस अपने इस शोध पत्र के द्वारा मैं भारतीय किसानो के लिए अर्थात उनके कृषि सम्बन्धी सभी आवश्यकताओं से लेकर जीवन सम्बन्धी आवश्यकताओं के लिए आवश्यक सभी घटकों की पूर्ति एंव आपूर्ति के लिए केन्द्र सरकार एंव राज्य सरकारों द्वारा चलायी जा रही योजनाओं पर प्रकाश डालने का प्रयत्न करूंगा।

जिनके माध्यम से इन योजनाओं से लाभान्वित होन वाले वर्गो को जिनके लिए ये योजनाये विशेषतः चलायी जा रही हैं। वो वर्ग इनसे अवगत हो सके तथा इन योजनाओ का लाभ उठा सके मेरे इस शोध पत्र का उद्देश्य

तभी सार्थक है जब ये योजनाये व इनकी जानकारी इनसे सम्बन्ध वर्ग यानि किसानो तक पहुँच सके जिससे सरकार/राज्य सरकारों को इन योजनाओ से प्राप्त होने वाले उद्देश्य प्राप्त हो सके तथा किसानो को इन योजनाओ से प्राप्त होने वाला लाभ प्राप्त हो सके।

**सारांशः–** भारतीय किसान/अन्नदाता एक ऐसा वर्ग है जो धरती का सीना चीरकर और अपना पेट काटकर देश के सभी लोगों का पेट भरता है जिसके आधार पर समस्त राष्ट्र की जनता अपना व अपने बच्चों का पेट भरती है जिसके कारण देश का व्यापारी वर्ग अपनी जेबों को भरता है जिसके माध्ययम से देश की सुरक्षा मजबूत होती है क्योकि यही किसान अपने उत्पादों द्वारा देश की सुरक्षा मे तैनात सेना का पेट भरता है तथा उसी सेना के उत्पादों को बेचकर सरकार अर्जित धन से उन्ही सिपाहियों की बन्दूकों का पेट बारूदों से भरता है जिनके द्वारा या जिनकी सहायता से देश बाहरी दुश्मनों से अपनी रक्षा एंव मान सम्मान की रक्षा कर पाता है।

और यही किसान वर्ग जो भारतीसय सेना में लगभग 80 प्रतिशत युवओं को सैनिकों के रूप में भेजने के लिए अपने बच्चों को तैयार करता है तथा इस तरह वह अपने द्वारा भारतीय सेना का निर्माण भी करता है। जब यह एक वर्ग वर्षों से या ये कहें जबसे सभ्यताओं का विकास हुआ है तबसे अपने खून से इन सभ्यताओं को सींचता रहा है तथा जिसका उपकार इस देश पर या इन सभ्यताओं पर इतना रहा है कि उसे किसी भी भार से तौला नही जा सकता है।

फिर ऐसा क्या हुआ कि उस देश का यह वर्ग आत्महत्यायें करने लगा तथा कर्ज से परेशान होकर अपना घर बार खेत खलिआन सभी को बेचने के लिए विवश होने लगा जबकि इसी वर्ग से सब कुछ चलता आया है ऐसा हुआ तो उसका कारण था पहले जमींदार वर्ग शासको की तानाशाही तथा अंग्रेज सरकार द्वारा भारतीय किसानो तथा उनकी जमीनो का इतना अधिक दोहन करना था[1] कि वो स्वतन्त्रता के पश्चात भी इन सबसे नही उबर सके तो भारत सरकार एवं राज्रू सरकारों ने इनके लिए कुछ योजनाओ को प्रारम्भ किया जो आजादी के बाद से अब तक अनवृत क्रिया शील हैं। जिनका अध्ययन इस शोध पत्र में किया जायेगा तथा उन योजनाओं को प्रकाश में लाया जायेगा।

**प्रारूपः–** भारत एक कृषि प्रधान देश था और वर्तमान परिदृश्य के आधार पर आज भी देश कृषि प्रधान देश ही है क्योकि आज भी लगभग देश की 70 प्रतिशत जनता परेक्ष्य एंव प्रत्यक्ष रूप से कृषि पर ही आधारित है निसन्देह देश की जी.डी.पी. इसका योगदान मात्र 17 प्रतिशत है[2] फिर भी यह क्षेत्र भारत की लगभग 53 प्रतिशत जनसंख्या को रोजगार प्रदान करता है[3]।

औश्र इसी कृषि कार्य करने वाला भारतीय किसान प्रारम्भ से ही उपेक्षाओं का शिकार रहा है कभी राजाओं के द्वारा अधिक कर वसूलने तो कभी मुगलो एंव अंग्रेजो द्वारा जबरन कृषि उत्पादों एवं साधनों की लूट से और बाद में जमीदारी प्रथा द्वारा इस युग में कुछ एक राज्यों को छोडकर कोई ऐसा नही आया जिसने किसानो के भले की सोची हो भारत के स्वतन्त्र होने के पश्चात भारतीय कर्णधारों ने इस वर्ग के सन्दर्भ में सोचना प्रारम्भ किया तथा कृषि एंव किसानों के हित में अनेक योजनाओं को क्रियान्वित किया जिससे भारतीय किसान एंव कृषि का स्वरूप कुछ सभंल सका भारतीय किसानो से सम्बन्धित इन योजनाओं का उल्लेख निम्न प्रकार है।

1. **भूदान आन्दोलनः–** आजादी के बाद जो योजना प्रारम्भ हुई वह एक व्यक्तिगत प्रयास था जिसे भूदान आन्दोलन के नाम से जाना गया जिसका प्रारम्भ सन्त विनोबा भावे ने 18 अप्रेल 1951 को किया था। जिसके शुरूआती दिनों में तेलंगाना क्षेत्र के करीब 200 गांवो की यात्रा की गई तथा 1961 तक आते आते करीब 8.72 लाख एकड जमीन का वितरण करीब एंव छोटे किसानों को किया गया।[4] यह योजना एक सामाजिक प्रयास था जिसका उद्देश्य अप्रत्यक्ष रूप से जमीदारी प्रथा को खत्म करके छोटे किसानों को लाभ पहॅुचाना था।

   इस सन्दर्भ मे कानूनी रूप से छोटे किसानो और गरीबों के लिए चली योजना का प्रारम्भ उत्तर प्रदेश में सर्वप्रथम किया गया जहॉ पर 1950 में एक कानून लाया गया तथा जिससे 26 जनवरी 1951 को उत्तर प्रदेश जमीदारी अधिनियम 1950 के रूप में लागू किया गया[5] यह अधिनियम 1947 के पश्चात भारत सरकार का पहला प्रमुख सुधार था वैसे इस अधिनियम के लिए

पहल करले वाले राज्यों में उत्तर प्रदेश, मध्यप्रदेश, बिहार मद्रास, असम, बोम्बे 1949 में बिल लाकर कर चुके थे[6] जिसके माध्यम से भारत सरकार एंव अन्य राज्य सरकारों ने जोत को निश्चित करते हुये देश के गरीब व छोटे किसानों को राहत प्रदान की तथा उन्हें आगे बढने का अवसर प्रदान किया।

2. **हरित कान्तीः–** आजादी के पश्चात भारत में कृषि परम्परागत तरीकों से की जाती थी जिससे कृषि का उत्पादन न्यूनतम था जिसके कारण खेती से न तो पूर्ण रूपसे किसान खुश था और नाही भारत सरकार अपने देश की जनता का पेट भरने में सक्षम थी ऐसे में इस स्थिति को सुधारने के लिए भारत सरकार द्वारा कुछ योजनाये प्रारम्भ की गई जिन्हें 1966 में हरित क्रान्ति के नाम से जाना गया भारत में हरित क्रान्ति के जनक एम.एस स्वामी नाथन को माना जाता है वैसे इसके वास्तविक जनक नोबेल पुरस्कार विजेता प्रो0 नोरमन बोरलाग को माना जाता है।[7]

एम.एस स्वामी नाथन के अथक प्रयासो से भारतीय कृषि का स्वरूप बदल गया अब भारत कृषि उत्पाद के मामले में न सिर्फ आत्म निर्भर बन सका बल्कि अब देश से अन्न का निर्यात बाहरी देशों को भी किया जानें लगा जिससे भारतीय किसान का ही फायदा नही हुआ अपितु देश की जी.डी.पी. में कृषि का योगदान भी बढने लगा। हति क्रान्ति के अन्तर्गत कृषि के निम्नलिखित क्षेत्रों में सुधार किया गया।

1. **कृषि में तकनीकी एंव संस्थागत सुधारः–** इसके अन्तर्गत निम्नलिखित सुधार किये गये

**क.** रासायनिक उर्वरकों का प्रयोग

**ख.** उन्नतशील बीजों के प्रयोग में वृद्धि

**ग.** सिचाई सुविधाओ का विकास

**घ.** पौध संरक्षण

**ड.** बहुफसलीय कार्यक्रम

**च.** आधुनिक कृषि यन्त्रों का प्रयोग

**छ.** कृषि सेवा केन्द्रो की स्थापना

**ज.** कृर्षि उधोग निगम

**झ.** मृदा परीक्षण

**ण.** भूमि संरक्षण

**ट.** कृषि शिक्षा एंव अनुसंधान

2. **कृषि उत्पादन सुधारः–** इसके अन्तर्गत सुधार निम्नलिखित हैं–

**क.** उत्पदान एंव उत्पादकता में वृद्वि

**ख.** कृषि के परम्परागत स्वरूप में परिवर्तन

**ग.** कृषि बचतों में वृद्वि

**घ.** अग्रगामी एंव प्रतिगामी सम्बन्धों में मजबूती

उपरोक्त प्रकार से भारत सरकार ने 1960 के दशक में इन योजनाओं को लागू करके किसानो का विकास करने का प्रयत्न किया इस प्रकार हरित कान्ति में योजनाओ के प्रारम्भ एंव कियान्व्यन ने भारतीय किसानो का भरपूर सहयोग किया किन्तु बदलते समय और आधुनिकता के कारण तथा बढती जनसंख्या के दबाव के चलते ये योजनायें कारगर नही रहीं तथा बदलते समय और पर्यावरण अस्थिरता और वैश्विक तापान्तर ने समस्या को और बढा दिया। जिसके कारण भारत सरकार को जो योजनायें लूाग करनी पढी वो निम्नलिखित हैं।

1. राष्ट्रीय मृदा स्वास्थ्य एवं उर्वरता प्रबंधन परियोजना
2. सूक्ष्म सिंचाई का राष्ट्रीय मिशन 2010

3. राष्ट्रीय कृषि विकास योजना 11वीं पंचवर्षीय योजना
4. राष्ट्रीय किसान नीति 2007
5. राष्ट्रीय बागवानी मिशन 2005, 06
6. राष्ट्रीय खाद्य सुरक्षा मिशन 2007
7. अर्टिफिशियल रीचार्ज थ्रू डगवेल्स 2008[8]

उपरोक्त लिखिल योजनाओ का कियान्वयन समय–समय पर किया जाता रहा है इन योजनाओ के द्वारा सरकार ने 1985 कह नीति अनुसार मृदा के संरक्षण के लिए प्रयोगशालाओं बृद्वि की तथा सार्थक परिणाम प्राप्त किये तथा सूक्ष्म सिंचाई योजना 2010 के माध्यम से पानी का कृषि के लिए उपयोग करने का तरीका बताया गया तथा पानी के खारे परन का व जल भराव जैसे मुद्दो का हल भी दिया गया तथा राष्ट्रीय कृषि विकास योजना के अन्तर्गत कृषि के तकनीकी एंव परम्परागत तरीको में सुधार करके उत्पादन बढाया गया तथा अन्य योजनाओं को लागू करके किसानो के विकास का कार्य किया गया। इन सभी योजनाओ के अपने–अपने क्षेत्र में अलग–अलग महत्व है किन्तु एक योजना ऐसी भी है जिसने किसानों को बहुत लाभान्वित किया।

**राष्ट्रीय किसान नीति 2007:–** इस योजना ने किसानों को निम्नलिखित लाभ प्रदान किये

1. **मानवीय पक्षः–** मुख्य जोर किसानो की आर्थिक दशा सुधारना
2. **किसान की परिभाषाः–** इस क्षेत्र के सभी वर्गो को सामिल करती है ताकि सभी को इस योजना का लाभ मिल सके।
3. सम्पत्ति सुधार
4. जल की हर एक इकाई पर कमाई
5. सूखा कोड, बाढ का कोड, अच्छे मौसम का कोड

6. तकनीक का इस्तेमाल

7. राष्ट्रीय कृषि जैव सुरक्षा व्यवस्था

8. भूमि की देखभाल हेतु सेवाये और निवेश

9. महिलाओं के लिए सहायक व्यवस्था

10. ऋण एंव बीमा

11. खेतों में छोटे कृषि स्कूलों की स्थापना

12. किसानो के लिए सम्नवित राष्ट्रीय सुरक्षा योजना

13. न्यूनतम समर्थन मूल्य

14. एकीकष्त राष्ट्रीय बाजार खाद्य सुरक्षा को व्यापक बनाना

15. भविष्य के किसान

उपरोक्त लिखित इस एक योजना ने किसानो को ऊपर उठने व अपना विकास करने में बहुत सहायता की तथा जिसका लाभ किसानो ने बखूभी उठाया भी उठा भी रहे हैं। इन योजनाओं को बार बार बदलती सरकारों ने दोहराया है तथा इनके अतिरिक्त कुछ और योजनाये भी है जो किसानों के लिए लाग की गई हैं। जो निम्न लिखित हैं।

1. **किसानों को कम अवधि के लिए आसानी से ऋण उपलब्ध कराना:–** यह केन्द्र सरकार किसान केडिट योजना है जिस पर किसान 4 प्रतिशत के ब्याज पर लोन प्राप्त कर सकता है।

2. डेरी उधमिता विकास योजना

3. प्रधानमंत्री फसल बीमा योजना

4. परम्परागत कृषि विकास योजना

5. पशुधन बीमा योजना

6. प्रधानमंत्री कृषि सिंचाई योजना

7. मृदा स्वास्थ्य कार्ड भूमि संरक्षण एंव सूक्ष्म पोषक तत्व

8. राष्ट्रीय तिलहन एंव ऑयल पाम मिशन

9. सतत कृषि

10. कृषि क्लीनिक एंव कषषि कारोबार केन्द्र[9]

ये सभी योजनायें भारत सरकार द्वारा किसानो के हित के लिए चलायी जा रही हैं जिनके बारे में जानकारी प्राप्त करके किसान बपनी बहुत सी समस्याओं से मुक्ति प्राप्त कर सकते हैं ये योजनाये तो मात्र किसान को कृषि सम्बन्धी सहायता प्रदान करती हैं परन्तु कुछ ऐसी भी योजनायें है जो किसानों को किसान होने के नाते कुछ व्यक्तिगत लाभ भी प्रदान करती है। जो निम्न लिखित हैं।

1. **प्रधानमंत्री किसान सम्मान निधि योजनाः–** इसमें किसान को सालाना 6,000/रू0 की सहायता देश के सभी 4.5 करोड किसान परिवार के लिए लागू हो चुकी है।[10] प्रारम्भ में जब 24 फरवीरी 2019 को प्रधानमंत्री ने इस योजना को प्रारम्भ किया तब इसमें मात्र वो किसान सामिल थे। जो 2 हैक्टेयर के मालिक थे परन्तु अब इस योजना का लाभ सभी किसान उठा सकते हैं।

2. **2022 तक किसानो की आय को दोगुना करनाः–** इसके लिए प्रधानमंत्री ने 13 अप्रेल 2017 को एक समिति का गठन किया जो इस पर कार्यकर रही है[11] इसके लिए सरकार ने 7 सूत्रीय रणनीति का आहवान किया है। जो निम्न लिखित हैं

**क.** प्रतिबूंद अधिक फसल के सिद्वान्त पर पर्याप्त संशाधनों के साथ सिचाई पर विशेष बल।

**ख.** प्रत्येक खेत की मिट्टी गुणवत्ता के अनुसार गुणवान बीज एंव पोषक तत्वों का प्रावधान।

**ग.**कटाई के बाद फसल नुकसान को राकेने के लिए

गोदामों और कोल्ड चयन में बडा निवेश।

**घ**.खाद्य प्रसंस्करण के माध्यम से मूल्य संवर्धन को प्रोत्साहन।

**ड.**राष्ट्र कृषि बाजार का कियान्वन एंव सभी 585 केन्द्रों पर विकितियों को दूर करते हुये ई–प्लेटफार्म की शुरूआत।

**च.**जोखिम को कम करने के लिए कम कीमत पर फसल बीमा योजना की शुरूआत।

**छ.**डेरी पशु पालन, मुर्गी पालन,मधुमक्खी पालन मेढ पर पेढ बागवानी व मछली पालन जैसी सहायक गतिविधियों को बढावा देना।

3. **प्रधानमंत्री किसान मान धन योजनाः–** यह एक किसान बीमा योजना है जिसमें किसानों को 60 वर्ष पूरी होने पर 3000/रू0 की मासिक पेंशन मिलेगी तथा इसमें किसानों को 55 रू0 से लेकर 200/रू0 तक मासिक प्रीमियम जमा करना होगा।[12]

केन्द्र सरकार के अतिरिक्त कुछ राज्य भी ऐसे है जो अपने किसानों के हितार्थ कुछ योजनायें चला रहे है जिनका विवरण निम्न प्रकार है।

**राज्यः–**

1. छत्तीसगढ 2. हरियाणा 3. झाखण्ड 4. मध्य प्रदेश 5. उत्तरखण्ड 6. बिहार 7. राजस्थान 8. दिल्ली .9. उत्तर प्रदेश[13]

1. **छत्तीसगढः–** छत्तीसगढ मं निम्नलिखित योजनायें चलायी जा रही हैं

    1. कृषक समग्र विकास योजना
    2. शाकाम्बरी योजना
    3. कृषि श्रमिको की दक्षता एंव उन्नयन

4. भूजल सम्वर्धन योजना
5. निशुल्क बीज वितरण योजना
6. पैडी ट्रांसप्लाटंर से धान रोपाई
7. जैविक खेती मिशन
8. उधानिक एंव प्रक्षेत्र वानीकी विभाग की योजनायें
9. पशुधन विकास योजना
10. मतस्य पालन विभाग की योजना

**2. उत्तर प्रदेशः–**

1. राज्य में दलहनी फसलों की जानकारी
2. राज्य में तिलहनी फसलों की जानकारी
3. राज्य में धान्य फसलों हेतु जानकारी
4. राज्य में मतस्य पालन से जुडी योजनायें
5. बुन्देलखण्ड में चना उत्पादन की उन्नत तकीनी योजना
6. गन्ने की वैज्ञानिक खेती

**3. मध्य प्रदेशः–**

1. मृदा परीक्षण एंव मष्दा स्वास्थय पत्रक
2. जैविक खेती प्रोत्साहन योजना
3. बीज से सम्बन्धी योजना
4. सिंचाई क्षमताओ का विकास
5. महिलाओं की भागीदारी एंव लाभ
6. आई.टी.आई के माध्यम से कृषि विस्तार योजना
7. कृषि अभियान्त्रिकी

**8.** उधानिक एंव खाद्य प्रसंस्करण

**9.** मतस्य पालन योजना

## 4. राजस्थान

1. मृदा स्वास्थ्य एवं संरक्षण योजना
2. बीज
3. सिंचाई
4. किसान के लिए प्रचार एवं प्रसार
5. कृषि मशीनरी और प्रौधौगिकी
6. कृषि ऋण
7. कृषि बीमा
8. पौध संरक्षण
9. बागवानी
10. कृषि विपणन

## 5. हरियाण

1. मृदा स्वास्थ्य एवं संरक्षण योजना
2. बीज
3. सिंचाई
4. किसान के लिए प्रचार एवं प्रसार
5. कृषि मशीनरी और प्रौधौगिकी
6. कृषि ऋण
7. कृषि बीमा
8. पौध संरक्षण

9. बागवानी

10. कृषि विपणन

**6. उत्तराखण्ड**

1. फसल उत्पादन कार्यक्रम

2. उन्नत बीज

3. जैविक कषषि कार्यक्रम

4. मृदा स्वास्थ्य एवं संरक्षण योजना

5. फसल उत्पादन कार्यक्रम

6. राष्ट्रीय सम्पोषणीय कषषि मिशन

7. कृषि अभियान्त्रिकी

8. फसल बीमा एंव सूचना प्रसार

9. कृषि प्रसार एंव प्रशिक्षण

**7. झारखण्ड**

1. पशुपालन एंव मतस्य विभाग की योजनायें

2. कृषि एव गन्ना विकास योजना

3. झारखण्ड में किसान कॉल सेवा

4. कृषि हितकारी सभा

5. मुख्यमंत्री वन योजना

6. ऊपरवार भूमि के लिए बागवानी में बहुस्तरीय फसल योजना

7. मृदा स्वास्थ्य की स्थिति एंव प्रबन्धन

उपरोक्त लिखित ये समस्त योजनायें प्रदेश सरकारों द्वारा संचालित किसानों के लिए हितार्थ हैं।

# 16

# किसानों का दर्द–कर्ज और आत्महत्या

कु0 प्रवीन

प्रवक्ता

राजनीति विज्ञान, विभाग

एस. एस. डी. पी. सी. (पी. जी) कॉलेज रूड़की

कृषि भारतीय अर्थव्यवस्था की रीढ है। पिछले दो दशकों अधिक अवधि में औद्योगीकरण के संगठित प्रयास के बावजूद कृषि का गौरवपूर्ण स्थान बना हुआ है। देश का सबसे बडा प्रयोग होने के कारण, कृषि देश की 70 प्रतिशत जनता की जीविका का स्त्रोत हैं[1] वास्तव में कृषि का महत्व इससे बहुत अधिक है। इतना अधिक है कि शब्दों के आवरण में लपेटना बहुत मुश्किल है कृषि संपूर्ण अर्थव्यवस्था की किस्मत का निर्धारण करती है यदि भारत की आत्मा गांव में निवास करती है तो गांवो की आत्मा कृषि में निवास करती है कृषि संपूर्ण अर्थव्यवस्थ को प्राण वायु देती है[2]

भारत में किसानों की आत्महत्या के मामलों में पिछले कुछ वर्षों में वृद्दि हुई है। इन आत्महत्याओं के कई कारण हैं जिनमे प्रमुख है अनियमित मौसम की स्थिति, ऋण बोझ, परिवार के मुद्दों तथा समय–समय पर सरकारी नीतियों में बदलाव। भारत में किसान आत्महत्याओं ने पिछले कुछ समय की

अवधि में काफी वषद्वि देखी है। इसके मुख्य कारण मौसम की स्थिति, उच्च ऋण, स्वास्थ्य संबंधी मुद्दों ,व्यक्तिगत समस्यांए, सरकारी नीतियों आदि में बढती असमानता हैं।[3]

## भारत में क्यों है किसानों की आत्महत्या की ऊँची दर–

नेशनल क्राइम रिकॉड्र्स आँकड़ों के तहत भारत में विगत एक दशक में लगभग 15000 किसान प्रत्येक वर्ष आत्महत्या कर रहें हैं। वर्ष 2017 के अनुसार किसानों की आत्महत्या की घटना बडी संख्या में महारष्ट्र,आन्ध्र प्रदेश, तेलंगाना,तमिलनाडु, कर्नाटक, मध्य, ओडिशा और झारखण्ड आदि राज्यों में घटी है। किसानों द्वारा आत्महत्या करने का प्रमुख कारण आर्थिक संकट का होना है, जबकि आर्थिक तंगी के कारण आत्महत्या करने वाले गैर–किसानों की संख्या बहुत कम है। जनसंख्यिकीय सर्वेक्षण के अनुसार देश में किसानों द्वारा की जाने वाली आत्महत्या की घटना एक समूह के रूप में नहीं हुई है और जो किसान आत्महत्या के लिए मजबूर हुए हैं उन्हें आर्थिक मद्द से ज्यादा दिलासा और परामर्श की आत्महत्या है।[4]

किसानों की स्थिति के आकलन पर केन्द्रित राष्ट्रीय नमूना सर्वेक्षण की एक रिपोर्ट में कहा गया है कि देश में कर्जदार किसान परिवारों की संख्या बीते दस सालों (2003–2013) में 48.6 प्रतिशत से बढकर 52 प्रतिशत हो गई है और हर कर्जदार किसान परिवार पर औसतन 47 हजार रूपये का कर्ज है[5]

भारत में कई किसान हर साल आत्महत्या करते हैं। भारत के राष्ट्रीय अपराध रिकॉर्ड ब्यूरो के द्यारा जारी रिकॉर्ड के अनुसार देश में किसानों की आत्महत्या के मामले किसी भी अन्य व्यवसय से अधिक हैं। महाराष्ट्र , केरल, आंध्र प्रदेश ओर कर्नाटक राज्य गें आत्गहत्या के गागले अपेक्षाकष्त अधिक है। इसके लिए कई कारक जिम्मेदार हैं। भारत में किसान आत्महत्याओं के प्रमुख कारणों में से एक देशमें अनियमित मौसम की स्थिति है। ग्लोबल वार्मिंग ने देश के अधिकांशा हिस्सों में सूखा बाढ जैसी चरम मौसम की स्थिति पैदा की है। ऐसी चरम स्थितियों से फसलों को नुकसान पहुंचता है और किसानें के पास खाने को कुछ नहीं बचता। जब फसल की उपज पर्याप्त नहीं होती तो किगान अपनी वित्तीय जरूरतों को पूरा करने के लिए कर्ज लेने पर मजबूर हो जाते हैं

देश में किसानों की दुर्दशा एक चिंताजनक विषय बना हुआ हैं। ऐसे में ,उनके कर्ज की माफी को पर्याप्त समाधान नहीं माना जा रहा है। साथ ही देश की अर्थव्यवस्था के लिए उचित नहीं है। ऐसे संकट से निपटने के तेंलगाना सरकार ने रायबंधू योजना शुरू की है। इस योजना में भू–स्वामी कृषकों को प्रति एकड के हिसाब से 5000 रूपये डायरेक्ट बेनिफिट टांसफर के द्वारा दिए जाने हैं। इसे बीज ओर कीटनाशकों की खरीद के लिए सहयोग राशि के रूप में दर्शाया जा रहा है।वास्तव में यह किसानों की कृषि के अतिरिक्त एक तरह की आस सिद्व हो सकती है। यह मद्द बडे किसानें के लिए ही लाभकारी होगी। छोटी किसानों ओर काश्तकारों की हालत फिर भी दयनीय ही बनी रहेगी।[6]

## किसानों की समस्या के कारण–

भारत अभी भी गांवों का देश है और भारत की आत्मा गांवों तथा किसानों में निवास करती है और इसलिए भारत को कृषि प्रधान देश कहा जाता है इसके बावजूद भारत के किसानों के जीवन मे खुशहाली आने के बजाए समस्याएं एंव कठिनाइयां बढती जा रही हैं जो इस प्रकार है–

- **अनियमित मानसून–** भारत में अब भी कृषि क्षेत्र के लगभग दो–तिहाई भाग पर किसानों को अनियमित मानसून पर निर्भर रहना पडता है। वर्षा समय पर न होने से फसल नष्ट हो जाती है ,जिसके परिणामस्वरूप किसानों की आय पर प्रतिकूल प्रभाव पडता है।

- **बाढ व सूखा–** अनियमित मानसून की स्थिति में भारतीय किसानों को कभी बाढ व कभी सूखा का सामना करना पडता है। दोनों ही स्थिति में किसानों को क्षति पहुचंती है क्योकि दोनों ही परिस्थितियों मे अनकी फसल नष्ट हो जाती है

- **सिंचाई साधनों का अभाव–** भारत में कृषि क्षेत्र के केवल एक–तिहाई भाग पर ही सिंचाई साधनों की उपलब्धता है।

  शेष भागों में किसानों को इन साधनों के अभाव का समना करना पडता हें आजादी के इतने वर्षो के बीत जाने के बिावसजूद भी सम्पूर्ण भारत में सिंचाई साधनों का विस्तार नहीं हो पाया है।

- **विपणन व भण्डारण की समस्या**–भारत में अधिकांश किसान सीमान्त और छोटे है, उनके पास पर्याप्त सुविधाओं का अभाव होता है। फसल उत्पादन के पश्चात उपभोग के अतिरिक्त बचे अनाजों को भविष्य में अधिक लाभ के कारण भण्डारण सुविधा के अभाव के कारण भाण्डरण नहीं कर पाते हैं।

- **कृषि साख की समस्या व ऋणग्रस्तता**– आजादी के 70 वर्ष बीत जाने के पश्चात भी देश के ग्रामीण क्षेत्रों में सुविधाएं पर्याप्त मात्रा में उपलब्ध नहीं हो पाई हैं, जिसके कारण आज भी सीमान्त एंव छोटे कसानों को महाजनों व साहूकारों तथा रिश्तदारों से कृषि कार्यों हेतु पैसा उधार लेना पडता है।

- **उचित मूल्य न मिला पाने की समस्या**–आधुनिक समय में कृषि कार्यों हेतु भारतीय किसानों को अधिक पूंजी निवेश करनी पडती है। इसमें जुताई, सिंचाई, उर्वरक एंव रासायनिक कीटनाशकों आदि के प्रयोग में अधिक पूंजी की आवश्यकता होती है, जिसके कारण किसानों द्वारा उत्पादित फसलों का उचित मूल्य नहीं मिल पाता है।

- **भूमि मालिकाना हक की समस्या**– भारत के कई राज्यों यथा महाराष्ट्र ,मध्य प्रदेश, ओडिशा आदि में किसानों को सरकारों द्वारा उनका मालिकाना हक नहीं दिया गया है इन राज्यों में ऐसे लाखों किसान है।

- **भूमि अधिग्रहण की समस्या**–भारत में भूमि अधिग्रहण भी किसानों की एक गम्भीर समस्या है। सरकारी अधिकारियों एंव निजी कम्पनियों की आपसी मिलीभगत के कारण विकास कार्यों के नाम पर किसानों से उनकी कृषि,उपजाऊ भूमि को अधिग्रहित कर लिया जाता है।[7]

## किसानों की स्थिति में सुधार हेतु प्रयास–

देश के किसानों की स्थिति सुधारने के लिए 2004 में राष्ट्रीय किसान आयोग का गठन किया था और बाद में कृषि मंत्री बने श्री शरद पवार ने एमएस स्वामीनाथन को इस आयोग का अध्यक्ष बनाया थां। इस आयोग ने

एक रिपोर्ट तैयार की, जिसमें किसानों के संकट और उनकी आत्महत्याओं के बढने के कारणों पर खासतौर से फोकस करते हुए उनके लिए राष्ट्रीय नाति बनाने की सिफारिश की। किसानों के संसाधन और सामाजिक सुरक्षा बढाने पर खासा जोर दिया गया।[8]

जहां तक कृषि को युवाओं के लिए आकर्षक बनाने का सवाल है इस पर आयोग ने इसे बौद्विक रूप से उत्प्रेरक ओर आर्थिक रूप से लाभ देने वाला व्यसाय बनाने की बात कही थी। एम.एस स्मीनाथन की अध्यक्षता में बनी रिर्पाट वर्तमान प्रधानमंत्री के कार्यभार संभालने तक ठंडे बस्ते में पडी रही। पिछले चार वर्षो से किसानों की आय ओर जीवना –स्तर को सुधारने के लगातार प्रयास किए जा रहें है–

- किसानों को मष्दा स्वास्थ्य कार्ड का वितरण किया गया। इसका सीधा संबंध इंसानो के स्वास्थ्य के साथ है।
- प्रधानमंत्री कृषि सिंचाई योजना के द्वारा माइक्रोसिंचाई को बढावा गया।
- राष्ट्रीय गोकुल मिशन के माध्यम से पशुओं की देसी नस्ल में संरक्षण को प्रोत्साहित किया गया ।
- प्रधानमंत्री ने प्रथम अंतराष्ट्रीय एग्रो बायोडायवर्सिटी कांग्रेस का उद्‌घाटन किया।
- राष्ट्रीय कृषि बाजार को इलेक्टॉनिक किए जाने का लाभ भी किसानो को मिला रहा है। इसके माध्यम से वे दूसरी मंडियों में अपनी ऊपज का भाव जान सकते है।
- ग्रामीण कृषि बाजार के माध्यम से किसाने अपनी फसल सीधे उपभोक्ता को बेच सकते है।
- कृषि ऊपज एंव पशुधन विपणन अधिनियम 2017 एंव कृषि ऊपज एंव अनुबंध कृषि सेवा अधिनियम 2018 के द्वारा कृषि क्षेत्र में संस्थागत ऋण को बढावा दिया जा सकेगा।
- आयोग की सिफारिशों के आधार पर ही फसलों का न्यूनतम सर्मथन मूल्य निश्चित किया गया।

- चालू वित वर्ष में किसानों को न्यूनतम समर्थन मूल्य में लागत का डेढ गुना देने की घोषणा कर दी गई है।

- अगर सरकार की सभी योजनाओं को राज्य और केन्द्र स्तर पर सही ढंग से कार्याविन्त किया जायगा तो किसानों की स्थिति में अभूतपूर्व सुधार के साथ –साथ भोजन और पोषण के मामलों में भारत का स्तर भी बहुत ऊपर उठ सकेगा। प्रधानमंत्री पोषण मिशन के नाम से तीन वर्षीय योजना 9000 करोड रूपये के बजट के साथ पहले ही शुरू की जा चुकी है।[9]

वर्तमान सरकार ने कृषि नीति की पूरी दिशा ही बदल दी है। सरकार ने कृषि के सर्वागीण कवकास को अपने आर्थिक विकास की रणनीति के केंद में रखा और यह पूरी रणनीति किसानों को विकास की धुरी बनाने के लिए तैयार की गई। सरकार ने कृषि क्षेत्र के आधारभूत ढांचे का कायाकल्प करके वर्ष 2022 तक किसानों की आय को दोगुना करने का लक्ष्य तय किया है। इस रणनीति के पूरे परिणाम अगले कुछ वर्षों में प्रकट होंगे।[10]

## सुझाव–

- किसानों के आर्थिक सुदृढीकरण और जीडीपी में कृषि की हिस्सेदारी बढाने के लिए कषषि का व्यवसायीकरण और औद्योगीकरण किया जाना आवश्यक है।

- कृषि के आर्थिक उन्नयन हेतु, परंपरागत विधा के स्थन पर आधुनिक वैज्ञानिक तकनीकी का प्रयोग कर पैदावार में वृद्वि करने के साथ–साथ, कृषि उत्पादों को लंबे समय तक संरक्षित किया जाना आवश्यक हैं जिससे किसानों को फसल का अच्छा मूल्य प्राप्त हो सके।

- खाद्य प्रसंस्करण एंव मूल्य संवर्धन उद्योग की स्थापना द्वारा ग्रामीण और स्थानीय–स्तर पर लाखों युवाओं को रोजगार उपलब्ध कराया जा सकता है। किसानों को फसलों का समुचित मूल्य प्राप्त होगा और उपभोक्ताओं को कम कीमत पर खाद्य पदार्थ मुहैया हो सकेगा।

- भारत में मौसम की ऐसी असामान्य स्थितियां बढ रही हैं और इनकी वजह से लाखों किसान परिवारों के कल्याण के लिए मजबूत प्रयास किया जाना बेहद आवश्यक हो गया है।
- किसानों को सहायता देने सहित पूर्वी राज्यों को वैकल्पिक अनाज के कटोरं के रूप में विकसित करने के लिए संस्थाओं और डिलिवरी सिस्टम्स स्थापित करने पर विशेष ध्यान जाने की भी आवश्यकता है।
- कृषि एंव ग्रामीण विकास बैंक के सर्वेक्षण से पता चलता है कि एक ग्रामीण परिवार की आय मात्र 8059 रूपये मासिक है। कृषि प्रधान परिवारों की मासिक आय का मात्र 43 प्रतिशत ही कृषि से प्राप्त होता है। बाकी की पूर्ति के लिए उन्हें मजदूरी और सरकारी रोजगार पर निर्भर रहना पडता है।
- भू–स्वामी कृषकों की आय अपेक्षाकृत अधिक होती है परन्तु उन पर ऋण को बोझ बहुत ज्यादा होता है। किसानों की आय को दुगना करने के लिए। परन्तु यह प्रयास केवल 48 प्रतिशत ग्रामीणों को ही लाभ पहुंचा सकता है।
- भूमिहीन एंव सीमांत किसानों की आय में वृद्वि के लिए ग्रामीण रोजगार के साधनों में विविधता लाए जाने की आवश्यकता है।
- वर्तमान प्रजनन नीति के पुर्नोत्थान के साथ –साथ एक राष्ट्रीय प्रजनन नीति लाई जानी चाहिए जिससे पशुओं की सर्वोत्कृष्ट स्वदेशी नस्लों को उन्नत बनाया जा सके।[11]

**निष्कर्ष**–भरत एक कृषि–प्रधान देश है, यह देश किसानों का देश है इस देश के किसान भरत की जान हैं शान हैं किसान हमारा अन्नदाता है अत कृषक की सेवा, ईश्वर की सेवा है और ना जाने कितनी तरह की बातें करते हैं और सुनते हैं फिर भी आज इस देश में जो स्थिति किसानों की है वह किसी से छुपी नहीं है आज देश में किसान खेती छोड रहें फिर भी आज इस देश में किसान खेती छोड रहें हैं किसान परिवारों की नई पीढी को कृषि में दिलचसपी नहीं है और दुख के साथ कहना पडता है कि देश के मात्र 30 प्रतिशत किसानों को ही बैंक से कृषि ऋण मिलता है, और बाकी के 70

प्रतिशत किसान साहूकारों के ब्याज और कर्ज के बोझ में डूबे किसान लाखों की संख्या में आत्महत्या करते हैं मगर हमारी सरकार कृषि ऋण की बैंकिग व्यवस्था को किसान मैत्रीपूर्ण क्यों नहीं बनाती है। मोटे तोर पर ग्रामीण भारत में सबको अन्न देने वाला भूखा मर रहा है। आजादी के बाद सारी विकास की योजनाएं शहरों को केन्द्र में रखकर की गईं और किसान तथा कृषि प्रधान देश का नारा संसद तक सीमित रहा आज भी सरकार का सरा फोकस शहरी विकास पर केन्द्रित है कृषि अर्थव्यवस्था तो अब सारी बाजार और बहुराष्ट्रीय कम्परियों के पास चली गई है कि किसान खेती से बाहर आना चाहते है। इस पर विचार होना ही चाहिए बहरहल, अगर 130 करोड़ जनता को अन्न चाहिए तो अन्नदाता को गांव में रहना होगा, उसे बेहतर जीने का अवसर देना होगा, जैसा दुनिया के विकसित राष्ट्र अपने किसानों को देते हैं वैसी व्यवस्था लानी ही होगी।[12] इस प्रकार किसान कि स्थिति में सुधार नहीं होता कृषि के सम्बन्ध में हमें स्वंम पं.नेहरू के निम्नलिखित वाक्यांश को अवश्य याद करना चाहिए–

''कृषि हमारे सभी विकासकात्मक कार्यों का आधार है यदि हम कृषि के क्षेत्र में पिछडे जाते है तो इस बात के कई मायने नहीं होते कि हमने और क्या हासिल किया क्योंकि कृषि के विकास के बिना हमारा आर्थिक विकास अधूरा ही होगा।''[13]

## सन्दर्भ ग्रन्थ सूची–

1. दत्त रूद्र,सुन्दरम के पी. एम, भारतीय अर्थव्यस्थ, एम.चन्द. एण्ड कम्पनी लि. नई दिल्ली, पृ0सं–387
2. सिंह डॉ0 सुदामा, सिंह डॉ0 राजीव कृष्ण, भारतीय अर्थव्यवस्था, राधा पब्लिकेशन्स नई दिल्ली, पृ0सं–305
3. www.hindikiduniya.com
4. अरिहन्त समसामयिकी महासागर,फरवरी 2019,पृ0सं–62
5. प्रतियोगिता दर्पण,जून 2017,पृ0सं–92
6. www.hindikiduniya.com
7. अरिहन्त समसामयिकी महासागर,

8. कुरूक्षेत्र पत्रिका,फरवरी,2019,पृ0सं–10

9. 'द टाइम्स ऑफ इंडिया' में प्रकाशित एम.एस स्वामीनाथन के लेख पर आधारित, 3 दिसम्बर 2018

10. कृकुरूक्षेत्र पत्रिका,फरवरी,2019,पृ0सं–10

11. द हिन्दू प्रकाशित वरूण गांधी के लेख पर आधारित ,3 दिसम्बर 2018

12 प्रतियोगिता दर्पण,जून 2017,पृ0सं–93

12. सिंह डॉ0 सुदामा, सिंह डॉ0 राजीव कृष्ण,पूर्वोक्त, पृ0सं–312

# 17

# किसानों को बर्बाद करती सरकारी नीतियाँ

ललिता कुमारी
स्पेशल रिसोर्स टीचर
जी0एस0एस0एस0एस0
बहादुरगढ़, झज्जर, हरियाणा

सन्दीप के0 पोसवाल
सहायक आचार्य
अर्थशास्त्र विभाग
बी0एस0एम0 पी0जी0 कॉलेज
रूड़की, हरिद्वार उत्तराखण्ड

इसमें कोई दो राय नहीं है कि आज जिस कृषि संकट से हमारा सामना हो रहा है उसमें नब्बे के दशक की शुरूआत में नई आर्थिक नीति के अपनाए जाने से तेजी आई थी।

## अकाल, सूखा और जलवायु परिवर्तन

हाल के दशक में नीति–निर्माताओं , अकादमिकों, वैज्ञानिकों, पर्यावरणविदों और बुद्धिजीवियों के बीच जलवायु परिवर्तन और इसके नतीजे बड़े बहस के विषय के रूप में उभरा हैं बाढ़, सूखा और अन्य प्राकृतिक आपदाँए इसे स्पष्ट तौर पर बयाँ करती हैं।

दुनिया के विभिन्न हिस्सों में बारिश में कमी–ज्यादा, दोनों नजारे दिखलाई दे रहे हैं। इससे खाद्य सुरक्षा और आजीविका बड़े ही बुरे रूप में

प्रभावित हुए हैं। इसके अलावा, बारिश की अनियमितता के कारण भूजल का स्तर प्रभावित हुआ है जिसका कषषि अर्थव्यवस्था और लाखों गरीबों की जिंदगी पर सीधा असर पड़ता है।

सूखा और अकाल कोई नई परिघटनाएँ नहीं हैं। यदि 1990 से ही देखें तो दुनिया भर में 1 करोढ़ 10 लाख लोग इनका ग्रास बन गए और 1 अरब लोगों की ज़िंदगी इससे तबाह हुई। बाद के दिनों में इसकी अवधि और गहनता ज्यादा हुई। जलवायु परिवर्तन अनुमान के लिए गठित अंतरदेशीय पैनल की मानें तो आने वाले 30–50 सालों के दौरान ग्लाबल वार्मिंग से समुद्र के जल–स्तर में वषद्धि होगी और इसके कारण समुद्र के किनारे रहने वाले लोगों की बड़ी आबादी को विस्थापित होना पड़ सकता है।

इसी तरह सेंटर फॉर लो कार्बन फीचर्स के रिपोर्ट के मुताबिक 1990–2005 की तुलना में एशिया के विभिन्न भागों को 2020 तक जबर्दस्त सूखों की मार झेलनी पड़ सकती है। खाद्य सुरक्षा के लिहाज से सोचें तो मौसम की तुनकमिजाजी से एशिया में भारत और चीन में गेहूँ और मक्के की फसल सबसे अधिक प्रभावित होगी, जो दो बड़े खाद्यान्न देश हैं।

भारत को लगातार लंबी अवधि ओर व्यापक पैमाने पर सूखा झेलना पड़ा है। आँकड़ों से पता चलता है कि बारिश में लगातार कमी होती चली गई है। (जून और सितम्बर के बीच)

1973 और 2015 के बीच बारह मर्तबा बारिश सामान्य से 10: कम हुई।

बारिश में कमी और लंबे सूखे मौसम के कारण किसाने पर आर्थिक बोझ दुहरा हो जाता है। एक तो उनकी फसल खराब हो जाती है और दूसरा, उन्हें फसल की दुबारा बुआई करनी पडती है। भारत में खराब मौसम की वजह से औसतन 30 प्रतिशत फसल नष्ट हो जाती है।

ग्लोबल वार्मिंग में तापमान में हरेक प्रतिशत बढ़ोतरी के साथ वैश्विक स्तर पर गेहूँ में 6%, चावल में 3.2%, मक्के में 7.4% और सोयाबीन में 3. 1% गिरावट आएगी। फील्ड में मिले आँकड़े बताते हैं कि अतिशय जलवायु परिवर्तन के कारण रबी फसलों में तेज गिरावट आती है, भू–जल का स्तर कम है, भू–क्षरण होता है और नए किस्म के नुकसान पहुँचाने वाले किट पनपते हैं। इन सबका घरेलू आय पर नकारात्मक प्रभाव पड़ता है।

इसके अलावा, कर्ज, उत्पादन के साधनों से वंचना, मजबूरन पलायन, स्वास्थ्य, आदि जैसे नतीजे भी इस सूची में शामिल हैं। सूखा बार–बार पड़ता है। यह ग्रामीण और कृषि के विकास में एक बड़ी बाधा है। छोटे और सीमांत किसान और भूमिहीन खेत मजदूर आजीविका और रोजगार के लिए कृषि पर निर्भर करते हैं। इसके साथ–साथ, सीमित साधनों, गरीबी के उच्च स्तर और सामाजिक सुरक्षा के अभाव के कारण उन पर जलवायु परिर्वतन की चोट सबसे गहरी पड़ती है। इन सब के कारण कृषि संकट गहराता चला गया और मौसमी/पर्यावरणीय शरणार्थियों की संख्या बढ़ी।

## खेती की लागत में वृद्धि और आर्थिक बोझ

नव–उदारवादी नीति के अपनाए जाने के कारण खेती के लिए सरकार की तरफ से दी जाने वाली विभिन्न छूटों में भारी कटौती हुई। भारत में मुख्य तौर पर खाद, बिजली और सिंचाई पर छूट दी जाती रही है। कृषि ऋण को अप्रत्यक्ष छूट माना जाता है। सरकार की तरफ से खाद्य छूट भी दी जाती है। आँकड़े बताते हैं कि अस्सी के दशक से इसमें गिरावट होने लगी (VKR)। गौरतलब है कि इसमें बिजली पर दी जाने वाली छूट के हिस्से में तेजी से वृद्धि हुई लेकिन खाद और सिंचाई पर दी जाने वाली छूट के हिस्से में भारी गिरावट हुई। उदारीकरण के पैरोकारों ने छूट के विरोध में तीन कारण गिनाए–(अ) इससे सरकार पर वास्तविक वित्तीय बोझ बढ़ता है, (ब) दूसरे क्षेत्रों में सरकारी निवेश कम हो जाता है और (स) खेती के साधनों की कीमत उनकी दुर्लभता मूल्य को प्रभावित करती है और इसलिए, उनके दोहन की संभावना बढ़ जाती है। इसकी परिणति पर्यावरणीय नुकसान और भूमि की गुणवत्ता के बिगड़ने के रूप में होती है। कृषि को दी जाने वाली छूटें आर्थिक दृष्टि से जारी न रखे जाने लायक किसानों के लिए नाकाफी और महँगा थी।

हालाँकि, यह प्रमाणित किया जा चुका है कि इन खेती के लिए दी जाने वाली छूटों से किसान को फायदा होता है।

## रासायनिक खादों का अत्यधिक उपयोग और खेती की लागत

नई आर्थिक नीति के कारण अर्थव्यवस्था के विभिन्न क्षेत्रों में कई

बहु–राष्ट्रीय निगमों के प्रवेश की राह खुली। रसायन (खाद और कीटनाशक) का क्षेत्र इसका अपवाद नहीं था। खेती के लिए जरूरी सामग्री पर दी जाने वाली छूट में भारी कमी के कारण ये किसान के लिए महँगे हो गए। खासकर छोटे व सीमांत किसान पर आर्थिक बोझ बढ़ गया। उत्तम बीज संरक्षण और कीटों को खत्म करने के पारंपरिक तरीके छोड़कर किसान एग्रो–केमिकल कंपनियों पर आश्रित होने को मजबूर हो गए। अविवेकपूर्ण (अवैज्ञानिक प्रयोग, जागरूकता के अभाव के कारण सुरक्षात्मक उपाय न अपनाना) इस्तेमाल के चलते रासायनिक खाद और कीटनाशक प्राकषतिक संसाधनों के क्षरण, उत्पादकता में कमी, भू–क्षरण, स्वास्थ्य और पर्यावरण के बिगड़ने का बड़ा सबब बनकर सामने आए हैं।

अमेरिका, जापान और चीन के बाद भारत कीटनाशकों का चौथा बड़ा उत्पादक देश है। हालाँकि भारत की सभी शीर्ष 10 एग्रो–केमिकल कंपनी विदेशी हैं। उनमें से अधिकांश कंपनी यूरोपीय संघ और पश्चिमी देशों में प्रतिबंधित हैं। भारत उनके लिए संभावित बड़े बाजार के रूप में उदित हो रहा है।

2015 के वित्तीय वर्ष में इस क्षेत्र ने 4.4 बिलियन अमरीकी डॉलर का व्यापार किया। उम्मीद है कि 7.5 प्रतिशत प्रति वर्ष वषद्धि दर के साथ 2020 तक यह 6.3 बिलियन डॉलर के आँकड़े को छू लेगा।

दूसरे शब्दों में, प्रतिवर्ष वैश्विक एग्रो–केमिकल के 4 प्रतिशत का उपभोक्ता भारतीय किसान है। और यह स्वास्थ्य संबंधी मसलों के लिहाज से चिंताजनक है। 2007–08 से 2014–15 के दौरान भारत में कीटनाशकों का प्रयोग 55.6 हजार टन से बढ़कर 61.8 हजार टन हो गया। यह बढ़ोतरी 25 प्रतिशत थी। एक अध्ययन के मुताबिक विकासशील देशों में हरित क्रांति के बाद तकरीबन 8 लाख लोग कीटनाशकों के प्रयोग के चलते काल कलवित हो गए। और इस वजह से लगभग 20 हजार लोगों की हर साल मौत होती है।

## घरेलू कर्ज और संकट

कृषि संकट और परेशानी को ग्रामीण कर्ज से जोड़ कर देखा गया है। किसान आत्महत्या पर सरकार को सौंपे गए कई रिपोर्ट ने भी इस बात की

पुष्टि की है कि इन आत्महत्याओं की एक बड़ी वजह किसानों के ऊपर कर्ज है। महाराष्ट्र, आंध्रप्रदेश, कर्नाटक, मध्यप्रदेश और छत्तीसगढ़ – इन पाँच राज्यों में कर्ज का स्तर उच्च था और वहाँ कुल किसान आत्महत्याओं की दो–तिहाई आत्महत्याएँ हुई हैं।

खेती में अच्छी गुणवत्ता की सामग्री और मशीन के उपयोग के लिए किसान प्रायः कर्ज लेते हैं। इसके अलावा अन्य जरूरतों मसलन, स्वास्थ्य, शिक्षा और शादी–ब्याह के लिए भी वे कर्ज लेते हैं।

अखिल भारतीय कर्ज और निवेश सर्वेक्षण (AIDI), जो राष्ट्रीय नमूना सर्वेक्षण का हिस्सा है, दो पक्षों को संज्ञान में लेता है – ग्रामीण परिवारों द्वारा कर्ज की माँग और कर्ज देने वाली एजेंसी (संस्था और गैर संस्था दोनों) (Gol,2014)। 1991 और 2012 के बीच के सर्वेक्षणों के तुलनात्मक विश्लेषण से पता चलता है कि औपचारिक संस्थानां से कर्ज दिए जाने में भारी गिरावट आई है (देखें, तालिका 1) AIDIS के मुताबिक ग्रामीण परिवारों द्वारा औपचारिक संस्थाओं से 1991 में 64% कर्ज लिया गया। 2012 में यह घटकर 56% हो गया। वहीं, अनौपचारिक एजेंसी से यही कर्ज इसी दरमियान 36% से बढ़कर 44% हो गया। गाँवों में अभी भी महाजन कर्ज का बड़ा स्रोत है। कुल अनौपचारिक कर्ज का 33% महाजन द्वारा दिया गया। रिपोर्ट में आया कम प्रतिशत पहले के सर्वेक्षणों के द्वारा इसे कम करके देखने के कारण हो सकता है।

**तालिक 1: स्रोत–वार कर्ज का बकाया रकम (प्रतिशत में)**

| कर्जदाता एजेंसी | | 1991 | 2002 | 2012 |
|---|---|---|---|---|
| (अ) | सांस्थनिक एजेंसी | 64.1 | 57.1 | 56.1 |
| | सरकार | 5.7 | 2.3 | 1.3 |
| | को–ओपरेटिव सोसाईटी बैंक | 18.6 | 27.3 | 24.8 |
| | वाणिज्यिक बैक और त्त्ठे | 29.1 | 24.5 | 25.1 |
| | अन्य | 10.7 | 3.0 | 4.9 |
| **(ब)** | **गैर–सांस्थानिक एजेंसी** | 36.0 | 42.9 | 44.0 |

| | | | | |
|---|---|---|---|---|
| | जमींदार | 4.0 | 1.0 | 0.7 |
| | महाजन | 15.7 | 29.6 | 33.2 |
| | व्यापारी | 7.1 | 2.6 | 0.1 |
| | सगे–संबंधी और दोस्त | 6.7 | 7.1 | 8.0 |
| | अन्य | 2.5 | 2.6 | 2.0 |
| | सभी स्रोत (अ़ब) | 100.0 | 100.0 | 100.0 |

स्रोत: AIDIS, 1991,2002 and 2012

## वित्तीय समावेशन या बहिष्करण

1969 में बैंकों के राष्ट्रीयकरण का उद्देश्य ग्रामीण ऋण सेवाओं का विस्तार करना था। 1975 में क्षेत्रीय ग्रामीण बैंक वजूद में आए। उनका ध्येय छोटे और सीमांत किसानों, भूमिहीन मजदूरों, ग्रामीण कारीगरों आदि को ऋण सुविधा के दायरे में लाना था ताकि उनकी उत्पादक क्षमता बढ़ सके। रिजर्व बैंक ऑफ इंडिया के निर्देश के अनुसार वाणिज्यिक और ग्रीमीण दोनों ही तरह बैंकों के लिए यह अनिवार्य किया गया कि वे अपने कुल ऋण का 40% प्राथमिकता–प्राप्त क्षेत्रों को दें। इसमें से 18% कृषि और अन्य संबद्ध गतिविधि के लिए और 10% कमजोर तबके लिए नियत किया गया।

2000 के दौरान कषषि ऋण योजना को फिर से शुरू किए जाने पर कृषि ऋण में खासी बढ़ोतरी दर्ज कि गई। 1990 और 2000 के बीच यह 1.9% था। 2000 और 2007 के बीच यह बढ़कर 19.1% हो गया। 2000 में कृषि ऋण कुल ऋण का 30% था। 2007 में यह बढ़कर 52% हो गया। इसके साथ–साथ सहकारी समितियों से ऋण दिए जाने में तेजी से बढ़ोतरी हुई। हालाँकि कृषि ऋण में दिखलाई दे रहा उक्त इजाफा वास्तव में भ्रामक था। उसका कृषि से ज्यादा ताल्लुक नहीं था।

2000 के दौरान कृषि में पुनर्जीवन का विद्वानों द्वारा आँकड़ों का आलोचनात्मक विश्लेषण अधिक अच्छी समझ प्रदान करता है।

पहला, उस दौरान बैंकों के कृषि ऋण में तेज बढ़ोतरी हुई। हालाँकि

इसमें अच्छा–खासा हिस्सा अप्रत्यक्ष ऋण था।

दूसरा, नई ऋण नीति में कृषि और अन्य संबद्व गतिविधियों को नए सिरे से परिभाषित किया गया ताकि वाणिज्यिक, निर्यातौन्मुखी और सघन पूँजी खेतियाँ कृषि–गतिविधि मानी जाएँ।

तीसरा, कृर्षि में वद्धि की सीमा को बढ़ाकर 25 करोड़ से ज्यादा करना। इससे बड़े पैमाने के कृषि व्यापार को सहूलियत मिली।

चौथा, शहर और महानगर के वाणिज्यिक बैंकों द्वारा कृषि ऋण में खासा बढ़ोतरी (40 प्रतिशत से अधिक)।

पाँचवाँ, कुल कृषि ऋण में लंबी अवधि के कृषि लोन का घटना। दो लाख रूप्ये से कम का लोन 1990 में 82.6% था। 2010 में यह घटकर 44. 3% हो गया। वहीं, बड़े ऋण (10 लाख रूपए से ज्यादा) का प्रतिशत, 1990 में 1.3% बढ़कर 2010 में 20.4% हो गया। इसके साथ ही, अनुसूचित बैंकों के ग्रामीण शाखाओं का ऋण–अनुपात गिरकर 1991 के स्तर पर पहुँच गया। एक तरफ, अत्यधिक सूद लेने वाले महाजनों पर निर्भरता बढ़ी तो दूसरी तरफ कषषि उत्पाद की कीमत–नीति प्रतिकूल हुई। नतीजा यह हुआ कि भारतीय किसान दोनों तरफ से आर्थिक विपदा–ग्रस्त हो गया।

## 2.6 न्यूनतम समर्थन मूल्य

आजादी के बाद भारत के विभिन्न हिस्सों में (विभिन्न आवो–हवा वाले) कषषि के विकास के लिए नीतियाँ बनाने के उद्देश्य से कृषि प्रबंध अध्ययन (FMS) की शुरूआत की गई।

सबसे पहले इसे 1954–55 में मुबई, मद्रास, पश्चिम बंगाल, पंजाब और उत्तर प्रदेश – इन पाँच जगहों में और अगले साल मध्य–प्रदेश में शुरू किया गया।

FMS की शुरूआत इन दो उद्देश्यों को ध्यान में रखते हुए की गई। पहला, कृषि अर्थव्यवस्था और उत्पादन के हालात का अध्ययन करना और दूसरा, देश के विभिन्न भागों से कृषि प्रबंध के आँकड़े जुटाना, जो राष्ट्रीय स्तर पर कृषि नीतियों और कृषि प्रबंध प्रसार कार्यों के सूत्रीकरण के उपयोग में आ सके।

'स्टैंडिंग टेक्निकल कमिटी' कषषि की लागत संबंधित सुझावों और कषषि प्रबंध अध्ययन का अनुसरण करते हुए उपयुक्त मूल्य समर्थन नीति बनाने के उद्देश्य से सरकार ने 1970–71 में चुनिंदा राज्यों में प्रमुख फसलों की लागत मूल्य के सही–सही आकलन के लिए वष्हत योजना बनाई। बाद में कषषि लागत और मूल्य आयोग (CACP) के रूप में इसे संस्थानीकष्त किया गया। CACP हर साल चुनिंदा रबी और खरीफ फसलों का न्यूनतम समर्थन मूल्य और खरीद मूल्य तय करता है। न्यूनतम समर्थन मूल्य तय करते वक्त इन तीन विभिन्न लागत मूल्यों का ध्यान रखा जाता है। पहला है ए2 यानि किसान का फसल तैयार करने में लगा नगद खर्च। दूसरा है ए2 एफएल यानि फसल की नगद लागत के साथ–साथ किसान परिवार की मेहनत का मूल्य। तीसरे का नाम है सी2। इसमें किसान की नगद लागत और पारिवारिक श्रम के मूल्य के साथ–साथ जमीन का किराया और अन्य कृषि–पूँजी पर लगने वाला सूद भी शामिल है।

न्यूनतम समर्थन मूल्य का मुख्य उद्देश्य यह था कि यदि उपज खूब बढ़िया हो और इस कारण उसका बाजार मूल्य कम हो जाए तो सरकार किसान से समर्थन मूल्य पर उपज खरीद कर उसे असुरक्षा की स्थिति में फँसने से बचा ले। इससे किसान अधिक निवेश और उत्पादन के लिए भी प्रोत्साहित होते। सरकारी खरीद का उद्देश्य किसानों की सुरक्षा के साथ–साथ गरीबों को कम मूल्य पर पर्याप्त खाद्यान्न भी सुलभ करना था।

किसानों को उचित मूल्य न मिल पाने और उनके बाजार की प्रतियोगिता से लाभान्वित न होने की वजह आवश्यक वस्तु अधिनियम को भी माना जाता रहा है। हालाँकि घरेलू महँगाई दर और संभावित संकट को नियंत्रित रखने के लिए आजादी के बाद से ही जानबुझकर खाद्यान्नों की कीमत कम रखी गई।

आँकड़ों पर निगाह डालें तो हम पाते हैं कि मुख्य फसलों के न्यूनतम समर्थन मूल्य की वद्धि का दर धीमा रहा है। 2009–10 और 2013–14 के बीच समर्थन मूल्य में बढ़ोतरी हुई लेकिन उसके बाद वह सुस्त–सी हो गई। समर्थन मूल्य में हुई वद्धि उस अवधि में लागत में हुई वद्धि के अनुरूप नहीं थी।

## न्यूनतम समर्थन मूल्यः छलावा या आश्वासन

देश भर में किसानों के धरना–प्रदर्शन का प्रमुख कारण अच्छी फसल

लेकिन उसकी कम कीमत का मिलना होता है। भारत में कृषि से इतना मुनाफा नहीं हो रहा है जिससे किसान इससे जुड़े रहें।

2006 में कृषि वैज्ञानिक एम एस स्वामीनाथन की अध्यक्षता में गठित राष्ट्रीय किसान आयोग की एक बड़ी सिफारिश यह थी कि किसानों को लागत से कम–से–कम 50% अधिक न्यूनतम समर्थन मूल्य दिया जाना चाहिए।

किसान संगठन इसे लागू करने के लिए लंबे समय से माँग कर रहे हैं। किसानों को सीधे कीमत के स्तर पर समर्थन दिए जाने से उनकी घरेलू आय में इजाफा होता है। इससे कृषि घाटे का पेशा नहीं रह जाती। दरअसल, कषषि आय को 2022 तक दोगुना करना मोजूदा केन्द्र सरकार का दावा भरा लक्ष्य रहा है। वित्त मंत्री ने 2018 के केंद्रीय बजट में बड़े ही तन कर यह घोषणा की थी स्वामीनाथन समिति की सिफारिश के अनुसार न्यूनतम समर्थन मूल्य तय किया जाएगा। लेकिन अभी तक सरकार समर्थन मूल्य तय करने के समिति के सुझाए सूत्र के पक्ष में खुलकर सामने नहीं आई है।

A2+FL के आधार पर प्रमुख फसलों के लिए घोषित समर्थन मूल्य और राष्ट्रीय कृषि आयोग द्वारा सुझाए मूल्य के बीच अंतर के प्रतिशत का विश्लेषण तालिक 2 में दर्शाया गया है। जैसा कि आँकड़ों से पता चलता है सरकार घोषित मूल्य आयोग के सुझाए मूल्य से 20–80% कम रहा है। गौर करने वाली बात यह है कि यह अंतर समय के साथ कपास, सोयाबीन, चावल और तुअर के मामले में बढ़ता ही चला गया है। उदाहरण के लिए, 2013–14 में कपास के लिए घोषित समर्थन मूल्य 3700 प्रति क्विंटल था जो सुझाए गए मूल्य से 43% कम था। 2017–18 में यह बढ़कर 63% हो गया। यह खेती की लागत के तेजी से बढ़ने को भी व्यक्त करता है।

## तालिका 2

| खरीफ फसल | 2013–14 MSP | NCA अंतर | 2014–15 MSP | NCA अंतर | 2015–16 MSP | NCA अंतर | 2016–17 MSP | NCA अंतर | 2017–18 MSP | NCA अंतर |
|---|---|---|---|---|---|---|---|---|---|---|
| रागी | 1500 | –69 | 1550 | –74 | 1650 | –88 | 1725 | –87 | 1900 | –86 |
| ज्वार | 1500 | –65 | 1530 | –75 | 1570 | –84 | 1625 | –84 | 1700 | –84 |
| मूँग | 4500 | –59 | 4600 | –62 | 4850 | –55 | 5225 | –49 | 5575 | –53 |
| नाइजर बीज | 3500 | –56 | 3600 | –67 | 3650 | –67 | 3825 | –69 | 4050 | –89 |
| सूरजमुखी | 3700 | –49 | 3750 | –55 | 3800 | –62 | 3950 | –68 | 4100 | –69 |
| उड़द | 4300 | –43 | 4350 | –49 | 4625 | –45 | 5000 | –40 | 5400 | –25 |
| कपास | 3700 | –43 | 3750 | –39 | 3800 | –49 | 3860 | –52 | 4020 | –63 |
| धान | 1310 | –41 | 1360 | –40 | 1410 | –41 | 1470 | –41 | 1550 | –44 |
| तुअर | 4300 | –38 | 4350 | –45 | 4625 | –39 | 5050 | –28 | 5450 | –27 |
| तिल | 4500 | –38 | 4600 | –57 | 4700 | –66 | 5000 | –67 | 5300 | –61 |
| सोयाबीन | 2560 | –30 | 2560 | –30 | 2600 | –40 | 2775 | –37 | 3050 | –44 |
| मूँगफली | 4000 | –27 | 4000 | –46 | 4030 | –56 | 4220 | –53 | 4450 | –38 |
| मक्का | 1310 | –27 | 1310 | –33 | 1325 | –38 | 1365 | –41 | 1425 | –47 |
| बाजरा | 1250 | –20 | 1250 | –29 | 1275 | –36 | 1330 | –37 | 1425 | –35 |

स्रोत: CACP विभिन्न साल

हालाँकि घोषित समर्थन मूल्य समिति के सुझाए मूल्य से कम रहा, भारतीय किसान उसका भी फायदा नहीं उठा सके। इसकी कई वजहे रहीं। पहला, कृषि उत्पादों की खरीद में होने वाला विलंब। भारतीय खाद्य निगम गरीबों को कम दाम में अनाज वितरित करने के लिए अनाज की खरीद और भंडारण का काम करता रहा है। कृषि उत्पादों की खरीद–बिक्री का सर्वोच्च संगठन नाफेड (NAFED) (भारतीय राष्ट्रीय कृषि सहकारी विपणन संघ लिमिटेड) समर्थन मूल्य पर सीधे किसानों से खरीद करता है। यह खरीद

फसल तैयार होने के तुरंत बाद की जानी चाहिए। लेकिन ऐसा होता नहीं है। किसानों की शिकायत रही है कि इस खरीद में प्रायः देरी (कम–से–कम दो महीने) होती है। मजदूरी और खेती के लिए साधन जुटाने में हुए खर्च को चुकाने के लिए मजबूरन उन्हें अपना उत्पाद कम कीमत पर व्यपारियों को बेचना पड़ जाता है।

दूसरा, खरीदे गए अनाज की कीमत देने में सरकार की तरफ से होने वाले विलंब के चलते हाल के समय में संकट और गहराया है। उदाहरण के लिए, महाराष्ट्र में नाफेड ने किसानों को समय पर बकाया राशि का भुगतान नहीं किया। इसलिए ज्यादातार किसानों को अपना कषषि उत्पाद निजी व्यापारियों के हाथें बेचना पड़ा और वह भी, न्यूनतम समर्थन मूल्य से कम मूल्य पर। उससे उनकी लागत तक पूरी नहीं हो पाई। महाराष्ट्र में मार्च 2018 तक किसानों का 1300 करोड़ रूपया बकाया था जो उनके खाते में नही पहुँचा था।

तीसरा, पर्याप्त आधारभूत ढँाचे, मसलन खरीदे गए कृषि उत्पाद के भंडारण के लिए जरूरी गोदाम और बोरे का अभाव।

और चौथा, हालाँकि समर्थन मूल्य के दायरे में 23 प्रमुख फसलें ला दी गई हैं लेकिन तरजीह चावल और गेहूँ को ही मिलता है। सूरजमुखी, ज्वार, बाजरे आदि जैसे फसलों के लिए कोई व्यवस्था नहीं है। इन्हें किसान कम कीमत पर बेचने के लिए विवश हैं।

## कृषि उत्पाद आयात नीति

हाल के वर्षों में भारत में बदलते आयात नीति ने घरेलू कृषि उत्पादों के कीमत को प्रभावित किया है। 2015 16 और 2016–17 के दौरान बंपर उत्पादन के दावे के बावजूद सरकार ने कृषि उत्पादों, खासकर, खाद्यान्न (गेहूँ, मक्का, दाल, गैर–बासमती चावल) के आयात को बढ़ावा दिया है। इस तरह के आयात का किसानों पर बुरा प्रभाव पड़ता है। घरेलू बाजार में कीमत में गिरावट के कारण वे संकटग्रस्त हुए हैं। 2014–2017 (मार्च के अंत तक) के दौरान इन अनाजों की कुल मात्रा में 110 गुना बढ़ोतरी हुई है। घरेलू बाजार की बजाय बाहर में गिरती कीमत किसानों के लिए ज्यादा लाभकारी नहीं रह जाता। उधर व्यापारी हैं जो घरेलू सस्ते में आयात करते हैं। सरकार

खाद्यान्न संकट से निपटने के लिए आयात का रास्ता अख़्तियार करती है, जो किसानों के लिए दुःस्वपन साबित होता है, खासकर यदि फसल अच्छी हुई हो। ऐसे में, किसानों को प्रोत्साहन देने और आयात को नियंत्रित करने के लिए सरकार की तरफ से हस्तक्षेप जरूरी हो जाता है। अचरज की बात यह है कि सरकार आयात पर खर्च कर रही है जबकि निर्यात पर शर्तें लागू कर रखी है। उदाहरण के लिए, बाहर से दाल के आयात पर कोई रोक–टोक नहीं है जबकि इसके निर्यात पर मात्रात्मक प्रतिबंध है।

## 2.8 प्रकृति की भूमिका

भारतीय कृषि के छोटे और सीमांत किसानों की अच्छी–ख़ासी संख्या है। सिंचाई के सीमित साधनों के कारण उनकी मानसून पर निर्भरत बढ़ जाती है। ऐसे में मौसम की अनियमितता खेती को बड़े जोखिम में डाल देता है। बचाव के सीमित उपायों, गरीबी और सीमित सामाजिक सुरक्षा के कारण दोटे और सीमांत किसान मौसम के झटके से सर्वाधिक प्रभावित होते हैं।

खेती को कई तरह के जोखिम का सामना करना पड़ता है। मिसाल के लिए प्राकृतिक जोखिम–जलवायु परिवर्तन के कारण होने वाले बाढ़, सूखा, तुफान आदि; बाजार–स्तरीय जोखिम–फसल की लागत व कीमत और ब्याज–दर में उतार–चढ़ाव, बाजार के स्तर पर अप्रत्याशित बदलाव, राज्य की नीतियों में परिवर्तन आदि; संसाधन–स्तरीय जोखिम–श्रम, ऋण–उधार, सिंचाई, बिजली, खाद और बीज आदि की उपलब्धता का अनिश्चित होना; उत्पादन के स्तर पर जोखिम–फसल को कीटों व कीटनाशकों से होने वाला नुकसान, रख–रखाव के क्रम में होने वाली क्षति, स्वास्थ्य आदि का मसला।

उदाहरण के लिए, महाराष्ट्र और विदर्भ के किसानों के कपास की फसल पिंक बॉलवर्म कीट की वजह से क्षतिग्रस्त हो गया। इससे किसानों को लगभग 120000 करोड़ रूपए का नुकसान हुआ। इतना ही नहीं, ओलावृष्टि और बेमौसम बारिश के कारण वहाँ रबी की लगभग तैयार फसल नष्ट हो गई। इसलिए किसान ऐसे अनसोचे/अप्रत्याशित जोखिमों से बचने के लिए अलग–अलग तरीके अपनाते है। यह और बात है कि सभी जोखित के लिए बचाव–उपाय नहीं किया जा सकता।

## 2.9 फसल बीमाः जोखिम से बचने का उपाय?

प्राकृतिक आपदा अथवा ऐसी वजह जिस पर किसानों का वश न हो, से फसलको होने वाले नुकसान से किसान को असहायता की स्थिति से बचाने के लिए फसल बीमा एक महत्वपूर्ण सुरक्षा व्यवस्था हो जाता है। भारत में प्राकृतिक अनिश्चितता से खेती–बारी खासा प्रभावित होती है। बाढ़, सूखा, तुफान, आँधी, कीटों और रोगों के आक्रमण से फसल को खूब नुकसान पहुँचता है। ऐसे में फसल बीमा से किसान को काफी मदद पहुँचती है।

फसल बीमा की घरेलू आय को अस्थिर होने से रोकने में भी महत्त्वपूर्ण भूमिका होती है। योजना आयोग ने अपने रिपोर्ट में इस बारे में लिखा कि "सभी किसान आर्थिक नुकसान को झेलने का सामर्थ्य नहीं रखते। नए बीज के अपेक्षित उत्पादन न देने की अवस्था, या सिंचाई के लिए बोर वेल पर होने वाले खर्चे की भरपाई न हो पाने या अनाज के बाजार भाव के अचानक से लुढ़क जाने की स्थिति में बड़ी संख्या में आत्महत्या इसका स्पष्ट प्रमाण है। किसानों को इस तरह के संकट से बचाने के लिए समुचित उपाय किए जाने चाहिए। भारत में फसल बीमा अधिक लोकप्रिय नहीं हुआ। 2006 में कुल खेती करने वालों किसानों के केवल 4 प्रतिशत ने फसल बीमा कराया था। हाल के सालों में जोखिम के बढ़ने के साथ–साथ बीमित किसानों की संख्या में भी वृद्धि हुई है। 2016–17 के वित्तीय वर्ष में लगभग 40 प्रतिशत किसानों ने फसल बीमा कराया।

## 2.10 भारत में फसल बीमा की दिक्कतें

भारत में किसानों के बीच फसल बीमा अधिक लोकप्रिय नहीं हो सका है। इसका कारण ज्यादा प्रीमियम, सीमित कवरेज, मूल्यांकन की जटिलता और बीमा की रकम के मिलने में होने वाली देरी हैं। पहली फसल बीमा योजना को छोड़ कर बाकी सभी 'एक समान क्षेत्र' रूख लिए हुए रहे हैं। अधिकतर जमीन छोटे और सीमांत किसानों के पास हैं, मौसम और मिट्टी भी सब जगह एक समान नहीं है। इसके साथ ही, इन किसानों में निरक्षरता का स्तर काफी उच्च है। इसके कारण किसी किसान के ऊपज संबंधी सटीक आँकड़ों के मिल पाने में कठिनाई होती है। भारत के ज्यादातर हिस्सों में फसल का मूल्य काफी कम है। इसकी तुलना में प्रीमियम की राशि अधिक है जिसे चुका पाना इन किसानों के लिए महँगा पड़ता है। जबकि बीमा पर

छूट है। इसलिए विकसित देशों की तुलना में भारत में फसल बीमा अधिक चुनौती भरा है। जोखिम की जटिलता और मुआवजे की रकम के निर्धारण के लिए समुचित आँकड़े के अभावा के चलते फसल बीमा कार्यक्रम सफल न हो सका।

विज्ञान और पर्यावरण केंद्र (CSE) ने हाल में शुरू की गई प्रधानमंत्री फसल योजना का विश्लेषण किया है। केंद्र ने पाया कि इसका लाभ खासकर निजी बीमा कंपनियों को मिला। किसान इसके फायदे से वंचित रहे। 2017 तक निजी कंपनियों को फसल बीमा के कुल 15811 करोड़ रूपए प्रीमियम मिले। वहीं, उन्हें केवल 4962 करोड़ रूपए बतौर भरपाई देनी पड़ी। बीमा की रकम के दावों की कम संख्या का प्रमुख कारण राज्यों द्वारा छूट देने में की गई देरी है। इसलिए केवल 32% दावे किए गए। दावे की पूर्ति में होने वाली देरी दूसरा बड़ा कारण था। इसके अलावा राजय सरकारों द्वारा दावे नियम करने के लिए उत्पादन की मात्रा की सीमा का निम्न होना भी योजना के सफल न होने का सबब बना।

## कृषि विकास के लिए सरकारी निवेश

कृषि सेवा प्रसार के उद्देश्य से 1964 में भारतीय कृषि अनुसंधान परिषद् (ICAR) बनाया गया। उसके बाद सत्तर के दशक में ICAR ने कषषि विज्ञान केन्द्र, लैब–टू–लैंड कार्यक्रम और कई शोध–आधारित कार्यक्रम शुरू किए। सरकार की सभी प्रसार सेवाओं में बीज, खाद खेती के तरीके के बारे में ज्ञान का प्रसार करना महत्त्वपूर्ण था। यह पाया गया कि ज्ञान के प्रसार का उत्पादकता और उत्पादन पर सकारात्मक प्रभाव पड़ता है।

लेकिन सरकारी प्रसार सेवा केंद्रों का प्रदर्शन अच्छा नहीं रहा। 2003 के मूल्यांकन सर्वेक्षण के मुताबिक राष्ट्रीय कृषि शोध तंत्र (NARS) के प्रसार कार्यक्रमों और सेवाओं का दायरा बेहद कम था। केवल 40% किसानों को आधुनिक तकनीकी के स्त्रोतों संबंधी कोई जानकारी थी। इनमें 16.7% हिस्सा प्रगतिशील किसानों का, 13% हिस्सा इनपुट डीलर का और 13: हिस्सा रेडियों का था। सरकारी एजेंट का प्रतिशत केवल 5.7% था (NSSO,2005)।

जमीनी स्तर पर समुचित जानकारी देने के लिए पर्याप्त लोगों की कमी एक गंभीर समस्या है। भारत में 14100000 हेक्टेयर कृषि क्षेत्र और 15800000 जोत के लिए केवल 1,19,048 प्रसारकर्मी हैं। यानि एक प्रसारकर्मी के जिम्मे 1956 हेक्टेयर कृषि क्षेत्र और 1987 जोत हैं।

## कृषि में सरकारी और निजी निवेश

कृषि क्षेत्र में उदारीकरण का एक उद्देश्य निजी–सार्वजनिक भागीदारी और गैर सरकारी संगठन की भागीदारी को बढ़ावा देना था। नतीजतन, 1990 के बाद कृषि में निजी निवेश बढ़ता गया। वहीं सार्वजनिक निवेश में कमी होती चली गई। केंद्रीय सांख्यिकी ब्यूरों के आँकड़े बताते हैं कि 2004–05 और 2010–11 के बीच जहाँ सरकारी निवेश कम होता चला गया वहीं निजी निवेश 59,905 करोड़ रूपए से बढ़कर 82,464 करोड़ रूपए हो गया। 2014–15 में तो यह उछलकर 220,343 करोड़ रूपए तक पहुँव गया।

## 2.12 नोटबंदी और खेती पर असर

2013 से 2014 तक लगातार सूखे की वजह से किसानों के फसल को काफी नुकसान पहुँचा। उन्हें बड़ी परेशानी का सामना करना पड़ा। 2016 में तनिक अच्छी बारिश हुई तो उत्पादन में हल्का सुधार हुआ। लेकिन तभी केंद्र सरकार से नोटबंदी की घोषणा कर दी और उम्मीद की जो हल्की किरण दिखी थी वह बुझ गई। 500 और 1000 के नोटों के बंद होने के कारण नकदी में कमी आई और उससे किसानों को अनाज बेचेन और खेती के लिए जरूरी साधन खरीदने के स्तर पर भारी परेशानी का सामना करना पड़ा। मुद्रा में हुए बदलाव का ग्रामीण इलाकों के सहकारी बैंकों पर भी असर पड़ा जो कृषि ऋण के प्राथमिक स्रोत हैं। नतीजा यह हुआ कि किसान महाजनों के मोहताज हो गए। छोटे और सीमांत किसान भारी कर्ज के बोझ तले आ गए।

## सन्दर्भ


1. Athreya, Venkatesh. 2013. 'The Current Agrarian Crisis in India: An Overview,. The Marxist, XXIX (3): 1-18.

2. Bhushan, Chandra and Vineet Kumar. 2017. 'Pradhan Mantri Bima Fsal Yojna: An Assessment.' Centre for

Science and Environment, New Delhi: Lefword.

3. Chandrasekhar, CP., and Jayati ghosh. 2004. The Market That Failed: A Decade of Neo-Liberal Economic Reforms in India. New Delhi: Leftword.

4. Chavan. Pallavi (2005), "Banking Sector Liberalisation and the Growth and Regional Distribution of Rural Banking:, in Ramachandran, V.K. and Swaminathan, Madhura (eds.) Financial Liberalisation and Rural Credit in India, Tulika Books, New Delhi.

5. CSDS-Lokniti, 2014. State of Indian Farmers: A Report, Centre for Studies of Development Societies, New Delhi.

6. Devi, P.I. 2010. 'Pesticides in agriculture- A boon or a curse? A case study of Kerala'. Economic and Political Weekly, 45:26-27

7. Dhar, Niladri and Navpreet Kaur. 2013. 'Features of Rural Unemployment in India: Evidence from Nine Villages', review of Agrarian Studies, 3(1):14-54

8. Forster P, Jackson L, Lorenz S, Simelton E, Fraser E, Bahadur K. 2012. 'Food security:near future projections of the impact of drought in Asia'. The Centre for Low Carbon Futures; 2012.

9. Krishan Kumar, Asha (2003) The Raipur collection, Vol 20 Issue 02, 18-25 January 2003 Frontline, Chennai.Ghosh, Subir. 2017 . 'When the Nation Could Not Feel the Pulse – The Spike in Prices of Tur and Urad Dal was a Fallout of Cartelisation'. Economic and Political Weekly, 52 (25-26), Web Exclusive.

# 18

# किसान से मजदूर बनने की व्यथा–कथा : पूस की रात

डॉ. दत्ता कोल्हारे

यह बात सर्वश्रुत है कि, भारत एक कृषि प्रधान देश है और यहाँ की 75 प्रतिशत आबादी .षि कर्म पर आश्रित है। विचारणीय बात यह है कि, जमीन का सीना चीरकर अन्न उत्पन्न करनेवाले 'अन्नदाता' की अवस्था आज अत्यंत दयनीय हो गयी है। खेती में वह जो अन्न उपजाता है उस अन्नपर उसका अधिकार नहीं है। आधुनिक कहें जानेवाले इस युग में ऐसी अनेक व्यवस्थाएँ है जो किसानों का शोषण कर रही है, जिनमें राज व्यवस्था, व्यापारी तथा आधुनिक युग के साहुकार आदि प्रमुख है। देश के इस सबसे बड़ी आबादी वाले किसानों, जिनकी संख्या कुल जनसंख्या के 70–75 प्रतिशत है वे आज विभिन्न मार्गों से हो रहे दोहन–शोषण से दुःखी, व्यथापूर्ण जीवन व्यतीत कर रहे हैं। देश की बाकि बची 25–30 प्रतिशत आबादी जिनमें उच्च–मध्यवर्गीय तबका प्रमुख रूप से आता है वह चौन से अपना जीवन व्यापन करते हुए इन गरीब किसानों का शोषण कर रहा है। चारों ओर से पीड़ित–शोषित देश का 'अन्नदाता' आज भी भूखा है। अपने शरीर–लज्जा को छुपाने के लिए उराके पास ठीक तरह के वस्त्र भी नहीं है। ऐसे भूखे, नंगे, शोषित, पीड़ित तथा दुःख को ही अपना 'भाग्य' मानकर चलने वाले किसानों

के जीवन का प्रतिबिंब प्राचीन काल से ही साहित्य के माध्यम से चित्रित हुआ है। तुलसी 'राम–राज्य' में 'खेती न किसान को' वाली बात कहकर किसानों की दयनीय दशा को व्यक्त करते हुए दिखाई देते है। 'राम–राज्य' के समय से या उसके पूर्व से चली आ रही किसानों की शोषण की 'कथा' 21वी सदी में भी ज्यों–कि–त्यों बरकरार है। या यह कहने में अतिशयोक्ति नहीं होंगी कि, 21वी सदी में किसानों की हालत इतनी अधिक बिगड़ गई है कि वे 'आत्म–हत्या' तक कर रहे हैं। जो किसान 'आत्म–हत्या' करने से घबराते है वे आज किसानी छोड़ने पर मजबूर हो रहे है। किसानी करने के बजाय वे मजदूर बनकर एक वक्त की रोटी ही सही पर सुख पूर्वक खाने के अभिलाषा रखते है। यह बात 'कृषि संस्कृति' कहे जानेवाले देश के लिए विचारणीय है जहाँ की 'उत्तम कृषि, मध्यम बान। अधम चाकरी, भीख निदान।' जैसे आदर्शों को लेकर जीवन जीने के सिद्धांत गढ़े जाते रहे है।

2010–11 के कृषि जनगणना के आँकड़ों के आधार पर महाराष्ट्र में 1 करोड़ 36 लाख लोग खेती कर रहे थे। ताजा जनगणना में यह संख्या 1 करोड़ 35 लाख हो गई है। अर्थात पिछले कुछ वर्षों में महाराष्ट्र जैसे 'प्रगत' कहें जानेवाले 'राष्ट्र' में एक लाख किसान खेती छोड़ चुके है। विगत दस सालों के आँकड़ों के आधार पर खेती–बाडी छोड़नेवाले ये दो लाख किसान सरकारी कर्मचारी नहीं बने होगे, ना ही इन लोगों ने कोई नया उद्योग शुरु किया होगा। महाराष्ट्र में ये किसान खेती त्यागकर या तो खेत मजदूर बने होंगे या फिर मजदूर। प्रतिनिधिक रूप से महाराष्ट्र के किसानों की यह 'व्यथा–कथा' संपूर्ण देश का हाल बयान करती है। खेती से किसानों के पलायन करने के और भी कई कारण हो सकते है। जैसे – जमीन का बंटवारा, कृषि योग्य भूमि का कम हो जाना, विभिन्न योजनाओं के लिए भूमि अधिग्रहण तथा सबसे महत्त्वपूर्ण कारण लगातार बढ़ता कर्जा आदि। खेती करने के लिए मेहनत के साथ–साथ धन भी एक महत्त्वपूर्ण 'वस्तू' है। धन के अभाव में खेती करना असंभव है। किसानों को बीज खरीदने से लेकर, फसल काँटने तक धन की आवश्यता होती है। इस धन की पूर्ति हेतु उन्हें कर्ज लेना पड़ता है। इस कर्ज से उत्पन्न ब्याज को चुकाते–चुकाते उसकी जिंदगी खत्म हो जाती है परंतु लिया हुआ कर्जा खत्म नहीं होता। कर्जे के इस 'चक्रव्युह' से छुटकारा पाने हेतु आज के किसानों के पास दो ही रास्ते बचें है – एक आत्म–हत्या और दूसरा खेती से पलायन करना। किसानों के

मन–मस्तिष्क में विराजमान इसी सोच को प्रेमचंद ने अपनी कहानी 'पूस की रात' में बखूबी ढंग से अभिव्यक्त किया है।

हिन्दी कथा साहित्य में प्रेमचंद किसी परिचय के मोहताज नहीं है। उपन्यास क्षेत्र में वे जितने महान है, उससे भी कई अधिक मात्रा में कहानी क्षेत्र में उनका महत्त्व अबाधित है। आदर्शोन्मुखी यथार्थवादी परंपरा के प्रतिष्ठापक प्रेमचंद ने अपनी कहानियों में दबे–कुचले एवं निम्न स्तर के समाज का चित्रण अत्यंत मर्मस्पर्शी ढंग से किया है। इसी निम्न स्तर में जीवन जीने वाला एक प्रमुख वर्ग है, जिसे हम सब 'किसान' के नाम से जानते है। इस किसान वर्ग की दशा, उसकी समस्याएँ आदि विषयों को लेकर प्रेमचंद ने कहानी एवं उपन्यास विधा के माध्यम से बखूबी ढंग से लिखा है। किसान जीवन का महाकाव्य कहें जानेवाला 'गोदान' उपन्यास किसानों के जीवनचर्या पर प्रकाश डालता है। 'गोदान' उपन्यास की तरह प्रेमचंद ने अनेक कहानियों का लेखन किया, जिनमें किसानों के जीवन का चित्र अंकित है। किसान जीवन की 'कथा' सुनानेवाली प्रेमचंद की एक कहानी है 'पूस की रात', यह कहानी 20वी सदी के प्रारंभ में लिखी गई थी।

कहानी की शुरुआत पारंपरिक कथा–शैली अर्थात कथा–सुनानेवाली शैली के निर्वाहन किए बगैर ही एक 'सूचना' के माध्यम से होती है। इसे प्रेमचंद द्वारा कहानी आरंभ का एक नया प्रयोग माना गया है। ''हल्कू ने आकर स्त्री से कहा – सहना आया है, लाओ, जो रुपये रखे हैं, उसे दे दूँ, किसी तरह गला तो छूटे।'' इतनी–सी सूचना 'पूस की रात' कहानी की बुनियाद है। इसी एक 'सूचना' पर प्रस्तुत कहानी की इमारत खड़ी कर पाने में प्रेमचंद सफल हुए है। 'पूस की रात' कहानी को दो भागों में विभाजित कर देखा जाए तो कथा नायक 'हल्कू' जो एक किसान है वह अपनी पत्नी मुन्नी के साथ अत्यंत गरीबी में जीवन जीता है। कहानी के पहले भाग में प्रेमचंद जी ने हल्कू की आर्थिक दशा को चित्रित किया है। किसानी से उसका गुजारा नहीं होता तो दोनों पति–पत्नी दूसरों की खेतों पर मजदूरी का काम करते हुए पाई–पाई इकठ्ठा करके तीन रुपये जमा करते है। यह तीन रुपये उनकी जीवन भर की पूँजी है। इन तीन रुपयों से वे एक कम्बल खरीदना चाहते हैं, जिससे आनेवाले पूस माह की ठंड से बचा जाए। हल्कू की इतनी छोटी–सी अभिलाषा भी पूरी नहीं हो पाती। क्योंकि सहना द्वारा लिए गए कर्ज की किश्त चुकाने में तीन रुपये खर्च हो जाते है। इस घटना से यह पता

चलत है कि, आज हमने भले ही धरती से चाँद तक की यात्रा पूरी कर ली हो, या अंतरीक्ष में दूसरी 'पृथ्वी' खोज निकाली हो परंतु देश का 'अन्नदाता' जो सारी दुनिया का पेट भरता है, वह आज जिस तंगहाली में–गरीबी में जीवन जी रहा है, उसकी किसी को भी फिक्र नहीं है। ठंड से बचने के लिए वह एक कम्बल तक का इंतजाम नहीं कर पाता। अपनी इस दीन–हीन, असहाय अवस्था को देखकर मुन्नी हल्कू को किसानी छोड़ने की सलाह देती है। मुन्नी की हल्कू को इस तरह की सलाह देने के लिए कई स्थितियाँ कारणीभूत है। खेती करने से इतना भी उपार्जन नहीं होता कि सुख से एक वक्त की रोटी भी पेट भर खा सकें। खेती से उपजी फसल का सारा पैसा कर्ज चुकाने में चला जाता है, तो ऐसी खेती करने से क्या लाभ? ऐसी कई परिस्थितियाँ है जो आज किसानों को खेती छोड़ने पर मजबुर करती है।

'पूस की रात' कहानी को लिखें हुए आज सौ सालों से भी ज्यादा समय गुजर चुका है। प्रेमचंद जब यह कहानी लिख रहे थे उस समय देश पर अंग्रेजों का शासन था। उसके साथ–साथ कई प्रांतीय शासक भी थे जो देश की जनता पर 'राज' कर रहे थे। ऐसी द्वैत शासन प्रणाली में देश की गरीब जनता दुःख झेल रही थी। बिहारी की काव्य–पंक्तियाँ इस दशा को सटिक ढंग से व्यक्त है– ''दुसह दुराज प्रजानु कौ क्यों न बढ़े देख दुन्द/अधिक अंध ेरो जग करै मिलि मावस रवि चन्द।'' अंग्रेजी राज के दौरान भारतीय किसानों की हालत उक्त पंक्तियों के माध्यम से स्पष्ट हो जाती है। देश पर शासन भले ही अंग्रेजों का था, परंतु किसानों पर हुकूमत करनेवाले थे – जमींदार और उनके सेवक। इसी सच्चाई के दर्शन 'पूस की रात' कहानी में प्रेमचंद ने करवाये है। कहानी का पात्र सहना इसी द्वैत शासन प्रणाली का एक हिस्सा है। उसके 'भय' के कारण मुन्नी–हल्कू कम्बल के लिए जमा किए गए पैसे सहना का देखकर अपना गला छुडा लेते है। इस तरह किसानों की आर्थिक दशा तथा शासन तंत्र द्वारा उनके हो रहे शोषण का चित्रण कहानी के प्रथम भाग में हुआ है।

कहानी के दूसरे हिस्से में पूस के माह का चित्रण हुआ है। पहले हिस्से में जहाँ कहानी की पृष्ठभूमि रची गई है वही दूसरे हिस्से में कहानी की वेंह्द्रिय कथा – जो कि शीर्षक को सार्थक सिद्ध करती है – प्रस्तुत की गई है। पूस की अंधेरी रात में ठंड के प्रकोप को चित्रित करने के लिए लेखक ने प्रा.तिक उपादानों का मानवीकरण किया है। जैसे – 'आकाश के तारे भी

ठिठुरते हुए मालूम होते थे। मानो तारे भी कोई इन्सान या जंतु हो।' ऐसी भयानक खून जमा देनेवाली ठंड में हल्कू – जो देश के गरीब किसानों का प्रतिनिधित्व करता है– जबरा नामक कुत्ते के साथ कड़ी ठंड में अपनी पकी हुई फसल की जंगली जानवरों से रक्षा कर रहा है। पशुओं का कृषि संस्कृति में रागात्मक तथा अपनत्व का रिश्ता होता है। मनुष्य और पशुओं के पारस्परिक प्रेमपूर्ण संबंध को लेखक ने हल्कू और जबरा के माध्यम से चित्रित किया है। हल्कू को इस ठंड में अपने साथ–साथ जबरा की भी चिंता है। जबरा के साथ हल्कू अपने मन की व्यथा को व्यक्त करता है। हल्कू और जबरा के इस संवाद के माध्यम से लेखक ने सामाजिक वैशम्य, अमीर–गरीब भेद, किसानों की दुरावस्था तथा शोषणमूलक संरचना पर व्यंग्य किया है। मेहनत–मजदूरी कर करोड़ों लोगों का पेट भरनेवाले किसान ठंड में सिकुड़ रहे हैं तो दूसरी ओर किसानों की मेहनत की 'मलाई' खाकर धनवान बना पूँजीपति समाज मोटे–मोटे गद्दे–कम्बल ओढ़कर चौन की निंद सो रहा है। हल्कू इसे 'तकदीर की खूबी' मानते हुए व्यंग्य करता है कि, 'मजूरी हम करें, मजा दूसरे लूटें।' हल्कू के माध्यम से प्रेमचंद द्वारा उठाया गया यह प्रश्न सच में 'भाग्य का खेल' है? या 'आज का हमारा किसान इस शोषणमूलक व्यवस्था का शिकार है? पाठकों को विचार करने पर मजबुर करता है। इसी शोषणमूलक व्यवस्था के चलते हल्कू में खेती से बेगानेपन का रिश्ता बनने लगता है। इसका अर्थ यह नहीं की हल्कू 'घीसू–माधव' की तरह श्रम करने से बचना चाहता है। हल्कू एक श्रमशील किसान है, परंतु इस व्यवस्था ने उसके श्रम को उचित 'मूल्य' न दे पाने के कारण तथा 'श्रम करें कोई और मजा लूटें दूसरे' इस उक्ति के चलते हल्कू के मन में खेती से बेगानेपन की भावना उत्पन्न होने लगती है। इसी भावना को मूर्त रूप देकर हल्कू किसान से मजदूर बनने का निर्णय करता है। अपने इस निर्णय पर वह अंतिग गोहर तब लगाता है, जब रात में जंगली पशु उसकी फसल नष्ट कर रहें होते है यह देखकर भी वह पशुओं को भगाने नहीं जाता। लेखक के शब्दों में, 'अकर्मण्यता ने रस्सियों की भांति उसे चारों तरफ से जकड़ रखा था।' अब यहाँ पर यह प्रश्न उठाता है कि, हल्कू के अकर्मण्यता का कारण क्या सिर्फ ठंड थी? 'ठंड' सिर्फ बाहरी कारण था, जो गौण है। असली कारण तो आंतरिक था, जिसमें हल्कू को अपनी खेती का लाभ नहीं मिलने वाला था। खेती में उपजी फसल कर्ज चुकाने में ही जाने वाली थी। इस प्रसंग में अर्थशास्त्र का सिद्धांत कार्य करता है। सिद्धांत कहता है, अगर किसी व्यक्ति को उसके काम का उचित मूल्य

नहीं मिलता तो उस काम के प्रति व्यक्ति के मन में बेगानेपन का भाव उत्पन्न होता है। हल्कू के 'अकर्मण्यता' के पीछे भी यही कारण है।

कथा–सम्राट प्रेमचंद की 20 वी सदी में लिखी 'पूस की रात' कहानी की प्रासंगिकता आज 21 वी सदी में भी बरकरार है। इन सौ वर्षों के समय में इंसान ने मोबाईल और इंटरनेट के जरिए दुनिया को अपनी मुठ्ठी में कर लिया है। आज सारा विश्व एक 'ग्लोबल गाँव' बन गया है। इस ग्लोबल गाँव में रहने वाले व्यक्ति इतना निकट आए है कि, एक दूसरे से कुछ ही पल में संवाद स्थापित कर पाते है। परंतु तरक्की की इस होड़ में इंसान दुनिया के साथ नहीं उससे आगे निकल जाना चाहता है। इस कारण वह यह भूल गया है कि, दुनिया के किसी कोने में एक वर्ग ऐसा भी है जो सारी दुनिया का पेट भरता है परंतु खदु तंगहाली में जीवन जी रहा है। आज का 'हल्कू' सेठ, साहूकारों के साथ–साथ बैंकों से कर्जा लेता है, मौसम द्वारा सताया जाता है। कभी सुखा तो कभी ओला आदि की मार सहता हुआ खेती 'करता' है। 21 वी सदी का 'हल्कू' जंगली जानवरों से अपनी फसल की रक्षा के लिए पारंपरिक साधनों जैसे डिब्बा बजाना, मचान पर चढ़कर पशु–पक्षियों को भगाना आदि प्रयोग करता है तथा रात में 'जबरा' के साथ अपने खेती की रक्षा करता है। हमने विज्ञान की सहायता से चाँद पर कदम रखे, हायड्रोजन बम तथा अनेक मिसाईलें बनाई परंतु खेती को जंगली जानवरों से बचाने का सस्ता उपाय नहीं ढूँढ पाए। बिजली के बाड़ लगवाने की 'स्थिति' आज के 'हल्कू' में नहीं है। उसे आज भी रात को फसलों की पहरेदारी करने जाना ही पड़ता है। इतनी सारी विपदाओं से जुझता–लड़ता–संघर्ष करता हुआ किसान अंत में अपनी ही फसल पर अपना ही अधिकार भी नहीं रख पाता। उसकी फसल का बड़ा हिस्सा सेठ, साहूकार ले जाते है या बैंकों के किश्त चुकाने में चला जाता है। आखिर में किसानों के 'भाग्य' में बचता है, दारिर्द्य। इसी दारिर्द्य, कष्टों से छुटकारा पाने के लिए, दो वक्त की रोटी सुख से खाने की अभिलाषा से प्रेमचंद के हल्कू के साथ–साथ आज का किसान भी खेती छोड़ मजदूरी करने पर विवश है। प्रेमचंद के हल्कू की व्यथा–कथा आज देश के अधिकतर किसानों की कर्म–कथा बन चुकी है।

# 19

# प्रेमचन्द साहित्य में किसान चेतना के स्वर

डॉ. राम भरोसे

असि. प्रोफेसर, हिन्दी विभाग

शहीद बेगमती चौहान राजकीय महाविद्यालय
पोखरी (क्वीली)

टिहरी–गढ़वाल, उत्तराखण्ड

## प्रस्तावना

भारत एक कृषि प्रधान देश है। यह बात हमारे बचपन से ही विद्यालयों में पढ़ाई जाती रहती है। इसे दुर्भाग्य कहिए या विडम्बना कि आंजादी के 70 साल बाद भी हमारा किसान उसी दुर्दिन में अपने दिन काट रहा है, जिसमें वह आजादी से पहले था। एक अनुमान के गुताबिक हमारे देश में आत्महत्या करने वालों में सबसे ज्यादा संख्या 'किसानों' की ही होती है। ऐसा क्यों? क्या हमारी राष्ट्रीय नीतिकारों नीतियां बनाते वक्त 'किसान' उनके जहन से बाहर होता है? यह एक बहुत बड़ा प्रश्न है। किसानों के साथ यह एक बहुत बड़ा मजाक ही कहा जाएगा कि खेती या किसानों से जुड़ी समस्याओं या योजनाओं का निर्माण एक बन्द एसी कमरे में बैठकर राजनेताओं और अधिकारियों द्वारा किया जाता है। कर्ज माफी की बात हो या जमीन की

पट्टेदारी की बात हो अनेक प्रकार की समस्याओं से हमारा किसान सालों से जूझ रहा है। सबसे बड़ी समस्या तो यह है कि सरकार द्वारा चलायी जा रही किसान हित योजनाएं धरातल पर उन तक पहुंच ही नहीं पाती हैं। कारण कुछ भी हो। आखिर में जिस सच से हमारा सामना होता है वह है 'किसानों की आत्महत्या'।

किसानों की हालात में सुधार हो, इसके लिए राष्ट्रीय व क्षेत्रीय स्तर पर कई आन्दोलन चलाएं गये और अभी भी चलाएं जाते हैं। परिणामस्वरूप देखे तो आन्दोलन का हासिल न के बराबर ही रहता है। यह बात स्वीकार्य है किसान आन्दोलकारियों का योगदान स्वतंत्रता आन्दोलन से लेकर वर्तमान समाज सुधार कार्यक्रमों तक में रहा और रहता है। किसान वो व्यक्तित्व होता है, जो जन्म से मरण तक अपनी मातृभूमि से जुड़ कर रहता है। अपनी जमीन को माँ मानता हुआ पूरा जीवन व्यतीत करता है। ऐसे में खेती से यदि उसके परिवार का भी भरण पोषण ठीक से न हो, तो यह हालत उसे भावात्मक रूप से तोड़कर रख देती है।

## आलेख

साहित्य समाज का दर्पण होता है और समाज के किसी भी क्षेत्र के आंतरिक और बाह्य परिवेश का दर्शन साहित्य में सहजता से किया जा सकता है। साहित्य के सन्दर्भ में किसान को वस्तुस्थिति को समझने का प्रयास करेंगे तो भारतीय साहित्य में विषेशकर हिन्दी साहित्य में किसानों की वस्तुस्थिति और दुर्दशा का सच्चा चित्रण देखेंगे। भारत के किसान बात हो और कथा सम्राट् प्रेमचन्द का जिक्र न हो, ऐसा असम्भव है। प्रेमचन्द से हम ही नहीं पूरा वैश्विक साहित्य जगत भलीभांति परिचित हैं। प्रेमचन्द साहित्य में किसान चेतना का विश्लेषण करने से पूर्व एक ऐसे नाम से आपको रूबरू होना प्रासंगिक है, जिसके नाम का जिक्र सामान्यतः कहीं नहीं होता। क्योंकि किसान चेतना का सीधा सम्बन्ध किसान आन्दोलन से है और 'स्वामी सहजानंद सरस्वती (1889–1950) संगठित भारतीय किसान आन्दोलन के प्रणेता, पथप्रदर्शक और अग्रणी जननायक थे। वर्श 2012 में अवधेश प्रधान ने स्वामी सहजानंद सरस्वती के लेखों का संग्रहण किया और 'स्वामी सहजानंद सरस्वती किसान आन्दोलन की वैचारिक पृष्ठभूमि' शीर्षक से पुस्तक रूप में उसे प्रकाशित कराया, जो अपने आप में बहुत बड़ा और

साहित्य में नवीन काम है। बहुत खोजबीन के बाद स्वयं स्वामी सहजानंद सरस्वती द्वारा लिखित और संपादित पुस्तकों का पता चला, जिनमें भारतीय किसान आन्दोलन का विस्तारपूर्वक वर्णन मिलता है। उनके नाम हैं– 'किसान कैसे लड़ते है?' (1940 बांकीपुर प्रकाशन, श्रमजीवी पुस्तकमाला), 'किसान सभा के संस्मरण' (न्यू लिटेरेचर इलाहाबाद, 1947) व उनके मरणोपरान्त पटना से यधुनंदन शर्मा ने 1952 में 'किसान क्या करें?' नामक पुस्तक प्रकाशित की। उनकी अन्य प्रकाशित पुस्तकों का विवरण निम्नवत् है–"कर्मकलाप, गीताहृदय, ब्रह्मर्षिवंश विस्तर, क्रांति और संयुक्त मोर्चा, ब्राह्मण समाज की स्थिति, किसान कैसे लड़ते हैं, तमगे का दूसरा रूख (अंग्रेजी में), जमिन्दारी का खात्मा कैसे हो, महारूद्र का महाताण्डव, झूठा भय और मिथ्याभिमान"1

अवेधश प्रधान अपनी पुस्तक की भूमिका में लिखते हैं, "भारतीय किसान आंदोलन के लंबे इतिहास में स्वामी सहजानंद सरस्वती अप्रतिम हैं और तमाम नामी–गिरामी राष्ट्रीय नेताओं की भीड़ में बिल्कुल अलग से पहचाने जा सकते हैं। संगठित किसान आंदोलन के क्रांतिकारी महानायक के रूप में उनके व्यक्तित्व का विकास धीरे–धीरे अनेक मोड़ों और पड़ावों से गुजर कर हुआ था। 1940 की गर्मियों में हजारीबाग सेंट्रल जेल में अपनी आत्मकथा 'मेरा जीवन संघर्ष' में अपनी जीवन यात्रा का सिंहावलोकन करते हुए उन्होंने लिखा, 'मैं तो धीरे–धीरे बढ़ा हूं। मेरे अनुभवों ने ही मेरे गुरु, शिक्षक और पुस्तकों का काम किया है।...लेकिन इतना कह सकता हूं कि बराबर आगे बढ़ता रहूं–यह प्रक्रिया बराबर जारी है।"2

यहाँ 'स्वामी सहजानन्द सरस्वती' की चर्चा प्रासंगिक और अपरिहार्य दोनों है। क्योंकि प्रेमचंद के लेखन में 'किसान की चिंता' और स्वामी सहजानन्द सरस्वती द्वारा संचालित 'किसान आन्दोलन' का समयाकाल एक है। कोई प्रमाण तो उपलब्ध नहीं हो सके, परन्तु यह कहने कोई सन्देह नहीं होना चाहिए कि प्रेमचन्द की लेखन कहीं न कहीं स्वामी सहजानन्द सरस्वती से अवश्य प्रभावित रही होगी। एक समानता जो देखने को मिली वह यह कि स्वामी सहजानन्द सरस्वती का 1934 में गांधीवाद से मोहभंग हो गया था और लगभग इसी दौरान प्रेमचन्द ने भी गांधीवाद से खुद को अलग कर लिया था। यह एक संयोग भी हो सकता है, परन्तु फिर भी, प्रेमचन्द की लेखनी पर स्वामी जी का प्रभाव अवश्य रहा होगा। क्योंकि "गया के किसानों की

करूण कहानी' में किसानों की दुर्दशा संबंधी तथ्यों का संग्रह मात्र नहीं है बल्कि यह किसानों के शोषण और उत्पीड़न की, हृदय की आंखों से खींची गयी सच्ची तस्वीर है। शायद ही किसी राष्ट्रीय नेता ने इतने निकट से किसान जीवन को बाहर और भीतर से, भली भांति देखा हो। इस दृष्टि से उनकी तुलना केवल प्रेमचंद से हो सकती है। एक किसानों का सर्वश्रेष्ठ नेता, दूसरा किसानों का सर्वश्रेष्ठ लेखक।''[3]यह तुलना इस बात को सिद्ध करने में सहायक है कि निश्चय ही प्रेमचन्द की लेखनी जननायक स्वामी सहजानंद सरस्वती द्वारा चलाये जा रहे किसान आन्दोलनों से प्रभावित होगी। साथ ही स्वामी सहजानंद सरस्वती भी कहीं न कहीं प्रेमचन्द के साहित्य को पढ़ते रहे होंगे। क्योंकि गोदान के किसान 'होरी' की दरिद्र स्थिति का वर्णन प्रेमचन्द के जाने के बाद स्वामी सहजानंद 1940 में सेन्ट्रल जेल, हजारीबाग में रहते हुए अपने लेख 'किसान क्या करें?' जो बाद में किताब के रूप में भी प्रकाशित हुआ, में कुछ इस प्रकार करते हैं,''मगर किसान को तो जरा देखिए! खाने बिना मर रहा है! तन पर उ मांस है न चमड़ा। हड्डियां भी नहीं है! मलूम होता है कमाते–कमाते घिस गई! जठरानल ने, प्रचंड क्षुधा ज्वाला ने सबको जला दिया है। फिर भी लगान दिये चला जा रहा है। किसान तो सरकार की, जमीदार की और साहुकार की दुनियां की–कामधेनु है। वही घी, दूध, गेहूं, चावल सबसे लिये मुहय्या करता है। मगर कभी इस कामधेनु की चिन्ता सरकार ने, जमीदार ने, या दुनियां ने–मतवाली और अंधी दुनियां ने–की है, कि क्या खाया पीया इसने, या कतई खाया पिया भी कि नहीं।''[4]हांलाकि स्वामी सहजानंद जी का यह अनुभव साहित्य जन्य नहीं बल्कि अनुभव जन्य था, फिर भी दोनों के साहित्य का तुलनात्मक रूप से देखने पर आप दोनों में समानता सरलता से देख सकत हैं।

प्रेमचन्द साहित्य में किसान चेतना को समझने के लिए अति संक्षेप में भारतीय किसान आन्दोलन के विषय के इतिहास को जान लेना जरूरी होगा। बहुत लोगों का मानना है कि हमारे देश में किसानों का आन्दोलन बिल्कुल नया और खुराफती दिमागों की उपज मात्र है। कुछेक का मानना यह भी है कि यह मुट्ठी भर पढ़े–लिखे बदमाशों का पेशा और उनकी लीडरी का साधन मात्र है। हमारे देश के नेता भी तो ऐसा ही मानते हैं। उन्हें किसान सभा की कभी जरूरत भर भी महसूस नहीं होती। बल्कि वे तो किसान आन्दोलन को देश के विकास में बाधा समझते हैं। इसीलिए प्रत्यक्ष–अप्रत्यक्ष

रूप से विरोध भी करते हैं। अभी हाल ही में दिल्ली में हुए किसान आन्दोलन को कौन भूल सकता है, सरकार द्वारा उनके आन्दोलन को किस प्रकार कुचलने का प्रयास किया गया।

इस विषय को स्पष्ट करने के लिए स्वामी सहजानन्द का यह व्यक्तव्य देखिए ''भारतीय किसानों का आन्दोलन प्राचीन है, बहुत पुराना है। दरअसल इस आन्दोलन के बारे में लिपि–बद्ध वर्णन का अभाव एक बड़ी त्रुटि है।... आज से प्रायः सौ सवासौ साल पहले (यानि 1822 लगभग) वाले किसान–संघर्षों एवं आन्दोलनों का वर्णन मिलता है। इसमें सबसे पुराना मालाबार के मोपला किसानों का विद्रोह है, जो 1836 में शूरू हुआ था।''5

निःसन्देह प्रेमचन्द हिन्दी साहित्य के वह सूर्य हैं, जिनके प्रकाश में असंख्य साहित्यकारों ने स्वयं को दैदीप्यमान किया और अभी भी इन्हीं के साहित्य के प्रकाश में वर्तमान पाठक–लेखक कुछ न कुछ ढूंढते रहते हैं। प्रेमचन्द को हिन्द साहित्य का गौरव कहने में कोई अतिश्योक्ति नहीं होनी चाहिए। उनके स्वयं के जीवन के बारे में उन्होंने लिखा, ''मेरा जीवन सपाट, समतल मैदान है, जिसमें कहीं–कहीं गड्ढे तो है, पर टीलों, पर्वतों, घने जंगलों, गहरी घाटियों और खंडहरों का स्थान नहीं है। जो सज्जन पहाड़ों की सैर के शौकीन हैं उन्हें तो यहां निराशा ही होगी।''6उनकी कहानी उन्हीं की जुबानी इसी बात से समझी जा सकती है।

भारतीय कथा साहित्य में पहली किसान जीवन और उसके संघर्षों की अभिव्यक्ति 1897 से ''फकीर मोहन सेनापति''7 के उपन्यास 'छः बीघा जमीन' में हुयी।''किस तरह एक भ्रष्ट जमींदार किसान की जमीन हड़प लेने के लिए प्रयत्न करता है और किसान किस तरह अपनी जमीन बचाने के लिए संघर्ष करता है। यही उपन्यास का वर्ण्य विषय है। किसान चेतना की साहित्यिक अभिव्यक्ति का यह प्रथम उपन्यास है।''8

प्रेमचन्द के साहित्य जीवन की शुरुआत 1901 में उर्दू रचना से हुई। इन्होंने आजीवन हिन्दी और उर्दू दोनों भाषाओं में लिखा। ''प्रेमचन्द हिन्दी और उर्दू में लिखते हुए भी सच्चे अर्थों में भारतीय साहित्यकार थे।''9 साहित्यिक जीवन की महत्वपूर्ण घटना 1905 में कहानी संग्रह 'सोज़े वतन' के प्रकाशन से घटित हुई। जिसके प्रकाशन के बाद इन्हें 'राजद्रोही' घोषित कर, इनकी इस कृति को अंग्रेज कलक्टर द्वारा जला दिया गया। पैंतीस साल

के लेखकीय जीवन में इन्होंने तीन सौ कहानियां, बारह उपन्यास, तीन नाटक, दो सौ से अधिक लेख, तिरतालिस निबन्ध और एक दर्जन अनुवाद प्रकाषित हुए।

प्रेमचन्द साहित्य के केन्द्र में व्याप्त किसान सम्वेदनशीलता ही उनके समकालीन और आधुनिक साहित्य से उन्हें अलग दर्जे का साहित्यकार बनाती है। निश्चय ही प्रेमचन्द साहित्य में किसानों का दिल धड़कता है। प्रेमचन्द की अमर कृति गोदान (1936) है, जिसके द्वारा प्रेमचन्द ने होरी के रूप में एक ऐसे किसान चरित्र को प्रस्तुत किया जो सहनशीलता का उत्कृष्ट उदाहरण प्रस्तुत करता है। किसानों सहनशीलता के दर्शन जो होरी में होते हैं, वही आज के किसान में भी। होरी "एक ऐसे वृक्ष की तरह है जो हवा के थपेड़ों से कभी झुकता है, कभी सिर उठाता है, लेकिन अनी जमीन नहीं छोड़ता। होरी इतना अल्पसंतोषी, महत्वाकांक्षाहीन, निष्क्रिय और समझौतावादी है कि उपन्यास के अन्त में जब उसकी मृत्यु होती है तो उसके जीवन का दुखत अन्त पाठक को भीतर से झकझोर देता है। गोदान भारतीय किसान की निष्क्रियता की महान 'ट्रेजेडी' है।"10 इस ट्रेजेडी का जवाद उनके अधूरे उपन्यास 'मंगलसूत्र' का नायक देवकुमार देता है "दरिन्दों के बीच में उनसे लड़ने के लिए हथियार बांधना पड़ेगा।"11

भारतीय किसान और प्रेमचन्द का आपसी सम्बन्ध संवेदनाओं से आगे बढ़कर था। उनके आपसी सम्बन्ध से भारत के सांस्कृतिक वातावरण और और वर्ग–सम्बन्धों के नये स्वरूप की भी अभिव्यक्ति होती है। इसलिए आज भी किसानों की आर्थिक और सामाजिक वस्तुस्थिति को समझने के लिए प्रेमचन्द साहित्य का अध्ययन और विश्लेशण किया जाता है। क्योंकि प्रेमचन्द ने जिस सम्वेन्दशीलता से भारतीय किसानों को अपनी कृतियों में स्थान दिया है, वैसे साहित्य की रचना आज तलक भी कोई उस स्तर पर नहीं कर सका है। प्रेमचन्द की कालजयी रचना 'गोदान' को पढ़ने के बाद आज के भारतीय किसान की स्थिति को हू–ब–हू समझा जा सकता है, जबकि यह उपन्यास 83 वर्ष पूर्व लिखा गया था।

शुरू से ही प्रेमचन्द की नजर किसानों पर टिकी हुयी थी। स्वाधीनता संघर्ष में किसानों की भूमिका पर भी उनकी नजर थी। प्रेमचन्द की स्वाधीनता का अर्थ किसानों की राजनीतिक, आर्थिक और सामाजिक सभी क्षेत्रों में

शोषण और भेदभाव मुक्ति से है। ''प्रेमचन्द ने साम्राज्यवाद, सामंतवाद, पूंजीवाद और उसकी सहायक शक्तियों– वर्ण, धर्म, सम्प्रदाय, जाति के आधार पर मनुष्य–मनुष्य के बीच दीवाल खड़ी करने वाली शक्तियों को पहचाना।''12 ऐसी ही अलग–अलग गुलामी की जंजीरों में जकड़ी भारतीय जनता की मुक्ति का पक्ष लेकर अपनी लेखनी चलायी। साथ ही शोषित पीड़ित भारतीयों में किसान, स्त्री और दलित इन तीनों वर्गों को सर्वाधिक शोषित उत्पीड़ित वर्ग के रूप में दिखाया, जिनकी आवाज स्वतंत्रता संग्राम की आंधी में कहीं खोती जा रही थी। प्रेमचन्द का साहित्य समाज के उपेक्षित और उत्पीड़ित वर्ग की जोरदार वकालत करता है। ''प्रेमचन्द ने भारतीय किसानों और अछूतों पर समान रूप से ध्यान दिया है।''13

प्रेमचन्द भारतीय किसानों के जीवन व उनकी समस्याओं से भली भांति परिचित थे। ''जीवन के यथार्थ के अप्रतिम चितेरे होने के कारण प्रेमचन्द ने किसन जीवन की त्रासदियों को बड़े ही सहानुभूतिपूर्वक चित्रित किया। लेकिन किसान मुक्ति के सवाल पर उनके विचार चिन्तन में एक विकास क्रम दिखाई पड़ता है।''14 डॉ. रामविलास शर्मा, प्रेमचन्द और उनका युग, भूमिका से, राजकमल प्रकाशन, पांचवा परिवर्धित 1989प्रेमचन्द के किसान विमर्ष और चेतना को दो दृष्टिकोणों से समझा जा सकता है। पहला आदर्शवादी और दूसरा क्रांतिकारी यथार्थवादी।'' पहले प्रेमचन्द घोषणा करते हैं कि आने वाला नया जमाना मजदूरों और किसानों का है। उन्हीं का शासन नये जमाने की महत्वपूर्ण देन होगी। लेकिन 'कर्मभूमि' और 'प्रेमाश्रम' दोनों उपन्यासों में हृदय–परिवर्तन तथा आश्रम बनाकर प्रेमचन्द मुक्त हो जाते हैं। लेकिन 'मंगलसूत्र' में घोषणा करते हैं कि मैं वोल्शेविक वसूलों का कायल हो गया हूँ''15

प्रेमचन्द वर्ण–व्यवस्था और जाति–व्यवस्था को भारतीय किसान की विडम्बनाओं और समस्याओं के मुख्य कारणों में से एक मानते थे। उनका मानना था कि जाति–वयरस्था किसानों को एक जुट नहीं होने देती। ''जाति की दीवारों में कैद किसान बेहतर जीवन का सपना नहीं देख पाता।''16 प्रेमचन्द अपने साहित्य में जाति मुक्ति की चिन्ता व्यक्त करते है और यह चिन्ता किसानों के सन्दर्भ में और भी बढ़ जाती है।

## प्रेमचन्द के उपन्यास और किसान

प्रेमचन्द की स्पष्ट धारणा थी कि जब तक सामाजिक, धार्मिक और

आर्थिक रूप से किसान तथा आमजन मुक्त नहीं होंगे, राजनीतिक आजादी अधूरी रहेगी। राष्ट्रीय राजनीति में किसानों की नयी शक्ति का जन्म हो रहा था। सोवियत क्रांति ने किसानों और मजदूरों में एक ताकत पैदा कर दी थी। शिक्षित बुद्धिजीवियों ने किसानों और मजदूरों का महत्व और ज्यादा बढ़ गया। इसी पृष्ठ भूमि से पैदा हुआ हिन्दी में किसान समस्या पर लिखा गया पहला उपन्यास 'प्रेमाश्रम' 1927। ''प्रेमाश्रम में सामंती व्यवस्था के साथ किसानों के अंतर्विरोधों को केन्द्र में रखकर उसकी परिधि के अन्दर पड़ने वाले हर सामाजिक तबके का–जमींदार, ताल्लुकेदार, उनके नौकर, पुलिस, सरकारी मुलाजिम, शहरी मध्यवर्ग–और उनकी सामाजिक भूमिका का सजीव चित्रण किया गया है।''17 जिसमें इसका पात्र बलराज कहता है ''वलगार एक देश है जहां किसान–मजदूर की पंचायत राज करती है, उनके अनुसार नाम मात्र बदलने से किसानों का शोषण नहीं खत्म होगा। जैसे–जान की जगर गोविन्द के बैठाने मात्र से समस्या का हल नहीं होने वाला है। देश की गुलामी आजादी पर कोई असर नहीं होगा।''18 इस उपन्यास में ''प्रेमचन्द ने बलराज को हिंदुस्तान के किसान–नौजवानों का प्रतिनिधि बनाया है। वह कसरत–कुश्ती का शौक़ीन है, गाना–बजाना, दोस्तों में गपशप करना उसे पसंद है। वह एक नए आदर्श से प्रभावित है, जिसके अनुसार हर इंसान को इंसान की तरह रहने का हक मिलना चाहिए। वह किसी भी तरह का अन्याय बर्दाश्त करने के लिए तैयार नहीं है। वह उस लोने की तरह है जो आग में तपकर इस्पात बनने की क्षमता रखता है। बलराज ने पढ़ना लिखना भी सीखा है अखबारों से बदलती हुई दुनिया का हाल भी वह जानता है।''19 प्रेमाश्रम का यह पात्र निश्चय ही क्रांति और चेतना का संवाहक है।''बलराज दुनिया के तमाम मेहनत करने वालों का अपना भाई समझता है। इसलिए वह खुद हिंदुस्तान के गरीब किसानों और खेत–मजदूरों के लिए लड़ने–मरने के लिए तैयार रहता है।''20 एक घटना से यह बात सिद्ध होती है ''मनोहर, बलराज और हलवाहा रंगी चमार खाना खाने बैठते है। तीनों की थालियों में जौ की मोटी रोटियां, अरहर की दाल और बथुए का साग है। बलराज की मां ने एक कटोरा दूध उसके सामने रख दिया। औरों को दूध क्यों नहीं मिला? इसलिए कि बाकी दूध बेगार में चला गया था। बलराज इस पर बिगड़ उठता है। वह एक नया सिद्धांत पेश करता है– 'जो हमसे अधिक काम करता है उसे हमसे अधिक खाना चाहिए।' उसे दूध–घी मिले और उसका हलवाहा सूखी रोटियों

से ही संतोष करे– 'ऐसा दूध–घी खाने पर लानत है।''21 निः सन्देह 1922 के समयाकाल में प्रेमचन्द के उपन्यास का पात्र ही ऐसा साहस कर सकता था। किसान की एकता को कादिर और सुक्खू की संक्षिप्त बातचीत से समझा जा सकता है।

''कादिर खां–तो क्या कहते हो, लाठी चलाऊं?

सुक्खु–और लाठी है किस दिन के लिए?

कादिर–किसके बूते पर लाठी चलेगी? गांव में रह कौन गया? अल्लाह ने पट्ठों को चुन लिया।

सुक्खु–पट्ठे नहीं हैं, न सही, बूढ़े तो हैं। हम लागों की जिंदगानी किस राज काम आएगी?''22

प्रेमचन्द ने सदियों से दबे–कुचलों की चेतना को अपनी कथा साहित्य का विशय चुना। जो आज तक भी जगाने का कार्य कर इन्सान की तरह जीने की तीव्र लालसा पैदा कर रही है। ''प्रेमाश्रम लिखना एक अद्भुत साहस का काम था।''23

प्रेमचन्द का अगला उपन्यास 'कर्मभूमि' भारत की स्वाधीनता आंदोलन की गहराई और प्रसार का वर्णन करता है। यह उपन्यास सविनय आज्ञा भंग आन्दोलन के दिनों लिखा था। ''कर्मभूमि में उन्होंने 'प्रेमाश्रम' और 'रंगभूमि' का मिलाने का प्रयास किया है।'' 24प्रेमचन्द केवल यथार्थ को बताते वाले साहित्यकार नहीं थे। वे यथार्थ के महत्वपूर्ण पहलुओं को परखकर उन्हें उपन्यास में विषेश स्थान देते हैं। ''कर्मभूमि' में वह सबसे ज्यादा जोर जमीन की समस्या, लगान कम करने की समस्या, खेत–मजदूरों और गरीब किसानों के लिए जमीन की समस्या पर बल देते हैं।''25 इसमें दिखाया गया है कि ''किसानों का मुख्य शत्रु अंग्रेजी साम्राज्य है, हालाकि जमींदार महंत जी के अत्याचार भी कम नहीं है। यह आन्दोलन असफल होता है फिर भी प्रेमचन्द ने इस आन्दोलन का इसलिए समर्थन किया है कि इससे जनता में जागृति फैली है जो बिना इस आन्दोलन के संभव नहीं था। उपन्यास का अंत आन्दोलनकारियों और सरकार के बीच एकता कायम होने से होता है। प्रेमचन्द ने संकेत दिया है कि यह एकता क्षणिक है। आन्दोलन फिर होगा और अवश्य होगा।''26

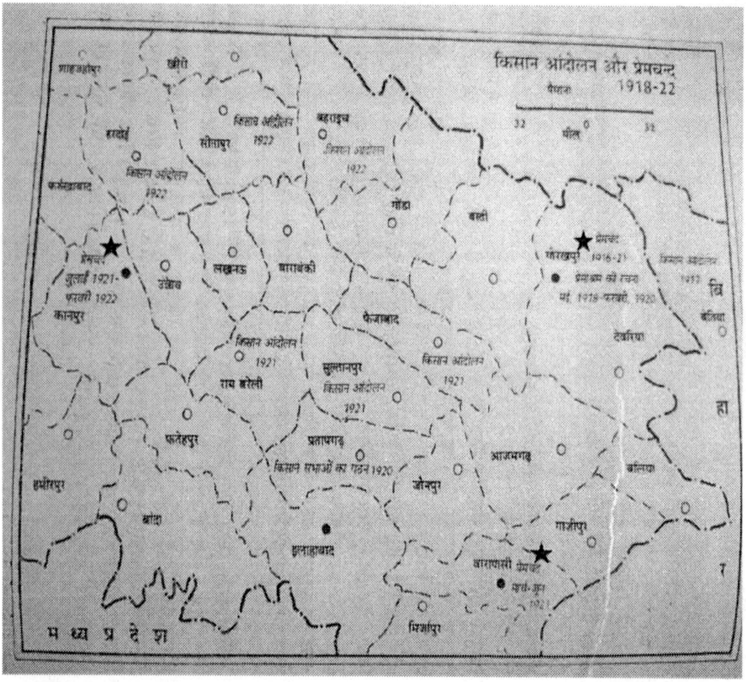


**मानचित्र, वीर भारत तलवार, किसान राष्ट्रीय आन्दोलन और प्रेमचन्द 1918–22, 1990, पृ–92 से साभार लिया गया है, जिसमें स्पष्ट है कि 'प्रेमाश्रम' लिखने के समयाकाल में प्रेमचन्द उत्तर भारत में चल रहे किसान आन्दोलनों को समझने हेतु उन आन्दोलनों में स्वयं भी सम्मिलित हो रहे थे।**

प्रेमचन्द का अन्तिम उपन्यास 'गोदान' (1936) था। जब यह उपन्यास लिखा जा रहा था, प्रेमचन्द उस समय कर्ज में डूबे थे। प्रेमचन्द की सर्वश्रेष्ठ रचना है 'गोदान'। दुखान्त कथा है इसकी और यह अपनी नाम को सार्थक सिद्ध करता है। यह उपन्यास साहित्य जगत में किसानों की मार्मिक व्यथा दिखाने वाला एक ऐसा उपन्यास है, जिसका जिक्र आज भी ऐसे ही होता है, जैसे पहले होता था। ''छ माण आठ गुण्ठ' में फकीर मोहन सेनापति ने जिस किसान परम्परा का सूत्रपात किया था। गोदान उसकी चरम परिणति है।''27 ''गोदान' के प्रकाशन से लेकर आज तक के इक्कासी सालों में 'गोदान' की ख्याति, पठनीयता और प्रभाव में कहीं कोई कमी नहीं आयी। किसी भी लेखक, किसी भी समीक्षक, किसी भी पाठक से आज तक के दस

उपन्यासों के नाम बताने को कहिए तो 'गोदान' उनमें पहला होगा।''28 उपन्यास 'गोदान' के पात्र होरी और धनिया भारतीय किसान का प्रतिनिधित्व करते हैं। होरी दब्बू और गमखोर है वहीं धनिया कठोर जबान और तेज तर्रार है। गोबर का व्यवहार भी कमजोर प्रतीत नहीं होता।

इस उपन्यास में समेरी और बेलारी नामक अवध प्रांत के दो गांवो की कहानी है। जमीदार रायसाहब अमरपालसिंह समेरी में रहते हैं और होरी बेलारी में रहता है। ''गोदान में प्रेमचन्द का प्रयास जमींदारों के आन्तरिक खोखलेपन को दिखाना नहीं रहा है और न ही किसान–जमींदार का सम्बन्ध मात्र दिखाना रहा है। बल्कि उनका प्रयास किसान के आन्तरिक, भावात्मक और वैचारिक जीवन का चित्रण करना रहा है। प्रसंगवश भले ही सम्पूर्ण समाज का वर्णन कर दिया गया है, परन्तु उपन्यास की धुरी किसान का दैनिक जीवन है।''29 आज के खेतिहर किसानों की वस्तुस्थिति होरी से कितना मिलती है, यह देखने के लिए होरी का भोला से संवाद देखिए, ''अनाज तो सब–का–सब खलिहान में ही तुल गया। जमींदार ने अपना लिया, महाजन ने अपना लिया। मेरे लिए पांच सेर अनाज बच रहा। यह भूसा तो मैंने रातों–रात ढोकर छिपा दिया था, नहीं तिनका भी न बचता! मगर महाजन तीन–तीन है, सहुआइन अलग और मंगरू अलग और दातादीन अलग। किसी का ब्याज भी पूरा न चुका। जमींदार के भी आधे रुपये बाकी पड़ गए। सहुआइन से फिर रूपये उधार लिए तो काम चला।''30 ऐसे मेहनती किसानों को दाना तक नसीब नहीं होता, आज भी स्थिति में उतना सुधार नहीं हुआ है, जितना होना लाज़मी था।

भारतीय किसान की चेतना के सन्दर्भ में होरी एक कमजोर किसान है, जो कभी प्रतिरोध नहीं करता, जबकि धनिया के स्वर में तल्खी है। और गोबर का चरित्र भी विरोध प्रकट करने वाला है। चूंकि गोबर शहर की दुनिया से वाकिफ हो चुका है, उसकी समझ विकसित हो गयी है। ''प्रेमचन्द ने बहुत सूक्ष्म तरीके से होरी और गोबर की चेतना में फर्क दिखाया है। हालांकि होरी की ट्रेजडी उन्हें ज्यादा आकर्षित करती रही है, पर व्यापक इतिहास बोध के कारण उन्होंने दिखाया है कि गोबर अलग पात्र है। वास्तक में होरी समस्त भारतीय किसानों का प्रतिनिधि नहीं है, बल्कि एक ऐतिहासिक दौर में लुप्त होता हुआ, मिटता हुआ भारतीय किसान है। उसकी ट्रेजडी अनिवार्य है। पंडित दातादीन महाजन है। उन्होंने होरी को तीस रुपये दिये थे, जो अब दो

सौ हो गये हैं। गोबर एक रुपया का ब्याज लगाकर सत्तर रुपये देने का प्रस्ताव रखता है। दातादीन उबल पड़ते हैं और अपने ब्राह्मणत्व की दुहाई देते है। गोबर अपनी जगह बैठा रहा। मगर होरी के पेट में धर्म की क्रांति मची हुई थी।''31जबकि गोबर पर दातादीन का ब्राह्मण होने का कोई फर्क नहीं पड़ता।

उपन्यास का अंत 'होरी' की मृत्यु से होता है। लेकिन वास्तव में 'गोदान' का करूण प्रसंग होरी की मृत्यु नहीं, बल्कि वह धनिया है, जो किसी को कुछ नहीं समझती थी, आखिर उसकी शक्ति स्त्रोत उसकी ढीला–ढाला कमजोर पति होरी ही था। ''धनिया की शक्ति में होरी की उपस्थिति का तेज निहित है।''32

## प्रेमचन्द कहानियां और किसान

मनुष्य जीवन के अलग–अलग पहलुओं पर प्रेमचन्द ने 300 से अधिक कहानियों की रचना की। प्रेमचन्द के उपन्यासों की भांति ही किसान जीवन से सम्बन्धित कहानियां भी किसान मनोवृत्ति के पिछड़ेपन पर प्रकाश डालती है। किसान जीवन की मार्मिक स्थितियों के सन्दर्भों से उनकी कमजोरियों को प्रत्यक्ष करते हुए उन्हें वर्ग चेतस बनाने–समझाने की कोशिश करती है। अपने कहानी संग्रह 'मानसरोवर' की भूमिका में प्रेमचन्द अपनी कहानियों के विषय में बताते हुए लिखते हैं, ''उपन्यासों की भांति कहानियां भी कुछ घटना–प्रधान होती हैं, कुछ चरित्र–प्रधान। यहां हमारा उद्देश्य मनुष्य को चित्रित करना नहीं, वरन् उसके चरित्र का एक अंग दिखाना है। यह परमावश्यक है कि हमारी कहानी से जो परिणाम या तत्व निकले, वह सर्वमान्य हो और उसमें कुछ बारीकी हो।''33 किसानों के हतभाग्य होने के कारणों में से मुख्य कारणों में से एक कारण है किसान समाज में व्याप्त आपसी ईर्श्या–द्वेश। उनकी कहानी 'मुक्तिमार्ग' में किसानों की इसी विद्वेश भावना का चित्रण किया है। बुद्धु झींगुर के खेत में आग लगा देता है, लेकिन यह घटना कहानी में बहुत ही गौण स्थान रखती है, मुख्य वस्तु झींगुर और बुद्धु का चरित्र और उनका जीवन है। इस कहानी में भारतीय किसान वर्ग की कुटिलता और साफ़ दिल दोनों का अद्भुत संयोग देखने को मिलता है। एक ओर तो बुद्धु झींगुर का खेत जलाता है, तो दूसरी ओर उसके घर आने पर स्वागत करता है। उधर झींगुर भी अपनी

बछिया मारकर बुद्धु के सि गोहत्या मढ़ देता है।

एक समय था जब किसान महाजनी परम्परा के चलते, उसकी पूरी जिन्दगी कर्ज उतारने में ही लग जाती थी। 'मुक्तिधन' में महाजनी का जो जाल समस्त किसानों पर लगता है, उसका रूप इस कहानी में देखने को मिलता है, ''रहमान को 200रु0 के 190रु0 मिले। कुछ लिखाई कट गई, कुछ नजराना निकल गया, कुछ दलाली में आ गया।''34

ऐसे ही 'सवा सेर गेहूं' में कर्ज की समस्या का मार्मिक चित्रण किया है। जिसमें प्रेमचन्द ने कर्ज की वजह से गुलामी करने वाले शंकर की करूण कथा लिखी है। वह एक बार सवा सेर गेहूं उधार लेता है और उसे पटाते–पटाते बीस साल लग जाते हैं, फिर भी वह गुलामी करता हुआ मरता है। कहानी के अंत में प्रेमचन्द कहते हैं, ''पाठक! इस वृतान्त को कपोल–कल्पित न समझिए। यह सत्य घटना है। ऐसे शंकरो और ऐसे विप्रो से दुनिया खाली नहीं है।''35 प्रेमचन्द कहानी 'पूस की रात' का 'हल्कू' और 'मुन्नी' किसे याद नहीं होगा। जब हल्कू अपनी पत्नी से सहना के आएगा की बात करता है तो मुन्नी उसे कहती है ''तीन ही तो रुपये हैं, दे दोगे तो कम्बर कहां से आवेगा? माघ–पूस की रात हार में कैसे कटेगी। उससे कह दो, फसल पर रुपये दे देंगे। अभी नहीं।'...

**हल्कू उदास होकर बोला– तो क्या उसकी गाला खाऊं?**

मुन्नी ने तड़पकर कहा– गाली क्यों देगा, क्या उसका राज है?36 लेकिन सच तो मुन्नी भी जानती थी, परन्तु फिर भी मुन्नी का यह विरोध सामान्य विरोध ा नहीं था। यह उस चेतना का परिचायक था, जो उस समय उसने हल्कू के सामने दिखायी। मुन्नी के इस कथन में 'सवा सेर गेहूं' के शंकर की निरीहता नहीं थी। इस कहानी के अंत में आखिर हल्कू खेती छोड़ देता है। हांलाकि मुन्नी खेती नष्ट हो जाने पर थोड़ा परेशान अवश्य होती है, परन्तु हल्कू प्रसन्न मुख से कहता है, ''रात की ठन्ड में यहां सोना तो न पड़ेगा''37 उनकी किसान प्रध ाान कहानियों 'स्वामिनी', 'बलिदान', 'विध्वंस', 'मुक्तिमार्ग', 'सुहाग की साड़ी', 'सुजान भगत', 'बाबाजी का भोग' ,'बांका जमींदार', 'पशु और मनुष्य' के किसान रूढ़ियों और धार्मिक अचारों का गुलाम है। परिवार रचना की अन्तर्निहित मजबूरियां उसे बंटवारे, कर्ज, बीमारी आदि के दुष्चक्र में फंसा दती हैं जिससे वह मजदूर बनकर रह जाता है। अपनी विशमता का पता होने पर भी वह उसे

बदलने की राह नहीं सूझती, वह परिस्थितियों के आगे बिल्कुल असहाय है। परिस्थितियों से जूझते–जूझते वह टूट जाता है। प्रेमचन्द की कहानियों से किसान की यही तस्वीर उभरती है।

## निष्कर्ष

"प्रेमचन्द की रचनाओं में तद्‌युगीन किसान के जीवन की यथार्थ तस्वीर है। यद्यपि यह तो नहीं कहा जा सकता है कि उनका किसान सम्पूर्ण भारतीय किसान का प्रतिनिधि है, हाँ उत्तर भारतीय किसान व उसकी समस्याओं की झाँकी उसमें परिलक्षित होती है। आज के परिवर्तित परिवेश में भी किसान की समस्याएँ कम नहीं हुई है। निर्धनता, बदहाली, अशिक्षा, भाग्यवादिता, रूढ़िवादिता, कर्ज, शोषण व आपसी फूट सब वैसी ही हैं। आज भी वह खेती की वैज्ञानिक तकनीकी से अनजान है। आज भी उसकी आँखे आकाश की ओर बादलों को ताकती हैंए ताकि सूखते खेत हरे हो सके। सरकारी मंचों से प्रत्येक वर्ग के उत्थान की बात बड़े जोर.शोर से की जाती हैंए किन्तु किसान आज भी आत्महत्या करने को विवश है। सवाल उठता है आखिर देश का अन्नदाता कब तक इन तकलीफों से जूझता रहेगा? प्रेमचन्द का साहित्य इस सम्बन्ध में हमें बहुत कुछ सोचने को विवश करता है।"38

आज भी हमारे देश में किसानों की हालत में कितना सुधार हो पाया है। इसलिए आज भी भारतीय किसानों के सन्दर्भ में प्रेमचन्द और साहित्य प्रासंगिक बना हुआ है। "हम एक ऐसे दौर में हैं जहां प्रेमचंद को फिर से पढ़ा जाना चाहिए और खुशी की बात है कि उन्हें पढ़ा जा रहा हैं। अभी एक प्रतिष्ठित अंग्रेजी प्रकाशक ने उनकी लगभग सभी महत्वपूर्ण कहानियों का अनुवाद प्रकाशित किया है। वे दुनिया प्रतिष्ठित विश्वविद्यालयों में पढ़ाए जा रहे हैं। इसका केवल सौंदर्यशास्त्रीय और साहित्यिक आधार ही नहीं है बल्कि सामाजिक और राजनीतिक आधार भी। हालात यह हैं कि यदि किसी बड़े सेठ को भारत के किसी हिस्से में जमीन का कोई टुकड़ा पसंद आ जाए तो उसे सरकार से कहने भर की देर है। सरकारों ने कानून बना रखा है और वे कानून की मदद से किसी की जमीन लेकर सेठ साहूकार को दे सकते हैं. सड़क बनाने के लिए, हवाईअड्डा बनाने के लिए, शीतल पेय बनाने के लिए जमीनें जबरदस्ती ली जा रही हैं और किसानों को जबरदस्ती उसकी कीमत लेने को मजबूर कर दिया जाता है। जो बात रंगभूमि में सूरदास ने कहने की

कोशिश की थी, वही बात आज जब कोई किसान कह रहा है तो उसे निशाना साधकर गोली मारी जा रही है।''39

## सन्दर्भ सूची


1. जननायक श्री स्वामी सहजानन्द सरस्वती, महारूद्र का महाताण्डव, किसानों के देवता प्रकाषक श्री सीतारामाश्रम बिहटा, पटना पुस्तक के बेक कवर से उदृधत

2. सं–अवधेश प्रधान, स्वामी सहजानंद सरस्वती किसान आंदोलन की वैचारिक पृष्ठभूमि, ग्रंथ षिल्पी प्रा0लि0 दिल्ली, 2012 पृ–9

3. वही पृ–11

4. स्वामी सहजानंद सरस्वती, किसान क्या करें?, प्रकाषक– पं0 यदुनन्दन शर्मा, जेनरल सेक्रेटरी, अखिल भारतीय संयुक्त किसान सभा, कदमकुआं (पटना–3), बिहार, 1952 पृ–9

5. स्वामी सहजानंद सरस्वती, किसान सभा के संस्मरण, न्यू लिटेरेचर, इलाहाबाद, 1947, पृ–5 व 6

6. प्रो. नामवर सिंह, प्रेमचन्द और भारतीय समाज, राजकमल प्रकाषन, नयी दिल्ली, 2010, पृ–17

7. राधेगोविन्द शाही, किसान चेतना और प्रेमचन्द का साहित्य, लोकायत प्रकाषन, वाराणसी, 2012 उदृधत

8. वही पृ–8

9. प्रो. नामवर सिंह, प्रेमचन्द और भारतीय समाज, राजकमल प्रकाषन, नयी दिल्ली, 2010, पृ–9

10. वही पृ–21

11. व्ही पृ–21

12. राधेगोविन्द शाही, किसान चेतना और प्रेमचन्द का साहित्य, लोकायत प्रकाषन, वाराणसी, 2012 पृ–63

13. वही–64

14. डॉ. रामविलास शर्मा, प्रेमचन्द और उनका युग, राजकमल प्रकाशन, पांचवा परिवर्धित 1989, भूमिका से

15. राधेगोविन्द शाही, किसान चेतना और प्रेमचन्द का साहित्य, लोकायत प्रकाषन, वाराणसी, 2012 पृ–65

16. राधेगोविन्द शाही, किसान चेतना और प्रेमचन्द का साहित्य, लोकायत प्रकाषन, वाराणसी, 2012 पृ–68 से उदृधत

17. वीर भारत तलवार, किसान राश्ट्रीय आन्दोलन और प्रेमचन्द 1918–1922, नार्दन बुक सेन्टर नयी दिल्ली, 1990, पृ–2

18. राधेगोविन्द शाही, किसान चेतना और प्रेमचन्द का साहित्य, लोकायत प्रकाषन, वाराणसी, 2012 पृ–68

19. डॉ. रामविलास शर्मा, प्रेमचन्द और उनका युग, राजकमल प्रकाशन, पांचवा परिवर्धित, 1989 पृ–47

20. वही पृ–49

21. वही पृ–49

22. डॉ. रामविलास शर्मा, प्रेमचन्द और उनका युग, राजकमल प्रकाशन, पांचवा परिवर्धित, 1989 पृ–49 से उदृधत

23. राधेगोविन्द शाही, किसान चेतना और प्रेमचन्द का साहित्य, लोकायत प्रकाषन, वाराणसी, 2012 पृ–88

24. वही पृ–88

25. डॉ. रामविलास शर्मा, प्रेमचन्द और उनका युग, राजकमल प्रकाशन, पांचवा परिवर्धित, 1989 पृ–81

26. राधेगोविन्द शाही, किसान चेतना और प्रेमचन्द का साहित्य, लोकायत प्रकाषन, वाराणसी, 2012 पृ–88

27. वही पृ–98

28. तरसेम गुजराल, दस कालजयी उपन्यास जमीन की तलाष, वाणी प्रकाषन, नयी दिल्ली, 2018, पृ–34

29. प्रो. रामवक्ष, प्रेमचन्द और भारतीय किसान, वाणी प्रकाषन, नयी दिल्ली, 2012, पृ–170

30. प्रेमचन्द, गोदान, सरस्वती प्रेस, इलाहाबाद, 1976, पृ–21

31. प्रो. रामवक्ष, प्रेमचन्द और भारतीय किसान, वाणी प्रकाषन, नयी दिल्ली, 2012, पृ–176

32. वही पृ–177

33. प्रेमचन्द, मानसरोवर–1, हंस प्रकाषन इलाहाबाद, 1970पृ–10, भूमिका से

34. प्रेमचन्द, मानसरोवर–3, 'मुक्तिधन', हंस प्रकाषन, इलाहाबाद, 1968, पृ–179

35. प्रेमचन्द, मानसरोवर–3, 'सवा सेर गेहूं', हंस प्रकाषन, इलाहाबाद, 1968, पृ–148

36. प्रेमचन्द, मानसरोवर–1, 11वां सस्करण, 'पूस की रात, हंस प्रकाषन, इलाहाबाद, 1970, पृ–158

37. प्रेमचन्द, मानसरोवर–1, 11वां सस्करण, 'पूस की रात, हंस प्रकाषन, इलाहाबाद, 1970, पृ–164

38- http://www.setumag.com/2018/08/Farmers-in-Premchand-Literature.html 18-11-19 4:00 AM

39- http://thewirehindi.com/52650/premchand-rangbhumi-hindi-litearature-society/ 15-11-19 4:39 PM

# 20

# किसान अन्नदाता नहीं सर्वहारा : एक अवलोकन


| | |
|---|---|
| गौरी | अतुल कुमार |
| शिक्षण सहायक | शोध छात्र |
| राजनीति विज्ञान विभाग | अर्थशास्त्र विभाग |
| बुन्देलखण्ड विश्वविद्यालय, झांसी | डी.ए.वी.पी.जी. |
| उ0प्र0 | कालेज बुलन्दशहर |


पथ्वी के सम्पूर्ण क्षेत्रफल का लगभग 29 प्रतिशत भाग पर पानी की जगह स्थल पहाड़ जंगल या मैदान है। जिस पर प्रायः मनुष्यों जीव जन्तुओं के आवास कृषि अन्य गतिविधियाँ सम्पन्न होती है। प्राकृतिक रूप से मनुष्य को पर्याप्त संसाधन उपलब्ध हुए है। जल, भूमि, सूर्यप्रकाश प्रकृति प्रदत्त उपहार है। जिनके बिना जीवन की कल्पना नहीं की जा सकती। विश्व के प्रायः सभी जीव जगत को जीवन को संरक्षित करने के लिए भोजन, ऊर्जा की आवश्यकता होती है। मनुष्य भी अपनी खाद्य आपूर्ति हेतु कृषि पर निर्भर रहते है। 21वीं सदी में मनुष्य जहाँ चांद पर पहुँचने का दावा करता है वहीं दूसरी तरफ अन्न उपजाकर औरों को जीवन देने वाले किसान (अन्नदाता) अपनी समस्याओं में उलझ कर आत्म हत्या जैसे कदम उठाकर स्वयं का जीवन समाप्त कर रहे है।

टीवी, अखबार, मीडिया के अन्य माध्यमों में आये दिन किसान आत्महत्या की खबरे जानकर एक तरफ मन गहरी दुखद अनुभूति से भर जाता है तो दूसरा पक्ष किसानों की आत्महत्या के पीछे के सभी कारणों को जानने उनके समाधान ढूंढने में सम्बन्धी विचारों का मस्तिष्क में आरोह–अवरोह आरम्भ हो जाता है। प्रगतिशील पथ पर नित नई ऊँचाईयों के कीर्तिमान स्थापित करने वाले इस तकनीकि युग में अपनी समस्याओं से जूझते किसान कैसे मजबूरन खुद को समाप्त कर लेने को विवश है। उनकी समस्याओं की अनदेखी कल्याणकारी राज्य में भी निरन्तर जारी है। लोकतान्त्रिक सरकारों द्वारा चलायी जा रही जनकल्याणकारी योजनाओं में कष्शकों की अनदेखी समझ से परेय है।

विश्व में जनसंख्या दृष्टि से दूसरे सबसे बड़े देश भारत में जहाँ प्रत्यक्ष अप्रत्यक्ष रूप से 70 प्रतिशत आबादी कृषि पर निर्भर है। भारत में आत्महत्या से हुई मौतों में लगभग 11.2 प्रतिशत किसान आत्महत्याओं का होता है। भारत जैसे प्राकृतिक संसाधनों से सम्पन्न देश में किसान आत्म हत्या के आंकड़े किसी त्रासदी से कम नहीं। राष्ट्रीय अपराध रिकार्ड ब्यूरो के अनुसार 18241 किसानों ने वर्ष 2004 में आत्महत्या कर जान देती थी। वर्ष 2004 में अब तक एक वर्ष में सर्वाधिक किसानों ने आत्महत्या की थी वर्ष 2010 में 135.599 मौत का आंकड़ा राष्ट्रीय अपराध रिकार्ड ब्यूरो द्वारा जारी किया गया जिसमें से 15963 किसानों की मौत से सम्बन्धित थे। वर्ष 2011 में इसकी संख्या 14.207 रही। 2012 में कुल आत्महत्या मामलों में एक चौथाई मामले महाराष्ट्र राज्य से थे। यद्यपि राष्ट्रीय अपराध रिकार्ड ब्यूरो के आंकड़ों से स्पष्ट है कि किसान आत्महत्या के मामले महाराष्ट्र (विशेष रूप से विदर्भ) तथा केरल और पाण्डिचेरी से सर्वाधिक देखे गये। तथापि ऐसा नहीं है कि भारत के अन्य राज्यों में किसानों की समस्या है ही नहीं। बुन्देलखण्ड के किसानों की वास्तविक स्थिति की प्रत्यक्षवर्षी होने तथा समाचार पत्रों, मीडियों की खबरों में आये दिन किसान आत्महत्या के मामलों से बरखूबी परिचित हूँ। बुन्देलखण्ड में सूखा, ओला तषश्टि, अन्ना पशु, समय पर नहरों में पानी न आना, वे मौसम वर्षा जैसी समस्याओं के साथ ही कृषि का परम्परागत स्वरूप, तकनीकि अभाव, उच्च गुणवत्ता के बीज, खाद, डीजल, बिलजी की महंगी दरें आदि समस्याओं ने यहाँ के किसानों की स्थिति वद्त्तर कर रखी है। गौरतलब है कि बुन्देलखण्ड भारत के अन्य क्षेत्रों की अपेक्षा

काफी पिछड़ा हुआ है। उत्तर प्रदेश के लगभग आठ जिले जिसमें झांसी, बांदा, महोवा में भूजल स्तर डार्क जोन के आंकड़े को छू रहा है। यहाँ पीने के पानी की समस्या है फिर किलान और उनकी फसलों की स्थिति का सहज अन्दाजा लगाया जा सकता है। उपरोकत जिलों के अलावा बुन्देलखण्ड में मध्य प्रदेश के लगभग सात जिले आते है। दतिया, भिण्ड, सागर, टीकमगढ़ आदि जिलों का पहाड़ी इलाका किसानों की समस्याओं को और अधिक जटिल बना देता है। भारत के अन्य क्षेत्रों की तरह यदि समय पर मौसम ने साथ न दिया तो बुन्देलखण्ड के अधिकांश जिलों जिनमें प्रमुखतः झांसी महोवा बांदा, दहिया टीकमगढ़ आदि में किसानों के खेत बिना बोये रह जाते है। नहर में जब तक पानी आता है तब तक बुवाई का समय निकल जाने से उनको न तो उचित पैदावार, गुणवत्ता के अभाव में उचित मूल्य प्राप्त नहीं होता। फलस्वरूप सालदर साल मुफलिशी बढ़ती जाती है। पिछले कुछ वर्षों में भारतीय जलवायु पर ग्लोबल वार्मिंग के प्रभाव से असमय वर्षा ने इन किसानों पर दोहरी मार की है। पकी फसल पर मोला वष्टि, खेतों में पानी भरने से किसान की फसल चौपट हो जाती है। अन्नदाता अपना सर्वस्व हार जाता है। दाने–दाने को मौहताज किसान कर्ज के जाल में उलझ कर आत्महत्या जैसे अन्तिम रास्ते का चयन करता है। जिस वर्ष मौसम अनुकूल होता है पैदावार अच्छी होती है तो संस्कारी नीतियों, विचौलियों की कारगुजारी से उनको उचित मूल्य नहीं मिल पाता नहीजतन किसान साल भर जिस भाषा से मेहनत करता है। उसे अपने परिवार के भरण पोषण तक के लिए समुचित धन नहीं मिल पाता। एक ही सदस्य पर बेरोजगारी के इस दौर में खर्च का बोझ इतना बढ़ जाता है कि किसान के पास खुद को खत्म करने के अलावा अन्य उपाय ही नहीं सूझता।

भारतीय किसानों को आत्महत्या करने की ओर प्रेरित करने वाले कारकों में बाढ़ भी प्रमुख रूप से उत्तरदायी है। विकास की अन्धी दौड़ में मनुष्य ने पर्यावरण को जो अपूर्णीय क्षति पहुँचाई है। उसका खामियाजा सर्वाधिक किसानों को भुगतना पड़ रहा है। अतिवष्टि वे काल में बड़े–बड़े वाधों से भारी मात्रा में छोड़ा गया पानी किसानों के जीवन में त्रासदी ला देता है। बाढ़ से खेतों में खड़ी फसल के अलावा घरों में सुरक्षित रखा अनाज, आवास, पशुधन आदि सब कुछ गवां कर किसान कभी सरकार तो कभी ईश्वर की तरफ वेवना नजरों से मदद की अपेक्षा करता है।

भारत के बड़े किसानों की अपेक्षा लघु व सीमांत किसानों पर इनका अधिक प्रभाव रहता है। भारत में लोकलुभाववाद की राजनीतिक परम्परा के क्रम में चुनाव के समय किसान कर्ज मांफी के प्रचलन ने भी किसानों में उच्च ऋणदर पर कर्ज लेने की आदत को प्रोत्साहित किया है। जिससे अर्थव्यवस्था में असन्तुलन से मुद्रा राजनीति व महंगाई दर में बढ़ोत्तरी होती है जिसका प्रभाव प्रकारान्तर से किसानों की समस्याओं को बढ़ाने में सहायक होता है। ऐसा भी नहीं है कि आजादी के बाद से भारत सरकार द्वारा कृषि क्षेत्र में सुधार नहीं किए गए। परन्तु 1990 के दषक से किसान आत्महत्या अथवा परिवार समेत हत्या मामलों का बढ़ता ग्राफ उन सुधारों की अपर्याप्तता की अभिव्यक्ति करते है। गौरतलब है कि यह दशक उदारीकरण व निजीकरण को बढ़ावा देने वाले वैश्वीकरण के भारत में आरम्भ का दौर भी माना जाता है। इस प्रकार यह कहना भी अतिशयोकि पूर्ण नहीं है कि ग्लोबलाइजेशन के दौर में भारतीय किसान अपनी समस्याओं के कारण स्थान नहीं बना पा रहा है।

ध्यातव्य है कि भारत– जैसे कृषि प्रधान देश में सरकारों द्वारा किसानों की समस्याओं जो एक त्रासदी बन गयी है कि उपेक्षा सन्तोषजनक नहीं कही जा सकती। जुलाई 2019 में कृषि मंत्री पुरूषोत्तम रूपाला ने लोकसभा में कहा कि हमारे पास वर्ष 2015 का डेटा नहीं है। गहमंत्रालय के आंकड़ों के अनुसार वर्ष 2016 में भारत में 6351 किसानों ने खुदकुशी की है यानि कि 17 किसान प्रतिदिन काल का ग्रास स्वयं बन जाते है। भारत सरकार द्वारा समय–समय पर देश के अन्नदाता से सर्वहारा बने किसानों के लिए महत्वपूर्ण कदम उठाये जिनमें वर्ष 2006 का रिलीफ पैकेज, महाराष्ट्र मनी लैंडिंग अधिनियम 2008, कृषि ऋण छूट और ऋण राहत योजना 2008, महाराष्ट्र राहत पैकेज, केरल के किसानों के ऋण राहत आयोग (संशोधन) मिल 2012, प्रधानमंत्री फसल बीमा योजना, प्रधानमंत्री कृषि सिंचाई योजना, सोइल हेल्थ कार्ड आदि उल्लेखनीय है।

भारतीय अन्नदाता से सर्वहारा बने किसानों की समस्याओं की गम्भीरता को देखते हुए भारत सरकार तथा राज्य सरकारों द्वारा तत्काल राजनीतिक इच्छा शक्ति दिखाते हुए कुछ ठोस कदम उठाने होंगे तभी इस दिशा में सार्थक परिणाम प्राप्त किए जा सकते हैं। किसानों की आत्महत्या रोकने के लिए निम्नलिखित बिन्दुओं पर ध्यान दिया जाना चाहिए।

- पर्यावरण प्रदूषण सम्बन्धी मुद्दों पर शीघ्रातिशीघ्र कठोर कदम उठाये जाने चाहिए ताकि ग्लोबल वार्मिंग से मौसमी अनिश्चिता की समस्या विकराल स्वरूप न लेती जाए।
- बाढ़, सूखा, ओला वष्टि, तूफान, अथवा मौसम सम्बन्धी सूचनाओं को अधिक विश्वसनीय व किसानों तक उनकी पहुँच सुनिश्चित की जाए।
- सरकारी योजनाओं के प्रति जागरूकता व इन योजनाओं का लाभ सीधे किसानों के खातों तक पहुँचाया जाए (प्रधानमंत्री सूखा राहत निधि का लाभ पूरा किसानों को नहीं मिल सका क्योंकि लेखपाल ने उन्हीं किसानों को लाभ पूरा किसानों को लाभ लेने दिया जिन्होंने सौ पांच सौ रूपये पहले ही उसकी जेव में रख दिए)।
- प्रत्येक किसान के परिवार में सदस्य संख्या के आधार पर कृ षि आधारित आय के अतिरिक्त दस से बीस हजार रूपये प्रतिमाह का रोजगार उपलब्ध कराया जाना चाहिए ताकि कृ षि पर उनकी निर्भरता जीवन लीला समाप्ति की अवस्था तक न पहुँचे।
- कर्ज माफ कर वोट वटोरू नुख्से वाली स्वार्थपूर्ण राजनीति से अर्थव्यवस्था पर अतिरिक्त बोझ डालने से किसानों की समस्याओं का स्थायी निदान सम्भव नहीं।

## सन्दर्भ सूची

- आज तक खबर 9 जुलाई 2019
- राष्ट्रीय अपराध रिकार्ड ब्यूर्रा रिपोर्ट
- 'प्रयोग धर्मी किसान', डॉ0 महेन्द्र मधुप
- 'सम्पूर्ण कृषि सेवक', के0 सेंगर
- मोदी राज में किसान, योगेन्द्र यादव

# 21

# भारत में किसान आत्महत्या :– एक विश्लेषण

एकता चौहान
सहायक आचार्या
राजनीति विज्ञान विभाग
ए. के. पी. जी. कॉलेज
खुर्जा (बुलंदशहर)

कु0 सन्तरेष रानी (शोध–छात्रा)
राजनीति विज्ञान विभाग
एस0डी0 कॉलेज
मुजफ्फरनगर (उ0प्र0)

त्याग, तपस्या एवं कठिन परिश्रम का दूसरा नाम किसान है। हमारा देश एक कृषि प्रधान देश है जहाँ लगभग 70 प्रतिशत जनसंख्या आज भी खेती पर निर्भर है। यही वजह है कि हमारे देश में जहाँ भी देखों गांव ही गांव एक दूर–दूर तक फैले हुए खेत नजर आते है। तपती धूप हो या कडाके की सर्दी पड रही हो, किसान आपको खेतो में काम करते हुए दिख जायेगें। किसानों की पूरी जिन्दगी मिट्टी से सोना उपजाने की कोशिश में निकल जाती है। किसानों का मुख्य व्यवसाय कृषि अर्थात् खेती होती है और मेहनती किसान बिना किसी शिकायत के अपने खेतों में मेहनत करता रहता है। खेतों में फसल उपजाना कोई आसान काम नहीं है, फसल की बुआई, फसल की देखभाल उसकी कटाई और फिर तैयार फसल को बाजार में बेचने जैसी तमाम कोशिशें किसानों को लगातार करते रहने पडता है।

वैश्वीकरण तथा औद्योगिकरण के बाद भारतीय किसानों की आर्थिक व सामाजिक स्थिति में महत्वपूर्ण परिवर्तन आये है। ग्रामीण भारत में निम्न वर्ग तथा मध्यम वर्ग के किसानों की स्थिति अमीर किसानों की अपेक्षा अधिक खराब होती जा रही है। भारत में किसानों की आत्महत्या की समस्या लगभग 1990 के बाद प्रबल रूप से प्रकाश में आई। जब उदारीकरण का दौर शुरू हुआ था। अंग्रेजी भाषा के "द हिन्दू" नामक अखबार में किसान आत्महत्या की सूचना देती हुई खबरे इसी वर्ष प्रकाशित हुई और सबसे पहले ये खबरे महाराष्ट्र से आई। महाराष्ट्र के विदर्भ में कपास का उत्पादन करने वाले किसानों ने आत्महत्या कर ली थी। और फिर आन्ध्रप्रदेश से भी किसानों की आत्महत्या की खबरे मिलने लगी। यहाँ सबसे ज्यादा ध्यान देने वाली बात यह है कि आत्महत्या करने वाले केवल छोटी जाति वाले किसान ही नही थे, मध्यम और बडी जाति वाले किसान भी इस गतिविधि में शामिल थे। भारत में किसान आत्महत्या मुख्य रूप से 1990 के बाद पैदा हुई स्थिति है जिसके बाद प्रतिवर्ष दस हजार से अधिक किसानों द्वारा आत्महत्या की जा रही है। प्राचीनकाल से ही भारतीय किसान मानसून पर निर्भर रहा है। कालांतर में मानसून की असफलता के कारण नकदी फसले नष्ट होना किसानों द्वारा की गई आत्महत्या का मुख्य कारण बन गया। बार–बार सूखा पडना, ऋण दर का अत्याधिक बोझ, मानसून की अनिश्चित, कीमतों में वृद्धि इत्यादि किसानों के लिये समस्याओं के एक चक्रव्यूह की शुरूआत करती है। बिचौलियों, महाजनों, बैंको आदि के चक्रव्यूह में फंसकर भारत के विभिन्न क्षेत्रों के हजारों किसान आत्महत्या करने को विवष हो रहे है।

भारत में वर्ष 2008 में 16,000 से अधिक किसानों द्वारा आत्महत्या की गई थी। 2009 में आत्महत्या करने वाले किसानों की संख्या में 1172 की वष्द्धि हुई (राष्ट्रीय अपराध लेखा कार्यालय, भारत सरकार के आंकडों के अनुसार)। सन् 2009 में 17368 किसानों द्वारा आत्महत्या की आधिकारिक सूचना दर्ज हुई। सरकार द्वारा प्रस्तुत किये गये आंकडों के अनुसार 1995–2011 के मध्य 17 वर्ष में 7 लाख, 50 हजार, 860 किसानों ने आत्महत्या की है। भारत सरकार की सभी कोशिशों और दावो के बावजूद कर्ज के बोझ तले दबे किसानों द्वारा आत्महत्या करने का क्रम नहीं रूक पा रहा है। अभी भी भारत में लगभग हर महीने 70 से अधिक किसान आत्महत्या कर रहे है। वर्श 2010 में भारत में लगभग 19 हजार से अधिक आत्महत्याएं हुई है। इसमें 10

प्रतिशत किसान है जो एक गम्भीर एवं चिन्तनीय विषय है। गरीब तथा छोटे किसानों को यह जानकारी ही नहीं है कि बीमा योजना की सुविधा भी उपलब्ध है। इस प्रकार किसान कर्ज न चुका पाने के कारण आत्महत्या कर रहे है। वर्तमान में प्रतिवर्ष 10,000 किसानों द्वारा आत्महत्या का औसत दर्ज किया जा रहा है।

इतनी कडी मेहनत करने के बाद भी देश के कुछ हिस्सों के किसान आत्महत्या करने पर मजबूर है और यह एक गम्भीर चिंता का विषय है। भारत को एक जमाने में साने की चिडियाँ कहा जाता था क्योंकि यहाँ अन्न तथा धन की कोई कमी नही थी तथा किसान सुखी थे। भारतको कृषि प्रधान देश का दर्जा भी इसी वजह से मिला लेकिन आज हालात काफी बदल गये है। आज हमारे अन्नदाता किसान के हालात इतने खराब हो गये है कि वे आत्महत्या करने को विवश हो जाते है। निश्चित रूप से यह एक भयानक त्रासदी है और एक सच्चाई है जिससे हम मुँह नहीं मोड सकते।

सरकारो, वैज्ञानिकों तथा किसान समुदाय के सामूहिक प्रयासो से 1952–53 में 52 मिलियन टन की तुलना में 2011–12 में लगभग 259 मिलियन टन खाद्यान्न का रिकॉर्ड उत्पादन हुआ है। भारत गेहूं, मक्का, चावल आदि के निवल निर्यातक के रूप में उभरा है। भारत का विश्वभर में फल तथा सब्जी उत्पादन में चीन के पष्चात दूसरा स्थान है। यह विश्व का सबसे बडा दुग्ध उत्पादक और दूसरा सबसे बडा मछली उत्पादक देश है। भारत में किसान आत्महत्या के कई प्रमुख लक्षण है जो कि इस प्रकार है– (1) कृषि की विकास दर न्यूनतम स्तर पर बनी हुई है स्वतन्त्रता के पहले तीन दशक में उद्योग की विकास दर 4.5 प्रतिशत थी जबकि कृषि की 3.0 प्रतिशत। पिछले 15 वर्षो में उद्योग की विकास दर 6.4 प्रतिशत हो गई है तथा खेती की फिरालकर 2.8 प्रतिशत रह गई है। ऐसे में किसानों द्वारा आत्महत्याओं का सिलसिला जारी है। भारत में ज्यादातर छोटे तथा मध्यम वर्गीय किसान है जिनकी आय कम और व्यय अधिक होते है तथा वे अपनी फसलों का बीमा नहीं करवा पाते है। इसलिये ये ऋण के लिये साहूकारों से धन लेते है। यदि पैदावार अच्छी न हो तो कर्ज चुका नहीं पाते तथा कर्ज के कुचक्र में फंस जाते है। ऐसे में किसानो के लिये किफायती ऋण और बीमा की सुविधा उनके लिये सुरक्षा, कवच का काम कर सकती है। (2) किसान को कभी सूखे और कभी बाढ़ का प्रकोप सहन करना पडता है। लेकिन यदि फसल अच्छी

भी हो तो पैदावार का सही मूल्य पाने में अनेक कठिनाई आती है। खराब और घटिया उपज भी उसका दुर्भाग्य बन जाती है। (3) भारतीय किसानों में दूरदर्शिता की कमी पाई जाती है। (4) कृषि के विकास को प्रभावित करने वाला एक प्रमुख कारण सिंचाई है। आज भी भारत में लगभग 40 प्रतिशत क्षेत्र असिंचित है। सिंचाई सुविधाओं के अभाव में कई किसानों को मानसून पर ही निर्भर रहना पडता है। (5) भारत का किसान सदियों से कृषि के साथ–साथ कोई न कोई अन्य सहायक व्यवसाय भी करता रहा है इसमें पशुपालन व मुर्गीपालन प्रमुख रहे है। भारत के असंख्य कुटीर उद्योग खेती पर ही निर्भर रहे है। लेकिन बडे उद्योग लगाकर सरकार ने उन सबको किसानों से छीन लिया है। दूध की डेरियां स्थापित होने से पशुपालन प्रभावित हुआ है। (6) उदारीकरण के फलस्वरूप अर्थव्यवस्था के स्वरूप में परिवर्तन होने से देश में सामाजिक व्यवस्थागत ढांचा संबन्धी समस्यायें उत्पन्न हो गई है। (7) फसल के मूल्य में होने वाले उतार–चढाव का छोटे किसान ही सर्वाधिक शिकार होते है। साथ ही यह आशंका रहती है कि वे कर्ज नहीं चुका पायेगे। पिछले कई दशको से किसानों को हरित क्रान्ति के नाम पर जिस रास्ते पर धकेला गया, उसके परिणाम अब दिखाई दे रहे है। छोटा किसान कर्ज के चक्रव्यूह में फंस गया है जहाँ से बाहर जाने का उसे एक ही मार्ग दिखता है, वह है आत्महत्या। (8) सरकार ने शराब से अपनी आमदनी बढाने के लिये गांवों में भी ढेर सारी दुकाने खोल दी है। गांवों में लोग शराब की आदत का शिकार होते जा रहे है। अब सरकार ही किसानों की आत्महत्या के लिये शराबखोरी को जिम्मेदार ठहराती है। (9) सन् 1960–61 में भू–स्वामित्व की इकाई का औसत आकार 2.3 हेक्टेयर था जो सन् 2001–02 में घटकर 1.06 हेक्टेयर रह गया। कृषि जोतो के छोटे होने के कारण किसानों की आमदनी कम तथा खर्चे बढ जाते है। (10) उन्नत कृषि तकनीक की कमी से उनकी उपज कम होती है। इस कारण ये किसान खेती एवं अपने खर्चे नहीं उठा पाते, तब सामाजिक कुण्ठा का षिकार हो जाते है।

''आत्महत्या'' का संकट अति गम्भीर है। वास्तव में, किसानों की आत्महत्या केवल किसानों की समस्या नहीं है, बल्कि यह पूरे देश की समस्या है। देश की सम्पूर्ण योजना बनाने वाली शक्तियों को इस समस्या का समाधान ढूंढना होगा। जिस व्यवस्था में किसान आत्महत्या करने के लिये मजबूर है, उसमें हमे कोई बदलाव करना ही होगा। आज एक व्यवस्था

में तात्कालिक, मध्यकालिक और दीर्घकालिक लक्ष्य बनाकर देश, काल तथा परिस्थिति के अनुसार इस समस्या के समाधान के लिये बहुआयामी प्रयास करने होंगे। तात्कालिक उपाय में जिन परिवारों में आत्महत्या हो चुकी है, उन सैकडों परिवारों में रोटी, कपडा मकान, पढाई व दवाई आदि की व्यवस्था तुरन्त की जाये। मध्यकालिन समाधान में संघर्षात्मक पहलू महत्वपूर्ण है। गाय, खेती, गांव, किसान से जुडी विभिन्न प्रतिकूल नीतियों में बदलाव किया जाए और उसकी पूर्ति के लिये देशव्यापी "किसान हित रक्षा आन्दोलन" चलाया जाये। विशेष तौर पर सब्सिडी, कृषि उपज के उचित समर्थन मूल्य निर्धारण के मुद्दे पर विश्व व्यापार संगठन और उत्पादो के मूल्यों आदि में पाई जाने वाली बिमारियों को दूर करने के कदम प्रमुखता से उठाये जाये। दीर्घकालीन उपायों में मनुश्य–मवेशी अनुपात में सुधार किया जाये। विकेन्द्रित, स्वावलंबी, स्वयं–सहायता समूहो को पुष्ट किया जाये। इसके लिये सभी तरह के किसान संगठन सही तरीके से जमीन, जल, जंगल, जानवर, पर्यावरण के संरक्षण एवं संवर्धन में लगे। समूहों, लोगों तथा संस्थाओं को जुटाया जाये। गाँव, जिला, प्रदेश और आखिल भारतीय स्तर पर संवाद, सहमति और सरकार की कार्यनीति के आधार पर इन्हे संगठित किया जाये। इससे आम लोगो में मुद्दों की समझ व संवेदना बढेगी। अधिक उत्पादन, सही वितरण, संयमित उपभोग, गरीब के प्रति ममता और धनिक के प्रति मुदिता की भावना युक्त आधारशिला पर समाज की जीवन रचना को अधिष्ठापित किया जाये।

**निष्कर्षः**– भारत की "सुजलां–सुफलां" वसुंधरा की रक्षा के लिये हजारो–लाखो जवानों, किसानों, मजदूरों ने अपने प्राण न्यौछावर किये है। आज भारत में इनका अस्तित्व संकट में है और इन्हे बचाने में सबकी भूमिका अनिवार्य है। ऐसे जन–कल्याण मानकों को स्थापित कर न केवल किसानों का जीवन बचाया जा सकेगा वरन् उनमे मनोबल बढाकर उन्हे और भी सक्षम बनाने के सतत् प्रयत्न किये जा सकेंगे। भारत अपने गांवो में बसता है जहाँ 70 प्रतिशत जनसंख्या ग्रामीण क्षेत्रों में रहती है। भारत की लगभग आधी जनसंख्या अपनी आजीविका के लिये या तो पूर्णतः या काफी हद तक किसी न किसी कृषि गतिविधि पर ही निर्भर है। कृषि स्पष्ट रूप से देश के ग्रामीण विकास में एक महत्वपूर्ण भूमिका निभाती है। इसलिये कृषि उत्पादन की वृद्धि दर में तेजी लाना न केवल समग्र सकल घरेलू उत्पाद की वृद्धि दर को

प्राप्त करने और खाद्य की बढती मांग को पूरा करने, बल्कि कृषि पर निर्भर लोगो की आय में वृद्धि करने तथा इस प्रकार हमारे समाज में समावेशीकरण सुनिश्चित करने के लिये भी आवश्यक है। किसानों की आत्महत्या एक राष्ट्रीय समस्या का रूप ले चुकी है और अगर जल्द ही किसानों की स्थिति बेहतर बनाने और उन्हे आत्महत्या करने से न रोका गया तो यह स्थिति ओर भी भयावह रूप धारण कर सकती है। उनके लिये फसल बीमा, फसलों का उच्च समर्थन मूल्य एवं आसान ऋण की उपलब्धी सरकार को सुनिश्चित करनी होगी तभी किसानों की स्थिति सुधरेगी, किसान खुशहाल होगें और उन्हे आत्महत्या करने से रोका जा सकेगा।

## सन्दर्भ ग्रन्थ–सूचि


1. The Economic Survey 2002-03, Economic Division, Ministry of Finance and Company Affairs, New Delhi, 2003.

2. Shiva, Vandana and Kunwar, Jalees, "Farmers Suicides in India" Research Foundation for Sciences, Technology and Ecology, New Delhi.

3. National Crime Bureau of India, Home Ministry, Government of India.

4. "Chornic Hunger still Hunts India" The times of India (New Delhi) 18 December 2003.

5. Centre for Human rights and Global Justice, every Thirty Minutes: Farmer Suicides, Human Rights and the Agrarian Crisis in India (New York: NYU school of Law 2011).

6. The Registrar General of India, Government of India 2012.

7. http://www.the hindu businessline.in/2004/03/03stories/2004030300160-800.htm.

8. http://www.hindikiduniya.com.in/2019/11/29.

# 22

# किसानों के जीवन की समस्याओं के मूल कारण : एक दृष्टि

डॉ0 अमित जैन

सहायक आचार्य

हिन्दी विभाग दिगम्बर

जैन कॉलिज, बडौत, (बागपत)।

कठिन जेठ सी दोपहरी में, एक चित्त हो मगन।
कृषक तपस्वी तप करता है, श्रम से स्वेदित तन।।

—दिनकर

भारत एक कृषि प्रधान देश है। यहाँ की 70 प्रतिशत आबादी गावों में निवास करती है। स्वतंत्रता से पूर्व प्रारम्भ हुए प्रयासों के बावजूद भी आज स्वतंत्रता प्राप्ति के लगभग 72 वर्षों के बाद भी किसानों की स्थिति में कोई ज्यादा परिवर्तन नहीं आया है। NCRB के आंकडों के अनुसार 1995 से 2016 तक कृषि प्रधान देश में कुल 3,29,907 किसानों ने आत्महत्या की।1 आज भी भारत सरकार किसानों की स्थिति में सुधार के अनेक उपाय करने का दावा करती है। परन्तु स्थिति जस की तस बनी हुई है। भारतीय किसानों के जीवन की समस्याओं के मूल कारणों का अध्ययन करने पर हमें निम्न कारण प्रमुख रूप से प्राप्त होते है।

**कृषि भूमि का अभाव** – भारत आज जनसंख्या विस्फोट की स्थिति

में पहुँच गया है। आज भारत की आबादी लगभग सवा अरब का आंकडा पार कर गई है। बढती आबादी के साथ–साथ हम भारत का क्षेत्रफल नहीं बढा सकते है। क्योंकि भौगोलिक क्षेत्रफल निश्चित होता है। जैसे–जैसे परिवार बढ रहे है वैसे–वैसे पारिवारिक खेती योग्य भूमि का बँटवारा होता जा रहा है। परिणामतः भारत में खेतों का आकार सिकुड रहा है। परिणामतः केवल कृषि के आधार पर किसान का जीवन यापन संभव नहीं रह गया है।

साथ ही देश में बढते अनियोजित शहरीकरण के कारण भी कृषि योग्य भूमि का आभाव होता जा रहा है। क्योंकि खेती की भूमि पर अब फसलें नही अपितु शहर उगने लगे है। किसी कवि ने कहा भी है –

रो–रोकर गेहूँ कहे, फफक –फफक कर धान।

खेतों में फसलें नहीं, उगने लगे मकान।।

नेशनल सर्वे रिपोर्ट के अनुसार देश के 9 करोड किसान परिवारों में लगभग 6 करोड किसानों के पास एक हेक्टेयर से भी कम खेती योग्य भूमि रह गई है।

कृशि लागत में बढोत्तरीः– कृषि लागत में लगातार होती बढोत्तरी भी किसानों की प्रधान समस्या है। किसानों की खेती से सम्बन्धित सभी संसाधनों के मूल्य में तेजी से बढोत्तरी हुई है। आज किसानों को सिंचाई के संसाधन पर बहुत खर्च करना पड रहा है। तेजी से गिरते जल स्तर के कारण बोरिंग का खर्चा भी लगभग अनिवार्य हो गया है। एक रिपोर्ट के अनुसार तेलंगाना में जब किसान आत्महत्या के बढते आंकडों के कारणों को खोजा गया तो पता चला कि वीरबैल के कर्ज इनकी बडी वजह थे।2

शोधित बीज का अभाव एंव महंगा होना, खेती में प्रयोग होने वाले कीटनाशक एवं खाद आदि भी पहले की अपेक्षा बहुत महंगे हुए है, जबकि इस मात्रा में फसल का मूल्य नहीं बढा है। अस्सी के दशक की कीमतों का आज की कीमतों से तुलनात्मक अध्ययन द्वारा इस तथ्य को भली प्रकार समझा जा सकता है।

| | मूल्य 80 के दशक में | मूल्य वर्तमान में |
|---|---|---|
| गेहूँ | 1रू किलो | 16–17 रू |

| दूध | 1रू ली0 | 55–60 रू |
|---|---|---|
| देशी घी | 5रू किलो | 450–500 रू |
| मजदूरी | 3 रू | 300–400 रू |
| प्रा. वि. के अध्यापक का मूल वेतन | 195 रू | 35000 रू लगभग |

इस प्रकार हम समझ सकते है कि किसान को उसकी फसल का समुचित मूल्य नहीं मिल पा रहा है। तुलनात्मक दृष्टि से उसकी फसल के मूल्य में हुई बढोत्तरी नगण्य है। मैग्सेस पुरस्कार विजेता पी0 साईनाथ के शब्दों में –

''किसान की आमदनी का जरिया बहुत अनिश्चित है। उसकी आमदनी को आप किसी दूसरे पेशे से जोडकर देखेंगें तो साफ हो जाएगा कि खेती में आमदनी बहुत कम है।''

सिंचाई के साधनो का अभाव – भारत जैसे कृषि प्रधान देश में आज भी सिंचाई के साधनों का समुचित विकास नहीं हो पाया है। दुर्भाग्यवश आज भी भारत में लगभग 65 प्रतिशत कृषि वर्षा के पानी पर निर्भर करती है। जिस कारण कभी अनावृष्टि (सूखा), कभी अल्पवृष्टि (कम बारिश), कभी अधिवृष्टि (अत्यधिक बारिश) के कारण देश के किसी ना किसी हिस्से में खेती को भारी नुकसान पहुँचता है। अपनी बर्बाद फसल को देखकर किसान अन्दर तक टूट जाता है क्योंकि भारत के अधिकांश किसान गरीब है और फसलों के द्वारा ही वह अपना जीवन यापन करता हैं। सिंचाई के अभावपूर्ण साधन उसकी फसल को ही बर्बाद नहीं करते अपितु उसका जीवन तक बर्बाद कर देते है। कई बार उसकी लडकी की शादी तक टूट जाती है या परिवार के किसी सदस्य का ईलाज के अभाव में देहान्त तक हो जाता है। जिस कारण वह हताशा में आत्महत्या तक करने को मजबूर हो जाता है।

भारत में कुल सिंचित क्षेत्र लगभग 63 मिलियन हेक्टेयर है जो देश में बोए हुए क्षेत्रफल का केवल 45 प्रतिशत ही है।3 भारत सरकार ने सिंचाई के साधनों को विकसित करने की एक बडी योजनाएँ चालू की है। भारत के पूर्व प्रधानमंत्री माननीय अटल बिहारी वाजपेयी द्वारा भारत की प्रमुख नदियों को जोडने की योजना लागू की गई, जिसकी शुरूआत केन एवं बेतवा नदी को

जोड़ने से की गई। परन्तु इस प्रकार की योजनाएँ हमेशा देरी से ही चलती रहती है। जिस कारण इनके लागत मूल्य में 3.5 गुना तक वृद्धि दर्ज की गई है।

इसकी अपेक्षा छोटी सिंचाई योजनाओं में लागत कम आती है और वे जल्दी भी पूरी हो जाती है। साथ ही उसका लाभ भी अधिकांश किसानों तक पहुँचता है। अतः सरकार को चाहिए कि बडी योजनाओं के बनिस्बत कुऑ, तालाब, वाटर रिचार्जिंग जैसी छोटी सिंचाई परियोजनाओं को भी सभी राज्यों में क्षेत्रीय स्तर पर चालू करे। इससे सिंचाई के साधनों के विकास के साथ–साथ कृषि मजदूरों को अतिरिक्त आय भी प्राप्त होगी।

परिवहन के साधनों एवं भण्डारण का अभावः– अधिकांश विद्वान किसानों की समस्याओं पर विचार करते समय इस कारण को छोड देते हैं। सर्वविदित है कि सभी फसलें सभी जगहों पर नहीं उगाई जा सकती है। परिणामतः किसी फसल का उत्पादन कहीं इतना अधिक हो जाता है कि वह सडने लगती है। किसानों को अपनी फसल सडकों पर फेंकनी पडती है। कभी–कभी फसल इतनी कम होती है कि उससे क्षेत्रीय पूर्ति करना भी संभव नहीं हो पाता है। प्याज के उदाहरण से हम इस समस्या को भलीं–भातिं समझ सकते है। कल तक जिस प्याज को महाराष्ट्र के किसान सडकों पर फेंक रहे थे। आज वह प्याज देश के कुछ हिस्सों में 150–200 रूपयें प्रति किलों तक बिक रही है। आज प्याज का बढता मूल्य राष्ट्रीय मुद्दा बन गया है। जिसे भारत देश की संसद तक उठाया जा रहा है। इतिहास साक्षी है कि भारत में प्याज के बढते मूल्य के कारण भारत संघ की सरकार तक बदल गई थी।

इस समस्या का प्रमुख कारण फसलों को एक स्थान से दूसरे स्थान पर पहुँचाने के समुचित साधनों का अभाव है। इन परिवहन साधनों का महत्व इस घटना से समझा जा सकता है कि कश्मीर में धारा 370 हटने के बाद आतंकवादियों ने कश्मीर की प्रमुख फसल यानि सेब को ले जाने वाले वाहनों (ट्रकों) को प्रमुखता से निशाना बनाया है।

साथ ही किसानों की फसल के भण्डारण की भी समुचित व्यवस्था विकसित करना अनिवार्य है। किसानों के पास उत्पाद के भंडारण के संसाधनों का अभाव है और ना ही सरकार द्वारा उसे ऐसे साधन उपलब्ध कराए जाते है।4 निजि क्षेत्र के भंडारण का खर्च अपेक्षाकृत अधिक होता है। यदि किसान के पास भंडारण का विकल्प उपलब्ध हो तो वह जिस उत्पाद का

मूल्य बाजार में अधिक हो उस दिन अपनी फसल बेचकर अधिक लाभ कमा सकता है।

कृषि शिक्षा का अभाव :– अत्यन्त खेद का विषय हैं कि जिस देश में कृषि आधारित अर्थव्यवस्था हो, जो देश चाँद एवं मंगल तक की सैर करने की तकनीक रखता है। वहाँ आज भी खेतों में किसान पारम्परिक प्रणाली को अपनाने के बाध्य है। आज देश में कृषि वि0 वि0 नाम मात्र है। उनमें भी गुणवत्तापरक शिक्षा का प्रायः अभाव हैं। आज भी देश का किसान बैलों से खेती करता है। उसके पास अधिक उत्पादन प्राप्त करने की तकनीक का अभाव है। यही कारण है कि दुनिया के अन्य देशों की तुलना में हमारा किसान प्रति हेक्टेयर प्राप्त उत्पादन के मामले में अत्यन्त पिछडा हुआ है।

देश में हरित क्रांति जैसे व्यापक कृषि आंदोलन की प्रभावी आवश्यकता है।

**सरकारी नीतिः–** किसानों की समस्याओं के लिए काफी हद तक सरकार की दोषपूर्ण नीति भी जिम्मेदार रही है।

भारत सरकार द्वारा किसानों की खेती योग्य भूमि को यदा–कदा आवासीय, ओघौगिक एवं ढांचागत निर्माणों के लिए अधिग्रहित कर लिया जाता है। उनके मुआवजें का समय से वितरण भी नहीं हो पाता है। जिसकारण किसान खेती छोड आंदोलन में व्यस्त हो जाता है। अतः सरकार को यथा संभव ऊसर एवं बंजर भूमि का अधिग्रहण करना चाहिए। साथ ही मुआवजे का निस्तारण भी पारदर्शी एवं शीघ्र होना चाहिए।

भारत सरकार द्वारा किसानों की फसलों के मूल्य निर्धारण में अत्यधिक हस्तक्षेप भी किसानों की एक समस्या हैं। किसान को भी अपने उत्पाद का मूल्य निर्धारित करने का अधिकार होना चाहिए। साथ ही कई बार सरकार ही किसान को यह निर्देश देती है कि वह अपना उत्पाद किसे बेचे, जैसे गन्ना। प्रायः देखा जाता है कि ये शुगर मिल मालिक किसानों के पैसों का भुगतान कई वर्षों तक नहीं करते है। उत्तर प्रदेश में किसानों के आत्महत्या करने का बडा कारण चीनी मिलों पर किसानों का हजारों करोड रूपये बकाया होना है।[5] यह सब सरकार की दोषपूर्ण नीति के कारण ही है।

आज भारत में किसानों के कर्ज माफ करने की होड लगी हुई है। परन्तु इसमें किसान हित की अपेक्षा राजनीतिक हित अधिक जान पडता है। इस

प्रवृत्ति के कारण भारत का ईमानदार किसान अपने को ठगा सा महसूस करता है। अगर कर्ज माफी ही किसान की सभी समस्याओं का समाधान होता तो 2008 की साठ हजार करोड रूपये से ज्यादा की कर्ज माफी के बाद किसान आत्महत्याएं बंद हो जानी चाहिए थी।6

भारत सरकार को कर्ज माफी की बनिस्बत किसान के समुचित विकास पर ध्यान देने की आवश्यकता है। इसके लिए सरकार को निम्न उपाय करने चाहिए–

- फसलों के बीमा की व्यापक, पारदर्शी, सुगम एवं सरल व्यवस्था की व्यवस्था करना।
- ग्रामीण विकास को गति देकर कृषि के साथ अन्य साधनों का विकास करना जैसे दुग्ध उत्पादन, गोबर गैस प्लांट आदि।
- किसानों में अतिरिक्त कौशल विकसित करना ताकि वे खाली समय में अतिरिक्त आय कर सके। उदाहरण के लिए – बांस की टोकरी बनाना, सिलाई का कार्य, बागवानी आदि का प्रशिक्षण।
- किसानों को गैर पारम्परिक फसलों के लिए प्रोत्साहित करना जैसे फूलों की खेती आदि।
- कृषि में निवेश को बढावा देना। जबकि भारतीय रिजर्व बैंक के अनुसार 2011–12 और 2016–17 के बीच कृषि में सार्वजनिक क्षेत्र का निवेश सकल घरेलू उत्पादन के 0.4 फीसदी के आसपास रहा है। यह आकंडा भारत सरकार की कृषि क्षेत्र की जानबूझकर की जा रही अनदेखी को उजागर करता है।

1. www.economictimes.com
2. www.bbc.com
3. www.jagranjosh.com
4. www.indiawaterportal.org
5. www.bbc.com
6. ogha

# 23

# युवाओ का किसान आत्महत्या के प्रति दृष्टिकोण एक अध्ययन


शंकर सिंह ' शोधार्थी,
शिक्षा विभाग, हे.न.ब. गढ़वाल
विश्वविद्यालय, श्रीनगर गढ़वाल

अनित कौर'',शिक्षा विभाग,
हे.न.ब.गढ़वाल विश्वविद्यालय
श्रीनगर गढ़वाल


**प्रस्तावना** – भारत देश की 70 फीसदी आबादी गांवों में रहती है और कृषि पर ही निर्भर है। ऐसे में किसानों की खुशहाली की बात करने के वजाय चर्चा में किसानो की आत्महत्यायें है जिस देश में 1.25 अरब के लगभग आबादी निवास करती है उस देश में किसानो की आत्महत्यायें पर देश का मौन किसी गहरे संकट का संकेत है सदियों की तरह किसान ईश्वरीय कृपा पर ही आज भी निर्भर हैं मानो सम्पूर्ण कृषि का आधार जैसे मानसूनी बारिश है वैसे ही किसान के जीवन की बागडोर सिर्फ फसलो पर ईश्वरीय कृपा से है देश में साल 2014 से 2016 तक, तीन वर्षो के दौरान ऋण, दिवालियापन एवं अन्य कारणों से करीब 36 हजार किसानों एवं कृषि श्रमिकों ने आत्महत्या की है राष्ट्रीय अपराध रिकार्ड ब्यूरो के अनुसार वर्ष 2014 में 12360 किसानों एवं कृषि श्रमिकों ने आत्महत्या की जबकि वर्ष 2015 में यह आंकड़ा 12602 है वर्ष 2016 के लिये राष्ट्रीय अपराध रिकार्ड ब्यूरो के अनंतिम आंकड़ों के मुताबिक 11370 किसान एवं कृषि श्रमिकों के आत्महत्या की है इंडियन

जर्नल ऑफ सायकाइट्री में 2017 में प्रकाशित अध्ययन के अनुसार, "कर्नाटक, केरल, तमिलनाडु और अन्य राज्यों में प्रमाण मिले हैं कि किसानों की आत्महत्या में मानसिक विकारों से अधिक योगदान सामाजिक–आर्थिक चिंताओं का है। आंकड़ों से पता चलता है कि सामाजिक और आर्थिक तंगहाली आत्महत्या के मूल में है।" फार्मर्स सुसाइड इन विदर्भ रीजन ऑफ महाराष्ट्र स्टेटः ए मिथ ओर रिएलिटी के अनुसार, "आत्महत्या में बहुत से कारक भूमिका निभाते हैं, जैसे, किसानों द्वारा पुराना कर्ज और वर्षों तक ब्याज अदा न कर पाने की असमर्थता, आर्थिक हालात खराब होने से पैदा होने वाले पारिवारिक विवाद, अवसाद व नशा, आत्महत्या के बाद मिलने वाले मुआवजे से परिवार को कर्ज चुकाने में मदद, कम उपज, कृषि की बढ़ती लागत और उपज की गिरती कीमतें। खैर इतनी बड़ी संख्या में होती किसान आत्महत्याओ पर अक्सर मीडिया जिसे लोकतन्त्र का चौथा स्तम्भ कहा जाता है उतना ही खामोश है जितना हर हत्या के बाद हत्यारा खामोश होता है देश की युवा पीढ़ी जिसके कन्धो पर देश का भविष्य निर्भर है एकदम से इस सत्य से दूर है वैश्विक दौड़ में युवा पीढ़ी के पास चिंतन एवं सामाजिक जागरूकता की इतनी बड़ी जवाबदेही है जिसके लिए उसके पास बिल्कुल भी समय नही है किसानों को ऋण दिए जाने की व्यवस्था और सुविधाओं को मजबूत तथा उदार बनाने की आवश्यकता है। समय–समय पर केंद्र और राज्य सरकारों ने किसानों को ऋणमुक्त कराने के लिए ऋण माफी की अनेक योजनाएं घोषित की हैं जिस पर गंभीरतापूर्वक विचार करके निर्णय लिया गया होता तो किसानों की दुर्दशा शायद कम होती। मगर भारत का दुर्भाग्य है यहाँ मुद्दे चुनावों में उखाड़े जाते है फिर पुनः उन्हें मिट्टी के नीचे ढक दिया जाता है ये सम्पूर्ण भारत में एक समस्या की तरह है। 2010 में राष्ट्रीय अपराध रिकॉर्ड ब्यूरो ने देश में कुल 135,599 आत्महत्याएं दर्ज की जिनमें से 15,963 किसान आत्महत्या से जुड़े मामले रहे 2011 में देश में कुल 135,585 आत्महत्या के मामले सामने आए जिनमें से 14,207 किसान वर्ष 2012 में कुल आत्महत्या मामलों में 11.2ः किसान जिनमें से एक चौथाई महाराष्ट्र राज्य से है 2014 में 5,650 किसान आत्महत्या मामले दर्ज किए गए मोहंती (2013) के अनुसार किसानो की आत्महत्या के लिए आर्थिक सामाजिक एवं पारिस्थितिक तंत्र संयुक्त रूप से कारण है दांडेकर, भट्टाचार्य (2017) के अनुसार महाराष्ट्र एवं पंजाब में संसाधनों की उच्च दर किसान आत्महत्या में मुख्य कारण है।

वेणु (अमर उजाला, 10 जनवरी 2017 ) के अनुसार दिसम्बर 2014 के आखिर हप्ते में महाराष्ट के विदर्भ क्षेत्र में 1 दर्जन किसानो ने फसल बर्बाद होने के कारण आत्महत्या कर ली क्योकि पिछले कुछ महीनो में वैश्विक .षि उत्पादन की कीमत में 30 प्रतिशत की कमी आई है।

## शोध शीर्षक – युवाओ का किसान आत्महत्या के प्रति दृष्टिकोण का अध्ययन।

### अध्ययन के उद्देश्य –

- युवाओ का किसान आत्महत्या के प्रति दृष्टिकोण का अध्ययन।
- मीडिया में किसानो की समस्यायों को स्थान देने के प्रति युवाओ के दृष्टिकोण का अध्ययन।
- किसानो की आत्महत्या के कारणों के प्रति युवाओ के दृष्टिकोण का अध्ययन।
- किसान आत्महत्या के समाधान के प्रति युवाओ के दृष्टिकोण का अध्ययन।

**शोध विधि** – प्रस्तुत अध्ययन में वर्णात्मक शोध विधि के अन्तर्गत सर्वेक्षण विधि का प्रयोग किया गया है एवं शोध की गुणात्मक विधि को अपनाया गया है।

**शोध की जनसंख्या** – प्रस्तुत अध्ययन में शोध की जनसंख्या हेतु हेमवती नंदन बहुगुणा गढ़वाल विश्वविद्यालय में अध्ययनरत विघार्थियों को सम्मिलित किया गया है।

**न्यादर्श** – प्रस्तुत अध्ययन में न्यादर्श के लिए हेमवती नंदन बहुगुणा गढ़वाल विश्वविद्यालय में अध्ययनरत 216 विघार्थियों का चयन किया गया है।

**प्रयुक्त उपकरण**– आंकड़ो के संग्रह के लिए शोधार्थी द्वारा किसान आत्महत्या के प्रति युवाओ के दृष्टिकोण से सम्बन्धित प्रश्नावली का निर्माण किया गया।

**प्रयुक्त सांख्यिकी** – आकंड़ो के विश्लेषण के लिए प्रतिशत का प्रयोग किया गया है।

**परिणाम एवं निष्कर्ष –**

**चयनित विघार्थियों का विवरण**

| | विघार्थियों की संख्या | प्रतिशत |
|---|---|---|
| छात्र | 133 | 61.6 |
| छात्रा | 83 | 38.4 |
| विघार्थियों की संख्या | 216 | 100.0 |

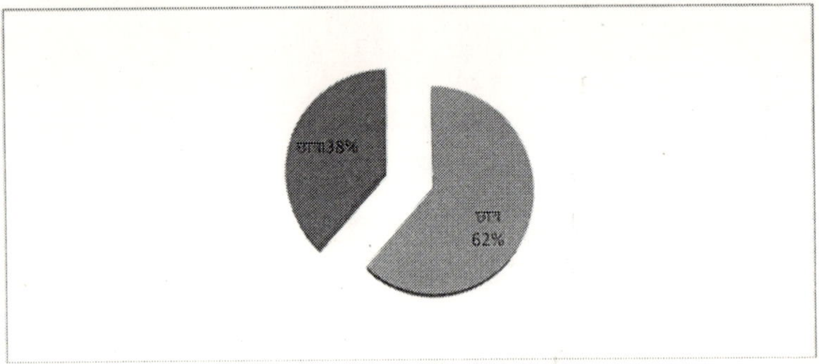


सारणी संख्या 1 1 के अवलोकन से स्पष्ट है कि हेमवती नंदन बहुगुणा गढ़वाल विश्वविद्यालय में अध्ययनरत चयनित विघार्थियों 216 में से 61 60 प्रतिशत छात्र एवं 38 40 प्रतिशत छात्राएं पायी है।

**कृषि को व्यवसाय के रूप में चुनने के प्रति दृष्टिकोण**

| कृषि को व्यवसाय के रूप में चुनने के प्रति दृष्टिकोण | विघार्थियों की संख्या | प्रतिशत |
|---|---|---|
| सकारात्मक | 27 | 12.5 |
| नकारात्मक | 143 | 66.2 |
| अनिष्चित्ता | 46 | 21.3 |
| विघार्थियों की संख्या | 216 | 100.0 |

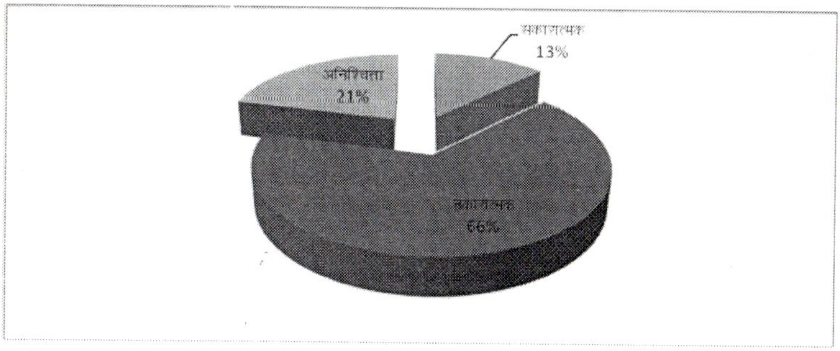


तालिका 1 2 के अवलोकन से स्पष्ट है कि युवाओ में कृषि को व्यवसाय के रूप में चुनने के प्रति दृष्टिकोण में 13 प्रतिशत युवाओ ने कृषि को व्यवसाय के रूप में चुनने के प्रति सकारात्मक प्रतिक्रिया पायी है वही 21 प्रतिशत युवाओ ने इस सन्दर्भ में अनिश्चित्ता प्रकट की तथा 66 प्रतिशत युवाओ में कृषि को व्यवसाय के रूप में चुनने के प्रति असमर्थता व्यक्त की और पाया गया कि मात्र 13 प्रतिशत युवा ही कृषि को जीवन यापन के प्रति व्यवसाय के रूप में देखते है तथा 66 प्रतिशत कृषि को व्यवसाय के रूप में नही चुनना चाहते है ।

## किसानो की आत्महत्या के प्रति जानकारी का स्रोत

| किसानो की आत्महत्या के प्रति जानकारी का स्रोत | विघार्थियों की संख्या | प्रतिशत |
|---|---|---|
| अखबार न्यूज टीवी चौनल | 51 | 23.6 |
| सामाजिक समूह | 29 | 13.4 |
| सोशल मीडिया समूह | 72 | 33.3 |
| कालेज के समूहों अथवा पीर समूहों | 31 | 14.4 |
| शिक्षको एवं विश्वविद्यालय की क्रियाकलापों के माध्यम से | 33 | 15.3 |
| विघार्थियों की संख्या | 216 | 100.0 |

तालिका संख्या 1.3 के अवलोकन से स्पष्ट है कि देश में होने वाली किसानो की आत्महत्या के प्रति जानकारी का स्रोत के रूप में 24 युवाओ को अखबार न्यूज टीवी चौनलों के माध्यम से जानकारी प्राप्त हुई है 14 प्रतिशत युवाओ को सामाजिक समूहों के माध्यम 33 प्रतिशत युवाओ को सोशल मीडिया समूहों के माध्यम से, 14 प्रतिशत युवाओ को कालेज के समूहों अथवा पीर समूहों में चर्चा के माध्यम से एवं 15 प्रतिशत युवाओ कक्षाओ में शिक्षको एवं विभिन्न विश्वविद्यालय क्रियाकलापों के माध्यम से जानकारी प्राप्त होती है।

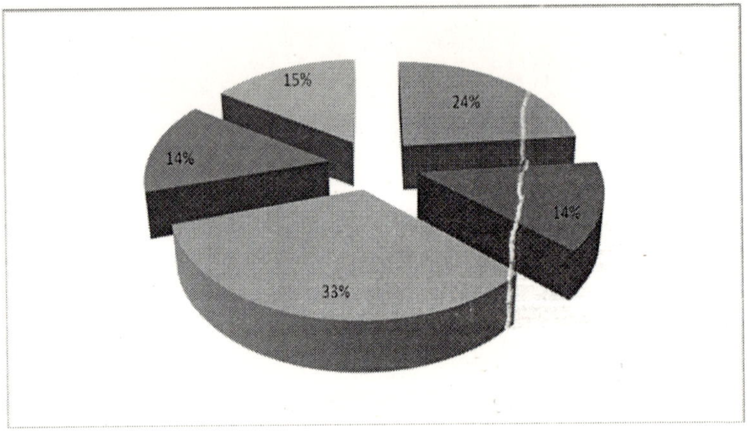


## मीडिया द्वारा स्थान

| किसान आत्महत्या को मीडिया मुख्य रूप से टीवी चौनलों द्वारा स्थान | विधार्थियों की संख्या | प्रतिशत |
|---|---|---|
| सकारात्मक | 42 | 19.4 |
| नकारात्मक | 112 | 51.9 |
| अनिष्चित्ता | 62 | 28.7 |
| विधार्थियों की संख्या | 216 | 100.0 |

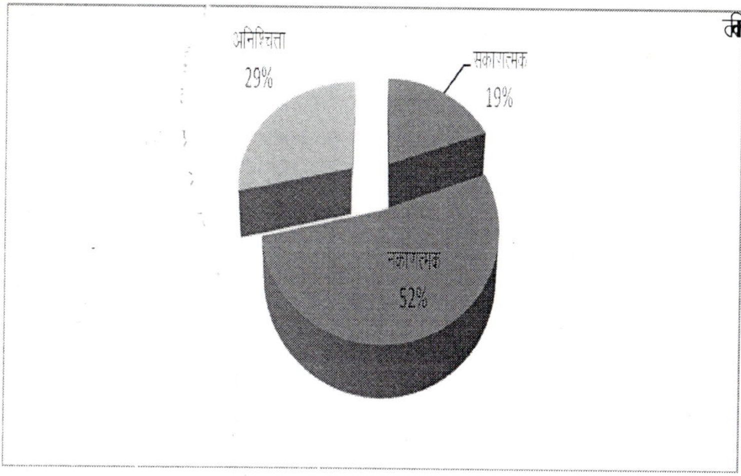


1.4 के अवलोकन से स्पष्ट है कि 19 प्रतिशत युवाओ में माना कि देश में घटित होने वाली किसान आत्महत्या को मीडिया मुख्य रूप से टीवी चौनलों द्वारा मुख्य स्थान दिया जाता है 52 प्रतिशत युवाओ ने माना कि किसानो की आत्महत्याओ को मीडिया टीवी चौनलों में मुख्य स्थान नही मिल पता है एवं 29 प्रतिशत युवाओ ने इस बारें में अनिश्चित्ता प्रकट की।

## किसानो की आत्महत्या के कारण

| किसानो की आत्महत्या के कारण | विघार्थियों की संख्या | प्रतिशत |
|---|---|---|
| किसानो का कर्ज | 51 | 23.6 |
| सरकार की निति | 34 | 15.7 |
| उच्च ब्याज दर | 36 | 16.7 |
| प्राकृतिक आपदाओ | 23 | 10.6 |
| मनसून | 30 | 13.9 |
| पारिवारिक दबाव | 42 | 19.4 |
| विघार्थियों की संख्या | 216 | 100.0 |

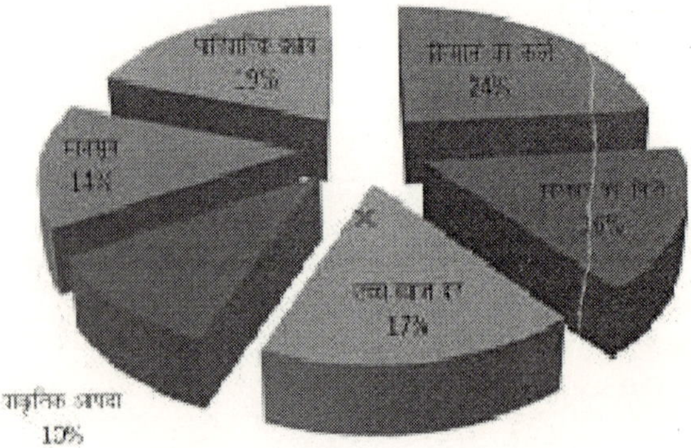


तालिका 1.5 के अवलोकन से में पाया गया कि देश में घटित होने वाली किसानो की आत्महत्या के कारणों में 24 प्रतिशत युवाओ ने किसानो का कर्ज ,16 प्रतिशत सरकार की निति, 17 प्रतिशत उच्च ब्याज दर , 10 प्रतिशत प्राकृतिक आपदाओ, 14 प्रतिशत मानसून एवं 19 प्रतिशत युवाओ ने पारिवारिक दबाव को माना है।

## किसानो की आत्महत्या का समाधान

| किसानो की आत्महत्या के समाधान के लिए | विघार्थियों की संख्या | प्रतिशत |
|---|---|---|
| कर्ज माफी | 62 | 28.7 |
| ऋण सुधार | 41 | 19.0 |
| मानसून की निर्भरता कम | 20 | 9.3 |
| क्रय विक्रय प्रक्रिया में सुधार | 22 | 10.2 |
| कृशि को बढावा | 22 | 10.2 |
| सरकार द्वारा किसानो की निति में सुधार | 49 | 22.7 |
| विघार्थियों की संख्या | 216 | 100.0 |

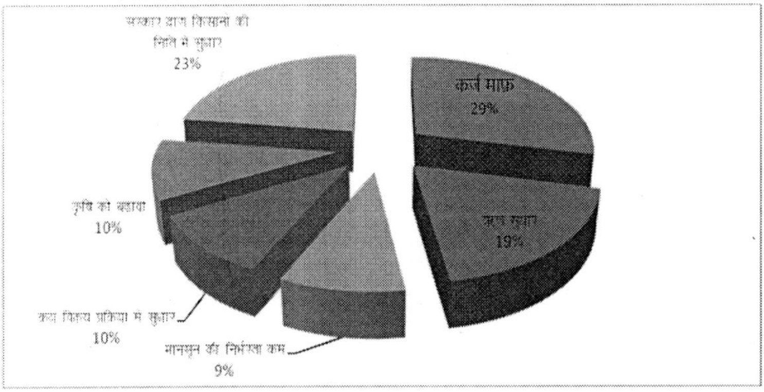


तालिका 1.6 के अवलोकन में पाया गया कि देश में घटित होने वाली किसानो की आत्महत्या के समाधान के लिए 29 प्रतिशत युवाओ ने माना कि सरकार को किसानो के कर्ज माफी के लिए निति बनाकर उनका कर्ज माफ के पक्ष में प्रतिक्रिया, 19 प्रतिशत युवाओ ने माना किसानो को दिए जाने वाले लोन में ऋण सुधार, 9 प्रतिशत युवाओ ने मानसून की निर्भरता कम,10 प्रतिशत युवाओ ने क्रय विक्रय प्रक्रिया में सुधार, 10 प्रतिशत युवाओ ने कमें कृषि को बढावा एवं 23 प्रतिशत युवाओ ने सरकार द्वारा किसानो की निति में सुधार को आवश्यक माना है।

**महत्व** – सम्पूर्ण देश किसानो की आत्महत्या से ग्रसित है ऐसे में देश की जनता एवं सरकार को किसानो की समस्याओ को लेकर पुन विचार करने की आवश्यकता है क्योकि देश की युवा पीढ़ी को देश की समस्याओ के बारे में एक वैचारिक एवं वैज्ञानिक दृष्टिकोण रखने की आवश्यकता है क्योकि युवा पीढ़ी ही भविष्य में राष्ट्र की नीतियों की निर्धारक होगी इसलिए उन्हें सही तथ्यों के साथ जानकारी सुलभ होना एवं उसका विश्लेषण कर समाधान की ओर पहल की लिए प्रेरित होने में सहायक है।

## Reference

Websites

- https://hi.wikipedia.org/wiki

- http://thewirehindi.com/37651/no-record-of-famers-suicide-after-2016-says-govt/
- https://khabar.ndtv.com/news/india/36-000-farmers-committed-suicide-in-three-years-in-the-country-1832217
- https://www.jansatta.com/national/ncrb-has-not-published-data-on-farmer-suicides-for-the-last-two-years/681265/
- http://www.mediavigil.com/news/ncrb-report-release-after-3-years-11379-farmers-committed-suicide-in-india-in-2016/
- http://ncrb.gov.in/
- https://www.bbc.com/hindi/india/2015/08/150806_five_worst_states_farmer_suicide_pk
- https://m.dailyhunt.in/news/india/hindi/asia+ville+hindi-epaper-asivhin/kisan+aatmahatya+ncrb+ki+riport+batane+se+jyada+chipa+rahi+hai-newsid-146499580

# 24

# प्राचीनकाल से अब तक किसानों की दशा एवं दिशा का स्वरूप

डॉ0 पारूल मलिक (असि0 प्रोफेसर)

शहीद मंगलपाण्डे (पी0जी0) कॉलेज

बी0एड0 विभाग, मेरठ

''प्राचीन काल से ही भारत एक कृषि प्रधान देश रहा है। इसकी जनसंख्या का 1/3 आज भी इसी कार्य के द्वारा अपनी आजीविका अर्जन करता है। समय–समय पर भिन्न राजनीतिक परिस्थितियों के कारण किसान और कृषि की प्रक्रिया प्रभावित रही कभी इस पर सकारात्मक तो कभी नकारात्मक प्रभाव देखने को मिले। भारत में कृषि का एक लम्बा इतिहास रहा है। राजतंत्रों के समय किसानों पर लगने वाले करों का शासन कार्य सुचारू रूप से चलते रहने में महत्वपूर्ण योगदान होता था और जब लोकतांत्रिक शासन पद्धति स्थापित हुई तो किसान और कृषि की स्थिति सुधारने के लिए अनेक नीतियां लागू की गई क्योंकि ब्रिटिश शासन के दौरान भारतीय किसान और कृषि की दशा तथा दिशा दोनों नकारात्मक हो गई थी। खाद्यान्नो के स्थान पर कम्पनी ने वाणिज्यिक फसलों को प्रमुखता प्रदान कर भारत को भूखों मरने की स्थिति में ला खडा कर दिया।''

महात्मा गाँधी अक्सर कहा करते थे कि पूर्ण स्वराज का रास्ता ग्राम–स्वराज से होकर जाता है। उन्होने ग्रामीण भारत की सेवा करने के लिए उत्सुक कुछ छात्रों की सम्बोधित करते हुए कहा था, ''हकीकत यह है कि ग्रामवासियों को कोई उम्मीद ही नहीं है। वे हर अजनबी पर संदेह करते हैं कि उसका हाथ उनके गले तक पहुंचेगा और जो कोई भी आता है, वह उनका शोषण करने ही आता है। बुद्धिवादियों और श्रमिकों के बीच अलगाव हो गया है जिससे खेती लुंज–पुंज हो गई है। किसी कार्यकर्ता को गाँव में प्यार और उम्मीद के साथ जाना चाहिए, यह सोचकर की वहाँ खेतिहर मजदूर वर्श–भर रोजगार में नही रहते। वहाँ पूरे साल काम करने और श्रमशक्ति तथा बुद्धि को इकट्ठा करके काम करने से ही उनका विश्वास जीता जा सकता है। प्राचीन काल से भारत के आर्थिक जीवन का प्रमुख आधार कृषि ही रहा है। सिन्धु सभ्यता के निवासी कृषि–कर्म करते थे तथा विभिन्न फसलों को उगाते थे। उनकी आर्थिक समृद्धि का प्रमुख आधार कृषि था। इस युग में कृषक सुखी व सम्पन्न थे। वैदिक काल में भी लोग कृषि कार्य करते थे। यह उनका प्रमुख उद्यम था। इस काल के किसानों की स्थिति भी सन्तोषजनक थी। संगम युग में किसानों द्वारा कृषि कार्य करने का वर्णन मिलता है। अतः स्पष्ट है कि प्रत्येक युग में किसान की देश के आर्थिक निर्माण में महत्वपूर्ण भूमिका रही है। उनके द्वारा प्रदत्त लगान देश की आय का प्रमुख साधन है, इसलिए प्रत्येक शासन ने कृषि के विकास में महत्वपूर्ण योगदान प्रदान किया है।

गुप्तकाल में भूमि अनुदान दिये जाने के कारण तथा सैनिकों को नकद वेतन के स्थान पर भूमि दिये जाने की प्रथा के कारण जागीरदारी प्रथा अथवा 'सामन्तवाद' का उदय हुआ। समय के साथ–साथ भू–स्वामियों को कर की वसूलयाबी के साथ–साथ दीवानी, फौजदारी व न्यायिक अधिकार भी प्राप्त हो गये जिससे उनकी शक्ति में पर्याप्त वृद्धि हुई। भूमि को यदि उसका स्वामी किसी कारणवश विक्रय करता था तो ये समस्त अधिकार स्वतः नये स्वामी को प्राप्त हो जाते थे। गुप्त शासन के अन्तिम वर्शों में व्यापार और वाणिज्य के पतन के कारण कृषि कार्य करने वालों की संख्या अत्यधिक बढ गयी थी। फलतः जमींदारों को उनके शोषण और उत्पीड़न के अधिक अवसर प्राप्त होने लगे थे। जमींदारों के अत्यधिक शक्तिशाली होने के कारण किसानों को भूमि से हटाने और उनसे बेगार लेने की प्रथा ने जन्म लिया। जमींदार न केवल किसानों का उत्पीडन करते थे अपितु उनके परिवार के

अन्य सदस्यों का भी षोशण करते थे। इस काल में दो वर्ग विद्यमान थे जो सामन्त वर्ग और निर्धन वर्ग के नाम से जाने जाते थे। जमींदारों द्वारा निरन्तर किसानों का षोशण किये जाने के कारण उनकी स्थिति उत्तरोत्तर दयनीय होती जा रही थी।

मध्यकाल में डा0 अशरफ ने कृषि के बारे में लिखा ''इस समय की जो उपज थी, वह आज की उपजों से अलग प्रकार की नही थी और विभिन्न अनाजों के साथ–साथ जड़ी–बूटियाँ, खुशबूदार लकडी व मसालों का उत्पादन बड़े पैमाने पर होता था।'' प्राचीन भारत के साथ–साथ सल्तनत काल में भी देश में कृषि की प्रधानता बनी रही। भूमि के उपजाऊ होने के कारण एक वर्ष में दो फसले उगाने की परम्परा अभी भी जारी थी। राज्य की आय का प्रमुख स्रोत भू–राजस्व था जिसे किसान नकद अथवा अनाज किसी भी रूप में राजकोष में जमा कर सकता था। कर उपज का 1/3 भाग रहा होगा जिसे बाद में अलाउद्दीन खिलजी ने बढ़ाकर 1/2 कर दिया था। इसके अतिरिक्त कृषकों को राजस्व अधिकारियों के शोषण का भी शिकार बनना पडता था। यद्यपि फिरोज तुगलक जैसे शासकों ने किसानों की सुविधा के लिए नहरों का निर्माण कराया था किन्तु इसमे किसानों के प्रति उदारता का भाव नहीं अपितु राज्य की आय वृद्धि का भाव जुड़ा हुआ था। अत्यधिक उत्पादन और शाही आदेशों के कारण वस्तुओं के भाव बहुत कम थे।

मुगलकालीन किसानों के सम्बन्ध में प्रसिद्ध विद्वान डॉ0 यूसूफ हुसैन ने लिखा है, ''कस्बो और नगरों मे रहने वाले किसानों व निम्न श्रेणी के लोगों की स्थिति ऐसी ही थी जैसी आधुनिक समय में है वास्तव में किसानों की दयनीय स्थिति औरंगज़ेब के समय के आस–पास हुई थी।''

प्रो0 सरकार ने भी लिखा है, ''गरीब प्रजा को राजकोष से तकाबी दी गयी ताकि वे लोग बीज और कृषि से सम्बन्धित सामान खरीद सकें।'' सम्राट स्वयं कृषि व कृषकों के हित के प्रति जागरूक था और उसने अपने सूबेदारों को स्पष्ट आदेश दिये थे कि किसानों के हितों की रक्षा की जानी चाहिए। शाहजहाँ के शासन में राजा भारमल ने किसानों की स्थिति के बारे में लिखा– ''जो कृषक कृषि कार्य के द्वारा आय बढ़ाते थे, उन्हें पुरस्कृत किया जाता था और आय कम करने वालों को दण्डित किया जाता था।'' औरंगजेब के षासन

में कृषि के क्षेत्र में ह्रास के कारण किसानों की स्थिति दयनीय हो गयी थी। निरन्तर युद्धों में धन की आवश्यकता के कारण किसानों पर कर का बोझ बढ़ गया था जिससे किसानों की दशा में भी गिरावट आ गयी थी। औरंगजेब के शासन मे कृषि कार्य की अवेहलना करने वाले किसानों को पीटा जाता था तथा उनका शोषण किया जाता था।

फिर भी यह स्पष्ट है कि मध्यकाल शोषण और उत्पीड़न के कुछ अवसरों को छोड़कर किसानों की स्थिति सन्तोषजनक थी। तत्कालीन अधिकांश शासक किसानों के हितों के लिए जागरूक थे और उन्हें शोषण से बचाने के इच्छुक थे। यही कारण है कि मध्यकाल में कृषि समुन्नत थी और किसान भी सुखी और समृद्ध थे।

अंग्रेजों के भारत में आगमन से पूर्व भारत के गाँवों में रहने वाले किसानों की स्थिति सन्तोषजनक थी किन्तु अंग्रेजों के आगमन के पश्चात् उनकी स्थिति उत्तरोत्तर गिरती गयी। इस काल में किसान जमींदार और साहूकारों के पंजे में दब गये थे। धन का अभाव, अज्ञानता और भाग्यवादिता सदैव उनकी उन्नति के मार्ग में बाधक बनी रही। वस्तुतः भूमि का छोटे–छोटे टुकड़ो में विभाजन, खाद्यान्नों का अभाव, राजस्व अधिकारियों के शोषण और महाजनों व साहूकारों के कारण किसान विद्रोह के लिए विवश हुए थे। इस समय में होने वाले विद्रोहों में नील विद्रोह कूकी, विद्रोह, मोपला विद्रोह आदि विशेष रूप से उल्लेखनीय हैं। महात्मा गाँधी और सरदार पटेल ने कृषि आन्दोलनो को राष्ट्रीय स्तर पर संगठित किया। जवाहरलाल नेहरू ने कृषि के विषय में कहा था– “Everything may wait but agriculture cannot. There is nothing more important in India today than better agriculture.” ब्रिटिश सरकार द्वारा ग्रामीण अर्थतंत्र में लाए गए रूपान्तरण के परिणाम तथा उसकी मुख्य विशिष्टताएं निम्नवत् हैं–

ब्रिटिश शासकवर्ग ने 18वीं सदी के अन्तिम चतुर्थांश से भारत मे भू–व्यवस्था में आमूल परिवर्तन करना आरम्भ किया, इन परिवर्तनों के फलस्वरूप भूमि पर स्वामित्व के चरित्र में तथा कृषकों से लिए जाने वाले लगान की प्रकृति में बुनियादी बदलाव आया, प्राक् ब्रिटिश काल में भूमि पर सामुदायिक स्वामित्व था तथा लगान उपज के एक अंश के रूप में होता था, ब्रिटिश सरकार द्वारा इस क्षेत्र में अपनाई गई नीतियों ने सामुदायिक स्वत्व

के स्थान पर वैयक्तिक स्वामित्व को तथा उपज पर आधारित भू–राजस्व के स्थान पर जमीन पर आधारित भू–भाटक को स्थापित किया। ए0आर0 देसाई ने लिखा–''भूमि पर व्यक्तिगत स्वत्व तथा भू सम्पदा के विक्रय के व्यक्तिगत अधिकार पर आधारित नए भूमि सम्बन्धों की स्थापना हुई,'' तथा ''नए भू–सम्बन्धों के कारण, भारतीय कृषि के संकीर्ण ग्रामीण चरित्र के बदले उसके राष्ट्रीय चरित्र का उद्‌भव हुआ।'' कृषि के वाणिज्यीकरण की प्रक्रिया का भी किसान की माली हालत पर प्रतिकूल प्रभाव पडा। एक ओर तो अन्तर्राष्ट्रीय कृशि बाजार की प्रतिस्पर्द्धा में वह अपने से आगे बड़े हुए किसानों से मार खाता रहा, दूसरे वाणिज्यीकरण ने उसे अधिक–से–अधिक व्यापारियों पर निर्भर बना दिया जिन्होने अपनी बेहतर आर्थिक स्थिति का इस्तेमाल किसान की गरीबी तथा मजदूरी का लाभ उठाने के लिए किया। किसान की दिन पर दिन बढ़ती दरिद्रता ने एक दुष्चक्र को जन्म दिया, किसान के दारिद्रय ने उसे कर्ज लेने के लिए विवश किया, ऋण के भुगतान के बोझ ने उसे और अधिक गरीब बनाया तथा बढती गरीबी ने और अधिक ऋण लेने की मजबूरी पैदा की इसी कारण मर्चेन्ट तथा वाडिया ने लिखा– ''ऋणग्रस्तता आज भारतीय देहात की अनन्य समस्या है। तथा स्थिति यह भी कि 80 प्रतिशत किसान अपनी मौजूदा जोत के बल पर अपना कर्ज कभी नही चुका सकेगे।'' ऋण का समय पर भुगतान न कर पाने के कारण किसान को अपनी भूमि से हाथ धोना पड़ा तथा जमीन सूदखोर महाजन के अधिकार में चली गई। इतना ही नही कहीं–कहीं पर तो ऋणग्रस्तता ने किसान को भू–स्वामी के स्थान पर कृषि–दास बना दिया। स्वतन्त्र भारत में किसानों की स्थिति के सुधार में मूल रूप से जमींदारी उन्मूलन सहायक सिद्ध हुआ। इस काल में कृषि की तकनीक में भी सुधार होने से उत्पादन में वृद्धि हुई। अब किसान कृषि में विभिन्न प्रकार के उपकरणों का प्रयोग करने लगे थे। साथ ही अखिल भारतीय स्तर पर किसान सभा के गठन के बाद किसानों में जागरूकता आ गयी थी हमारे सामने बहुत से अवसर मौजूद हैं जिनके जरिए हम खेती को समुचित तकनीकों, सेवाओं और सार्वजनिक नीतियों के मार्फत आर्थिक विकास का एक प्रमुख साधन बना सकते है। 60 के दशक में हरित क्रान्ति सफल हुई थी और उसमें कई तरह की वैज्ञानिक दक्षता, राजनीतिक इच्छा शक्ति और किसानों के उत्साह का मिला–जुला योगदान था दुर्भाग्य की बात है कि आज अधिकांश किसान अपना व्यवसाय छोड़ने को तैयार बैठे

हैं। बशर्ते उन्हें कोई वैकल्पिक जीविका मिल जाए। वहीं किसानों के बच्चे भी खेती में काम करने की इच्छा नहीं रखते। अब समय आ गया है प्रौद्योगिकी और श्रमशक्ति को मिलाकर कृषि को अधिक सार्थक बना सकते हैं।

भविष्य में दूसरी सहित क्रान्ति की आवश्यकता पर पूर्व राष्ट्रपति ए.पी. जे. अब्दुल कलाम ने बल दिया। उनके अनुसार इसमें मिट्टी से लेकर विपणन तक कृषि से सम्बद्ध सभी पहलुओं का समावेश किया जाना चाहिए। कृषि उत्पादन मुख्यता चार बातों पर निर्भर करता है। एक, आकाश में इंद्र देवता के तेवर और ऋतुओं से जुड़ा उसका मिजाज दो, चिलचिलाती धूप और ठिठुरा देने वाली ठण्ड में कृषि कार्य में जुटे किसानों की मेहनत–मशक्कत तीन, कृषि और कृषि इतर वस्तुओं विशेषकर कच्चे तेल और डीजल के मूल्यों में उतार चढ़ाव का असर तथा चार, केन्द्र और राज्यो में सरकारों की उर्वरकों, बिजली, पानी, कृषि ऋणों, न्यूनतम समर्थन मूल्यो, कृषि निवेष तथा सड़को जैसे बुनियादी ढाँचे से जुड़ी नीतियाँ। यद्यपि सरकार ने किसानों की स्थिति को सुधारने के लिए कई महत्वपूर्ण कदम उठाये हैं किन्तु वे पर्याप्त सन्तोषजनक नहीं है। वस्तुतः अपने अधिकारों की सुरक्षा के लिए किसानों में जाग्रति नितान्त आवश्यक है तभी वे उत्पीड़न व शोषण से मुक्त होकर सुखमय जीवन व्यतीत कर सकते हैं। भारत को ''गाँवो का देश'' के रूप मे जाना जाता है, और गाँव कृषि तथा किसान के बिना कोई अस्तित्व भी नहीं रखता। इस तरह किसान है तो गाँव है, गाँव है तो शहर या कहा जाए तो देश। क्योंकि गाँव ही सारी आबादी के लिए खाद्यान्न उपलब्ध कराने की महत्वपूर्ण ईकाई है। इस तरह भारत के आर्थिक, सामाजिक जीवन का प्रमुख आधार प्राचीन काल से ही कृषि रही है और किसान के हित सीधे–सीधे कृषि में उतार–चढ़ाव से प्रभावित होते हैं। इसलिए किसान की आवश्यकताओं को ध्यान में रखते हुए कृषि के लिए नीतियाँ बनाई जानी चाहिए।

## सन्दर्भ सूची

1. खुराना, डॉ0 के0एल0, बंसल डॉ0 आर0के0, इतिहास–लेखन, धारणाएँ तथा पद्धतियाँ, प्रकाशक लक्ष्मी नारायण अग्रवाल, I.S. B.N.-81-85778-73-6.

2. श्रीवास्तव, कृष्ण चन्द्र, प्राचीन भारत का इतिहास तथा संस्कृति, संस्करण–2010, युनाइटेड बुक डिपो, इलाहाबाद।

3. चन्द्र, सतीश, मध्यकालीन भारत, राजनीति–समाज, संस्कृति (अनुवाद) नरेश 'नदीम', ओरियंट ब्लैकस्वान प्राइवेट लिमिटेड, I.S.B.N. 978 81 250 32489।

4. तातेड, डॉ0 सोहन राज व सिंह, डॉ0 विद्यासागर, प्राचीन भारत का आर्थिक, सामाजिक एवं धार्मिक इतिहास भाग–2, खण्डेलवाल पब्लिशर्स एण्ड डिस्ट्रीब्यूटर्स, जयपुर I.S.B.N. 978-93-81952-67-2।

5. चन्द्र, प्रोफेसर बिपिन, भारत का स्वतंत्रता संघर्ष हिंदी माध्यम कार्यान्वय निदेशालय (दिल्ली विश्वविद्यालय)।

# 25

# ''प्राचीनकाल में कौटिल्य द्वारा वर्णित कृषि व्यवस्था की वर्तमान में महत्ता''

प्रीति गुप्ता

शोधार्थिनी

इतिहास, विभाग

आर0जी0 (पी0जी0) कॉलेज

मेरठ

'कौटिल्य ने अर्थशास्त्र ग्रन्थ की रचना न केवल राज्यहित में की अपितु इसमें प्रजाहित को भी समान महत्व दिया गया है। कौटिल्य ने इसमें कृषि से सम्बन्धित प्रत्येक क्षेत्र पर विस्तार से विचार सम्प्रेषण किया और चौथी सदी ई0 पू0 में कृषि पर इतना अधिक गहराई से लिखना स्वयं ही इस ग्रन्थ को महत्वपूर्ण बना देता है। कौटिल्य ने अर्थशास्त्र में उस समय उगाई जाने वाली फसलों की सूची के साथ उत्तम, मध्यम और निकृष्ट फसलों का भी उल्लेख किया है किस फसल को किस समय और किस तरह बोना चाहिये तथा उपज पर लगान, व्यवस्था के उल्लेख के साथ–साथ राज्य द्वारा कृषक तथा कृषि कर्म के हित में किन कार्यो को कृषि की इतनी विस्तृत व्याख्या मिलने के कारण ही यह ग्रन्थ कालातीत हो जाता है। वर्तमान में कृषक और कृषि से जुड़ी अनेक समस्याओं का समाधान भी इस प्राचीनतम ग्रन्थ के चिन्तन मनन के द्वारा सुझाया जा सकता है।''

कौटिल्य एक बहुमुखी प्रतिभा के धनी व्यक्तित्व के स्वामी थे। इन्हें इतिहास में कौटिल्य के अतिरिक्त चाणक्य, विष्णुगुप्ता तथा द्विजर्षश (श्रेष्ठ ब्राहमण) नामों से भी जाना जाता है। कौटिल्य मौर्य वंशी शासक चन्द्रगुप्ता मौर्य के दरबार में राजनीतिक सलाहकार तथा राजपुरोहित के पद पर कार्यरत थे, साथ ही तक्षशिला विश्वविद्यालय में आचार्य जैसे गरिमामय पद पर भी आसीन रहे। इन्हीं की सहायता से चन्द्रगुप्त मौर्य एक सामान्य स्थिति से उठकर नन्दवंश का अन्त कर मगध के सम्राट के पद को प्राप्त करता है।

कौटिल्य ने इस ग्रन्थ के माध्यम से अपनी सार्वभौमिक बुद्धिमत्ता और लोक कल्याणकारी भावना को उदघाटित किया। अर्थशास्त्र की रचना कौटिल्य के द्वारा चौथी सदी ईसा पूर्व में संस्कृत में की गई। यह ग्रन्थ अन्य पुरूष की शैली में गद्य और पद्य में लिखा गया। इसके 15 अधिकरणों और 180 प्रकरणों में सामान्य रूप से प्रशासन की चर्चा की गई है। अतः यह ग्रन्थ प्रत्येक काल, स्थिति और परिस्थिति में उपयोगी है। इसमें कहीं भी मौर्य वंश तथा पाटलीपुत्र नामों का उल्लेख तक नहीं किया गया।1 राज शासन पर लिखित सामान्य ग्रन्थ होने के कारण इसमें एक राज्य को भलीभांति चलाये जाने के नियमों का उल्लेख मिलता है और ये सामान्य विषय ऐसे है जो किसी भी छोटे या बड़े राज्य को सुशासन प्रदान किये जाने के लिए अति महत्वपूर्ण है। अर्थशास्त्र राजशासन पर लिखित प्राचीनतम उपलबध रचना है।2

अर्थशास्त्र में राज्य की महत्वपूर्ण नीतिगत व्यवस्थाओं का उल्लेख करते हुए कौटिल्य ने आजीविका के विभिन्न साधानों के लिये ''वार्ता'' शब्द का प्रयोग किया है। वार्ता के अन्तर्गत कृषि, पशुपालन, व्यापार तथा वाणिज्य को शामिल किया गया। जिसमें कृषि ही सर्वाधिक महत्वपूर्ण क्रिया थी।3 कृषि व्यवस्था प्राचीन समय में भी राजनीतिक परिस्थितियों को प्रभावित करती थी और वर्तमान में भी इसकी महत्वपूर्ण भूमिका बनी हुई है। प्रारम्भिक समय में प्रमुख कृषि क्षेत्र ही प्रादेशिक सत्ता के केन्द्र बने।4 इस प्रारम्भिक साम्राज्य निर्माण की प्रक्रिया में कृषि के माध्यम से ही वह साधन सम्पन्नता प्राप्त की गई जिसमें कोई साम्राज्य खड़ा रह सकता है। व्यय को पूरा करने के उद्देश्य से कृषि उत्पादन बढ़ाने के लिए राज्य ने स्वयं उस भूमि में भी खेती कराई जहाँ पहले खेती नहीं होती थी5 तथा सिंचाई के साधनों के विकास पर भी

ध्यान गया।

वर्तमान में समय के समान मौर्य युग में भी भारत में खेती का स्थान सर्वप्रमुख था। समकालीन विदेशी यात्री मैगस्थनीज ने उस समय भारत में सात जातियों के अस्तित्व में होने का उल्लेख किया था, जिसमें किसान को उसने दूसरे स्थान पर रखा क्योंकि ये संख्या में बहुत अधिक थे। अर्थशास्त्र में खेती के विषय में जो निर्देश मिलते है वे बहुत अधिक उपयोगी है। जिन वस्तुओं की खेती की जाती थी। उनको कोटिल्य ने वर्षा के आधार पर निम्न तीन भागों में वर्गीकृत किया था –

1. वर्षा ऋतु के प्रारम्भ में शाली (एक प्रकार का धान) ब्रीहि (चावल) कोद्रव (कोदो का धान) तिल, प्रियडंगु (कंगनी का चावल) दारक, (दाल) और वरक (मोठ) बोए जाये।
2. वर्षा ऋतु के मध्य में मुदग (मूंग) माष (उड़द) आदि बोए जाये
3. वर्षा ऋतु की समाप्ति हो जाने पर कुसुम्भ (कुर्सुवा) मसूर, कुल्थी, यव (जौ), गौद्यम (गेंहू) कलाय (चना) अलसी, सर्षय (सरसों को बोंया जाये।6

अर्थशास्त्र में उल्लिखित में विभिन्न अन्न अब भी भारत में खरीफ रबी की फसलों में बोए जाते है। इनके अतिरिक्त भी कौटिल्य ने अन्य अनेक फसलों का उल्लेख किया है, जिनमें इक्षु (ईख) और कार्पास (कपास प्रमुख है। इन फसलों को भी निम्न प्रकार से वर्गीकृत किया गया जैस –

- ईख की खेती को अवर (निकृष्ट) बताया गया क्योंकि इसमें बहुत सी बाधायें उपस्थित होती है और परिश्रम तथा खर्च भी बहुत होता है।
- कौटिल्य से शालि, ब्रीहि आदि फसलों को सर्वश्रेष्ठ और षण्ड (शाक–सब्जी) की मध्यम प्रकार की बताई है।

वर्ष में तीन फसले उगाई जाती थी7 – जिन्हें निम्न नामों से जाना जाता था

1. हैमन – रबी

2. ग्रीष्मिक – खरीफ

3. केदार – जायद

वर्तमान में भी यही फसले उगायी जाती है किस भूमि में कौन–सी फसल बाई जाये इस विषय में कौटिल्य ने कहा कि – जो भूमि नदी के जल से आप्लावित होती है उस पर वल्लीफल (खरबूजा, तरबूज, लौकी आदि) उगाए जाए, जिस भूमि पर सिंचाई होती हो उस पर मुद्रिका (अंगूर) और ईख बोई जाए, जो भूमि कुओं के समीप स्थित है उस पर शाक और मूल (मूली आदि) बोए जायें) वह भूमि जहाँ पहले तालाब रहें और उनके सूख जाने पर भी वह भूमि गीली रहती हो, उस पर हरी फसलें उगाई जाए तथा खेतों की क्यारियों की मेडों पर सुगन्धि, भैषज्य (औषधि) आदि के पौधे लगाये जाने चाहिये। इसी प्रकार अब भी पॉपलर, सन आदि खेतों की मेढों पर उगाए जाते है।

फसल की उत्कृष्टता के लिए बीजों को कैसे तैयार किया जाये और किस फसल के लिए कौनसी खाद डाली जाये, इसका भी अर्थशास्त्र में निरूपण किया गया है जैस– धान्य के बीजों को सात रात ओस में रखा जाता था और दिन में उन्हें सुखाया जाता था। ईख की आंखों को खेत में गाडने से पूर्व ईख के कटे हुए टुकडों के भागों पर मधु, धृत, सुअर की चरबी और गोबर को मिलाकर लगाया जाता था।8 खेती में अभीष्ट फल की प्राप्ति के लिए देवपूजा का विधान भी कौटिल्य ने किया है उन्होनें बताया कि – जब बीजों को बोना प्रारम्भ किया जाए तो कुछ बीजों को पानी में भिगोकर और बीच में सुवर्ण रखकर यह मन्त्र पढ़ा जाये –

प्रजापति और काश्यप देवताओं को सदा नमस्कार है। हमारी कृषि में सदा वृद्धि हो और हमारे बीजो और धन में देवी का निवास हो।''

कृषि की उन्नति की और विशेष ध्यान दिया गया। सिंचाई के लिए नदी सर, तटाक और कूप सेतुबन्ध की व्यवस्था का भार राज्य पर था परन्तु फिर भी कौटिल्य ने वर्षा के जल को भी अति महत्वपूर्ण माना और कहा कि किस ऋतु में किन दशाओं में किन प्रदेशों में कितनी वर्षा होती है। इसका ठीक–ठीक ज्ञान प्राप्त करना चाहिये। वर्षा मापन हेतु विशेष प्रकार के कुण्ड बनाए जाते थे। ग्रहों की स्थिति देखकर वर्षा का अनुमान लगाया जाता था

इसमें बृहस्पति, शुक्र तथा सूर्य का महत्व था परन्तु शुक्र की स्थिति को विशेष महत्व दिया जाता था। एक अच्छे जनपद की विशेषता थी कृषि भूमि योग्य होनी चाहिये तथा वह अदेवमातृक हो अर्थात बिना वर्षा के खेती अच्छी हो सके।9 सिंचाई कर 1/5 से 1/3 लिया जाता था।

भूमि पर राज्य तथा कृषक दोनों का अधिकार होता था। राजकीय भूमि की व्यवस्था 'सीताध्यक्ष' करता था जो दासों, कर्मकारों तथा बन्दियों से खेती करवाता था। राजकीय भूमि खेती करने के लिए कृषकों को भी दे दी जाती थी। 'क्षेत्रक' भूस्वामी के लिए तथा 'उपवास' काश्तकार के लिए प्रयोग किए जाने वाले शब्द थे। राज्य की आय का प्रमुख स्त्रोत भूमिकर था जो उपज का 1/6 या 25 प्रतिशत था और राजकीय भूमि पर उपज का आधा भाग निश्चित था। भूमिकर को 'भाग' कहा जाता था इसके अलावा बलि, हिरण्य तथा प्रणय नामक कर भी भूमि से प्राप्त किए जाते थे। गांवों की सीमाओं का निर्धारण राजस्व की दृष्टि से किया जाता था। कृषक युद्ध तथा अन्य राजकीय कर्तव्यों से मुक्त रहने के कारण अपना सारा समय खेतों में ही लगाते थे। युद्ध के समय सैनिकों को खेतों की हानि न पहुँचाने का आदेश रहता था। कृषि को क्षति पहुँचाने वाले कीडे मकोडे तथा पशु पक्षियों को नष्ट करने के लिए राज्य की ओर से गोपालक तथा शिकारी नियुक्त किए जावे जैसा कि आज की सरकारें भी विभिन्न सांधनों के द्वारा समय–समय पर खेतों में दवाईयाँ आदि का छिडकाव कराने का कार्य करती है। दुर्भिक्ष पड़ने की स्थिति में राज्य को कोई कर वसूल नहीं करना चाहिये। बंजर भूमि को कृषि योग्य बनाए जाने के लिए राज्य द्वारा प्रोत्साहित किया जाना चाहिये10 तथा प्रारम्भ में उन लोगों से कोई कर ना लेकर धीरे–धीरे कर लागू करना चाहिये। जो की बड़ी ही उत्तम व्यवस्था है।

इस तरह कौटिल्य के कृषि सम्बन्धी विचारों की महत्ता इस परिप्रेक्ष्य में और अधिक बढ़ जाती है कि भारत अब भी कृषि प्रधान देश है। वैसे भी किसी देश की अर्थव्यवस्था किसी भी प्रकार की क्यों न हो कृषि उसकी रीढ का कार्य करती है। सरकारी प्रयासों के तहत भारत में प्रथम पंचवर्षीय योजना तथा उसके बाद भी कई पंचवर्षीय योजनाओं में कृषि व्यवस्था पर जोर दिया गया। 60 के दशक में कृषि कार्य में बीज खाद और सिंचाई की उन्नत तकनीकों का प्रयोग कर भारत में हरित क्रान्ति का मार्ग प्रशस्त किया गया जिससे खाद्यान्न में आत्मनिर्भरता प्राप्त की जा सकी। परन्तु कृषि का

इतना महत्वपूर्ण स्थान होने के बावजूद वर्तमान कृषि समुदाय पीड़ित और दमित वर्ग के रूप में नजर आता है और कृषि से उनका मोह भंग होता जा रहा है क्योंकि कठिन परिश्रम के बावजूद उसे अपनी मेहनत का न तो वाजिब मूल्य मिलता है और न ही उचित सम्मान। कभी–कभी तो जीविका अर्जन भी भली प्रकार नहीं हो पाता और किसान को मानसिक पीड़ा झेलनी पड़ती है, जिसके कारण वह आत्मघाती कदम उठाने को मजबूर हो जाता है। जबकि प्राचीन समय में कभी भी कृषक समुदाय इतना असहाय नजर नहीं आता। आज की सरकारों द्वारा इतने प्रयास करने के बावजूद भी यह स्थिति सुधर नहीं पा रही है। अतः आवश्यक है कि वर्तमान को अपने गौरवशाली इतिहास की मशाल से प्रकाशित कर अपने सुधारात्मक प्रयासों को वैज्ञानिक आधार प्रदान किया जाये।

उपर्युक्त विवरण से यह तथ्य भलीभांति सिद्ध हो जाता है कि कौटिल्य ने अर्थशास्त्र में कृषि व्यवस्था से सम्बन्धित तमाम तथ्यों का बड़ी सिद्धहस्तता के साथ वर्णन किया है। विभिन्न फसलों, सिंचाई व्यवस्था, भूराजस्व तथा अकाल के समय राज्य की कृषि नीति आदि संकल्पनाओं को बड़े व्यवस्थित तरीके से अपने कालजयी ग्रन्थ अर्थशास्त्र में परिभाषित किया है।

## संदर्भ सूची

1. पाण्डे, एस0के0 प्राचीन भारत, संस्करण–2007, प्रयाग एकेडमी इलाहाबाद–पृष्ठ सं0 – 266

2. श्रीवास्तव, कृष्णचन्द्र, प्राचीन भारत का इतिहास तथा संस्कृति, संस्करण–2010 युनाइटेड बुक डिपो, इलाहाबाद–पृष्ठ सं0–220

3. पुर्वोक्त संदर्भ सं0 1 – पृष्ठ सं0 –302

4. झा, द्विजेन्द्रनारायण एवं श्रीमाली कृष्णमोहन, प्राचीन भारत का इतिहास, संस्करण –2009, हिन्दी माध्यम कार्यान्वयन निदेशालय पृष्ठ सं0–6

5. पुर्वोक्त संदर्भ सं0–4 पृष्ठ सं0–24

6. तातेड, डा0 सोहन राज व सिंह, डा0 विद्यासागर, प्राचीन भारत का आर्थिक, सामाजिक एवं धार्मिक इतिहास भाग–2, खण्डेलवाल

पब्लिशर्स एण्ड डिस्ट्रीब्यूटर्स, जयपुर I.S.B.N. - 978-93-81952-67-2 Vol. 2 पृष्ठ सं० – 190

7. विद्यालंकार, सत्यकेतु, मौर्य साम्राज्य का इतिहास, छठा संस्करण–2000, श्री सरस्वती सदन–पृष्ठ सं0–334

8. पुर्वोक्त संदर्भ सं0 7 पृष्ठ सं0–335

9. पुर्वोक्त संदर्भ सं0 4 पृष्ठ सं0 201–202

10. अग्निहोत्री, वी0के0, भारतीय इतिहास, संस्करण–2005, एलाइड पब्लिशर्स प्राईवेट लिमिटेड, I.S.B.N. - 81-7764-765-2 पृष्ठ सं0 – 243

26

# क्षेत्रीय व्यापक आर्थिक साझेदारी से भारतीय डेयरी किसानों को खतरा

डॉ. अनुराग शर्मा
सहायक आचार्य
वाणिज्य विभाग
चमन लाल महाविद्यालय,
लण्ढौरा हरिद्वार

डॉ. देवपाल
सहायक आचार्य
वाणिज्य विभाग
चमन लाल महाविद्यालय,
लण्ढौरा रूड़की, हरिद्वार

भारत के 15 करोड़ छोटे डेयरी किसान, स्थानीय सहकारी समितियां और छोटे विक्रेताओं के मजबूत नेटवर्क ने भारत को विश्व का सबसे बड़ा दुग्ध उत्पादक बना दिया है। हमारा देष इस मामले में पूरी तरह से आत्मनिर्भर है। जिन बहुराश्ट्रीय कंपनियों ने पूरे विश्व की डेयरी उद्योग के ऊपर कब्ज़ा कर रखा है वे अब भारत में भी अपने पैर जमा पाने में कामयाब हो चुके हैं। अभी तक डेयरी उत्पादों के एक मामूली हिस्से को ही भारत में आयात या बाहर निर्यात किया जाता है। परंतु अब कई नई व्यापार समझौता वार्ताएं चल रही हैं जो भारतीय डेयरी का स्वरूप पूरी तरह से बदल देंगी। इन वार्ताओं में कई बहुराश्ट्रीय कपनियां षामिल हैं जो अपने फायदे के लिए छोटे डेयरी उत्पादकों को खत्म कर देना चाहती हैं। इन व्यापार वार्ताओं में प्रमुख हैं –

क्षेत्रीय व्यापक आर्थिक साझेदारी (आर.सी.ई.पी.) या फिर यूरोपीय संघ के साथ प्रस्तावित समझौते जो अभी लंबित हैं। इस रिपोर्ट के माध्यम से ग्रेन (GRAIN) इस बात की छानबीन कर रहा है कि मौजूदा व्यापार वार्ताओं में डेयरी किसान, विक्रेताओं और उपभोक्ता किस प्रकार दांव पर लगे हुए हैं।

"एक छोटी डेयरी फॉर्म लगाने में किसान परिवार की पूरी एक पीढ़ी लग जाती है। लेकिन सरकार आर.सी.ई.पी. (RCEP) समझौते में हस्ताक्षर करके एक झटके में इसे नष्ट कर देना चाहती है। इससे भारत का डेयरी क्षेत्र तहस–नहस हो जाएगा।"

– अजित नवले, डेयरी किसान नेता और मार्क्सवादी कम्युनिस्ट पार्टी कार्यकर्ता जिन्होंने 2017–18 में महाराष्ट्र के विरोध प्रदर्शनों का नेतृत्व किया था।

"अगर भारत पूरी तरह से आयातक देश बन गया तो हमारे लिए इससे बड़ा अवसर और कोई नहीं हो सकता"

– फोंटेर्रा (Fonterra) विश्व का सबसे बड़ा डेयरी निर्यातक

भारत का डेयरी क्षेत्र बहुत बड़ा है और इसलिए महत्वपूर्ण भी है। आज भारत के 15 करोड़ डेयरी किसान किसी भी अन्य देश से कहीं ज्यादा दुग्ध उत्पादन करते हैं (सभी प्रजाति के दूध को मिलाकर)। इन डेयरी किसानों में से अधिकतर छोटे भूमि धारक हैं जिनके पास केवल दो–तीन गाय या भैंस हैं। देखा जाए तो भारत का औसत दुग्ध उत्पादन बहुत कम है। जहां औद्योगिक देशों में औसत उत्पादन 30 लीटर प्रति पशु प्रतिदिन है वहीं भारत का औसत मात्र 3 लीटर प्रति पशु प्रतिदिन है। फिर भी देश की बढ़ती जनसंख्या के लिए उपयुक्त मात्रा में पौश्टिक और सस्ता खाद्य उत्पादन कर पाने में भारतीय डेयरी किसान कामयाब हैं। भारत में प्रति व्यक्ति दुग्ध उपलब्धता अब 374 ग्राम प्रतिदिन (2018 में) हो गई है, जो 294 ग्राम प्रतिदिन के वैश्विक औसत से कहीं ज्यादा है। वर्ष 1950 में यह मात्र 130 ग्राम प्रतिदिन प्रति व्यक्ति था।

भारतीय ग्रामीण क्षेत्र में अधिकांश लोगों के लिए दूध एक जीवन–शक्ति के समान है। मूल्य के आधार पर यह सबसे बड़ा कृषि उत्पाद है। इसका मूल्य साल भर में 100 अरब अमेरिकी डॉलर (अंदाजन करीब 7,000 अरब

रुपये) के बराबर है। दूध उत्पादन का आधा हिस्सा या तो उत्पादकों द्वारा खुद सेवन किया जाता है या ग्रामीण क्षेत्रों में ही गैर–उत्पादकों को बेच दिया जाता है। बचे हुए दूध को सार्वजनिक सहकारी समितियों या निजी डेयरी को दे दिया जाता है या सीधे घरों में बेच दिया जाता है।

भारत में डेयरी सहकारी समितियां और छोटे विक्रेताओं का एक विशाल और मजबूत नेटवर्क है। इसकी वजह से उपभोक्ताओं के भुगतान का एक बड़ा हिस्सा सीधे प्राथमिक दुग्ध उत्पादकों तक पहुंच जाता है। किसानों को उपभोक्ताओं के भुगतान का औसतन 70 प्रतिशत से ज्यादा मिल जाता है। सहकारी समितियों में तो 80 प्रतिशत तक प्राप्त हो जाता है, क्योंकि यहां उत्पादन, प्रसंस्करण और बिक्री का बड़ा हिस्सा किसान खुद नियंत्रित करते हैं। आज भारत में करीब 170 लाख किसान 186,000 ग्राम स्तरीय सहकारी समितियों से जुड़े हुए हैं। इनमें से 32,000 से भी ज्यादा सहकारी समितियों का नेतष्त्व महिलाएं कर रही हैं।

**बॉक्स 1: पूरे दक्षिण एशिया की यही कहानी**

पाकिस्तान, बांग्लादेश, श्रीलंका, और नेपाल का डेयरी क्षेत्र कमोबेश भारत की ही तरह है, जो अधिकतर छोटे किसानों और विक्रेताओं के हाथ में है। पाकिस्तान, जो विश्व का पांचवा सबसे बड़ा दूध उत्पादक देश है, में 90 प्रतिशत से भी अधिक दूध का उत्पादन और वितरण, तथाकथित 'असंगठित क्षेत्र' के छोटे विक्रेता ही संभालते हैं। बांग्लादेश में भी डेयरी किसान 10 प्रतिशत से भी कम दूध सहकारी समितियों का बेचते हैं बाकी सारा दूध वे स्थानीय बाजार में या सीधे उपभोक्ताओं को बेचते हैं। बांग्लादेश के डेयरी क्षेत्र में छोटे किसानों की संख्या ज्यादा है। करीब 70 प्रतिशत किसानों के पास मात्र 1 से 3 गायें हैं और ये देश का 70–80 प्रतिशत दूध का उत्पादन करते हैं। बाग्लादेश के कई भूमिहीन और सीमांत किसानों को पशुपालन से स्थिर नकदी आय मिल जाती है। नेपाल में भी छोटे डेयरी किसानों की संख्या बहुत अधिक है। हालांकि भारत, बांग्लादेश और पाकिस्तान से अलग, नेपाल के डेयरी क्षेत्र में गाय के दूध से ज्यादा महत्वपूर्ण भैंस का दूध है। जहां तक छोटे किसानों की बहुतायत का सवाल है, श्रीलंका भी अलग नहीं है। परन्तु अपनी दक्षिण एशियाई पड़ोसियों से अलग, यहां के डेयरी क्षेत्र में बहुराष्ट्रीय डेयरी कंपनियां 'नेसले' और 'फोंटेर्रा' की मजबूत उपस्थिति है।

भारत में ही नहीं बल्कि पूरे दक्षिण एशिया में डेयरी सिर्फ एक उद्योग नहीं बल्कि उससे कहीं बढ़कर है (देखें बॉक्स 1: पूरे दक्षिण एशिया की यही कहानी)। यह सैकड़ों लाखों छोटे एवं सीमांत किसानों, भूमिहीन श्रमिकों और चरवाहों, और करोड़ों अन्य लोगों (जो संग्रह, प्रसंस्करण और डेयरी उत्पादों की बिक्री से जुड़े हुए हैं) की आजीविका का एक प्रमुख साधन है। इनमें से अधिकांश महिलाएं हैं। अभी तक भारतीय डेयरी क्षेत्र शक्तिशाली वैश्विक महाकाय कंपनियों से बचा हुआ है। इन महाकाय कंपनियों के कारण कई देशों की छोटी–छोटी डेयरियों और प्रसंस्करण उद्यम तबाह हो चुके हैं। भारत अपने प्रशुल्क (import duty) और अन्य व्यापार अवरोधों के कारण अभी तक बचा हुआ है जिसे भारत सरकार ने विकसित देशों के सस्ते डेयरी उत्पादों के आयात को रोकने के लिए लागू कर रखा है ।

## वैश्विक महाकाय डेयरी कंपनियां दरवाजे पर

डेयरी के आयात में शुल्क एवं गैर–शुल्क अवरोधों के कारण भारत में विदेशी डेयरी कंपनियां सीधे व्यापार नहीं कर सकतीं, पर वे स्थानीय डेयरी कंपनियों के साथ संयुक्त उद्यम (joint venture), विलय या अधिग्रहण (merger or acquisitions) के जरिए ऐसा कर सकती हैं। यह भी केवल 1991 के बाद से ही संभव हो पाया है, जब नई निजी प्रसंस्करण कंपनियों के ऊपर से प्रतिबंध उठा लिए गए थे। तब से निजी डेयरी कंपनियों का आकार एवं उनकी संख्या लगातार बढ़ती जा रही है। इनमें से कई निजी कंपनियों को विदेशी कंपनियों और प्राईवेट इक्विटी ग्रूप्स से सहायता मिल रही है। इससे आज निजी कंपनियों का हिस्सा डेयरी बाजार में सहकारी समितियों से ज्यादा बड़ा हो गया है (देखें बॉक्स 2: निजी कंपनियां भारतीय डेयरी बाजार में कदम जमाते हुए)। राष्ट्रीय डेयरी विकास बोर्ड (NDDB) के अनुसार जो प्रसंस्करण क्षमता सहकारी–समितियों ने पिछले 30 सालों में अर्जित की थी उतनी क्षमता निजी डेयरी कंपनियों ने पिछले 15 साल में ही हासिल कर ली है।[1]

### तालिका 1 : भारत की प्रमुख निजी डेयरी कंपनियां (2019)

| | |
|---|---|
| ब्रिटानिया इंडस्ट्रीज (Britannia Industries) | 'ब्रिटानिया', जो भारत की एक प्रसिद्ध बिस्कुट कंपनी है और जिसका मालिक वाडिया ग्रुप है – ने अभी हाल ही में अपनी डेयरी के विस्तार के लिए एक भारी निवेश कार्यक्रम की शुरूआत की है। |

| | |
|---|---|
| क्रीमलाइन डेयरी (Creamline Dairy) | 2015 में 'क्रीमलाइन' का अधिग्रहण भारत की कृषि–व्यापार कंपनी 'गोदरेज एग्रोवेट' ने कर लिया था और तब से उसका तेजी से विस्तार हो रहा है। आज यह भारत की शीर्ष डेयरी कंपनियों में से एक है। |
| डोडला डेयरी (Dodla Dairy) | डोडला डेयरी दक्षिण भारत में दूध संग्रहण करने वाला सबसे बड़े निजी कंपनियों में से एक है। इस कंपनी को अमेरीका के टी.पी.जी. (TPG) नामक निजी कंपनी से सहायता प्राप्त है और वर्ष 2019 में इसे विश्व बैंक के आई.एफ.सी. (IFC) से करीब 102 करोड़ रुपये (करीब 150 लाख अमरीकी डॉलर) प्राप्त हुआ है। |
| ग्रुपे लैक्टेलिस (Groupe Lactalis) | फ्रांसीसी डेयरी कंपनी, लैक्टेलिस ने 2014 में हैदराबाद की 'तिरुमला मिल्क प्रोडक्ट्स' को खरीद कर भारत में अपना विस्तार शुरू किया। इसे अमरीका की निजी कंपनी 'कारलाइल ग्रुप' से आर्थिक सहायता मिल रही है। वर्ष 2016 में इसने इंदौर की 'अनिक इंडस्ट्रीज़' का अधिग्रहण किया और 2019 में इसने 'प्रभात डेयरी' को खरीद लिया। इसे राबोबैंक और विश्व बैंक के आई. एफ.सी. (IFC) का आर्थिक समर्थन प्राप्त है जिसने इसे भारतीय डेयरी व्यापार में सबसे शीर्ष पर ला खड़ा किया है। |
| हटसन एग्रो (Hatsun Agro) | हटसन चेन्नई स्थित एक भारतीय कंपनी है जिसने अपनी शुरूआत आइसक्रीम बनाने से की थी। पिछले दो दशकों में इसने इतनी तेज़ी से विकास किया कि आज यह देश की सबसे बड़ी निजी डेयरी कंपनियों में से नंबर एक बन गया है जो तरह–तरह के डेयरी उत्पाद बना रही है। |
| हेरिटेज़ फुड्स (Heritage Foods) | हेरिटेज़ दक्षिण भारतीय डेयरी व्यापार में से सबसे बड़ी निजी कंपनियों में से एक है जो हाल में उत्तर की ओर भी अपना व्यापार बढ़ा रही है। इसने उत्तर में नए कारखाने लगाए हैं और 'वमन मिल्क फुड्स' और |

| | |
|---|---|
| | 'रिलाइंस रिटेल' के डेयरी व्यापार का अधिग्रहण किया है। |
| आई.टी.सी. लिमिटेड (ITC Limited) | आई.टी.सी. एक ऐसा भारतीय समूह है जो तंबाकू से लेकर आतिथ्य (hospitality) तक का व्यापार करता है। इसने हाल ही में बिहार में एक बड़ी प्रसंस्करण फैक्ट्री लगाकर डेयरी में भी निवेश करना शुरू कर दिया है। इसकी पश्चिम बंगाल में भी एक फैक्ट्री लगाने की योजना है। |
| क्वालिटी लिमिटेड (Kwality Ltd) | क्वालिटी उत्तर भारत का सबसे बड़े दूध खरीददार में से एक है जिसके पास 6 प्रसंस्करण फैक्ट्रियां हैं। वर्ष 2016 में इसे अमरीकी निजी कंपनी के.के.आर. से करीब 510 करोड़ रुपये (करीब 750 लाख अमरीकी डॉलर) का निवेश प्राप्त हुआ। वर्ष 2018 में के.के.आर. ने क्वालिटी को दिवालिया घोषित कर दिया और तबसे कई विदेशी और राष्ट्रीय कंपनियां इसे लेने की कोशिश कर रही हैं। |
| नेसले इंडिया (Nestlé India) | स्विटज़रलैंड की महाकाय खाद्य कंपनी, नेसले भारत की सबसे बड़ी दूध की खरीददार है जिसके पास 9 प्रसंस्करण फैक्ट्रियां हैं जो देश भर में फैली हुई हैं। |
| पराग मिल्क फुड्स (Parag Milk Foods) | पराग, महाराष्ट्र स्थित एक नई कंपनी है जिसे नॉर्वे, अबु धाबी और विश्व बैंक के आई.एफ.सी. (IFC) से आर्थिक मदद प्राप्त है। इसके पास खुद के 2000 गाय डेयरी फार्म हैं जो देश में सबसे बड़ा है। पिछले साल इसने 'दानोन' की प्रसंस्करण फैक्ट्री (हरयाणा स्थित) को खरीद लिया। |
| पारस (Paras) | पारस भारतीय खाद्य कंपनी, वी.आर.एस. फुड्स की एक डेयरी सहायक कंपनी है। |
| श्राईबर डाईनामिक्स (Schreiber | श्राईबर डाईनामिक्स, अमेरीकी डेयरी कंपनी श्राईबर फुड (51 प्रतिशत) और भारतीय कंपनी डाईनामिक्स |

| Dynamix) | डेयरीज़ का संयुक्त उद्यम है। यह बड़ी खाद्य कंपनियों के लिए ठेके पर डेयरी उत्पाद बनाती है। |
|---|---|

तथाकथित संगठित क्षेत्र में जिस प्रकार दूध खरीद में अब सहकारी–समितियों से ज्यादा निजी कंपनियों का योगदान बढ़ता जा रहा है, उससे किसानों के ऊपर काफी बुरा असर पड़ रहा है। भारत की सहकारी–समिति व्यवस्था में राज्य स्तरीय सहकारी महासंघ साल के अंत में दुग्ध उत्पादकों को अपना मुनाफा बांट देते हैं। परंतु नई निजी कंपनियां दुग्ध उत्पादकों के साथ अपना मुनाफा कभी नहीं बांटतीं और न ही वे सहकारी–समितियों की तरह अतिरिक्त सेवाएं प्रदान करती हैं। दरअसल, ये निजी कंपनियां किसानों से दूध तभी खरीदती हैं जब उनके उत्पाद जैसे स्किम मिल्क पाउडर (skimmed milk powder - मलाई उतारे हुए दूध का पाउडर) और बटर ऑयल (butter oil) के दाम बढ़े हुए हों और उनसे अच्छा मुनाफा कमाया जा सके।

पिछले 2 वर्षों में जबसे दुग्ध उत्पादों की वैश्विक कीमतों में गिरावट हुई है, इन निजी कंपनियों ने दूध का लेन–देन काफी कम कर दिया है। दूध न बिकने के कारण भारत में प्रचुरता की स्थिति पैदा हो गई है। जब मुनाफा कम हो तो निजी कंपनियां अपना हाथ खींच लेती हैं पर वहीं सहकारी–समितियां किसानों के हित को ध्यान में रखते हुए कभी भी पीछे नहीं हटती हैं, भले ही उसके लिए उन्हें नुकसान भी क्यों न उठाना पड़े।

विदेशी डेयरी कंपनियों के आने से पशुपालन का व्यापक स्तर पर औद्योगिकरण हो रहा है। भारत सरकार राष्ट्रीय डेयरी एक्शन प्लान के जरिए इसे अपना समर्थन भी दे रही है, जो फोंटेर्रा (Fonterra), लैक्टेलिस (Lactalis), और नेसले (Nestle) जैसी प्रमुख डेयरी कंपनियों को उत्पादन और प्रसंस्करण तकनीकों के आयात को प्रोत्साहित कर रही है। अगर छोटे किसानों के पारंपरिक तरीकों और जरूरतों को ध्यान में रखा जाए तो ये नई तकनीकें बिलकुल भी अनुकूल नहीं है। इनसे केवल बड़ी औद्योगिक खेती को ही लाभ पहुंचता है, जैसे बड़े सघन डेयरी फैक्ट्री फ़ार्म (mega intensive dairy factory farms) जो अब भारत में दिखने लगे हैं।[2] इन बड़े डेयरी फैक्ट्री फ़ार्म में हजारों पशुओं को एंटीबायोटिक (antibiotic) और हार्मोन (hormone) के इंजेक्शन लगा कर जीवन भर बंद जगह पर

रखा जाता है। इन सबका पर्यावरण, जलवायु, पशु कल्याण, ग्रामीण अर्थनीति और मजदूरों के साथ–साथ सार्वजनिक स्वास्थ्य के ऊपर भी भयंकर प्रभाव पड़ता है।

अभी तक भारत के डेयरी क्षेत्र में निजी कंपनियों का सारा ध्यान 'मूल्य वर्धित उत्पाद' (value added products) जैसे 'चीज़' (एक प्रकार का पनीर), दही या अन्य प्रसंस्कृत उत्पादों के ऊपर ही रहा है। ये कंपनियां इन उत्पादों को खूबसूरत पैकेट में भरकर शहरी उपभोक्ताओं को यह कहकर बेचती हैं कि ये उत्पाद उस दूध से ज्यादा स्वास्थ्यकर विकल्प हैं जिसे छोटे विक्रेता अपनी साइकिल और मोटरसाइकिल में कनस्तर में भरकर बेचते हैं। कुछ कंपनियां तो धनी उपभोक्ताओं को ध्यान में रखकर महंगे प्रोबायोटिक पेय (probiotic drinks), आइसक्रीम तथा अन्य डेयरी उत्पाद तैयार कर रही हैं। कई अन्य छोटी निजी डेयरी डेयरी फ़ार्म एवं कंपनियां स्थानीय नस्ल की गायों जैसे गीर, साहिवाल, थारपरकर, या राठी, इत्यादि के दूध की कीमत बढ़ा देती हैं और यह कहकर बेचती हैं कि उन्हें बिना हाथ से छुए हुए पूरी तरह से यंत्रचलित पद्धिति से तैयार किया गया है, और इसलिए यह ज्यादा पौश्टिक है। परंतु हकीकत यह है कि इन निजी डेयरी कंपनियों के उत्पादों में कुछ भी ज्यादा "स्वच्छ या सुरक्षित" नहीं है (देखें बॉक्स 3: महाकाय डेयरी कंपनियां और खाद्य सुरक्षा)।

इससे यह स्पष्ट हो जाता है कि यह सब इन बड़ी महाकाय कंपनियों के लिए महज एक शुरुआत भर है। फोंटेर्रा (Fonterra) के शब्दों में यूं कहें कि ये अपनी ''जमीन तैयार'' कर रहे हैं – उस दिन के लिए जब भारत पूरी तरह से अपने बाजार इनके लिए खोल देगा। यह तब होगा जब भारत व्यापार समझौता वार्ताओं में डेयरी बाजार के उदारीकरण के लिए डाले जा रहे दबाव के आगे झुक जाएगा।

**बॉक्स 2: निजी कंपनियां भारतीय डेयरी बाजार में पैर जमाते हुए**

निजी कंपनियां भारतीय डेयरी क्षेत्र के ऊपर कारपोरेट नियंत्रण स्थापित करने में एक अहम भूमिका निभा रही हैं (देखें तालिका 2 : भारतीय डेयरी में हाल के निजी सौदे)। शुरुआती समझौतों में से एक 2010 में हुआ जब अमेरिकी कारलाइल ग्रुप ने तिरुमला मिल्क प्रोडक्ट्स के 220 लाख अमेरिकी

डॉलर (करीब 150 करोड़ रुपये) के हिस्से का अधिग्रहण कर लिया। तिरुमला दक्षिण भारत की एक परिवार के स्वामित्व वाली निजी डेयरी कंपनी थी। अगले 3 सालों (2010 - 2013) में तिरुमला ने करीब 100 चिलिंग स्टेशन (chilling station) को और जोड़ लिया, प्रसंस्करण प्लांट की संख्या 5 से बढ़कर 7 हो गई और इसने उत्तर दिशा में वितरण का विस्तार किया। वर्ष 2014 में कारलाइल ग्रुप ने लैक्टेलिस नामक फ्रांसीसी कंपनी को अपना हिस्सा 2500 लाख अमेरिकी डॉलर (करीब 1700 करोड़ रुपये) में यानि 14 गुना ज्यादा दाम में बेच दिया।

**तालिका 2 : भारतीय डेयरी में निजी इक्विटी (वित्तीय) कंपनी के सौदे**

| वर्ष | निदेशक (देश) | भारतीय लक्ष्य (डेयरी कंपनी) | सौदों का मूल्य |
|---|---|---|---|
| 2019 | दानोन मैनिफेस्टो वेंचर्स (फ्रांस) | ड्रम्स फुड इंटरनैशनल (एपिगामिया दही) | 170 करोड़ रुपये |
| 2017 | टी.पी.जी (अमेरिका) | डोडला डेयरी | 340 करोड़ रुपये |
| 2016 | मोतीलाल ओसवाल पी.ई. (भारत) | डेयरी क्लासिक आईक्रीम | 107.44 करोड़ रुपये |
| 2016 | वरलिनवेस्ट (बेल्जियम), डी.एस.जी कनज़्यूमर (भारत) | ड्रम्स फुड इंटरनैशनल | 42.84 करोड़ रुपये |
| 2016 | के.के.आर (अमेरिका) | क्वालिटी लिमिटेड | 509.3 करोड़ रुपये |
| 2015 | टी.वी.एस कैपिटल (भारत) | प्रभात डेयरी लिमिटेड | 83 करोड़ रुपये |
| 2015 | एइट रोड्स वेंचर्स (अमेरिका) | मिल्क मंत्रा डेयरी प्राईवेट लिमिटेड | 85.75 करोड़ रुपये |
| 2014 | वेस्टब्रिज कैपिटल (मॉरिशस) | हटसन एग्रो प्रोडक्ट्स लिमिटेड | 35.22 करोड़ रुपये |
| 2013 | कैपवेंट ए.जी. | हांग्यो आइसक्रीम | 32.64 करोड़ रुपये |

| | | | |
|---|---|---|---|
| | (स्विटजरलैंड) | | |
| 2012 | कारगिल वेंचर्स (अमेरिका) | डोडला डेयरी लिमिटेड | 107.64 करोड़ रुपये |

**स्त्रोत** : GRAIN based on PricewaterhouseCoopers, Retail and Consumer Quarterly Newsletter Q2 FY 2017 https://www.pwc.in/assets/pdfs/industries/retail-and-consumer/newsletters/retail-and-consumer-quarterly-newsletter-q2-fy-2017.pdf

इस तरह के फायदे की तलाश में तबसे कई वित्तीय कंपनियां इस क्षेत्र में आ गई हैं जैसे – अमेरिका की निजी इक्विटी कंपनी 'टी.पी.जी. ग्रुप' और हॉलैंड की कृषि ऋणदाता कंपनी, 'रोबोबैंक' के साथ–साथ 'दानोन' (Danone) और 'कारगिल' (Cargill) जैसी बहुराष्ट्रीय खाद्य और कृषि–व्यापार कंपनियां। कई मौकों पर इन कंपनियों ने विकास बैंक, जैसे फ्रांस की 'प्रोपारको' या विश्व बैंक की 'अंतर्राष्ट्रीय वित्त निगम' (आई.एफ.सी) के साथ मिलकर सयुक्त रूप से निवेश किया है।1

पिछले कुछ सालों में, फ्रांस की 'लैक्टेलिस' भारत की सबसे शीर्ष कंपनियों में से एक बन गई है। इसके आगे सिर्फ 'नेसले' है जो भारत में 1960 के दशक से सक्रिय है। वर्ष 2014 में तिरुमला और 2016 में इंदौर स्थित 'अनिक इंडसट्रीज़' के डेयरी विभाग के अधिग्रहण के बाद इस फ्रांसीसी कंपनी ने पहले 'प्रभात डेयरी' और बाद में उसके सहायक, 'सनफ्रैश एग्रो इंडसट्रीज़' का 2019 में अधिग्रहण किया। 'प्रभात डेयरी' का महाराष्ट्र में करीब 75,000 किसानों का नेटवर्क है जहां से करीब 200,000 लीटर दूध प्रतिदिन संग्रह किया जाता है। प्रभात को खरीदने से लैक्टेलिस को भारत में 2 अतिरिक्त फैक्ट्रियां मिल गईं, जिससे इनकी कुल संख्या 13 हो गई। अब ये प्रतिदिन 23 लाख लीटर दूध की सप्लाई करते हैं। लैक्टेलिस उत्तर भारत में एक और कंपनी के अधिग्रहण के बारे में सोच रही है क्योंकि इसका लक्ष्य पूरे देष में प्रत्येक डेयरी श्रेणी में कम से कम 10 प्रतिषत के बाजार को प्राप्त करना है।

विश्व की सबसे बड़ी डेयरी नियार्तक कंपनी, न्यूजीलैंड की 'फोंटेर्रा' की नजर भी भारत के ऊपर है। वो अधिमान्य व्यापार करार (preferential trade agrement) या फिर सहयोगी उपक्रम (collaborative ventures) की मदद से भारत में प्रवेश करना चाहती है। अगस्त 2018 में फोंटेर्रा ने किशोर बियानी

की 'यूचर ग्रुप यूचर कनज़्यूमर' के साथ एक 50:50 संयुक्त उद्यम की शुरुआत की जिसका नाम रखा 'फोंटेर्रा यूचर डेयरी पार्टनर्स'। इससे फोंटेर्रा भारत में अच्छी तरह से स्थापित हो जाएगा और उसके विस्तार के एजेंडा को पूरा करने में मदद मिलेगी। फोंटेर्रा के मुख्य कार्यकारी अधिकारी, लुकास पैराविसिनी का कहना है – "जैसा कि हम विश्व के सबसे बड़े और सबसे तेजी से विकसित हो रहे बाजार में प्रवेश कर रहे हैं, इस संयुक्त उद्यम के जरिये हम अपना जमीनी कार्य अच्छे से कर सकेंगे और अपनी विषेशज्ञता का पूरा इस्तेमाल कर सकेंगे।"

फोंटेर्रा का उद्देष्य स्पष्ट है। ते–हां चाउ, जो चीन, दक्षिण और पूर्व एशिया में फोंटेर्रा के प्रमुख हैं, के शब्दों में – "न्यूजीलैंड के लिए भारत एक विराट अवसर बन जाएगा अगर ये पूरी तरह से आयातक देश के रूप में बदल जाए।" उन्होंने आगे कहा – "वर्तमान में भारत मांग और आपूर्ति के मामले में पूरी तरह से संतुलित है। जैसे–जैसे इसका विकास होगा और उत्पादन की रतार कम हो जाएगी तो भारत को अनिवार्य रूप से डेयरी उत्पादों का आयात करना पड़ेगा। बस सवाल यह है कि कब।"

1 The IFC has invested in Parag Milk Foods Pvt. Ltd, Dodla Dairy, Prabhat Dairy (alongside Proparco), and the PRAN Group in Bangladesh.

2 Jitendra, "Lactalis to milk more in India. Why that may worry some", Down to Earth, 18 April 2019, https://www.downtoearth.org.in/news/food/lactalis-to-milk-more-in-india-why-that-may-worry-some-64057

3 "Future Group enters to equal joint venture with Fonterra", Dev Discourse, 8 August 2018, https://www.devdiscourse.com/article/business/105928-future-group-enters-to-equal-joint-venture-with-fonterra

4 "Future Group enters to equal joint venture with Fonterra", Dev Discourse, 8 August 2018, https://www.devdiscourse.com/article/business/105928-future-group-enters-to-equal-joint-venture-with-fonterra

5 Rebecca Howard, "Fonterra eyes India potential", New Zealand Herald, 23 October 2018, https://www.nzherald.co.nz/business/news/article.cfm?c_id=3&objectid=12147310

**बॉक्स 3: महाकाय डेयरी कंपनियां और खाद्य सुरक्षा**

सभी पश्चिमी महाकाय डेयरी कंपनियां साफ सुथरी नहीं हैं, न ही ऐसा है कि कोई उनपर उंगली नहीं उठा सकता। चीन को अगस्त 2008 में एक सार्वजनिक स्वास्थ्य संकट का सामना करना पड़ा था जब 'फोंटेर्रा' ने 'सान्लु ग्रुप' का 43 प्रतिशत का हिस्सा खरीदा था और दोनों सरकारों के बीच मुक्त व्यापार समझौता हुआ था। 'सान्लु ग्रुप' चीन की शीर्ष डेयरी कंपनियों में से एक थी। 'सान्लु–फोंटेर्रा' उत्पादों में मेलामाइन (melamine) की मात्रा काफी अधिक पाई गई। यहां तक की शिशुओं के लिए बनाए गए उत्पादों में भी यह मात्रा अधिक थी। करीब 3 लाख से भी ज्यादा शिशु बीमार हो गए और 6 की किडनी खराब होने के कारण मौत हो गई। कंपनियों ने तुरन्त सारा दोष किसानों के ऊपर डाल दिया कि उन्होंने ही दूषित दूध बेचा है। दरअसल, "खुद फोंटेर्रा ने सान्लु को गुणवत्ता जांच का सुझाव दिया था पर पूछे जाने पर न्यूजीलैंड की इस कंपनी ने कहा कि उन्होंने कभी भी अपने पार्टनर के उत्पादों की जांच नहीं की है और उन्हें इस हादसे के 1 महीने पहले तक तो यह भी पता नहीं था कि लोग मिलावट भी करते हैं।"1 फोंटेर्रा का नाम और भी कई खाद्य सुरक्षा संकट के साथ जुड़ा हुआ है।

फ्रांस में लैक्टेलिस कंपनी किसानों को हाशिये पर धकेलने के लिए बदनाम है। न ही तो ये कंपनी खाद्य सुरक्षा समस्याओं का ठीक से निपटान करती है और न ही अपनी संचालन प्रक्रिया की कोई जानकारी साझा करती है। वर्ष 2017 में इनकी एक फ्रांसीसी कंपनी में सालमोनेला (salmonella) का प्रकोप फैल गया जिससे दर्जनों शिशु बीमार हो गए। इस कंपनी ने अपने उत्पाद वापस लेने की प्रक्रिया को ठीक से पूरा नहीं किया जिससे विश्व के कई हिस्सों में उपभोक्ताओं को संकट से गुजरना पडा।2

1. Ben Bouckley, "Fonterra Never checked Sanlu's dairy products prior to deadly China melamine crisis, study warns", Dairy Reporter, 20 June 2014, https://www.dairyreporter.com/Article/2014/06/20/Fonterra-never-checked-Sanlu-s-products-in-China-melamine-scare-Study

2. "France needs 'food safety police' to avoid new Lactalis crisis: report", Reuters, 18 July 2018, https://www.reuters.com/article/us-france-babymilk-lactalis/france-needs-food-safety-police-to-avoid-new-lactalis-crisis-report-idUSKBN1K824W

## व्यापार समझौते भारत की छोटी डेयरियों को तबाह कर देंगे

राष्ट्रीय डेयरी बाजार का स्वरूप काफी समय पहले ही बदल चुका था। दरअसल होता यह है कि कुछ मुट्ठी भर औद्योगिक देश अपने भारी सब्सिडी वाले अधिशेष उत्पादों को अंतर्राष्ट्रीय बाजार में भर देते हैं। इन उत्पादों का विशेष रूप से विकासशील देशों में निर्यात किया जाता है। जाहिर सी बात है कि इसमें वहां की बड़ी डेयरी कंपनियों को ही सारा लाभ पहुंचता होगा, न कि छोटे डेयरी किसानों को जो उन्हें माल सप्लाई करते हैं (देखें बॉक्स 4% फ्रांसीसी डेयरी किसानों के लिए मुश्किल समय)।

### बॉक्स 4: फ्रांसीसी डेयरी किसानों के लिए मुश्किल समय

हालांकि यूरोप में डेयरी किसानों को अभी भी सब्सिडी मिलती है पर अति उत्पादन और कम कीमतों के कारण उनका बचे रहना काफी मुश्किल हो रहा है। उदाहरण के तौर पर, 2017 में फ्रांस में सब्सिडी के साथ दूध का कुल उत्पादन खर्च मात्र 0.56 अमरीकी डॉलर प्रति किलो था, जहां उत्पादकों को केवल 0.39 अमरीकी डॉलर का भुगतान होता था। वो तो यूरोपीय संघ से 0.05 अमरीकी डॉलर प्रति किलो का सीधा अनुदान मिल रहा था जिससे थोड़ी भरपाई हो गई वरना बाकी सब उधार में ही चल रहा था।1 लगातार बढ़ता कर्ज डेयरी किसान में हताशा पैदा कर रहा है। किसान समुदाय में काफी लोग आत्महत्या भी कर रहे हैं। फ्रांस में प्रत्येक वर्ष सैकड़ों डेयरी किसान अपनी जान दे रहे हैं। डेयरी किसानो की आत्महत्या की दर फ्रांस की राष्ट्रीय औसत से 50 प्रतिषत ज्यादा है।2

1. "Fewer agricultural subsidies necessitate framework for cost-covering prices", European Milk Board, 9 May 2018, http://www.europeanmilkboard.org/en/special-content/news/news-details/article/fewer-agricultural-subsidies-necessitate-framework-for-cost-covering-prices-1.html?cHash=18ede5bf54d1a42b36209db7ea93c75d

2. Claire Paccalin, Julie Dungelhoff, "The quiet suicide epidemic plaguing French farmers" 26 October 2018, https://www.france24.com/en/20181026-suicide-epidemic-plaguing-french-farmers-loire-atlantique

भारत जैसे विकासशील देश केवल उच्च प्रशुल्क और गैर–प्रशुल्क अवरोधों (non-tariff barriers) द्वारा ही अपने डेयरी क्षेत्र को इस वि.त वैश्विक बाजार की लूटपाट से बचा सकते हैं। इन उपायों के बिना इन देशों की छोटी डेयरियां तेजी से नष्ट हो जाएंगी। वैश्विक महाकाय डेयरी कंपनियां इन्हें हड़प लेंगी। यहां तक कि भारत के प्रधानमंत्री नरेंद्र मोदी 2013 में जब गुजरात के मुख्यमंत्री थे तब उन्होंने भारत को आयात के लिए खोलने का विरोध किया था क्योंकि उस वक्त केंद्र सरकार यूरोपीय संघ के साथ एक मुक्त व्यापार समझौता करने के बारे में सोच रही थी, जिससे भारतीय डेयरी क्षेत्र को यूरोपीय संघ के सब्सिडी युक्त निर्यात के साथ सीधी प्रतिस्पर्धा के लिए खोला जाने वाला था।[3]

आज भारत का आयात शुल्क 30 से 60 प्रतिषत तक है। इसलिए हमारा डेयरी क्षेत्र अभी तक बचा हुआ है। वर्ष 2003 से भारत ने विभिन्न सैनिटरी (sanitary) और फाइटोसैनिटरी (phytosanitary) आवश्यकताओं को डेयरी आयात के ऊपर लागू कर रखा है, जिसके कारण विशेष रूप से अमेरिकी डेयरी उत्पाद भारत में नहीं आ पा रहे हैं।[4] परंतु अब भारत के ऊपर काफी दबाव है कि वह अमेरिकी आयात को इस शर्त पर स्वी.ति दे दे कि उनके उत्पाद वैसे पशुओं के दूध के इस्तेमाल से नहीं बने होंने चाहीए जिनके चारे (feed) में गौ–जाति या अन्य पशुओं के अंश मौजूद हों।[5]

आयात में ये अवरोध तो हैं पर विदेशी डेयरी कंपनियों ने इसका तोड़ निकाल लिया है। वे यूरोप और अमेरिका से लेक्टोज़ (Lactose) और व्हे (Whey) जैसी डेयरी उत्पादों का भारी मात्रा में आयात कर रहे हैं जिनका

[3] "FTA with EU to hit dairy sector: Modi", The Hindu Business Line, 30 July 2013, https://www.thehindubusinessline.com/economy/fta-with-eu-to-hit-dairy-sector-modi/article23102763.ece

[4] "US wants India to lift import ban on dairy products", The Hindu Business Line, 3 April 2012, https://www.thehindubusinessline.com/economy/agri-business/us-wants-india-to-lift-import-ban-on-dairy-products/article20416523.ece1

[5] Kirtika Suneja, "India ready to allow US dairy imports with riders", Economic Times, 24 December 2018, https://economictimes.indiatimes.com/news/economy/foreign-trade/india-ready-to-allow-us-dairy-imports-with-riders/articleshow/67236873.cms

इस्तेमाल खाद्य प्रसंस्करण में होता है। इनके आयात से भारत के सहकारी समिति की डेयरियों और छोटी डेयरियों के ऊपर बहुत बुरा प्रभाव पड़ रहा है। भारत की सबसे बड़ी सहकारी–समिति, 'अमूल' के अनुसार, "प्रत्येक माह करीब 1500 टन व्हे पाउडर का देश में आयात किया जा रहा है। इससे हमें अपने माल को सस्ते दामों में बेचना पड़ रहा है क्योंकि आयातित व्हे की कीमत 40 प्रतिशत आयात शुल्क देने के बाद भी बहुत कम है।"[6]

भारतीय डेयरी स्किम्ड मिल्क पाउडर (skimmed milk powder) के वैश्विक भरमार में भी फंस गई है। इससे कीमतें तेजी से गिर रही हैं। पूरे विश्व में डेयरी किसानों के ऊपर खतरा मंडरा रहा है। न्यूयॉर्क में, जो अमेरिका का सबसे बड़ा डेयरी उत्पादन राज्य है, दूध की कीमत कम होने के कारण पिछले एक दशक के अंदर वहां की एक–चौथाई डेयरी फॉर्म बंद हो चुकी हैं।[7] भारत में भी स्किम्ड मिल्क पाउडर का भंडार लगातार बढ़ता जा रहा है क्योंकि दूध का उत्पादन ज्यादा हो रहा है और अंतर्राष्ट्रीय बाजार में कीमतें गिरी हुई हैं।[8] इस राष्ट्रीय अधिशेष (surplus) के कारण दूध की कीमतों पर और किसानों से उसकी खरीद के ऊपर और भी बुरा असर पड़ रहा है। कई देशों ने तो किसानों से गाय का दूध खरीदना ही बंद कर दिया है। 2018 के मध्य में महाराष्ट्र में, जो देश का दूसरा सबसे ज्यादा आबादी वाला राज्य है, 1 लीटर दूध की कीमत 1 लीटर पानी की बोतल से भी कम हो गई थी। किसानों के पास विरोध प्रदर्शन करने के लिए अपने दूध को सड़क पर बहाने के अलावा और कोई रास्ता नहीं था।[9] इस समस्या से

---

[6] Rutam Vora, K.R. Srivats, "Makers of dry and powdered whey get more protection", The Hindu Business Line, New Delhi / Ahmedabad, 1 May 2018; https://www.thehindubusinessline.com/economy/agri-business/makers-of-dry-and-powdered-whey-get-more-protection/article23731734.ece

[7] Natasha Vaughn, "Why low milk prices are really bad for New York farms", Democrat and Chronicle, 8 March 2018, https://www.democratandchronicle.com/story/news/politics/albany/2018/03/08/why-low-milk-prices-really-bad-new-york-farms/384592002/

[8] "Dairy Quarterly Q2 2018", Rabobank, June 2018

[9] Priyanka Kakodkar, "For Maharashtra dairy farmers, milk is now cheaper than water", Times of India, 24 June 2018 , https://timesofindia.indiatimes.com/city/kolhapur/for-maharashtra-dairy-farmers-milk-is-now-cheaper-than-water/articleshow/64716085.cms

निपटने के लिए भारत सरकार को स्किम्ड मिल्क पाउडर के निर्यात में सब्सिडी देनी पड़ी और डेयरी सहकारी समितियों के दूध और दुग्ध उत्पादों को स्कूलों, शिशु विकास सेवाओं और रेलवे नेटवर्क में मुत में बांटना पड़ा।[10] इस दौरान, दूध की कीमतों में गिरावट के कारण छोटे किसानों के रोजगार खत्म होते जा रहे हैं। इस मौके का फायदा उठाकर निजी कंपनियां और बड़े किसान फल फूल रहे हैं।

वैश्विक कंपनियों के साथ बहुत सीमित संबंध होने के बावजूद भी भारत की छोटी डेयरियों और किसानों के ऊपर काफी बुरा असर पड़ रहा है। अगर भारत सरकार मौजूदा व्यापार वार्ताओं में डेयरी बाजार खोलने के लिए मान जाती है तो हमारी डेयरियों और किसानों पर उसका असर कई गुना ज्यादा बढ़ जाएगा। हालांकि अभी तक भारत ने कोई भी द्विपक्षीय मुक्त व्यापार समझौता किसी भी प्रमुख डेयरी उत्पादक राष्ट्र या गुट – जैसे न्यूजीलैंड, ऑस्ट्रेलिया, कनाडा, यूरोपीय संघ, यूरोपीय मुक्त व्यापार संघ (EFTA), अमेरिका या चीन – के साथ नहीं किया है पर इन सबके साथ इस वक्त व्यापार वार्ताएं चल रही हैं। क्षेत्रीय व्यापक आर्थिक साझेदारी (आर.सी.ई.पी) (Regional Comprehensive Economic Partnership) के ऊपर भी बातचीत चल रही है। यह अनुमान लगाया जा रहा है कि दिसंबर 2019 तक आर.सी.ई.पी. समझौता वार्ता अपने अंतिम चरण तक पहुंच जाएगा।

---

[10] Rajendra Jadhav, "India's milk powder exports to surge on subsidies, dampen global prices", Reuters, 27 July 2018, https://www.reuters.com/article/us-india-milk-exports-exclusive/exclusive-indias-milk-powder-exports-to-surge-on-subsidies-dampen-global-prices-idUSKBN1KH0GQ ; "Important policy decisions taken and major achievements during the month of June", Ministry of Agriculture and Farmers Welfare, New Delhi, 2018: http://dadf.gov.in/sites/default/filess/Monthly percent20Summery percent20for percent20the percent20month percent20of percent20June percent2C percent202018_0.pdf;

| डेयरी के क्षेत्र में इन देशों का स्थान (उत्पादन/व्यापार की मात्रा के आधार पर क्रमबद्ध) | |
|---|---|
| (जिन देषों के साथ भारत की व्यापार समझौता वार्ता चल रही है वे चिन्हित (रेखांकित) हैं) | |
| विश्व के शीर्ष दूध उत्पादक | भारत, यूरोपीय संघ, अमेरिका, चीन, पाकिस्तान, ब्राजील, रूस, न्यूजीलैंड |
| विश्व के शीर्ष दूध निर्यातक | यूरोपीय संघ, न्यूजीलैंड, अमेरिका, बेलारूस, ऑस्ट्रेलिया, साऊदी अरब |
| विश्व के शीर्ष मक्खन निर्यातक | न्यूजीलैंड, यूरोपीय संघ, बेलारूस, अमेरिका, यूक्रेन |
| विश्व के शीर्ष चीज़ निर्यातक | यूरोपीय संघ, न्यूजीलैंड, अमेरिका, बेलारूस, ऑस्ट्रेलिया, साऊदी अरब |
| विश्व के शीर्ष स्किम्ड मिल्क पाउडर निर्यातक | यूरोपीय संघ, अमेरिका, न्यूजीलैंड, ऑस्ट्रेलिया, बेलारूस |
| विश्व के शीर्ष मिल्क पाउडर निर्यातक | न्यूजीलैंड, यूरोपीय संघ, उरुग्वे, मेक्सिको, अर्जेंटीना |

**नोट –** निर्यात आंकड़े 2017 श्रेणी वर्ष के अनुसार है जो एफ.ए.ओ. (FAO) के आंकड़ों पर आधारित है।

एफ.टी.ए. नोट – भारत ने अमेरिका के साथ एफ.टी.ए. में रुचि व्यक्त की है। न्यूजीलैंड और ऑस्ट्रेलिया (आर.सी.ई.पी.) और रूस (ई.ए.ई.यू.) के साथ वार्ताएं चल रही हैं। यूरोपीय संघ के साथ बातचीत दोबारा शुरू होने वाली है। भारत का साऊदी अरब (गल्फ़ कोपरेशन काउंसिल) और अर्जेंटीना, ब्राज़ील, उरुग्वे (मरकोसुर) के साथ व्यापार समझौते हैं।

इनमें से अधिकतर मुक्त व्यापार समझौता वार्ताओं में डेयरी एक महत्वपूर्ण मुद्दा है। इन सभी देशों की डेयरी में आक्रमक रुचि है और इनमें से कुछ तो पिछले कई वर्षों से भारत के बाजार में घुसने के लिए एड़ी चोटी का जोर

लगा रहे हैं। आयात के मामले में भारत इस बात पर अड़ा हुआ है कि वह केवल उसी डेयरी उत्पाद के आयात को स्वीकृति देगा जो उन पशुओं के दूध से बने हों जिसके चारे (feed) में किसी भी पशु के आंतरिक अंग, रक्त, या टिशु शामिल नही हो। अमेरिका को छोड़कर अधिकांश डेयरी निर्यातक देश इस मांग को लगभग मान चुके हैं। हालांकी भारत के उच्च प्रशुल्क सीमा के ऊपर बातचीत अभी भी अटकी हुई है। इस प्रकार भारत की धार्मिक और सांस्कृतिक विरासत को ध्यान में रखते हुए इस उपरोक्त आवश्यकता की शर्त और उसके साथ–साथ डेयरी उत्पादों में 30 से 60 प्रतिशत तक का आयात प्रशुल्क दर की वजह से भारत का बाजार अंतर्राष्ट्रीय डेयरी उत्पादों की भरमार से अभी तक बचा हुआ है।

हालांकि एक बार भारत किसी भी एक देश के साथ मुक्त व्यापार समझौते पर हस्ताक्षर कर देता है या अगर आर.सी.ई.पी. से ही जुड़ जाता है तो इन उपायों को बचाए रखना संभव नहीं हो पाएगा। वर्ष 2000 में शून्य प्रशुल्क का फायदा उठाकर यूरोपीय संघ ने भारी मात्रा में स्किम्ड मिल्क पाउडर और बटर ऑयल का भारत में निर्यात किया था। हमारे स्थानीय डेयरी उद्योग के ऊपर इसका काफी बुरा असर पड़ने लगा था। तब भारत ने उसका जवाब अपने प्रशुल्क दर को बढ़ाकर दिया था। परंतु यूरोपीय संघ, न्यूजीलैंड, ऑस्ट्रेलिया, कनाडा, अमेरिका या आर.सी.ई.पी. और भारत के बीच इस वक्त जो भी मुक्त व्यापार समझौता वार्ताएं चल रही हैं उसमें दिये गए शर्तों के आधार पर भारत दुबारा ऐसा नहीं कर पाएगा। भविष्य में किसी भी आयात लहर से अपने किसानों और डेयरी को बचाने के लिए भारत सरकार के पास प्रशुल्क दर को बढ़ाने जैसा कोई भी ठोस उपाय नहीं बचेगा।

## बॉक्स 5: महाकाय डेयरी कंपनियों ने पाकिस्तान पर नियंत्रण के लिए मिल्क पाउडर का किया आयात

पाकिस्तान का 'संगठित' डेयरी क्षेत्र के ऊपर 2 बहुराष्ट्रीय कंपनियों – 'नेसले पाकिस्तान' और 'एन्ग्रो फुड्स' – का मजबूत नियंत्रण है। नेसले पाकिस्तान, स्टिजरलैंड की एक महाकाय कंपनी की शाखा है और एन्ग्रो फुड्स एक डच (Netherlands) महाकाय कंपनी, 'फ्रीलैंड–कैम्पिना की सहायक कंपनी है। उन्होंने पाकिस्तान में दूध संग्रह और वितरण के बाजार को आपस में बांट लिया है और छोटे किसानों को व्यवसाय से बाहर निकाल

दिया है। अपने फायदे के लिए दूध के दामों को नियंत्रित करने के लिए कभी–कभी ये कंपनियां स्थानीय डेयरी किसानों से दूध लेना बिलकुल बंद कर देती हैं। उसके बदले वे पाउडर और तरल दूध का आयात करते हैं। जब भी अंतर्राष्ट्रीय बाजार में दूध के पाउडर के दाम गिर जाते हैं तो ये कंपनियां भारी मात्रा में दूध आयात कर लेती हैं, जो उन्हें स्थानीय बाजार से दूध लेने की तुलना में काफी सस्ता पड़ता है।[11]

स्रोतः Saad Sarfaraz Sheikh, "Cash cows", Herald, 1 February 2017, https://herald.dawn.com./news/1153231

कुछ लीक हुए समझौते के दस्तावजों से पता चलता है कि भारत–यूरोपीय संघ, भारत–ई.एफ.टी.ए. (EFTA), या आर.सी.ई.पी. व्यापार समझौतों में ऐसे कई अध्याय शामिल हैं जिनसे भारतीय डेयरी क्षेत्र के ऊपर गंभीर प्रभाव पड़ेंगे। इनमें से प्रमुख हैं– मानकों का सामंजस्य (harmonisation of standards), निवेशक साझेदार देशों के साथ राष्ट्रीय बर्ताव, सैनिटरी और फाइटोसैनिटरी विनियम (sanitary and phytosanitary regulations), व्यापार, निवेश उदारीकरण, बौद्धिक संपदा अधिकार के ऊपर तकनीकी अवरोधों पर नियम, इत्यादि।[12]

- **डेयरी नियम एवं विनियम का सामंजस्य** : इससे वे लाखों छोटे एवं सीमांत डेयरी किसान प्रभावित होंगे जो सहकारी समितियों से जुड़े हुए हैं या निजी डेयरियों को दूध की सप्लाई करते हैं। भारत में डेयरी क्षेत्र का करीब 70 प्रतिशत हिस्सा असंगठित है। इसलिए निजी क्षेत्र अपने विकास के लिए बाजार के इस हिस्से को हथिया लेना चाहता है। संगठित क्षेत्र को हराने के लिए बड़ी वैश्विक डेयरी कंपनियां भारत में अपना व्यवसाय शुरू करना चाह रही हैं। पूरी संभावना है कि ये विदेशी

[11] Roopam Singh, Ranja Sengupta, "The EU India FTA in agriculture and likely impacts on Indian women", CENTAD, December 2009, http://www.centad.org/images/download/Agriculture-Report-Finel-Printing-PDF.pdf

[12] See https://www.bilaterals.org/?+-leaks-

कंपनियां अपने देशों की ही तरह भारत में भी मानकों के सामंजस्य की मांग करें। इसके लिए वे इन द्विपक्षीय या आर.सी.ई.पी. या मुक्त व्यापार समझौता वार्ताओं में अपने देषों की सरकार के जरिए भारत पर दबाव बनाएंगे। ये मानक किसी से भी जुड़े हो सकते हैं जैसे – पशु और खेत संचालन, पशु स्वास्थ्य एवं कल्याण, बहीखाता, स्वच्छता इत्यादि।

- **निवेशक देशों के साथ राष्ट्रीय बर्ताव (National Treatment)** : इस प्रावधान के अनुसार भारत में विदेशी डेयरी कंपनियों के अधिकार और सुविधाएं घरेलू कंपनियों के समान होंगे। इसका मतलब यह है कि भारत सरकार अपने छोटे डेयरी किसानों की मदद के लिए कोई विशेष कदम नहीं उठा सकेगी या इन विदेषी कंपनियों के साथ कोई भेदभाव नहीं किया जाएगा। भारत को विदेशी डेयरी कंपनियों और घरेलू कंपनियों के साथ एक समान व्यवहार करना होगा।

- **भौगोलिक संकेत (Geographical Indications)**: इसका इस्तेमाल विदेशी डेयरी कंपनियों को फायदा पहुंचाने के लिए किया जाएगा और वह भी भारतीय उत्पादकों की कीमत पर। भारत के साथ मुक्त व्यापार समझौतों के तहत यूरोपीय संघ अपने 130 डेयरी उत्पादों के लिए सुरक्षा की मांग कर रहा है।[13] एमेंटाल, फिटा, गौडा, ग्रुएरे, मोत्ज़ेरेला और पारमेसन – ये सारे 'चीज़' (एक प्रकार का पनीर) के ब्रांड नाम हैं जो मूलतः यूरोपीय संघ से हैं और जिनके नाम सुरक्षित हैं। अमूल जैसी भारतीय डेयरी निकाय जो इस प्रकार के 'चीज़' बनाती हैं, अब भारत–यूरोपीय संघ एफ.टी.ए. के तहत उनका उत्पादन नहीं कर पाएंगी। समझौता वाताओं पर यह भी निर्भर करता है कि

[13] Kavaljit Singh, "India-EU FTA: Where is the Europe's Trade Agenda Headed", Special Report, 23 February 2012, https://www.madhyam.org.in/wp-content/uploads/2014/07/India-EU-FTA-Where-is-the-Europe_s-Trade-Agenda-Headed.pdf

क्या भारतीय डेयरी अपनी चीज़ (Cheese) को यूरोपीय चीज़ जैसे 'मोत्ज़ेरेला' या 'मोत्ज़ेरेला–जैसा' भी बता पाएंगे या नहीं।

- **सैनिटरी और फाइटोसैनिटरी मानक (Sanitary and Phytosanitary Standards):** व्यापार वार्ताओं में यह एक ऐसा महत्वपूर्ण प्रावधान है जो भारतीय डेयरी निर्यात को रोकेगा। यूरोपीय–संघ के उच्च सैनिटरी मानक भारतीय डेयरी उत्पादकों को यूरोपीय बाजार में प्रवेश करने से प्रतिबंधित करेंगे क्योंकि भारत की डेयरी सहकारी समितियों में बाजार निगरानी व्यवस्था (market surviellance systems) और 'स्रोत पता लगाने की व्यवस्था' (traceability) काफी कमजोर है। वाणिज्य मंत्रालय (Ministry of Commerce) के पास सैनिटरी मानकों से होने वाले 36 विभिन्न अवरोधों की एक सूची है जो भारत से यूरोपीय–संघ को होने वाले निर्यात को रोकेंगे। इस वक्त, यूरोपीय संघ भारत से आयात को इसलिए अनुमति नहीं दे रहा है क्योंकि ऐसी धारणा है कि भारत में पशु पैर और मुंह (foot and mouth disease) की बीमारियों से संक्रमित रहते हैं और उनका रख रखाव यूरोपीय संघ के मानकों के अनुसार नहीं होता है। पूरी संभावना है कि यूरोपीय संघ–भारत एफ.टी.ए, भारत–ई.एफ.टी.ए. एफ.टी.ए, और आर. सी.ई.पी. की मुक्त व्यापार समझौता वार्ताओं में इन सैनिटरी नियमों को और भी कठिन बना दिया जाएगा जिससे छोटे उत्पादकों को व्यापार से बाहर किया जा सके और सारा मुनाफा बड़ी कंपनियों को दिलाया जा सके।

- **निवेश उदारीकरण और निवेशक सुरक्षा (Investment Liberalization and Investor Protections):** आज के मुक्त व्यापार समझौता वार्ताओं में यह एक केंद्रीय मुद्दा है कि सभी निवेशक देशों के लिए एक समान स्तर सुनिश्चित किया जाए। इसके लिए प्रमुख उपाय हैं – "उचित और न्यायसंगत व्यवहार" (fair and equitable treatment), बेदखली के मामले में मुआवजा (compensation in case of expropriation), विदेशी निवेशकों के लिए "राष्ट्रीय" और "सबसे परांदीदा राष्ट्र" (most favoured nation) व्यवहार, स्थानीय प्रदर्शन संबंधी आवश्यकताओं से मुक्ति,

पूंजी का मुक्त स्थानांतरण, एवं निवेशक–राष्ट्र विवाद निपटान (investor-state dispute settlement - ISDS) प्रावधान, जो बड़ी महाकाय कंपनियों को सरकारों से मुआवजा प्राप्त करने का अधिकार प्रदान करता है, इत्यादि। निवेश उदारीकरण से, आमतौर पर, सभी बड़ी बहुराष्ट्रीय डेयरी कंपनियों के लिए भारत में व्यापार करना आसान हो जाएगा। और जहां तक बात निवेशक–राष्ट्र विवाद निपटान (ISDS) की है वहां यह देखना होगा कि भारत इन वार्ताओं में किस हद तक बहस कर पाता है। अगर भारत ठीक से बहस नहीं कर पाया तो भारत को अपने उन स्वास्थ्य और पर्यावरणीय कानूनों को बदलना होगा जो इन कंपनियों के मुनाफे को कम करेंगी वरना वे भारत सरकार पर मुकदमा कर देंगी।

- **निर्यात प्रतिबंध हटाना (Removal of Export Measures):** भारत–यूरोपीय संघ मुक्त व्यापार समझौते के अंतर्गत यह यूरोपीय संघ की एक प्रमुख मांग है।[14] घरेलू खाद्य सुरक्षा बनाए रखने के लिए समय–समय पर भारत चावल, गेहूं, चीनी इत्यादि खाद्य उत्पादों के निर्यात पर प्रतिबंध लगा देता है। यदि भारत इस समझौते पर हस्ताक्षर कर देता है तो भारत अपनी जनसंख्या की आपूर्ति को ध्यान में रखते हुए कभी भी डेयरी उत्पादों के निर्यात पर प्रतिबंध नहीं लगा पाएगा।

आर.सी.ई.पी. का जो प्रभाव भारतीय डेयरी उद्योग के ऊपर पड़ने वाला है वह एक गहन चिंता का विषय है क्योंकि न्यूजीलैंड और ऑस्ट्रेलिया की भारतीय डेयरी क्षेत्र में आक्रमक रुचि है। भारत के 15 करोड़ डेयरी किसानों की तुलना में न्यूजीलैंड में सिर्फ 12,000 डेयरी किसान हैं और ऑस्ट्रेलिया में इनकी संख्या मात्र 6300 है। किसानों की संख्या इतनी कम होने पर भी न्यूजीलैंड 220 लाख मैट्रिक टन के वार्षिक दुग्ध उत्पादन में से 190 लाख मैट्रिक टन का निर्यात करता है, वहीं ऑस्ट्रेलिया अपने 150

---

[14] Afsar Jafri, Ranja Sengupta, "Trade and Investment Treaties: Implications for Agriculture & Food Security in India", September 2015, http://isid.org.in/pdf/WTOpaper01.pdf

लाख मैट्रिक टन वार्षिक दुग्ध उत्पादन में से कुल 40 लाख मैट्रिक टन का निर्यात करता है। इसलिए न्यूजीलैंड की 'फोंटेर्रा' और ऑस्ट्रेलिया की 'बेगा' डेयरी कंपनियां इस उम्मीद में हैं कि आर.सी.ई.पी. की मदद से उन्हें भारत के विशाल डेयरी बाजार में प्रवेश मिल जाएगा जहां वे अपना अतिरिक्त उत्पाद बेच सकेंगे।

"भारत की हालत भी चीन जैसी हो सकती है" – आर.एस. सोधी ने आगे कहा। ''वर्ष 2008 में न्यूजीलैंड के साथ मुक्त व्यापार समझौता करने के बाद चीनी डेयरी क्षेत्र का तेजी से पतन हुआ। व्यापार समझौते के बाद चीनी डेयरी क्षेत्र का विकास दर 25 प्रतिषत से गिरकर मात्र 2 प्रतिषत हो गया।''[15]

## निष्कर्ष

भारतीय डेयरी और करोड़ों छोटे डेयरी किसान और उनके स्वदेशी नस्ल के पशुओं का भविष्य छिन जाने के कगार पर है। छोटे डेयरी उत्पादकों के ऊपर चारों तरफ से दबाव पड़ रहा है। सहकारी समितियों का भी यही हाल है। वैश्विक निवेशक और उनके द्वारा नियंत्रित अंतरराष्ट्रीय बाजार के मानकों से हमें सबसे ज्यादा खतरा है। अगर आर.सी.ई.पी, भारत–यूरोपीय संघ, भारत–ई.एफ.टी.ए तथा अन्य मुक्त व्यापार समझौतों को रोका नहीं गया तो वह दिन दूर नहीं जब अधिकतर छोटे किसान डेयरी क्षेत्र छोड़ने के लिए मजबूर हो जाएंगे।

भारत का डेयरी क्षेत्र 15 करोड़ लोगों की आजीविका, पोषण और खेती की निरंतरता का एक महत्वपूर्ण स्रोत है। इसलिए यह बहुत जरूरी है कि इन्हें महाकाय बहुराष्ट्रीय डेयरी कंपनियों से बचाकर रखा जाए। व्यापार समझौताओं से सिर्फ बहुराष्ट्रीय कंपनियों को ही फायदा पहुंचेगा जो देसी कपनियों और किसानों के व्यापार को खत्म कर देंगी।

---

[15] Vishwanath Kulkarni, "Dairy sector opposes free market access to New Zealand products", 31 July 2014, https://www.thehindubusinessline.com/economy/agri-business/Dairy-sector-opposes-free-market-access-to-New-Zealand-products/article20832738.ece

## आगे पढ़ें:


- GRAIN and the Institute for Agriculture and Trade Policy (IATP) report 2018 "Big meat and dairy companies are heating up the planet", https://www.grain.org/en/article/5999-big-meat-and-dairy-companies-are-heating-up-the-planet
- GRAIN 2017 report "Grabbing the bull by the horns: it's time to cut industrial meat and dairy to save the climate", https://www.grain.org/en/article/5643-grabbing-the-bull-by-the-horns-it-s-time-to-cut-industrial-meat-and-dairy-to-save-the-climate
- GRAIN's 2017 "Highlights from the Peoples' Summit against FTAs and RCEP", https://www.grain.org/en/article/5763-highlights-from-the-peoples-summit-against-ftas-and-rcep
- GRAIN, IATP and Heinrich Böll Foundation 2017 "Big meat and dairy's supersized climate footprint", https://www.grain.org/en/article/5825-big-meat-and-dairy-s-supersized-climate-footprint
- GRAIN 2017 report, "How RCEP affects food and farmers", https://www.grain.org/en/article/5741-how-rcep-affects-food-and-farmers
- GRAIN and Ashlesha Khadse, "RCEP in India: A creamy deal for transnational dairy corporations, growing resistance from farmers", https://www.grain.org/en/article/5815-rcep-in-india-a-creamy-deal-for-transnational-dairy-corporations-growing-resistance-from-farmers
- GRAIN 2014 report, "Defending people's milk in India", https://www.grain.org/en/article/4873-defending-people-s-milk-in-india
- GRAIN 2011 report "The great milk robbery: How corporations are stealing livelihoods and a vital source of nutrition from the poor", https://www.grain.org/e/4259

ग्रेन **(GRAIN)** एक छोटा सा अंतर्राष्ट्रीय गैर–लाभकारी संगठन है जो समुदाय नियंत्रित और जैव–विविधता आधारित खाद्य व्यवस्था के लिए संघर्षरत छोटे किसानों और सामाजिक आंदोलनों के हित में कार्य करता है। ग्रेन हर साल अनेकों रिपोर्ट प्रकाशित करता है। ये रिपोर्ट विभिन्न मद्दों के ऊपर एक ठोस शोध दस्तावेज होते हैं जिनमें गहराई से पृष्ठभूमि की जानकारी और उनका विश्लेषण होता है। ''नए व्यापार समझौतों से भारतीय डेयरी को ख़तरा'' ग्रेन के अंग्रेजी के लेख ***Indian dairy under threat from new trade deals*** का हिन्दी अनुवाद है।

**ग्रेन** (GRAIN) **की रिपोर्ट का सम्पूर्ण संग्रह को** http://www.grain.org **से प्राप्त किया जा सकता है।**

पता :

GRAIN

Girona 25 pral., 08010 Barcelona, Spain

Tel: +34 93 301 1381, Fax: +34 93 301 16 27, Email: grain@grain.org

# 27

# Psychosocial Factors Versus Socioeconomic Geneses Of Famer BipolarDisorders In India

Dr. Sarveshwar Pande, Amity Business School, Amity University, Lucknow, AUUP,

Email: prof.spande@gmail.com

## Abstract

Farming in India is a financially perilous profession with the annual farm income subject to many uncertainties in annual income. Apprehensions about farmer suicide are not new, and studies on the subject have proposed diverse explanations for the act. There is psychological trauma associated with coping with the regulatory framework and the dynamics of managing a farm business.The greatest risks, however, are economic in nature such as bankruptcy, indebtedness, crop failure, and other farming-related issues to more than 60% of the bipolar disorder cases. Several small and marginal farmers have taken expensive loans, primarily from private lenders, to fund their farming process; interest rates can range from 30% to 60%, in many instances. One school of thought has suggested the primacy of an impaired mental health state, implying that the psychosocial needs of farmers have been derelict, and that psychosocial professionals need to address farmer distress.However, there is evidence from studies in Karnataka, Kerala, Tamil Nadu, and other states in India that the role of socioeconomic trauma in farmer bipolar disorders may be more than just the role of mental disorders.Studies have not discovered irrefutable evidence of psychiatric morbidity behind farmer suicides; rather these studies and other statistical data point toward severe socioeconomic adversity as the primary trigger. The need of the hour is therefore necessary to further investigate these adverse socioeconomic conditions and address the root cause of the bipolar risk with the best pragmatic remedies.

***Keywords:*** *Farming in India, bipolar disorders, mental health, psychiatric morbidity, socioeconomic conditions*

## Introduction

The ultimate sign of distress is suicide. Amid the ongoing rural distress, reports of farmer suicides are often used to highlight the plight of rural India. However, new data and research suggest that farmer suicides may not have increased in recent years and may have more complex causes than falling incomes or rising indebtedness.According to the 2018 National Crime Records Bureau (NCRB) data, the rate of farmer suicides in India has decreased over the last few years. This decrease comes even as overall suicide rates remained fairly constant and rural poverty shot up. In 2018, there were 10.2 suicides for 100,000 Indians, largely in line with the World Health Organization's estimates of global suicide rates, but 3.6 suicides for 100,000 farmers and farm labourers.There is no denying that the menace of farmer's suicides exists and runs counter to the aspirations of reaping benefits of our demographic dividend. In this article, we are analysing the farmers' suicides in India and its related data, the reasons and the way forward.

## Farmers Suicide – What do the facts say?

- The list includes farmers-cultivators and agricultural labourers.
- Seven states account for 87.5% of total suicides in the farming sector in the country. The states are Maharashtra, Karnataka, Telangana, Madhya Pradesh, Chhattisgarh, Andhra Pradesh and Tamil Nadu 606.

- Both marginal farmers and small farmers are committing suicide.
- Maharashtra is the worst affected state.
- Ironically, Punjab, which benefited most from the Green Revolution, also presents a depressing picture of farmer's suicides in India. Between 1995-2015, 4687 farmers' suicides have been reported from the state of Punjab of which 1334 from one Mansa district alone.

Farmer suicide is a very complex phenomenon largely associated with economic, social and psychological distress of the victim as well as family. In recent years, many farmers in India have committed suicides due to rapid increase in debt, repeated crop failures, natural calamities, lack of alternative sources of income, exploitation by arhtiyas, increase in cost of production, sinking water-table and overall rapidly declining profitability etc. Therefore, to bring down the suicides among farming community, some preventive measures should be taken viz. crop insurance, extension services, agriculture credit, contract farming etc. These services need to be strengthened.

Agriculture continues to be a major contributor to the economy with about 21 per cent Gross State Domestic Product (GSDP) being contributed by agriculture and allied sector against an all India figure of 14per cent . Also, a sizeable population of 36 per cent is dependent on agriculture and allied activities for its livelihood. In Punjab state, the agricultural modernization is at peek; no doubt production from Punjab is more and more but this speed of agricultural production under effect of green revolution decreases the productivity and resources of the region. As a consequence, the economic distress and farmer's suicide appeared in the State. Farmer suicide is the intentional ending of one's life by a person dependent on farming as their primary source of livelihood. In 2014, the National Crime Records Bureau of India reported 5,650 farmer suicides.

The highest number of farmer suicides was recorded in 2004 when 18,241 farmers committed suicide (Anonymous, 2015). The number of farmers and agricultural labours committing suicide has been growing in the recent past especially during 1995 to 2005. Suicide rate among the cultivators is higher as compared with non-cultivators. A higher suicide proneness among farmers has been noted in Sangrur, Bathinda, Barnala, Mansa and Ferozepur districts (Singh and Manisha, 2015). The problem cannot be solved unless the causes of farmers' suicides are properly pinpointed and comprehensive policies and programmes are formulated. The various reasons, for suicides among Punjab farmers are perturbing enough to warrant a serious study. Hence there is need for an objective and systematic study of the incidence and causes of suicides in Punjab. Farmer suicides in Punjab expose the extreme rural plight that is otherwise shadowed by the prevalent narrative of "India Rising"--the billion-strong nation of India as one of the world's fastest-growing economies.

## Research Methodology

The studies relating to the causes of farmer's suicide conducted by different scientists have been consulted and analyzed thoroughly. A critical review of the same hasbeen specified in the results and discussion.

## Results and Discussions

The critical analysis of the research work done in India and abroad reported the following causes of farmer suicide Most farms are small and economically unfeasible The ground reality is that majority of the farmers in India own as little as two acres of land. Cultivation on such small area is not economically feasible. Such small farmers have become vulnerable. In many cases, the farmers are not even the owners of the land, which makes profitable cultivation impossible because significant portion of the earnings go towards the payment of lease for the land (Anonymous 2015) Rapid increase in debt The major reason for the farmer's suicide is the heavy indebtedness that the cultivators find themselves.

This heavy indebtedness is not an overnight phenomenon that has occurred suddenly. It has its roots in the credit policy that has been followed over a number of years. The indebtedness itself results from a mismatch in the cost of production and the support price and the market price that the cultivators are receiving at the end of every cropping cycle. Heavy indebtedness is spreading across the landholding patterns. The small and the medium sized cultivator is the most affected of the lot, though the large land holder in the rain fed areas of the state too is coming under strain. Indebted farmers in Punjab is 80.7%, debt on Punjab farmers is Rs.21064 crore and per household debt is Rs.178934 (Singh, 2007). According to study conducted by Punjab Agricultural University in district Ludhiana, Fatehgarh sahib, Bathinda, Sangrur and Mansa, it was found that suicide victims committing suicide primarily due to indebtedness (73%) while 27% committed suicide due to other reasons (Singh et al, 2007).

Repeated crop failures There has been repeated crop failure every year. This crop failure has resulted in a reduction in the productivity of the land due to a variety of reasons. These reasons could be due overuse of fertilizers, pesticides and reliance on HYV(High Yielding Variety) seeds and now to some extent on the genetically modified seeds such as the Bt. Cotton. Thus, the crop failure becomes a cyclical phenomenon and not a one-time occurrence. A repeated crop failure has left the farmers with no other solution other than ending their lives (Singh and Manisha, 2015) Natural calamities: In addition to economic reasons natural calamities are also responsible for farmers' suicides. The effective agricultural production mostly depends on favorable weather condition. Due to the global warming, deforestation and other manmade reasons, natural condition has become more worsen and reasons like heavy raining, floods, droughts, delay in raining, heavy cyclones, and manmade reasons like reduction in subsidies, fire, accidents and so on, farmers are not able to take qualitative and quantitative production from their farms.

Even when all the conditions are in favor of farmers in terms of quality and quantity of production, farmers don't get proper return of their product in the market, as more supply of goods reduces demand and reduction in demands automatically reduces price of the same. Most of the time farmers are not able to recover cost price of their produce. The State governments declare Minimum Support Price (MSP) of the agricultural produce every year. But the MSP declared by government are less than the total cost incurred for production. Due to these reasons agriculture becomes an assured loss making business, but the marginal & small farmers of India don't have another option for earning and they again & again put their all efforts in the agriculture. Continuous losses turn them to become insolvent and frustration of the same forces them to commit suicides (Sadashiv, 2015). Lack of alternative sources of income Majority of the state's population lives in villages and agriculture is the most important activity of the state. But agriculture is highly dependent on climatic conditions. So along with agriculture, allied activities like dairy, poultry, mushroom cultivation etc. can be an alternative source of income but there is lack of initiative from the government in this regard and farmers are not aware of it. Financial institutional credit The Green revolution model increased the financial requirements of the farmers resulting in the greater dependency on non-institutional sources of finance. Availability of credit, even after 68 years of Independence, private money lending remains the single largest source of credit to small and marginal farmers.

This is so because the banking sector is fast moving out of the credit delivery mechanism. (Singh et al., 2007). Exploitation by arhtiyas Farmers with no auxiliary source of income except agriculture have to rely on credit to fulfil the significant amount of investment required for farm infrastructure, machinery and quality inputs and also their daily expenses. Cooperative societies provide short-term formal loans for seasonal agricultural expenses, but for expenses like motor burn-outs, installation of a submersible pump (which may cost upto Rs 3 lakh), and even various household expenses farmers have to depend upon arhtiyas. Farmers have become heavily dependent on commission agents (arhtiyas) because of urgent need and easy availability of loans at any time of the day. (Kaur, 2015). Arhtiyas exploit them by charging more rate of interest and therefore farmers become highly indebted in these heavy loans andbeen specified in the results and discussion.

Most of the time farmers are not able to recover cost price of their produce. The State governments declare Minimum Support Price (MSP) of the agricultural produce every year. But the MSP declared by government are less than the total cost incurred for production. Due to these reasons agriculture becomes an assured loss making business, but the marginal & small farmers of India don't have another option for earning and they again & again put their all efforts in the agriculture. Continuous losses turn them to become insolvent and frustration of the same forces them to commit suicides (Sadashiv, 2015). Lack of alternative sources of income Majority of the state's population lives in villages and agriculture is the most important activity of the state. But agriculture is highly dependent on climatic conditions. So along with agriculture, allied activities like dairy, poultry, mushroom cultivation etc. can be an alternative source of income but there is lack of initiative from the government in this regard and farmers are not aware of it. Financial institutional credit The Green revolution model increased the financial requirements of the farmers resulting in the greater dependency on non-institutional sources of finance.

Availability of credit, even after 68 years of Independence, private money lending remains the single largest source of credit to small and marginal farmers. This is so because the banking sector is fast moving out of the credit delivery mechanism. (Singh et al., 2007). Exploitation by arhtiyas Farmers with no auxiliary source of income except agriculture have to rely on credit to fulfil the significant amount of investment required for farm infrastructure, machinery and quality inputs and also their daily expenses. Cooperative societies provide short-term formal loans for seasonal agricultural expenses, but for expenses like motor burn-outs, installation of a submersible pump (which may cost upto Rs 3 lakh), and even various household expenses farmers have to depend upon arhtiyas. Farmers have become heavily dependent on commission agents (arhtiyas) because of urgent need and easy availability of loans at any time of the day. (Kaur, 2015). Arhtiyas exploit them by charging more rate of interest and therefore farmers become highly indebted in these heavy loans andwhen unable to pay back these heavy loans, they commit suicide. Increase in Cost of Production Rapid increase in cost of seed, fertilizers, pesticide and fuel costs forces the farmers to commit suicide. Agriculture sector in India requires huge manpower for ploughing, digging, soil maintenance etc., for insecticides, pesticides, cutting, transportation and selling of products which also requires funds. In addition to this hybrid seeds are also required for good quality & quantity of product, which are very costly and not affordable to marginal and poor farmers of India The newly introduced farming system has increased cost of production which in turn has led to the indebtedness and consequently to farmers' suicide (Sadashiv 2015). Ground water depletion Intensive agriculture dominated by paddy–wheat monoculture has led to overexploitation of natural resources in Punjab, especially groundwater. Currently, out of 20 million tubewells in the country, almost 1.3 million are in Punjab, contributing to fast-paced groundwater extraction and its depletion.

The problem of overexploitation of groundwater resources is most severe in central Punjab, usually called sweet water zone and dominated by rice crop in the kharif season. While the average annual fall in groundwater table in the central Punjab was about 17 cm during the 1980s and about 25 cm during the 1990s, it was alarmingly high at 91 cm per annum during 2000– 2005. Out of 142 blocks in the state, water table is declining in 110 blocks due to overextraction of water than recharge. By 2023, the water table depth in central Punjab is projected to fall below 70 feet in 66 percent area, below 100 feet in 34 percent area and below 130 feet in 7 percent area. Due to the depletion in groundwater resources, irrigation expenditure for rice and wheat crops has increased significantly in the last decades. The increased cost of well deepening and pump replacement (from centrifugal to submersible) has contributed to increasing incidence of farmers' indebtedness with relatively more adverse effect on the small and marginal farmers who lack sufficient resources to finance such investments (Kaur and Vatta, 2015).

Technological change After the green revolution and innovation of new technologies new hybrid seeds, insecticides, pesticides and farm cultivation technologies makes farming more easier and production is increased considerably. But these technologies and innovations are so costly and not affordable to poor small and marginal farmers. Government program do not reach small farmers Government has implemented agricultural debt waiver and debt relief scheme in 2008 to benefit over 36 million farmers. Direct agricultural loan to stressed farmers under so called Kisan credit Card were also covered under this scheme. However, most of the subsidies and welfare schemes announced by the Central and State governments do not reach the poor farmers. On the contrary, only big land lords are benefited by those schemes (Anonymous, 2015). Political reasons For the success of any business & profession, in addition to favorable economical and weather condition, political environment also plays important role.

The politicians who play important role in policy making and decision making totally neglect agriculture sector. They frequently declare various relief packages for farmers but failing to take effective implementation of the same. So the needy farmers don't get the benefits of such packages (Sadashiv 2015). Illiteracy, traditions & culture Illiteracy, Tradition and Culture also forces the farmers to commit suicide. Due to illiteracy and inadequate knowledge, farmers do not believe in importance of education. Because of lack of education, they turn to rights and rituals of orthodox and other religious activities which again require more money. Sometimes to perform these activities they used to take heavy loans from private money lenders with high rate of interest. In addition to this, marriage of daughters, farmers require to give huge fund and gold to their son in law. If the farmers fail to perform all these traditions and cultural activities they become frustrate and turn towards suicide (Sadashiv 2015) Lack of work culture.

The previous farmers work in their fields own self and family used to help him by providing extra labour but now farming is only dependent on labour hired by the farmer. They simply hire the labour and do not investigate the quality of work done by labour. Nuclear family Joint families have disintegrated. Each family now buys its own tractor, motorcycle, if not a car, submersible pump, while landholdings shrink due to divisions (Anonymous, 2016). Majority of suicide victims belonged to nuclear family supported the fact that recent phenomena of disintegration of joint family in rural areas which has been considered as hidden reason of suicide. In the joint family there is less expense as compared to nuclear family.

## Possible Solutions

Crop diversification Many farmers in India are not aware of crop rotation and diversification. Though education in urban areas has improved a lot, the government has ignored the same in rural areas in general and in agriculture sector in particular. This is the reason why farmers are not adequately aware of the various schemes provided by the government. They should be educated for crop rotation and crop diversification. Cultivation of multi crops such as turmeric, papaya, ginger etc. will yield profitable results to the farmers. To meet the challenges of globalizing market in agriculture as well as the growing and changing needs of the population many countries in South East Asia have undertaken crop diversification to enhance productivity and cultivate high value crop with positive outcome. Collective Farming Collective farming is a very good option for small and marginal farmers where a group of farmers can collectively work on big farms with collective inputs.

This can lead to a village level buildup of safe storage space to cut waste, reduce transportation cost and market produce when and where prices are attractive (Anonymous, 2016). Technology Advancement in Agriculture By introducing farm techniques which guarantee a definite success, an increase in youth participation on agricultural fields is economically possible. This can be attained only by implementing new technologies. Research efforts should continue for the production of crops with higher yield potential and better resistance to pests. Technological advancement in agriculture should be passed down to the small farmers. Water Management Techniques The dependency of agriculture on nature should be reduced. This calls for effective management of water during seasons of good monsoons. Prevention of crop failure should be the primary aim of the Government.

Water management can be made more effective through interstate co-operation on water resources, where surplus water from perennial rivers can be diverted to the needy areas. Irrigation facilities that are currently available do not cover the entire cultivable land. Apart from the areas where perennial rivers flow, most of the agricultural fields do not have irrigation facility. In most cases, it is not the lack of water but the lack of proper water management that causes water shortage. Improved modern methods of rain water harvesting and irrigation techniques should be applied. Crop Insurance Crop insurance is must and the claim should be settled easily under the supervision of the district collectors. Traditional crop insurance depends on the direct measurement of the damage suffered by a farmer to determine his/her payout. However, field loss assessment is often not feasible or expensive, since most of our farmers are small holders. Procedure for getting crop insurance should also be simplified.

Alternative Sources of Income Small farmers should be encouraged to develop alternative sources of income and the government should take up the responsibility for providing training to the farmers to acquire new skills. In drought affected areas, the government should start alternative employment generation programs to reduce the dependence on agriculture as the sole source of income. Agro-based small business can be alternate step. Farmers should produce for the market- products that fetch a good price. Professionalization of Agriculture Farmers need to be advised and guided on economical methods of cultivation which would save finances for them. The technological advancement in agriculture should be passed down to the small farmers.

Where the existing crops would not do well under current drought and weather conditions, the farmers could be helped to shift to the cultivation of crops that would be easy and economical to cultivate in adverse conditions. Agriculture should be approached professionally and not as a traditional occupation. The government could also explore the possibility of pooling of the lands of small farmers and making a bigger chunk of economically cultivable land. Through pooling of lands, the small farmers can avail the economies of cultivating on a larger scale. Just like industrial zone, there is an urgent need to establish special agricultural zones, where only farming and agriculture related activity should be allowed. Institutional Finance/Credit Making institutional finance available to every farmer is another important solution to save the farmers from debt traps of money lenders. Where institutional finance is available, it should be made easily accessible to the poorest farmers. This calls for removing of elaborate formalities and procedures for obtaining the loans. Effective monitoring of the disbursed funds is also required because in many cases, the poor farmer is used as a front-end while in fact the benefit of the loan is availed by a bigger

land owner. In addition, monitoring is also needed to ensure that the farmers are using the funds for the right purposes. Though, overall institutional credit supply has increased, yet availability of credit to small and marginal farmers is proportionately low. Major source of agriculture credit is cooperatives. The institutional lending being inadequate and cumbersome the farmers resort to borrowing from private noninstitutional source of finance at very high rate of interest. Thrust should be laid to streamline the working of cooperative credit infrastructure to improve their outreach and to ensure cost effective, adequate and timely flow of agricultural credit to the farmers. Credit facilities at affordable interest should be provided for capital investment in crop and livestock sector. Marketing Facilities The Agriculture Produce Market Committee (APMC) Act should be amended to provide direct marketing by farmers and development of private markets to create an enabling environment for increased investment and to provide farmers the alternative options.

Farmers are assured of marketing and prices in case of wheat and paddy. However, there are no such arrangements for other crops namely maize, pulses, oil seeds, vegetables and fruits. These are the crops which are proposed for diversification and part replacement of paddy area for long term sustainability. The product specific markets, e.g. for maize, basmati, potatoes, chillies, flowers, milk products should be developed to facilitate the handling of produce and its aggregation for purchasers. Producer's markets on the lines of Apni Mandi / Cooperative Markets should be encouraged in all the major towns of the State. A regulatory mechanism should be set-up for regulation and efficient operation of public and private markets. Contract Farming Contract farming as a mean for providing ensured market to the producers should be encouraged by making the mutual contracts enforceable.

The APMC Act amendment should have provisions for Contract Farming or a separate Contract Farming Act should be legislated to ensure smooth execution of contract between the contracting farmers and the contractor. Delivery of Extension Services The delivery of technology package generated by the University/Institute to the farmers is basic to improve the rate of adoption of technology and productivity of agriculture. Demonstrations should be arranged at farmers' fields to convince them about the useful-needs of new technology so that they may adopt the same. The extension services in the crop sector including horticulture have not kept pace with the knowledge needs of the farmers and in the livestock sector the extension services are almost missing. Obviously there is a need to revitalize the extension services to meet the requirements of every single client i.e. farmer. The endeavour should be to build a well organized efficient and result oriented extension service system through an annual induction of extension officers against the resultant vacancies and creation of new posts. Skill Based Education The excessive dependence on migrant labour and farm machinery has made farmers shy of hard physical work. The previous farmers used to work in their fields own self and their family helped them by providing extra labour. Therefore there is a need to provide skill based education to farmers and their family members to increase their production and consequently the income. Simplifying Life and Needs: Punjabis all over tend to show off during marriage, birth and death ceremonies, this need to be minimized. People should be motivated to lead simple life and not to spend too much money on these occasions. The people should think of their actual financial situation rather than their status.

The Gram Panchayats will have to identify indebted farmers

and give suggestions on overcoming the crisis. In addition, they must help farmers in avoiding commission agents, traders, and middlemen. Thereby, the government can change its policy from 'corporate first to farmers first' (Rao, 2015). Surbhi et al., (2017) analyzed the farmers' suicides and recommended some suggestion to the government such as cropped diversification, improved marketing facilities, proper irrigation facilities, assurance of sale of agricultural produces and price stability. Anneshi (2018) stated that the farmers' suicides could be avoided by taking short term measures like organic farming, avoiding the private institutional credit, and organizing farmers into Self -Help Groups (SHGs). The government had to focus on long term measures for controlling of farmers' suicides. They could provide irrigation facilities, cold storages, weather forecast information, and crop insurance (Thakur, 2018). Parvathamma (2016) stated that the adoption of new technologies would reduce pests and diseases from agricultural lands.

The national commission had conducted a survey on farmers in 2004 constituted under the chairmanship of Professor M.S. Swami Nathan. The National Commission on Farmers (NCF) prepared four different reports. The final report was submitted in the year 2006. The report suggested for elder support through social security and health insurance in rural areas. It also suggested to ensure availability of quality seeds and other inputs on time and at right place, introduction of low-risk and low-cost technologies which can provide maximum income to farmers, to protect the farmers from price fluctuations by using price stabilisation fund and to promote public awareness campaigns on suicides in villages (Swaminathan Committee on Farmers, 2006). These were the solutions that were suggested for mitigating farmers' suicides and agricultural crisis.

## Conclusions

The study focused on the agricultural crisis and farmers' suicides. Most of the farmer's suicide was due to the distress, crop failure, indebtedness, poverty, lack of institutional credit, poor irrigation, lack of awareness on new technologies, a high-interest rate of non-institutional agencies and lack of government policies.

The review shed light on the fact that there was a lack of research done specifically on the plight of tenant farmers' suicides in India. Previous studies had also focused on the time period when suicide may occur. They also noted that reasons for suicide changed as per the gender of the farming community. Caste also played a role in the case of farmers' suicide. Thus, one can say that demographic factors played a major role with regard to farmers' suicide. The government was providing subsidies, short- term bank loans, and crop insurance benefits to the farmers. In India, many state governments had waived farmer's bank debt but even then, farmers were committing suicides. Such sort of short-term government measures was not enough to stop the farmer's suicides and agricultural crisis. Therefore, the government should provide irrigation facilities, minimum support price for their products and increase the long-term institutional credit. Such kind of long-term measures will reduce farmer's suicides and agricultural crisis. The trend can be reversed through active participation of the Government in addressing the real issues of the farmers that are driving them to suicides. Social responsibility also goes a long way to help the famers. The solution to the farmer's plight should be directed towards enabling the farmers to help themselves and sustain on their own. Temporary through monetary relief would not be the solution. The efforts should be targeted at improving the entire structure of the farmers where in the relief is not given on a drought basis, rather they are taught to overcome their difficulties through their own skills and capabilities.

## References

1. A. K. Thatai, (2015). Rural Indebtedness and Farmer Suicide in Punjab. International Journal of Commerce and Management Research. 1(1), 89-92.

2. A.C. Dhas, (2009). Agricultural Crisis in India: The Root Cause and Consequences. Munich Personal RePEc Archive. 01-14.

3. A.V. Manjunath, and K.B. Ramappa, (2017a, May).Farmers Suicides in Karnataka. Agricultural Development and Rural

Transformation Centre, 1-68. Available: http://www.isec.ac.in/Farmer-suicide-Karnataka-Final-report-200520 1_AVM.pdf

4. A.V. Manjunath, and K.B. Ramappa, (2017b, July).Farmers Suicides- An All India Study. Agro – Economic Research Center, 1- 108. Available: http://www.isec.ac.in/farmer_ suicides_ An%20all%20India%20study09Aug2017-revised.pdf

5. D. Banerjee, Inequality and Farmers' Suicides in India. National Institute of Advanced Studies Working Paper, 2016, pp. 1-26.

6. D. Talule, (2013). Political Economy of Agricultural Distress and Farmers Suicides in Maharashtra. International Journal of Social Science and Interdisciplinary Research. 2(2), 95-124.

7. D. Unnikrishnan. (2019, January 16).Year 2018 Showed us Farmer Suicides and Agri Distress aren't Fake Suicides will 2019 be any Different from the Kisan?. Firstpost. Available: https://www.firstpost.com/business/year-2018-showed-us-farmer-suicides-and-agri-distress-arent-fake-news-will-2019-be-any-different-forthe-kisan-5818391.html

8. G. Gruere, P.M. Bhatt and D. Sengupta, (2011). BT Cotton and Farmer Suicides in India: Reviewing the Evidence. The Journal of Development Studies. 47(2), 316-337.

9. G. Saritha, (2015). Agrarian Crisis and Farmers Suicides in India A Case study of Andhra Pradesh. International Journal of Multidisciplinary Advanced Research Trends. 2(4), 18-24.

10. G.L. Parvathamma, (2016). Farmers Suicide and Response of the Government in India – An Analysis. IOSR Journal of Economics and Finance. 7(3), 01-06.

11. Indo-Global Social Service Society. (2017). Why farmers quit? A Study on Farmers' suicides in Odisha, IGSSS, New Delhi, 18-26. Available: http://igsss.org/wp-content/uploads/2017/02/Farmers-Suicide ReportFinal pdf

12. K. Nagaraj, P. Sainath, R. Rukmani, and R. Gopinath, (2014). Farmers' Suicides in India: Magnitudes, Trends, and Spatial

Patterns, 1997–2012. Review of Agrarian Studies, 4(2), 53-83.

13. K. Siddiqui, (2015). Agrarian Crisis and Transformation in India. Journal of Economics and Political Economy. 2(1), 03-22.

14. K.R Sadashiv, (2015). Farmers Suicide in India- Causes and Remedies: 2006-2010. Journal of Economics and Sustainable Development. 6(1), 147-153.

15. K.R. Kranthi. (2015). Agrarian Crisis – Why Farmers Commit Suicide?. Cotton Statistics and News. 44, 01-05. Available: http://www.cicr.org.in/pdf/pop_art/Agrarian_Crisis_Part-1_Jan_2015. pdf 16. L. Vijayakumar, (2010). Indian Research on Suicide. Indian Journal of Psychiatry. 52, 291-6.

17. M. M. Bouton, (2018, April 10). India's Emerging Agrarian Crisis. The Chicago Council of Global Affairs. Available: https://www.thechicagocouncil.org/blog/global-food-thought/indias-emerging-agrarian-crisis.

18. M. Thakur, (2018). An Economic Analysis of Plight of Farmers Suicide in India. SSRG International Journal of Economics and Management Studies. 5(1), 19-21.

19. N. Banik (2018, May 30). Is Loan Waiver a Panacea for Rural Distress?. Financial Express. Available: https://www.financialexpress.com/opinion/is-loan-waiver-a-panacea-for-rural-distress/1186067/

20. N. Chindarkar, (2007). A Comparative Analysis of Farmers' Suicides in Andhra Pradesh, India. Methodological Innovations Online. 2(2), 6-19.

21. N. Singh, and A. Tripathi. (2016). Unveiling Reasons for Farmers Suicide in India. Outline India, 01-04. Available: http://www.outlineindia.com/othermedia/1511773866.Review%20Brief.pdf

22. N.S. Rao, (2015). Farmers Suicides in Andhra Pradesh. International Journal of Multidisciplinary Advanced Research Trends. 2(3), 74-77.

23. National Crime Records Bureau, (2015). Suicides in Farming Sector. 264-268. Available: http://ncrb.gov.in/StatPublications/ADSI/ADSI2015/chapter-2A%20suicides%20in%20farming%20sector.pdf

24. P.D. Jeromi, (2007). Impact of Agricultural Trade Liberalisation: Farmers' Indebtedness and Suicides in Kerala. Indian Journal of Agricultural Economics. 62(2), 160-175

25. P.N. Sangalad, (2012). Farmers' Suicides in India as an Socio-Economical Phenomenon: A Study of Karnataka State. International Journal of Criminology and Sociological Theory. 5(3), 964- 971.

26. P.N. Sangalad, and M.G. Huddar, (2011). Agrarian Distress and Farmers' Suicides in Karnataka: Strategy for Prevention. International Multidisciplinary Research Journal. 1(3), 01-05.

27. Press Trust of India. (2018, January 09). Government Policies Responsible for 'Agrarian Distress': Farmers' Bodies. Available: https://www.ndtv.com/india-news/government-policies-responsible-fo r-agrarian-distress-farmers-bodies-1797525 NDTV

28. Press Trust of India. (2019a, March 26). We Must Focus on Resolving Farm Distress, not Waivers: Rajan, Available: https://www.livemint.com/news/india/farm-loan-waivers-kill-credit-culture-says-raghuram-rajan-1553618274837.html

29. Press Trust of India. (2019b, March 27). India's Subsidies to Farmers very Low Compared to Western Countries: Commerce Secretary Available: https://www.livemint.com/news/india/india-s-subsidies-to-farmers-ver y-low-compared-to-western-countries-official-1553687604807.html

30. R. Anneshi, and N.K. Gowda, (2018). An Economic Analysis of Farmers, Suicide in Karnataka: A Case Study on Davangere District. Global Journal for Research Analysis. 7(2), 364 – 66

# 28

# Micro Finance And Agriculture: How To Make It Work For Farmers

Dr. Kanika Rawat

Assistant Professor

SGRRU

Dehradun

The concept of microfinance was introduced in the Indian economy with the primary objective of financial inclusion of more impoverished and backward sections, especially the women. The growth trajectory of the Indian microfinance industry has been phenomenal since the time it was introduced.

Factors like the support of the National Bank for Agriculture and Rural Development (NABARD), linkage of the banking system with the self-help groups have further steered the underserved sectors of the Indian economy towards success through microfinance.

Agriculture has been and still remains the backbone of many developing countries. It plays a key role in providing raw materials for the industrialized and less developed world. Nonetheless, it is challenged financially resulting in the use of rudimentary technology subsequently leading to low production. Amidst the issue, microfinance contributes great towards agricultural modernization and increased production in India.

**Keywords:** Micro finance, Agriculture, NABARD.

## INTRODUCTION

Impact of Microfinance on Agricultural Production Literature has shown that microfinance has a great influence on agriculture production and investigated the productivity growth of farmers with access to microfinance using clients of the Grameen Bank. The study was focused on agricultural productivity and hence, his research was confined within comparing the agricultural productivity only. The key finding was that the small and marginal farmers as a result of participating in the Grameen Bank's programs could allocate a higher percentage of their land for the cultivation of high-yielding varieties (HYV) and consequently, improved productivity. The studies revealed that the users of microfinance can bring 81.5 percent of their cultivable land under HYV production compared to 76 percent of the non-users. The study stated that yield of the users of microfinance for HYV was 47.6 maenads per hectare while it was 38.2 for the non-users. The reason for the above was that for a farmer to cultivate HYV crops, he/she required costly inputs like irrigated water, relatively large doses of fertilizers and pesticides which many could not afford before joining the Grameen Bank basically due to their low income level. However, joining the Grameen Bank credit programs has increased their income and they also enjoyed economies of scale through working in groups, which made it relatively easier for them to obtain HYV inputs at a low average cost. The study further stated that members of all programs in general, have achieved a higher agricultural productivity in terms of per acre yield due to the financial support received and the group benefits enjoyed. On the other hand, some scholars argue that the influence of microfinance on agriculture production is not always positive. They argue that providers of micro credit have not generally addressed the credit need of small and marginal farmers because of their priority of funding to the poor and because of some perceived problems which include, among others; risk of investing in agriculture; seasonality of agricultural production; poor loan repayment performance of agricultural lending; and the technical nature of agriculture production system. These factors make it highly risky for lenders to provide loans to small holder farmers thereby limiting production and consequently pushing some farmers out of the field as they seek livelihood opportunities in other sectors. In the long run, overall production in the agriculture sector will fall all other things being equal. The situation therefore requires a research into the area of microfinance and agricultural production however, there have been relatively little research conducted on the issue within the Indian context. The study therefore aimed at unfolding the realities between microfinance and agricultural production with the following specific objectives:

- To identify the purpose or rationale for which credit facility is provided to farmers and the benefits derived;
- To assess the impact of microfinance on output levels of farmers;
- To identify the challenges involved in accessing credit as well as the challenges involved in credit administration; and
- To propose recommendations to enhance the credit administration process and access to microcredit.

A review of these recent publications on agriculture credit and the wider topic of rural finance revealed some commonly held opinions regarding the current state of financing agriculture, including:

1. The economic development of rural areas lags behind that of urban ones.
2. Rural areas have not been well served by the microfinance industry nor have they been effectively reached by financial services during the past decade primarily because institutions and donors were focused on the urban markets.
3. Financial institutions that do provide services to rural populations face significant and real challenges.

4. The provision of agriculture credit is inherently risky, and it is difficult to do effectively give geographic dispersion, weak market linkages, higher costs, lack of extension support services and inherent risks.

5. Donors and governments are returning their attention to the rural poor and their needs with respect to a range of financial services.

6. Providing effective agriculture credit and even rural finance remains a challenge to the donor community and development finance sector.

7. Although rural areas remain underserved, with respect to financial services, more providers are entering the market.

8. There is recognition of the need for access to a range of financial services, as well as a belief that access to other financial services (savings, insurance, remittances) may be more important to rural populations than credit and should perhaps precede it.

This new rural finance paradigm takes a financial systems approach with three strategic priorities:

1. Creating a favourable policy environment including macroeconomic stability as well as a reduction in the historical bias against the rural sector.

2. Strengthening the legal and regulatory framework so that rural financial institutions which are performing well can provide a variety of financial services to low-income households.

3. Building the capacity of RFIs to deliver demand driven credit, savings, and insurance services in a self-sustaining manner.

## CONCLUSION

As a whole, the study analyses that microfinance can play an important role in agricultural finance and is capable of mitigating the many challenges associated with the sector. To do so, several conditions must be met:

- Organization of the agricultural sector;
- Professionalization of the various actors, at all levels;
- A supply of diversified and well-adapted financial services;
- Access to non-financial services that promote agricultural development;
- MFI access to medium- and long-term refinancing, at affordable rates;
- Diversification of regions and types of activities financed, keeping in mind the primary objective of financing rural and agricultural sectors;
- A regulatory framework adapted to the challenges of agricultural and rural finance.

These various factors underlie the fact that meeting the financial needs of farmers on a sustainable basis requires governments to support the microfinance sector, as was the case in the creation of agricultural credit institutions in France.

## REFERENCE:

Daley-Harris, S., 2006, State of the Microcredit Summit Campaign, Report 2006, Whashington: Microcredit Summit Campaign.

A review of literature and experience", Paper for the international conference "What Can Microfinance Contribute to Agriculture in Developing Countries?", Paris, 4-6 December 2007, 25 p.

World Bank, 2007, World Development Report 2008: Agriculture for Development, Washington DC.

# 29

# Impact of Globalization on Indian Farmer's Economic Condition

Kavita

Lecturer Pol. Sc.

G.S.S.S, Peont (Karnal)
Haryana

*To overcome the economic crises, India need financial assistance for this finance minister approached the International Monetary Fund for financial assistance. IMF was ready to help India on the condition to make some structural changes and reforms in Indian Economy. In 1994, India and 124 countries signed Dankel Proposal, giving the final pass to proposal World Trade Organization was established in January 1995. The member countries involved themselves in globalization through WTO. Therefore present study analyzes the impact of globalization on Indian agriculture. The main theme of this paper is to study the problems and issues of Indian farmers, Indian agriculture and globalization, its impact on farmer's economic condition positive and negative both and findings.*

**Keywords**: *Globalization, Issues, Positive impact, Negative impact, Economic conditions*

## Introduction

The term "Globalization" has been widely used in the last fifteen years. It is a notorious term and has been clearly defined in several ways. Globalization clearly specifies that the world today is more interrelated than before. Globalization in its basic economic sense refers to the acceptance of open and unregulated trading markets through various processes. Large volumes of money improvement, increased volumes of trade, changes in information technology and communication are all integral to the global world. And also there is a significant movement of people from one country to another for trade and work. Such increases in the movement of goods, labor, and services have diluted national barriers and restrictions that are imposed by a nation or state. In the past two decades, economic Globalization has been the driving force behind the overall process of globalization.

### Issues and Problems of Farmers in India

Some of the major problems and their possible solutions have been discussed as follows. Indian farmers are plagued by several problems; some of them are natural and some others are manmade.

- The problem of small and fragmented holdings is more serious in densely populated and intensively cultivated states like Kerala, West Bengal, Bihar and eastern part of Uttar Pradesh where the average size of land holdings is less than one hectare and in certain parts it is less than even 0.5 hectare.
- Seed is a critical and basic input for attaining higher crop yields and sustained growth in agricultural production. Distribution of assured quality seed is as critical as the production of such seeds. Unfortunately, good quality seeds are out of reach of the majority of farmers, especially small and marginal farmers mainly because of exorbitant prices of better seeds.
- The land tenure system practiced in India is suffering

from lot of defects. Insecurity of tenancy was a big problem for the tenants, particularly during the pre-independence period.

- The cropping pattern which shows the proportion of the area under different crops at a definite point of time is an important indicator of development and diversification of the sector. Food crops and non-food or cash crops arc the two types of crops produced by the agricultural sector of the country.

- Indian agriculture is continuously subjected to instability arising out of fluctuations in weather and gamble of monsoon. As a result, the production of food-grains and other crops fluctuates widely leading to continuous fluctuation of prices of agricultural crops. This has created the element of instability in the agricultural operation of the country.

- Agricultural labourers are the most exploited unorganized class in the rural population of the country. Total number of agricultural workers has increased from 55.4 million in 1981 to 74.6 million in 1991 which constituted nearly 23.5 per cent of the total working population of the country. This increasing number has been creating the problem of surplus labour or disguised unemployment, which in turn is pushing (heir wage rates below the subsistence level.

- The farmers in India have been adopting orthodox and inefficient method and techniquc of cultivation. It is only in recent years that the Indian farmers have started to adopt improved implements like steel ploughs, secd drills, barrows, hoes etc. to a limited extent only. Most of thc farmers were relying on centuries old. Wooden plough and other implements. Such adoption of traditional methods is responsible for low agricultural productivity in the country.

- Indian agriculture is suffering from inadequate use of inputs like fertilizers and HYV seeds. Indian farmers are not applying sufficient quantity of fertilizers on their lands and even the application of farm yard dung manure is also inadequate. Indian farmers are still applying seeds of indifferent quality. They have no sufficient financial ability to purchase good quality high yielding seeds. Moreover, the supply of HYV seeds is also minimum in the country.

- Indian agriculture is still suffering from lack of assumed and controlled water supply through artificial irrigation facilities. Thus the Indian farmers have to depend much upon rainfall which is neither regular nor even. Whatever irrigation potential that has been developed in our country, a very limited number of our farmers can avail the facilities.

- Proper rotation of crops is very much essential for successful agricultural operations as it helps to regain the fertility of the soil. Continuous production of cereals on the same plot of land reduces the fertility of the soil.

- Indian farmers are facing the problem of low income from their marketable surplus crops in the absence of proper organized markets and adequate transportation facilities. Scattered and sub-divided holdings are also creating serious problem for marketing their products.

- Fluctuation in the prices of agricultural products poses a big threat to Indian agriculture. In India, the movements of prices of agricultural products are neither smooth nor uniform, leading a fluctuating trend. In the absence of proper price support and marketing support, prices of agricultural products has to go down beyond the reasonable limit so as to create a havoc on the financial conditions of the farmers.

- The National Crime Records Bureau of India reported

that a total 296,438 Indian farmers had committed suicide since 1995. Of these, 60,750 farmer suicides were in the state of Maharashtra since 1995, with the remainder spread out in Onitsha, Telangana, Andhra Pradesh, Madhya Pradesh, Gujarat and Chhattisgarh all states with loose financial and entry regulations.

## Agriculture and Globalization in India

Globalization has allowed agricultural production to grow much faster than in the past. A few decades ago fast growth was somewhat over 3 percent per year. Now it is 4 to 6 percent. However, these higher rates of growth involve a substantial change in its composition. The bulk of growth initially came from basic food staples when the scope for export markets is limited, whereas there is now a swing towards much higher value commodities. Explosive growth in income of high-income countries means that large aggregates of production can now occur in what were previously small niche markets. High quality coffee and tea are examples. The market for horticulture exports has also grown immensely and can continue to grow.

As exports of high-value agricultural commodities increase and the multipliers to per capita income develop, domestic demand for high-value livestock and horticulture will increase rapidly. Even in quite low-income countries, around half the increments to agricultural production will be in high value horticulture and livestock for both export and domestic use. As a result, the role of cereal production will become relatively less important.

As the production mix moves more towards export crops and high-value crops and livestock, the rate of return to investments that reduce transaction costs will increase rapidly. The same is true for investments in all the value-added enterprises. There is however a caveat on value added. Much of such activity is through capital-intensive processes. There are also complexities in marketing. Both will give comparative advantage to high-income countries. Low-income countries need to pay attention to comparative advantage at every step in the chain from producer to consumer and should not attempt components in which they lack a comparative advantage.

Cereals play an important role in food security in a global economy. The cost of shipping is declining. Two forces in developing countries may lead to increased cereal imports. First, globalization and specialization may lead to an increase in the area planted to high-value commodities and potentially result in a decline in the area planted to cereals if either increased intensity of production (i.e. double cropping) or intensification are not possible. Second, any shift of income distribution towards the low-income, food insecure, will shift the demand schedule upwards. Thus, low-income countries may be beneficiaries of declining cereal prices, even while they lose from declining prices of other agricultural commodities.

## Globalization advantages on Indian agriculture

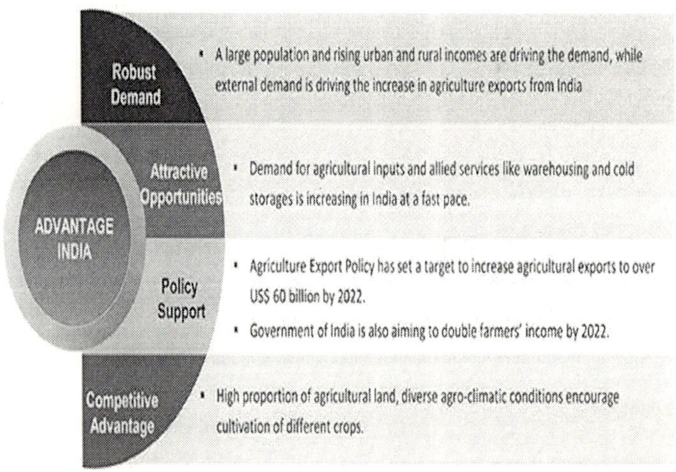


## Positive impact of globalization on Indian farmers

- Increase in Farmer's Income

Receiving the international market for the agricultural goods of India, there is an increase in farmer's agricultural product, new technology, new seeds etc. helped to grow the agricultural product this help in increasing their income and improving their status.

- Increase in employments

While exporting agricultural products it is necessary to classify the products, its standardization and processing, packing etc. The industries depending on agriculture are stored and it made on increase in employments.

- No need to reduce the grants

According to the condition of agricultural agreement limit for grants is decided 10% of the production value for the developing countries. But the economical grants we are received less than 10% so there is no need of reduction.

- Increase in the share in trade

Because of the conditions of WTO all of the countries get the same opportunities so there is an increase in the export of agricultural products.

- Increase in the export of agricultural goods

The prices of agricultural goods are higher in the international market than Indian markets. If the developed countries reduced grants, they have to increase in the prices. So there will be increase in the export in Indian market and if the prices grow, there will be profit.

## Negative Impact of globalization on Indian farmers

- Grants distributed on large scale by the developed countries

Before the reduction in grants by WTO, developed countries had distributed grants on large scale. They had grown the amount of the grants on large scales in agriculture during 1988-1994. So they have not to face many difficulties if there is a reduction in grants.

- Small production field

In India 60% of population depend on agriculture. The pressure on agriculture is increasing because of the increasing population. Possession of land is small and so the production cost is higher. There is also the problem of standard etc. So there are unfavorable impact occur on Indian agriculture.

- Intellectual property right

Intellectual property right cause unfavorable impacts on Indian agriculture. Multinational companies can easily enter in the field of agriculture and it will be bad for the margin farmers.

- Increasing production expenditure and low cost of goods

Farmers are being bankrupt because of growing production expenditure, costly seeds, on the one side and reducing prices of goods on the other side. He doesn't let out of it and so he is committing suicide. This can be one of the impacts of agricultural agreement.

## Suggestions and conclusion

- By providing basic services like domestic roads, harbors, modern means of communication, storages, standard controlling etc. would be make inspiration for export and increase farmer's economic status.
- The electric supply for Indian agriculture is irregular and insufficient. Also there is lack of finance for the agricultural. It effects on the standard of production and the expenditure of production. So for improving farmer's condition it is necessary to apply proper policies to avoid these problems.
- Implementation of heavy import duty is also a barrier in the international competition. So for the welfare of Indian farmer's import duty should be reduced.

- A proper plan should be made for farmers to inform them by growing which crops they can get good price and increase their income.
- The Government of India established the National Seeds Corporation centers in every city from where farmers get good quality seeds.
- Large tracts of fertile land suffer from soil erosion by wind and water. This area must be properly treated and restored to its original fertility.
- In order to save the farmer from the clutches of the money lenders and the middle men, the government has come out with regulated markets. These markets generally introduce a system of competitive buying, help in eradicating malpractices, ensure the use of standardized weights and measures and evolve suitable machinery for settlement of disputes thereby ensuring that the pro-ducers are not subjected to exploitation and receive remunerative prices.
- Credit facilities should be easily made available to the farmers, especially since the input cost of agriculture has gone up. The government should seriously think of providing loans to farmers at low rate of interest by banks and other financial institutions. In fact, the M.S. Swaminathan Commission for Agriculture has recommended a low rate of four per cent interest for the farmers.

## References

http://fao.org

http://Hindustantimes.com

http://www.macroscan.org.

http://wikipedia.com

Das Kartik, 2017, Rural Economy Changing Landscape, Discovery Publishing House, New Delhi

Reddy, A. Vinayak, Charyulu, M. Yadagira, 2008 Indian Agriculture Challenges of Globalization, New Century publication

Panda Kumar Chandan, Singh Siya Ram, 2018, Doubling Farmer's Income through Group Approach, SSDN Publishers, New Delhi.

# 30

# Role of Mathematics in the field of Agriculture

* SarvesthaSangwan

Mathematics is essentialchisel for development of agriculture. It has made it more efficient economically and helped in increasing the productivity. It is a system of organisation which agriculturist utilize it to manage their time and money,numerically are used on daily purpose by the farmers to manage their day to day issues as in measuring the land marking, weighing the seeds or yield. Maths is used by farmers for calculating the expenses incurring the process of farming. It helps to understand farming and the occupation associated to it.

To understand the basics of agriculture, mathematics is the tool required for computationof the solution. It is the tool without which nothing is possible to calculate the expenses of farming. Farmers should have vast knowledge so as to understand the basics of agriculture. Mathematics has enabled farming to be more economically efficient. There is no doubt that mathematics is necessary in the various rangeof agriculture. When soil analysis is done as measurement of moisture content, acidity of soilis all related to mathematics.

When it comes to weather forecast which is essential tool for the farmers, the accurate weather forecast is possible through the models of mathematics. The measurement of seeds, fertilizers and the yield, calculation of percentage of gain, losses, profit etc are possible with the help of mathematical tools. These all are widely used in mathematics as a system of organisation to utilize the time effectively in order to save both money and time. Farmers use numbers in their day to day problems from measuring and weighing the land marking. Farmers work with individuals and companies to supply the needs of their field and sell their yield. Farmersuse mathematics in their day to day activities.Without maths farmerscan't precede, it is an essential part in their day to day activities. Agriculturists require maths to determine the amount of seed required to plant their seed. It is necessary to calculate the yield produce, measurement of land. It is required to calculate the economics related to livestock. Agriculture occupations require math. Agriculture related occupationneed maths skill to achieve the desire result.

To make farming efficient economically mathematics plays a crucial role.To increase productivity mathematics plays a vital role to utilise effectively. Agriculture is the business requires different maths computation and the occupations related to it. Farmers must purchase supplies to sell products. Farmers work with company and individual to sell their products and supply the needs. Proper education must be provided so as they can compare the prices, maintain an organised budget and make perfect decisions. Mathematics is used on day to day basis. They require maths to bring the seeds and check how much seeds are to be sowed. To purchase equipment and make their payments maths plays an eminent role. Mathematics is required to keep the record of fodder, as how much it is required to enhance the skills.Farmers use numbers to solve various tasks, from land measurement, marking to weighing and measuring. Now the point is what agriculture is and how mathematics is an essential part of agriculture. Agriculture is the art and science of growing clothing and food. To become a farmer one need not be from that background. Any profession that requires growing, raising, harvesting, transporting, selling, processing and further research are all related to agriculture and maths is required. Most of the agricultural professions require mathematics as vegetableand fruit growers, grain and animal producers. Fishery farming has a prominent role of mathematics. Landscape specialist, horticulture expert and agricultural scientist all need aid of mathematics. When farmers are in need of crop loan- short or long term, feel the necessity of maths to do a prominent role. Fertilizers are required to harvest products in good ample quantity. To get good yield one has to analyse the necessary element and nutrients available in the soil. To increase the yield as in case of organic farming organic waste, animal manure and dumping ground composite known as *kurdee* in local dialect.

Maths has enabled farming to be more economically efficient and has increased productivity. In order to utilise the time and manage their money mathematics play a leading role.Farmers use itevery day for measuring and weighing for various tasks. Mathematics is very much beneficial for agriculture and is important in different ways as even an illiterate farmer who is not well versed in maths can count his money. He can calculate the profit and losses.

Maths is useful in agriculture and helps to sort out the following:

i) Manages the accounts related to expenses and income from field.

ii) Improve the soil content analysis.

iii) Chemical content analysis for manures.

iv) Planning , plotting and laying out plot sizes

v) It helps to develop a better model

vi) Calculation of profit and losses.

vii) With help of mathematical models accurate weather forecast is much possible.

Indian policy on agriculture in the context of climate change, is foregrounded by the need to produce enough grain to meet the requirements of the nation. In order to promote sustainable agriculture, policy makers and leaders have indicated the direction of the policy by repeating the old argument that the green revolution helped the nation achieve self-sufficiency in food grain production. A second revolution is on its way. With factory produced chemical fertilizers, pesticides, genetically modified seeds (GMOs) and export crops as its main features; it is already on field trials in research institutions in India. There is more focus on food grain production-rice and wheat, the most vulnerable to climate change, as they are mono cropped with heavy use of chemical inputs.

More than 600 million people are dependent on the agricultural sector in India and most of them are small farmers, holding up to four acres of land or even lesser. Most of farmers are dependent on rain as nearly two third of the net sown area, is rain fed. About two third of this is drought prone. The poor people tend to be located geographically in more exposed or marginal areas, such as nutrient-poor soil or flood plains. Climate change standsa serious threat to agriculture as it is directly linked to the availability of water, air, soil and biodiversity. Any change in any of these can change the face of Indian agriculture drastically. Rise in temperature has a direct impact on the rabi crop and every 1 degree Celsius rise will reduce wheat production. Every small change in temperature and rainfall has significant mathematically effect on the quantity and quality of vegetables, fruits coffee, tea, rice etc.

Agriculture is affected by climate change also agriculture and its practices are also affecting climate change. Agriculture is the biggest contributor to greenhouse gases after the energy sector in India. Most dangerous gases like nitrogen oxide and methaneare produced by farming practices such as industrial agriculture. The practice of stubble burning and other crop residue which contributed to the emitter of greenhouse gases. Prior to these animals produce methane during chewing process, use of machinery basically diesel on the field. Residues of crops from non-leguminous plants and contain nitrogen. Nitrogen is present in crop residues in complex organic form and the residue must decay. Soil organic is another main source of nitrogen used by crops. It is composed of primarily rather stable material called humus that has collected over a long period of time. The organic material disappears soon and the residues decompose. Water is also an important in agriculture and so is quality of water. Sodium absorption ratio is essential part to analyse its quality for irrigation. There are mathematical formulas to compute the sodium absorption ratio. To attain the best quality proper quantity of fertilizers are required. The soil should have proper required contents of essential elements. Proper quantity of phosphorus and nitrogen are required. The animal manures and organic waste is also beneficial for improving the health of the soil. Even the crop residues from the non-leguminous plant also contain nitrogen. The crop residues which are decomposed disappear rapidly.

The focus of climate smart agriculture is promoting sustainable agricultural productivity, improving the livelihood for farmers. It improves more resilient food system in the arena of climate change. It can be discussed about the reducing greenhouse gas emissions caused by agriculture through calculated practical techniques and approach such as crop rotation, agro forestry, mulching, inter-cropping and all innovative practices like weather forecasting, crop insurance and drought- and flood tolerant crops.

## Conclusion:

Alternatives to green revolution industrial farming and climate smart farming are to be developed and put in practice by small and marginal farmers. The climate change and other norms are destabilised by the hungry humans making the Earth a vulnerable place to live.

If proper attention and care is not adhered and the climate damaging practices are not put to an end the coming generation have to suffer.at that stage no mathematical calculation will not provide any solution. We must find an essential alternative to the effective model which transforms how we produce and consume food into something better for humanity and above all our Mother Earth.

---

*MSc (P) Mathematics, Department of Mathematics, Kurukshetra University,Kurukshetra

# 31

# Assessment Of Sustainable Agriculture In India With Respect To Sdgs

ANUJ KUMAR BHADANA

RESEARCH SCOLAR
DEPARTMENT OF POLITICAL SCIENCE

MMH COLLEGE GHAZIABAD

SHEELAM BHADANA

RESEARCH SCOLAR DEPARTMENT OF ECONOMICS CHAUDHARY CHARAN SINGH UNIVERSITY MEERUT

Agriculture play a crucial role in ensuring food security will also accounting for a significant share of India Gross domestic product (GDP). it engages almost two third of workforce in gainful employment. Several industries Sach as sugar textile jute food and milk processing etc depend on agriculture production for their requirement of raw material. And its close linkage with other economy sector agriculture growth has multiplier effect on entire economy but change in in agriculture sector as like, dryland agriculture access to information biotechnology rics management etc with threat of climate change pose a challenge for sustainable agriculture growth and India need to involve a national strategy for adopt to climate change and its variability in other to ensure equality ecological sustainability in social economic development priorities. These requirements fulfill by sustainable agriculture development. This mission would also promote preservation of Indian agriculture heritage and a large number of people live food under very bad condition of human being basis on economic and accessibility modern technology

## 3.1 Increase of Farmer's Income

Farmers are major contributor to the growth of Indian economy and there concern impact policy in the country. 87% Indian farmer has less on to hectare of land will 69% does not even process of a hectare of land these formula are able to earn only rupees 50000 per year or even less indicating how alarmingly low their income is.

Some challenges involve in growing more and more earning 1. Water and water security, 2. Buyers Monopolies, 3. Limited infrastructure, 4. Finances prohibit as a failure can be life in death situation for a farmer.

Sustainable development in India can be also achieved by full utilisation of human resource in large part of poor population of country in engaged in agriculture unless we increase their living standard overall growth of country is not possible if administration keep ignore the poor this part will be keep on increase between classes,Debt traps in country our focus former on committed suicide.People are migrating toward city with the hope of better life but it is also increase the slum people in cities.The crop yield is heavily dependent on rain main which is main reason for decline growth rate of agriculture sector in India. These uncertainty is it the small farmer and labours was just which are usually leading a hand to mouth. Thereforesomething must to be done to support farmer and sufficient amount of water and electricity must be supplied to them as they feel and sure and continue to die of drought flood and fire. India is the second largest country of world in terms of population. Therefore last few year ago government in India focused on several sustainable agriculture program which improve the income of farmers. Like as crop insurance,minimum support price, agriculture market to improve agriculture growth, micro irrigation, fertilization policy and direct benefit subsidy.

## 3.2 Reduce poverty and hunger problem

According to director general of the food and agriculture organisation of United Nation "ensureing food security for all is both a key function of and a challenge of for agriculture which faces every- increase difficulties".

India has a large number poor people which have no sufficient food for eat and no have life is standard conditions. a worldwide report every 9th person daily go to sleep hunger and Asia and Africa Continental have a large number of poverty hunger people community. In Asia, India one fourth of population (out of nearly 1 billion) is below the poverty line. 170million of the poor 68% for rural and the remaining 32% are urban. Number at the national level in rural area has decrease after 1983 the number of poor in the cities has been increasing this is essentially due to migration of the destitute from village to cities. There are serious implication of this thread on feeding the cities and food security of urban people urban property and environment.

Food security is influenced by a number of factors,including those that determine food ability- domestic food production and the capacity to import food as well as department of food access include the distribution of food among various segments of population. The financial requirement for India to meet its cost for food security is around 46 lakh crore in ten years (2015- 24). This cost include the financial requirement for providing across to the safe and nutrition food for all. it is also include in west point in irrigation soil water conservation and wetland regeneration and rainfall fed farming.So improve agricultural productivity will and tile sustain substernal research and development cost which have been included the military research and development cost which have been included in the scaling up agriculture intensification technique urban agriculture agro forestry horticulture etc have also not been include continuous shrinking of land for agriculture due to land demand for industries infrastructure and cities may further in increase the cost of food security climate change may influence the ability of various resources for agriculture for their increasing the cost transition to sustainable agriculture system is also likely to increase the food subsidy will be bill of the government due to a problem probable dip in the food production during the transaction period.

Therefore ending poverty in all its found where émployees attention to both complaint eliminating system property will attending to other key social- economy, culture, political and environmental dimension of poverty and monitoring process in social production and inequality. The interrupt nature of poverty with various social economic and environmental components make an independent segment assessment of this goal of sustainable agriculture development many issues related to poverty are covered under the various goal like food security, access to healthcare, education ,water ,and energy for all with infrastructure development in agriculture. Apart from basic need fulfill meant scheme attention to national and international process of wealth creation distribution and regulatory remains will be instrumental in poverty education eradication present poverty and hunger problem is due to go as well as national and local power relation and enable dispossession treatment and disrespect people right and human dignity.

Sustainable agriculture development goals for end of poverty-

- Reduce at last by half of proportion of women men and children of all ages living in poverty all dimension according to national definitions.
- Build the silence of the poor and those in variable situation and reduce their exposure vulnerability to climate related extreme event and other economic social environment stock and disasters by 2030.
- Ensure assistant mobilization of resources from a variety of source including throw and development corporation in order to provide adequate predictable means of developing country countries in particular least development countries to implement programs and policies to end poverty in all its dimensions.

### 3.3 health and nutrition

In human society everyone living and to be necessary requirement good environment, nutrition and balanced diets for good healthgood health. So 2015 sustainable development goals and the UN decade of action on nutrition call on all country or two and hunger and poverty prevent malnutrition in all its home by 2030. This is quite a challenge,and it is a challenge with sustainable agriculture and food system at it's very heart.Malnutrition in all its forms under nutrition micronatation deficiencies efficient and diet related non communicable disease impose on respective high economic and social cost on all countries it is after taking after the granted the agriculture and food system provide for people's nutrition needs power this is after note the case agriculture policy is the focus exclusive only on productivity friendly favour a limited number of commodities where trained to reduce the ability of diversity five food in particularly in rural areas leading to deterioration peoples nutritional status.Nutrition education and awareness program involve sustainable agriculture and health office operators trending family with small children in particular can lead to a significant impact in improving household dietary habit. Promoting the conjunction of local growing nutrition food help Foster the local economy.

Sustainable agriculture promote to drives food investigating the potential of under utilise food crops and animal species or breeds can play an important role in enhancing than nutritional status of rural and urban Urban population. Malnutrition affects the development potential and the health of citizen and local communities accelerating efforts to address all forms of malnutrition will unlock human potential and stimulate positive change.

**Table : 20 Bottom 100 districts with High Malnutrition (Stunting) Levels[1]**

| States | No. of districts | States | No. of Districts |
|---|---|---|---|
| Uttar Pradesh | 29 | Meghalaya | 4 |
| Bihar | 25 | Chattisgarh | 3 |

| | | | |
|---|---|---|---|
| Madhya Pradesh | 13 | Maharashtra | 2 |
| Jharkhand | 6 | Haryana | 1 |
| Gujarat | 5 | Odisha | 1 |
| Rajasthan | 5 | Assam | 1 |
| Karnataka | 5 | Total | 100 |

Source : NIN (National Institute of Nutrition, Hydrabad(2017)

## 3.4 Environment and Ecological Impact

Climate smart agriculture is necessary for achieving the goal. The appropriate level is food insurance countries is also a powerful tools once it is applied appropriate base on local crop and site specific condition consequently the adaptation of new techniques in less developed areas would start with the basic affordable and effective mix of technologies and practices. Sustainable agriculture development promote to agriculture biodiversity.Agriculture biodiversity is integral to ecosystem health important to increase food production and necessary to sustain live woods conserving and using a wide range of domestic plant and animal diversity provide adaptability and read silence in the face of climate change emerging decreasing pressure on field and water supply and shifting market demands.Tapping into ecosystem service reduce the need to external input and improve efficiency.

## 3.5 Social and Economy Development

Every human being society have economic and social development mutual relationship because Indian society have many unhuman condition like as caste system, gender unequallty,race and religion system but present time very important unhuman condition poverty and hunger. Many reports and commissions recommend different suggestions to two property elevation but does not effect in Indian human society Tendulkar Committee[1] had been decided $1.9 per day Level of poverty and CRangarajan committee had been decided Rs. 22 per day Level of poverty.[2]

All above condition indication to that economic development

directly to social development.

Present time is information technology and globalisation so necessary direction to sustainable development of Indian human society. 2015 United Nation has been decided sustainable development goals and to request and inflammation of sustainable development goals from all world countries. Sustainable development goal has been include sustainable agriculture development. NITIAayog to be decided sustainable agriculture development because a lot of population of India include in agricultural activities.

## INDIAN GOVERNMENT AND NITI AYOG PRMOTE POLICIES AND PROGRAME

The goal of government 244 farmers income by 2022 a series of the initiative have been taken by NITI to usher in critical reform in agriculture sector some major initiative following..

### Sustainable Action for Transforming Human Capital

Sustainable action for transforming human capital is aimed at initiating transforming in two key social sectors- education and health by hand- holding states towords improving their social sector indicator and providing technical support over 3 year it was launched with selection of state their and unique challenge method roadmap for transforming have been finished with quarterly milestone for each intuitive.

### Measuring performance and ranking States on outcome in critical factors

With emphasis on outcome NITIfinalised indicates to measure incremental and annual outcome in critical social sector like health education water sustainable development NITIAayog has developed the health state progressive India report also known as NITIAayog has developed the health state progressive India report also known as the health index in February 2018. The composite water management index was also launched in June 2018 the social education quality index SDG Indian index and the digital transformation index which will be measured state progress in respective sector are in the works.

## 3 years national action agenda and strategy for new India @ 75

Government of India promote to NITIAayog to be prepared is three year action plant covering the period from 2017-18 to 2019-20 the action agenda framework allow better alignment of development strategy with the change reality of India.

## Swachh Bharat mission

The mission was launched on 2 October 2014 then about 3.64 lakh village 385 district and 13 state and 4 UT have also declared themselves open defecation free ODF. Swachh Bharat mission dedicated to clean and clear rural and urban India which vision of Mahatma Gandhi.

## Model act on agricultural land leasing 2017

To recognise the right of 10th and safeguard interest of landowner NITIAayog formulated a model agricultural land leasing act 2016 that would enable investment technology economy and employment in agriculture several state like Uttar Pradesh Uttrakhand Madhya Pradesh UdisaKarnatakTelangana and Andhra Pradesh have either already adopt to have in tentative work to amend there respective laws.

## Reform of the agricultural production market committee act

NITIAayog in consultation with the ministry of agriculture state and other stakeholder lunched in February 2017,the model agriculture produce and livestock market committee (APLMC) act 2017. Stateare being asked to adopt the APMC act.

## Agriculture marketing and farmer friendly reform index

NITIAayog developed the first every agriculture marketing

and farmer friendly reforms index sensitise states about the need to undertake reforms in three keys area of agriculture market land lesase and forestry on private land. The aim of index is to index healthy competition between states.

## PradhanmantriKrishi SinchayeeYojana

Pradhanmantri Krishi Sinchai Yojana was prepared and shared with the concerned Central ministries / departments the states and other stakeholders.

## Price Deficiency Payments

Concept of price deficiency payment as an alternative to physical improvements of agricultural produce by the government under minimum price support MSP has been proposed by NITIAayog plot are being proposed in Maharashtra and madhya Pradesh for cotton and pulse respectively.

## Fertilizer sector

To achieve the aim of India become self sufficient in the problems of urea by 2022. plot project introduction of direct benefit transfer in fertilizer was successfully completed in several states and take forward of implementation across all state.

## Promote digital India

Government and NITIAayog act as a key driver of digital payment moment post demonetisation it is undertook and accretive advice and over reached program to promote pan- India digital payment.

Therefore government has constituted a task force to develop a business model that will be focus on inflammation of pilot project to demonstrate the doubling of farmer income. The NITIAayog will be promoted ten pilot project in different agro climatic region of India, through the social entrepreneurs.The key principles driving the NITI Aayog are market driven approach, encouraging application of science and technology in agriculture production minimise farmers ricse and use of model business practices for value addition in agriculture sector.

Therefore to be considere on the importance of system agriculture development like diversification for increase farmer income and employment opportunities reduce production lyrics and improve soil fertility human nutrition farmers must to be contribution motivated and encouraged to take up the risk.The population should be better of because fruit crops have multi nutrient values the soil will be benefit because crop rotation is management technique. Soit is improve crop diversity. A number of crops are growing in different state of country depend upon the local agro climatic conditions. For simplicity of analysis these crops have been divided into seven board category as coares cereals, pulse, oilseed, sugarcane, vegetable bio organic farming in India.Example promote to sustainable agriculture by organic farming in India-

1. Sikkim
2. Manipur
3. Keral
4. Himachal Pradesh
5. Uttarakhand
6. Gujarat

Sikkim, According to Sikkim horticulture and Cashcrop development department, Sikkim decided to turn to organic farming in 2003 to promote its Pranjalecosystem at the time of officially resolved that the per hectare consumption of fertilizers in Sikkim was already among the lowest in country (at 5.8kg per hectare).

## BIBLOGARPHY

1. NIN (National Institute of Nutrition, Hydrabad (2017)
2. UNO,SUSTAINABLE DEVELOPMENT REPORT-2015

3. NITI AYOG,GOVERNMENT OF INDIA ,SUSTAINABLE DEVELOPMENT REPORT 2019

4. www.prsindia.org.

5. www.downtoearth.org.in

# 32

# Farmers in the Novels of Prem Chand

[(Dr.Pramod Kumar Kukreti, Asso.Prof, Dept. of English,Govt.PG College Maldevta,RaipurDehradun,Uttrakhand)]

The Novel is one of the strongest genres of literature and in Hindi, Premchand takes it to the point of culmination.Tracing back the history of novels, we find that initially novels were written merely for enjoyment but as we enter in the time of Prem Chand, we find novels written on the harsh realities of the life. Therefore it would not be a hyperbolic statement that Prem Chand was the first rural craftsman who emancipated novels from a fantasy word and took it on the level of reality. The predessorsof Prem Chand, directly or indirectly were supporters of the evil custom prevailing in the society. They were engaged in literacy creation on various subjects but it wasPrem Chand who emerged not only as a towering literary figure but also as a rebel. It was for the first time that the rebellious voice was heard from any warrior of pen. This attitude of MunshiPrem Chand also brought a shift in the writings of those who were writing historical, political or social novels. It is more accurate to say that PremChand's style of writing revolutionalized the ideas of other writers also. Undoubtedly it is Prem Chand who paved the way for novels to loftiness.षहिन्दीसाहित्य के उपन्यासकावास्तविकस्वरूपपहले–पहलेप्रेमचंद के उपन्यासोंमेंहीदिखाईपड़ताहै या हिन्दीउपन्यासोंकावास्तिविकविकासप्रेमचंदसेहीमानना चाहिये।"1The way MunshiPremchand has expressed the life of Indian farmers , it is hard to find anywhere. In his novels, as well as in the novels of his contemporaries, a farmer has emerged as a strong character .In his novels we find realistic as well as pathetic portrayal of farmers' life. It is multidimensional with respect to the situation, he is facing. Based on therural farmers life, PremChand's novels are complete documents which provide thread bare analysis about their lives. He wrote in a taugh time when India has just seen the catastrophe of the first World War.It's impact was not only limited to the urban areas; but, the fact was that the rural areas were also directly affected by it. Therefore the writers were naturally influenced by it. There were agitations and revolts for reformation all over the country. Everyone was facing a tough time but at the same time there was an undercurrent of public awareness."प्रेमचंद का समय राजनीतिक, सामाजिक एवं आर्थिक दृष्टि से उथल–पुथल का समय था।''2 the historical point of view, it was an age of Indian freedom struggle. There was feeling of dissatisfaction in the heart of common man of India."स्न 1905 में विश्वव्यापी आर्थिक संकट फैला, पूँजीवादी व्यवस्थ ाका यह सबसे पहला भयानक संकट था। उपनिवेशों का विभाजन पूरा हो चुका था। जर्मनी आदिदेशोंके नये पूँजीवाद को फैलाने के लिए कोई स्थान नहीं रह गया था। इस आर्थिक अव्यवस्था का आन्तरिक विरोध पूर्ण रूप से स्वाभाविक था। आगे चलकर यही विरोध सन् 1914 का विश्वव्यापी युद्ध बन गया। **3

This economic crisis brought unemployment to the nation on a large scale. As a result there stood a revolt against dynasticism in Asian countries. The same freedom movement took shape against 'Bang-Bhang'.In the nineteenth century Industrialisation started in India which became the cause of down fall of traditional industries and farming. The Britishers, to boost their trade, developed facilities of transportation, railways, means of communication and post offices. It had direct impact on rural life and especially on farmers. The culture of the rural life started changing, so the stereotypes and superstitions became less prominent in the society. A new civilization of machines and science was taking birth.It opened the eyes of rural people also but the British representatives didn't like it. So they restored the old feudal system there; mills and factories were not allowed in those areas.Their small scale industries were ruined and they were forced to depend on traditional farming only. It was a planned strategy of the Britishers to get raw materials to run their factories from the farming of the poor farmers. As a result the economic condition of farmers weakened day by day. There was suffocating atmosphere in the villages for farmers. They had to pay heavy taxes on their crops. So it was being very tough to earn livelihood from the crops. The farmers were constrained for bonded labour."उन्नीसवी शताब्दी के अन्त और बीसवीं शताब्दी के आरम्भतक भारत की पहली सम्पन्नता नष्ट हो गई थी और देहातविषेश रूप से दरिद्र और विपन्न थे। "[4] In the above context, Rajni Pam Dutt in his book**नया भारत** quotes an English historian, L.Darling and writes,"हिन्दुस्तान के बारे में सबसे अचम्भे की बात यह है कि उसकी मिट्टी उपजाऊ है और उसकी जनता निर्धन।"[5] वह आगे लिखते हैं, ''किसानों पर जो अत्याचा रहो रहे थे उनका इलाज सत्याग्रहन हीं था।इसके लिए एकजुट होकर संघर्ष की आवश्यकताथी। "[6]The Farmers and labourswere the chief victims of exploitation policies of the British Government. They neither could live with that harsh reality not could resist those ill policies because of their poor condition. As Prem Chand was born in a village(Lamhi) and his father was also employed in a rural area, so he had deep affection for the farmers dwelling in such area."वेगांव की सोंधीमाटी की उपजथे। इस कारण उनके व्यक्तित्व में ग्रामीण जीवन के व्यापक परिवेषों को रेखांकित किया जा सकता है उनके साहित्य को देखने पर वेग्रामीण व्यक्तित्व की सहजता के धनी प्रतीतहोते हैं।"[7]He kept on fighting against the evil practices prevailing in the society. He made all the absurd and problematic the subject of his novels. His empathy, to the maximum, is seen towards Indian farmers. His novels in which a farmer is a prominent figure and his problems are loudly raised are **Karambhoomi**,**Premashrya**, **Godan**, **Rangbhoomi** and **Mangalsutra**. Illustrating the rural life, he focuses on the problems of farmers or it can be said that his above novels are based on the background of farmers life."भारत में शताब्दियों से कृषि अधिकांश जनता द्वारा होती रही है,कुछ शताब्दियों में सामन्तवाद का जो विकास हुआ उससे न केवल ग्राम्य व्यवस्था नष्ट हो गयी वरन् शोषण की भी वृद्धि हुयी।"[8]He describes piteous condition of farmers in his novels; it is an irony that the farmers till the ground for those sake who exploit him. There are innumerable instances of pain and pathos of farmers in **Premashraya**, **Rangbhoomi**, **Karambhoomi** and **Godan**. In **Premashraya,** he describes the poor economic situation of farmers and writes,''चारोंओरतबाहीछायीहुयीथी, ऐसाविरलाहीकोई घरथा, जिसमें धातु के बर्तनदिखाईदेतेहों, कितने घरोंगेंतोलोहेतक के बर्तन न थे।मिट्टी के बर्तनोंकोछोड़करझोपड़ोंमेंकुछभीदिखाईनहींदेताथा। न ओढ़ना,न बिछौना, यहाँतककि खाटभी न थीऔरबेघरहीक्याथे?एक–एक,दो–दोतककोठरियाँथी। एक मनुष्य के लिए,

एक पषुओं के लिए, उसी एक कोठरी में खाना, सोना, उठना, बैठना सब कुछ होता था। बस्तियाँ इतनी घनी थी कि गांव में खुली हुयी जगह ही न दिखाई देती थी।किसी के द्वार पर सहन नहीं। हवा और प्रकाषका शहरों में भी इतना अभाव न होगा। जो किसान बहुमत सम्पन्न समझे जाते थे उनके बदन पर साबित कपड़े भर न थे,उन्हें भी एक जून चबेना पर ही काटना पड़ताथा। वह भी ऋण के बोझ से दबे हुय`थे। अच्छे जानवरों को देखने को आँखें तरस जाती। यह देखो मोटे मरियल दुर्बल बैल दिखाई देते हैं। खेतों पर रींगते और चरनियों पर औंघते कित ने ऐसे गाँव थे जहाँ दूध भी नहीं मिलता था।'*[9]

**Premashraya** is a political novel that emanates from thefarmers' movement. It is the first time that novelists associate themselves with any such movement. In those days the movement of farmers, under the leadership of Gandhi Ji, in Champaran, Awadh and Gujarat were at their peak. The spirit of these movements took the shape of national consciousness which is reflected in the **Premashraya**. Hence, it is befitting to say that this novel is written underGandhian influence.The time before independence saw the farmers clenched between existing feudalism and the emerging capitalism of the Britishers. The old feudal system together with the oppression of farmers and ill policies of the British Government made them horror-stricken. As a result the conflict between them was increasing day by day. The same struggle we see in the **Rangbhoomi** when Soordas is unwilling to leave his land as well as his hut. He says in a revolutionary tone,"आपलोग वास्तव मे ‍मेरी सहायता नहीं करने आये हैं। हाकिमों के मनमें, फौज के मनमें, पुलिस के मन में जो दया और धरम का ख्याल आता है उसे आपलोगों ने जमा हो कर क्रोध बना दिया है। मैंहाकिमें को दिखा देता कि एक दीन अंधा आदमी एक फौज को कैसे पीछे हटा देता है। तलवार की धार कैसे मोड देता है। मैं धरम के बल परलड़नाचाहताथाकृ।**[10]The novelist finds that Soordasbecomes the prey of feudalism and dynasticism, so he himself writes about him,"हां,वहसाधु न था, महात्मा न था,देवता न था, फरिष्ता न था,क्षुद्र षक्तिहीन प्राणी था,चिंताओंऔरबाध ाओंसेघिराहुआ,जिसमेंअवगुणभीथेऔरगुणभी।गुण कम थेअवगुणबहुत।क्रोध, लोभ, मोह, अहंकार ये सभीदुर्गुणउसकेचरित्र मेंभरेपड़े थे।गुणकेवल एकथा।किंतु ये सभीदुर्गुणगुण के सम्पर्कसेनमक की खानमेंजाकरनमकहोजानेवालीवस्तुओंकीभांतिदेवगुणोंका रूप ध ारणकरलेतेथे।अहंकारआत्माभिमान के वेषमें,औरवहगुणक्याथे?न्याय, प्रेम,सत्य, भक्ति, परोपकार, दर्दयाउसकाजोचाहेनाम रख लीजिए।अन्याय देखकरउससे न रहाजाताथा।अनीतिउसकेलिए असहनथी।**[11]

The rural farmers are known for their conviction and kindness and the landlords drew mileage out of their simplicity and innocence. The same simplicity, innocence and kindness is seen in the statements of Soordas and Dayagiri (in Rangbhoomi) When John wants to buy the land of Soordas to establish his factory on it. He compels him to sell his land and ultimately he is constrained to go with the motif of John. So Dayagiri explains away to Soordas and says,"जमीन पड़ी है। पड़ी रहने दो।गउएँचरती हैं, यह कितनापुण्य है,कौनजानताहै, कभी कोई दानी, धर्मात्मा आदमी मिल जाए और धर्मषालाकुँआ, मन्दिरबनवा दे, तो मरने पर भी तुम्हारा नाम अमर हो जाएगा।"[12]In this way the faith and conviction of farmers was diminishing because of the cruel intrigues of capitalists. The scene of this wearing out of faith and conviction is illustrated in **Godan**. Here, the novelist not only describes about the rural farmers but about urban farmers also. But the focus of the main story always remainson the rural environment. In this novel he describes the destitution in a farmer's life. Reading his novels, it seems that a farmer, Hori, of his novel represents the whole Indian farmers community. The poverty of Hori in **Godan** is poignant. The novelist writes about it,"माघ के दिन थे, महाबल लगी हुईथी, घटाघोप अंधेराछायाहुआथा। एक तो जाड़े की रात, दूसरे माघ की वर्षा, मौत का सन्नाटा छाया हुआ था।अंधेरातक न सूझताथा।होरीभोजनकरकेमुनिया के मटर के खेतमेंमेंड़, तारतार कम्बल और फटी हुई मिर्जई औरषीत के झोंकों, गीलीपुआल, इतनेषत्रुओं के सम्मुख आने की नींदमेंसाहस न थी। आजतम्बाकूभी न मिलाजिससेवेमनकोबहलाते.बेवायफटे पैरों का`पेट में डालकर हाथों को जांघों के बीच में दबाकर और कम्बल में मुंह छिपाकर अपनी गर्म साँसों से अपनेकोगर्मकरनेकी चेष्टाकररहाथा। यह कम्बल तो उसके जन्म से पहले का है।बचपनमेंअपनेबापके साथ वह इसी में सोता था। जवानी मेंगोबर को लेकरइसीकम्बलमेंउसकेजाड़ेकटेथे,औरबुढ़ापेमेंआजवहीबूढ़ा कम्बल उसका साथी है। पर अब वह भोजन को चबाने वाले दाँत नही,दूसरेवालेदांतहै। जीवन मेंतो ऐसा कोई दिन ही नही आया किलगान और महाजन को देकर कभी कुछ बचा हो। आर्थिक विपन्नता। ने भारतीय कष्षक जीवन को कितना दयनीय बना दिया।**[13]In this way Premchand highlights the exploitation and the cursed life of rural farmers. The novelist believe that exploitation over the centuries is responsible for the present pathetic situation of the farmers.

## References:

1 हिन्दी उपन्यास एक अन्र्तयात्रा, रामदरषमिश्र, राजकमल प्रकाशन नईदिल्ली,

पष्0 सं0, 15

2 प्रेमचंददर्शन, डॉर मेषपाल चौहान, शोध ग्रन्थ, पृ0सं0, 63.

3 प्रेमचंदःकला एवं कषतित्व, डॉ0 हंसराजरहवर, साक्षी प्रकाशन दिल्ली, पष्0सं0, 65.

4.Ibid.

5. Ibid. P.95.

6.Ibid. P.100.

7.दलित विमर्श तथा प्रेमचंदसाहित्य, डॉ0 रामभरोसे, अनीता पब्लिकेषंस गाजियाबाद, 2014,पष्0सं0, 71

8 प्रेमचंद युगीनभारतीय समाज, डॉ0 इन्द्रमोहनकुमारसिन्हा,पष्0सं0, 18–19

9 प्रेमाश्रय,प्रेमचंद

10.रंगभूमि,प्रेमचंद Rajkamal Prakashan,Delhi,P.27

11.Ibid.RajkamalPrakashan,Delhi,P.30

13.गोदान, प्रेमचंद, RajkamalPrakashan, Delhi, p.66